Franziska Hundseder, geboren 1953, ist als freie Journalistin und Autorin für Printmedien, Hörfunk und Fernsehen tätig, u. a. arbeitet sie für das Fernsehmagazin *Panorama*. Schwerpunkte ihrer Arbeit sind die Themen Extremismus sowie Jugend und Gewalt

W0228884

© 1995 Droemersche Verlagsanstalt Th. Knaur Nachf., München
Von der Autorin vollständig überarbeitete, aktualisierte
und ergänzte Ausgabe Oktober 1995
Umschlaggestaltung Agentur ZERO, München
Umschlagfoto dpa
Satz MPM, Wasserburg
Druck und Bindung Ebner Ulm
Printed in Germany
ISBN 3-426-80047-0

2 4 5 3

FRANZISKA HUNDSEDER

Rechte machen Kasse

Gelder und Finanziers
der braunen Szene

Inhalt

Einleitung: Alte Traditionen

»Sagen Sie mal, wo haben eigentlich die Rechtsradikalen das Geld her? Wer finanziert diesen braunen Blätterwald? Wer sind die heimlichen Wahlhelfer, die rechte Kampagnen bezahlen?« Solche Fragen tauchen so ziemlich nach jedem Vortrag über die aktuelle Gefahr von rechtsaußen auf, und damit beschäftigt sich dieses Buch. Weiter geht es um Verflechtungen, um rechte Wahlverwandtschaften, um Biographien einiger Exponenten, um ein klammheimliches Kartell, das auf vielerlei Wegen die Umgestaltung der Bundesrepublik betreibt. Es geht um Hintermänner, die Gelder für antidemokratische Aktionen oder Publikationen zur Verfügung stellen und mit allen Mitteln der modernen Propaganda in den politischen Kampf eingeschaltet sind, es geht um teils geheime, teils öffentliche Geldströme.

Das erste Kapitel befaßt sich mit rechtsextremen Parteien und den Geldern, die ihnen aus dem Staatssäckel zufließen. Dann werden einige steuerbegünstigte Vereine unter die Lupe genommen, die – anders als Parteien – ihre Großspender nicht angeben müssen und gelegentlich über beachtliche Summen verfügen. Schließlich geht es um Geldgeber aus der Industrie. Das sind keine Großkonzerne, aber doch recht gesunde mittelständische Betriebe, die zumeist im *Handbuch der Großunternehmen* stehen. Hier mußte einiges noch unveröffentlicht bleiben, weil nicht alles, was recherchiert werden konnte, auch juristisch beweisbar war. Das letzte Kapitel schließlich handelt von der »Binnenfinanzierung« der Rechten, von braungefärbten Geschäftemachern, die ihre Angebotspalette auf ein entsprechendes Publikum zugeschnitten haben und alles auf den Markt werfen, was das rechte Herz begehrt.

Im Jahr vor der Gründung der NPD, also 1963, war die extreme Rechte so schwach wie nie seit 1945. Von 78 000 im Jahre 1954 gingen die Reichsbewegten auf 25 000 zurück. Am 28. November 1964 wurde dann die Nationaldemokratische Partei Deutschlands (NPD) als nationale Sammlungsbewegung im Döhrener Marschpark in Hannover gegründet. Dann freilich kam rasch ein Aufwind in die morschen Knochen: 1965 zählte die vereinte Rechte schon 29 000, 1967 43 000 Mitglieder. Die NPD profitierte erheblich von der ersten wirtschaftlichen Rezession in der Bundesrepublik und deren sozialen Folgen.

Der Betonfabrikant Fritz Thielen, Mitglied der Bremer Bürgerschaft, wurde zum 1. Parteivorsitzenden gewählt, Adolf von Thadden von der Deutschen Reichspartei (DRP) und Wilhelm Guthmann von der Gesamtdeutschen Partei (GDP) zu Stellvertretern.

Um die Jahreswende 1964/65 wurde unter Leitung Thielens im Dortmunder Hotel Zum Römischen Kaiser aus 200 Anwesenden, überwiegend DRP-Mitgliedern, ein Gründungsausschuß für den NPD-Landesverband Nordrhein-Westfalen gebildet. Man einigte sich auf den bisher parteilosen Oberst a. D. Karl Walrad Prinz zu Salm-Horstmar als Vorsitzenden dieses kommissarischen Landesvorstands. Geschäftsführer, Organisationsleiter und Schatzmeister wurde der Solinger Heilpraktiker und Hobbyjäger Wolfgang Frenz. Prinz Salm benutzte seine Reputation, um Personen zu finden, die nicht DRP-belastet und bereit waren, Funktionen zu übernehmen. Die Zugehörigkeit des Prinzen zu Salm-Horstmar zum deutschen Hochadel öffnete laut Frenz »natürlich manche Tür und manchen Geldbeutel«. Der Prinz war nicht nur ein bekannter Springreiter, sondern auch mit dem Ritterkreuz dekorierter deutscher Oberst bei den Terek-Kosaken. Später trat er wegen der ständigen Streitereien aus der NPD aus.

Die NPD erhielt prominente Unterstützung:

»Für Konservative wie auch für Nationalrevolutionäre aus der Weimarer Republik wurde die Partei attraktiv. Sie spendeten und unterstützten die junge Partei mit gutem Rat. Zu den

Förderern der ersten Zeit zählte der ehemalige Reichskanzler Franz von Papen genauso wie der königlich preußische Major im großen Generalstab Waldemar Pabst, der 1920 die Spartakistenaufstände in Berlin niederschlug und deren führende Köpfe Karl Liebknecht und Rosa Luxemburg liquidieren ließ. Auch der Organisator des Küstriner Putsches Pastor Buchrucker und der SA-Führer Walter Stennes[1], der später Chefmilitärberater des Generalissimus Tschiang Kai Check in China wurde, waren ebenso dabei, wie die Bildhauer Arno Breker und Bernhard Graf von Plettenberg. Der Fürst zu Steinfurth-Bentheim spendete eine aufwendige Flugzeugwerbung.« (*Deutsche Stimme* 10/11 1994)

Zwar sind alle der enthüllten NPD-Gönner mittlerweile gestorben, dennoch ist es interessant, wie die schlimmsten Anti-Demokraten der Weimarer Republik jetzt Morgenluft witterten und sich für die NPD stark machten.

Dr. Jürgen Heinrichsbauer, 1966 Chefredakteur des Organs der Bundesvereinigung Deutscher Arbeitgeber, hielt die NPD für die »Hoffnung der Nationalkonservativen«. Er schrieb mit Datum vom 20. April 1966: »Ist national ein Unglück?« Schließlich sei zu erwarten gewesen, daß »die nationale Frage eines Tages virulent werden würde. Wir«, so faßte er zusammen, »halten das nicht von vornherein für ein Unglück.«

Das *Handelsblatt* sah darin eine Art indirekten Spendenaufruf. Der Beitrag könne nicht wenige Unternehmer tatsächlich dazu veranlassen, der NPD finanziell den Rücken zu stärken, »weil man nach der Lektüre dieses Artikels nicht wissen kann, ob der NPD nicht doch eines Tages der Sprung über die Fünf-Prozent-Klausel gelingt«. (9. 5. 1966)

Schon in den sechziger Jahren, nach einem steilen Aufstieg der NPD, behauptete der Makler Adolf von Thadden, damaliger NPD-Chef, seine Partei habe verhältnismäßig viele Freunde an der Ruhr, die sich aber erst zu erkennen geben würden, wenn die NPD auch offiziell für sie interessant würde (*Capital* 5. 5. 67, vgl. S. 176).

In der Tat gibt es einen Freundeskreis Rhein-Ruhr der NPD. Er besteht noch heute und wird vom Verfassungsschutz als eine reine Tarnorganisation eingestuft, um Treffen unter unverdächtigem Namen durchzuführen und leichter Räumlichkeiten anmieten zu können. Zuletzt war am 11. November 1994 nach Essen-Kettwig zu einem Vortrag des Parteivorsitzenden Günter Deckert geladen worden. Die Aktivisten dieses Freundeskreises Rhein-Ruhr kommen vom Kreisverband Oberhausen der NPD. Als Referent bei diesem Freundeskreis trat zum Beispiel der Bochumer Politologe und »Nationalphilosoph«, wie er sich selbst nannte, Bernard Willms auf.[2] Nichts ist so notwendig für die Deutschen wie ein neuer Nationalismus, so lautete eine seiner Thesen, und er rief auf: »Boykottieren Sie die Vergangenheitsbewältigung! Sie hält Sie nur davon ab, frei zu sein und die Fragen nach der Zukunft zu stellen.«

»Erst Deutschland – dann Europa« mit diesem Schlachtruf führte die NPD Wahlkämpfe. »Deutsche Arbeitsplätze zuerst für Deutsche!« fordert sie. Doch dies hindert die NPD offenbar nicht, die Parteikasse zu entlasten, indem man kostensparend im Ausland arbeiten läßt. »Deutsche Politiker haben sich für eine Abschottung der EG gegen Billigimporte aus dem Osten einzusetzen ...«, so steht es in der Parteizeitung *Deutsche Stimme* (7/8 1993). Doch just diese Ausgabe ist kostengünstig in Litauen gedruckt worden.[3] Ein NPD-Flugblatt mit der Forderung »Keine Geldgeschenke an die ganze Welt« stammt von einer »Druckagentur Danzig«.

Nicht nur die NPD spart Geld, indem sie Aufträge ins Ausland vergibt:

– Etliche Publikationen der VGB-Verlagsgesellschaft in Berg am Starnberger See, die der Verfassungsschutz zu den rechtsextremistischen Verlagen zählt, sind printed in Hungary, so das Buch von Gustav Sichelschmidt *Die Herrschaft der Internationalisten. Deutschlands innere Feinde* (1994), *Der Deutsche Almanach 1994* oder *Die Deutschen Annalen 1994 – Jahrbuch des*

10

Nationalgeschehens, gegründet von Helmut Sündermann, herausgegeben von Gert Sudholt.[4]
- Die *Unabhängigen Nachrichten* 3/93 wurden in Vilnius von der Arag GmbH gedruckt.
- *Europa vorn* läßt seine Themenhefte *Europa vorn Spezial* bei Pamjatki Ukraini in Kiew drucken.
- Die Zeitschriften *Nation* und *Deutsche Geschichte* drucken in der Slowakei.
- *Aufbruch* des rechtsextremen MDV-Verlages wird in Tschechien hergestellt.

Ein Nationaldemokratischer Unternehmerverband wurde als Mittelstandsvereinigung am 13. März 1986 in München gegründet. Der Verein hat es sich zum Ziel gesetzt, mittelständisches Engagement bundesweit zu fördern. Präsident Wilhelm Greifenstein sah damals den Mittelstand als in seiner Existenz gefährdet an. Der Bonner Regierungswechsel 1983 sei für den Mittelstand eine Wende zum Schlechteren geworden. Gehört hat man von der Vereinigung nach der Gründung nichts mehr. Ebenso ruhig ist es um eine Arbeitsgemeinschaft Nationaldemokratischer Apotheker und einen Nationalen Bauernkreis.

Daß auch rechtsradikale Parteien von der Finanzierung aus dem Steuersäckel profitieren, muß in einer Demokratie hingenommen werden. Schließlich ist die NPD nicht verboten. Die Partei ist aber clever genug, alle staatlichen Geldquellen auszuschöpfen. So appelliert die NPD in der Parteizeitung an Mitglieder und Freunde, nur ja dem Staat keine müde Mark zu schenken und jegliche Tätigkeiten für die Partei steuerlich geltend zu machen: »Aber die höchstbesteuerten Bürger sollen noch stärker berappt werden. Altparteien und Abgeordnete sind da nicht sehr zimperlich, wenn es darum geht, die eigenen Taschen randvoll zu füllen ... Nationaldemokraten sowie ihre Freunde und Förderer sollten darum konsequent an diesen Inflationsstaat die Rückerstattung der zuviel gezahlten Steuer stellen. Parteipolitische Aufwendungen, Spenden und sogar Arbeitslei-

stungen können bei der Lohn- bzw. Einkommensteuererklärung beim Finanzamt geltend gemacht werden. Gefordert sind
da besonders die Schatzmeister, entsprechende Quittungen zu
erstellen. Doch ein Aufruf an alle: Verschenken Sie keine müde
Mark an diesen Staat der etablierten Versager. Unterstützen Sie
die glaubwürdige nationale Partei, die NPD. Das Finanzamt
erstattet die Hälfte zurück.« (*Deutsche Stimme* 2/93)

1 Parteien und Stiftungen

Bekenner und Spender

Die Republikaner konzentrieren sich auf den bürgerlichen Mittelstand als Zielgruppe (»Träger und Garant für Wohlstand, Beschäftigung und öffentliche Finanzen«). Nach den wirtschaftspolitischen Vorstellungen der Partei sollen kleine und mittelständische Betriebe gefördert und auf den Einsatz von Leiharbeitern aus Billiglohn-Ländern verzichtet werden.

Der Bundesverband der Spirituosen-Industrie e. V. (BSI) sowie der Bundesverband des Groß- und Außenhandels hielten es, dem *Spiegel* zufolge, nach der Europawahl im Juni 1989 für angebracht, auch den frisch gekürten Abgeordneten der Republikaner zu ihrem Erfolg zu gratulieren (*Spiegel* 23. 10. 1989). Der BSI schaltete übrigens zum Tode seines Ehrenpräsidenten Claus Steinacker eine großformatige Anzeige im rechtsradikalen *Schlesier,* unterzeichnet von Harald Eckes-Chantré. Und dem persönlich haftenden geschäftsführenden Gesellschafter der Firma Stonsdorfer, Herbert Stabin, gratulierte dasselbe Blatt 1994 gleich auf einer eigenen Seite. »Wir haben eine Menge Mitglieder aus dem mittelständischen Bereich, die uns auch finanziell unterstützen«, behauptete Schönhuber gegenüber dem *Spiegel.*

»Die deutsche Vertriebswirtschaft hat ihre Wahl getroffen, sie unterstützt die ›neue Rechte‹. Nicht nur die Vereinigten Staaten haben fortschrittliche Republikaner, auch wir Deutschen«, schrieb Wolfgang Nitsche, Bundesvorsitzender des Bundesverbandes Deutscher Verkaufsberater e. V. Bonn im *Republikaner* (11/1989, S. 9). »Lange genug wurden wir Verkaufsprofis und

13

Vertriebsberater als Büttel der Nation benutzt. Die Bundesrepublik Deutschland wäre ohne uns heute nicht das Export- und Wohlstandsland Nr. 1 ... wir Exportkaufleute, Vertriebsingenieure und Verkäufer werden nicht länger den Büttel spielen. Jetzt ist Schluß – unsere politische Hoffnung sind die Republikaner – die Hoffnungsträger für rechte Politik.« Nitsche wurde im März 1990 Bonner Kreisvorsitzender der Republikaner. Schon am 9. Mai 1990 meldete der *Kölner Stadtanzeiger* allerdings seinen Parteiaustritt.

Gerüchte über Spender und Unterstützer aus der Wirtschaft gibt es viele. Hartnäckig halten sich beispielsweise unbestätigte Vermutungen in bezug auf die Firma Birkenstock. Fragt man nach den Quellen für diese Gerüchte, kann niemand sie benennen, jeder »hat gehört, daß ...«, weiß aber nicht, wer diese Behauptungen in die Welt gesetzt hat.
Der Sandalenhersteller Birkenstock aus Bad Honnef, der wegen seiner rabiaten Personalpolitik ins Gerede gekommen ist, distanziert sich heftig von einer politischen Einordnung rechtsaußen. Zwar gibt es bei der Wiking-Jugend tatsächlich Mitglieder namens Birkenstock. In den »Sippennachrichten« wird eine Familie Birkenstock erwähnt, deren sechster Sprößling den Namen Sven Wolfgang Friedrich erhielt. In der Familie Karl Birkenstock, Bad Honnef, gibt es aber nur drei Kinder, von denen keines so heißt. Pressesprecher Runkel kennt sich auch in der Birkenstockschen Familiengeschichte gut aus, das Unternehmen ist seit 1774 in Familienhand, und auch in der Verwandtschaft der Familie gibt es ihm zufolge niemanden, der der Wiking-Jugend angehöre.
Journalistische Recherchen haben sich bislang kaum mit den Finanzquellen der extremen Rechten beschäftigt. Doch da und dort sind gelegentlich Hinweise zu entdecken. So schreibt zum Beispiel das Magazin der *Süddeutschen Zeitung* (4. 3. 94) über die NSDAP/AO, deren Sitz in Lincoln/Nebraska liegt: »Finanziert wird die Parteizentrale vor allem durch Abogebühren und Spenden der Neonazis in Deutschland und durch große Geldzuwen-

dungen von Altnazis, die in Südamerika leben. Beträchtliche Gewinne macht auch der Versandhandel.«

Der frühere Neonazi Ingo Hasselbach sagte in einem Interview mit der Zeitung *Die Woche* vom 28. 7. 1994: »Waffen und Geld waren noch nie ein Problem in der rechten Szene. Es gibt genug Leute, die ein großes Interesse daran haben, Neonazis zu fördern. Wenn wir keine Kohle hatten, wußten wir immer, wen wir anrufen mußten. Da wurde das Geld einfach so im Briefumschlag gebracht ...«

Unschwer läßt sich erkennen, daß wirklich Geld da ist. Wer bereits die dritte Videokassette über die Auschwitz-Lüge kostenlos und ohne Anforderung bekommt, der kann feststellen, daß offenbar größere Summen für solche Versandaktionen da sind. Manche braunen Blätter erscheinen so aufwendig, daß es kaum möglich ist, daß sie sich lediglich durch Abogebühren finanzieren. Es gibt aber auch viele neonazistische Winzlingsblättchen, die im Copyshop hergestellt werden und bei denen man sehen kann, daß das Geld noch nicht mal für eine ordentliche Schreibmaschine reicht.

Die Angaben von Rechtsextremisten betreffs ihrer Finanzsituation sind dürftig. Fragt man nach den Geldquellen, kommen nur vage Antworten oder Prahlerei, aber nichts Konkretes. Einer der seltenen Fälle, daß eine ansehnliche Geldspende publik wurde, gab es bei den Republikanern. »Faktum ist«, sagte Franz Schönhuber im April 1995 gegenüber dem Fernsehmagazin *Panorama,* »daß Herr Schörghuber eine bestimmte Summe der Münchner Partei für den Kommunalwahlkampf gespendet hat.« Diese Spende müsse knapp unter 20 000 Mark gelegen haben, denn sonst hätte sie im Rechenschaftsbericht der Partei ausgewiesen sein müssen. Es ging um den Kommunalwahlkampf 1990, also nachdem die Republikaner 1989 aufsehenerregende Wahlerfolge erzielt hatten.

Als die Spende 1993 bekannt wurde und sich der Wind für die Republikaner längst gedreht hatte, nannte ein Sprecher der Schörghuber-Firmengruppe den Scheck einen Fehler.

Josef Schörghuber, im Mai 1995 verstorben, war Inhaber der Schörghuber-Gruppe, der drittgrößten bayerischen Brauereigruppe mit Paulaner und Hacker Pschorr, Reichlbräu und Auerbräu, Medienunternehmer, Beiratsmitglied der Bayerischen Hypotheken- und Wechselbank AG und einer der größten deutschen Baulöwen. Der am 14. April 1920 in Mitterham bei München als Schreinerssohn geborene Schörghuber kaufte 1950 sein erstes Grundstück. 1954 erwarb er die Schafweide am Rande des Münchner Stadtteils Bogenhausen, aus der er den nach seiner Tochter benannten Arabellapark mit dem 22stöckigen Arabellahotel-Hochhaus machte. Damals gründete er sein Stammunternehmen, die Bayerische Hausbau. Durch seinen Einstieg bei Paulaner wurde er zum Patron des Höhepunkts bayerischer Bierfestivitäten, dem alljährlichen Starkbier-Anstich auf dem Münchner Nockherberg, zu dem sich stets die gesamte weißblaue Politprominenz einschließlich der Staatsregierung versammelt. Schörghubers Imperium wurde auf mehr als hundert Firmen geschätzt, Umsatzschätzungen lagen bei ca. zwei Milliarden Mark.

Nun war Franz Schönhuber zweimal Festredner bei jenem traditionellen Ereignis auf dem Nockherberg gewesen, bei dem Politiker auf den Arm genommen oder – wie man auf bayerisch sagt – derbleckt werden. Er sprang das erste Mal ein, als der bayerische Conferencier Emil Vierlinger erkrankt war, und wurde auch im folgenden Jahr wieder darum gebeten. Später dann, nachdem die Republikaner Löcher in satte CSU-Mehrheiten gestanzt hatten und man in Bayern schwankte zwischen Anbiederung und Verteufelung der Reps, war Schönhuber noch mal in den erlesenen Prominentenkreis auf dem Münchner Bier-Olymp geladen, aber etwa eine Woche später wieder ausgeladen worden. Das war 1993, und kurz darauf wurde die Schörghuber-Spende offenbar.

Das Publikwerden dieser Spende war ein einzigartiger Fall. Wer sonst über Finanzen und Zuwendungen etwas wissen will, dem hilft zumeist auch ein Blick in die Verfassungsschutzberichte kaum weiter. Dort finden sich allenfalls Angaben über die Schulden der Parteien. Der Bericht des Landes Nordrhein-Westfalen über das Jahr 1993 notiert zur Finanzlage der NPD in NRW: »Die bei der Landtagsverwaltung bestehenden Schulden in Höhe von ca. 33 000 DM (Wahlkampfkostenvorauszahlungen) konnten durch hohe Spenden im Jahr 1993 zurückgezahlt werden.«[1]

Spenden für den Auschwitz-Leugner

In dem Bericht »Revisionismus in der Bundesrepublik Deutschland« des Bayerischen Landesamtes für Verfassungsschutz ist nachzulesen, daß Ernst Zündels gesamte Aktionen »offensichtlich durch recht große Spendeneinnahmen finanziert werden«.

Zündel stammt aus dem Schwarzwalddorf Wildbad Calmbach, dort wurde er als eines von sechs Kindern geboren. Die Mutter betrieb eine kleine Landwirtschaft, der Vater war Holzfäller, später Haumeister. Zündel war 1958 nach Kanada ausgewandert, weil er nach eigenem Bekunden »der alliierten Gehirnwäsche und den Lügen der Umerzieher« vorübergehend total zum Opfer gefallen war, an die Massenmorde von Auschwitz geglaubt habe und deshalb nicht länger in der Bundesrepublik bleiben wollte. Zündel wollte allerdings auch nicht zu der gerade aus der Taufe gehobenen Bundeswehr eingezogen werden.

Seit 1976 agitiert Zündel weltweit von seinem – wie er es selbst nennt – »Hauptquartier« in Toronto aus mit seinem Samisdat Verlag, von dort verschickt er Schriften wie *Starben wirklich sechs Millionen?* oder *Hitler, wie wir ihn liebten und warum* und seine *Germania*-Rundbriefe in vierzig Länder. Ein Textbeispiel: »Der Holocaust ist einer Parasitensekte einträglicher Traum, aber eben doch oder gerade deshalb ein Alptraum für die Welt und Menschheit.« (27. 11. 1987) Diese Briefe garniert er mit Sinnsprüchen wie »Des Mannes bester Kamerad ist die Kameradin.« Durch die Spende einer Kameradin aus dem Schwarzwald konnte Zündel 1992 sein 14-Zimmer-Haus renovieren und ein großes Fernsehgerät für Videoabende kaufen.

Neuerdings betreibt er einen Kurzwellensender »Stimme der Freiheit« in deutscher Sprache. »Wir können ihnen diese Rundfunkprogramme nur deshalb bringen«, so Zündel über seinen Sender, »weil viele einfache Menschen durch ihre Spenden weltweit dieses Radioprogramm möglich machen.«

Um die Finanzierung seiner Aktivitäten braucht er sich nicht zu sorgen. 1980 hat Zündels treue Lesergemeinde weit mehr als 100 000 Mark auf sein Stuttgarter Postscheckkonto überwiesen, so war nach der Beschlagnahme des Kontos in der *Stuttgarter Zeitung* zu lesen. 1992 bekam Zündel die beschlagnahmte Summe auf Heller und Pfennig zurück, wie er auf einer Tonkassette erzählte.

Zündel gibt auch Anleitung für die Testament-Erstellung, insbesondere für Witwen. Unter dem Motto »Eine Investition für die Zukunft – Helfen Sie Deutschland!« verschickt er Textbeispiele für Testamente: »Zu meinem alleinigen Erben setze ich hiermit meinen Kameraden, Herrn Ernst Christof Friedrich Zündel, geboren am 24. 4. 1939, zur Zeit wohnhaft ... Toronto, Ontario, Kanada ein. Meine Eigentumswohnung nebst Garage (Grundstücke, Aktien, Sparkonten etc. Zutreffendes einfügen) in (eingetragen in den Wohnungs- und Teileigentumsgrundbüchern) nebst allem im Zeitpunkt meines Todes in dieser Wohnung befindlichen Inventar im weitesten Sinne vermache ich Herrn Ernst Christof Friedrich Zündel ...«

Findig ist Zündel, wenn es darum geht, neue Geldquellen zu erschließen. Von Beruf Grafiker, hat er auch Plakate entworfen zum 100. Geburtstag Adolf Hitlers. In einem dreisprachigen Prospekt (deutsch, englisch, französisch) bietet er Ölgemälde und Aquarelle von sich selbst an: »Sein sorgfältiges Training ist reflektiert in allen seinen Arbeiten. Die frei-fließenden, ›weichkantigen‹ abstrakten Bilder, viril-expressive Interpretationen seiner

Umgebung mit dem Palettenmesser ausgeführt, oder die sensitiven, beinahe orientalischen Aquarelle und die kontemplative, geheimnisvolle ›Kunst des Weltalls‹, alle zeugen von solidem Wissen und Können ... Ernst Zündel ist es gelungen, die Kunst-Vergangenheit mit der der Gegenwart erfolgreich zu verbinden ohne die übliche ›Entartung‹ ... Alle Bilder sind handgemalte Originale. Schreiben oder telefonieren Sie noch heute!« Da gibt es zum Beispiel »Zierliche Gräser« für 750 Mark, »Pflug« für 1200 Mark oder »Flucht in die Freiheit« für 1400 Mark. Ein Madonnenkopf von Zündel ist schon für 400 Mark zu haben.

Eine weitere Einnahmequelle ist die Videoproduktion. Zündels Angebot unterscheidet sich von dem anderer Filmvertriebe. Er liefert in erster Linie Neuproduktionen:

- *Die größte Lüge aller Zeiten:* »Eine knallharte, gnadenlose, bildliche und dokumentierte Auseinandersetzung mit dem Fragenkomplex der historischen Lüge über Deutschland und ›Gaskammern zur Menschentötung‹ in deutschen KZs.« (100 Mark)
- *Der Anne Frank Schwindel* (80 Mark)
- Dr. Wahl vom *Eidgenoss,* hier interviewt mit Ernst Zündel in Kanada (120 Mark)

aber auch historische Filme für braune Cineasten:

- *Marsch zum Führer* (85 Mark)
- *Kamerad Hund,* »ein faszinierender Film über das Training der Wehrmachtshunde«, verschickt im Zweierpack mit *Heer im Werden* für 85 Mark
- *Erbkrank:* »Schockierend, nur für Erwachsene geeignet. Gräßlich die Szenen: Lehrreich wie teuer dem Volksganzen diese wahnsinnigen, teils hilflosen Schwachsinnigen und durch Geisteskrankheit zu Gewohnheitsverbrechern und Kriminellen verdammten Menschen, auf Generationen berechnet, zu stehen kommen.« (80 Mark)

Diese Filme werden nicht an kanadische Kunden ausgeliefert –
»wegen Zensur und politischer Repression«, wie es im Prospekt
heißt.

Hin und wieder erhält man doch auch Hinweise auf die Ge-
schäftslage anderer Rechtsextremisten. Thies Christophersen,
der Verfasser der Broschüre *Die Auschwitz-Lüge,* vermeldet für
1992 eine Umsatzsteigerung von 20 Prozent. Es seien allerdings keine Gewinne erzielt worden, doch dafür habe man
auch keine Schulden (*Bauernschaft* 1992). 1991 hatte er nach
eigenen Angaben so viel Mittel zur Verfügung, daß er eine
Werbeaktion starten und an 1000 Adressaten ein Jahr lang
kostenlos seine *Bauernschaft* versenden konnte (*Bauernschaft*
4/1991). Seinen Jahresumsatz beziffert er mit 500 000 Dänische Kronen (4/1994 S. 10).[2]

Ewald Althans gibt in dem Film von Wilfried Bonengel *Beruf
Neonazi*[3] an, er habe etwa 200 Spender, die Beträge von fünfhundert Mark an aufwärts spenden. Die höchste Einzelspende, die
er erhalten habe, seien 25 000 Mark gewesen.

Michael Kühnen dagegen hatte nach eigenen Angaben heftige
Finanzprobleme. Damit nach Schönhuber nicht »wieder ein
Scharlatan die national denkenden Menschen in die Irre führt«,
wollte Kühnen eine Zeitung namens *Volkswille* machen. Er habe
die Schriftführung und Geschäftsführung des Blattes übernommen, so schreibt er, »obwohl ich selber nicht weiß, wovon ich leben
soll, zu schweigen davon, ich könnte eine Zeitung finanzieren«.
Und er gibt dann einige Hintergrundinformationen: »Im September 1977 verlor ich meine materielle Lebensgrundlage, als ich
wegen meiner politischen Aktivitäten aus der Bundeswehr entlassen wurde … Wer kann wirklich ermessen, was 13 Jahre materiell
ungesichertes Leben an der Armutsgrenze und acht Jahre Gesin-
nungshaft für einen Menschen bedeuten!? Es war immer ein
menschlich zermürbender Kampf um die notwendigen Mittel,
mit ständigen politischen und persönlichen Finanzsorgen. Außer
im engsten Kameradenkreis habe ich das nie gesagt, aber heute
gehört das auf den Tisch: Ich bin maßlos verbittert über die bür-

gerlichen Nationalen, die mich mit guten Ratschlägen, mit 20-
oder 50-DM-Spenden abspeisen, während Andere im nationalen
Lager sich eine goldene Nase verdienen, ohne dafür auch nur
entfernt soviel geopfert und gelitten zu haben.«

Gelegentlich tun sich auch ganz unverhofft Finanzquellen auf:
Die Wiking-Jugend e. V., Gau Sachsen, freute sich, daß sie 1993
teils auf Kosten des Staates, teils auf Kosten der jüdischen
Gemeinde eine Großfahrt nach Israel machen konnte. »Das war
eine seltene Gelegenheit, fehlgeleitete Gelder wieder in deutsche Taschen zurückfließen zu lassen«, kommentierte die Vereinszeitschrift *Wikinger* (3/1994) mit Häme. Auf Anregung der
Dresdner Ausländerbeauftragten Marita Schieferdecker-Adolph
war für 21 rechte Jugendliche eine Reise nach Israel organisiert
worden, um deren antisemitische Vorurteile zu korrigieren.
»Die Nachwuchs-Nationalisten ... flanierten in Uniformjacken
und Springerstiefeln durch den Hafen von Haifa, gingen im
rechten Landser-Look im Negev auf Wüstensafari und wander-
ten über die Golanhöhen«, schrieb der *Spiegel* (25. 10. 1993).
Die Kosten für zehn Tage Aufenthalt betrugen pro Person 2500
Mark. Insgesamt hat die Reise nach Angaben der Dresdner
Ausländerbeauftragten, die die Vorwürfe des *Spiegel* als unwahr
zurückwies, 60 000 Mark gekostet.

Aus den Leserbriefspalten rechtsextremer Zeitungen erfährt man
nur von kleineren Spenden. Ein offenbar beamteter Leser der
neonazistischen *Bauernschaft* schreibt: »Endlich bin ich wieder
einmal dazu gekommen, bei einem der Abonnenten die *Bauernschaft* zu lesen. Nein, ich bin kein Trittbrettfahrer, der schmarotzt,
ich leiste und spende für Deutschland – wenn auch für anderes
ebenfalls, aber ich bin Beamter. Mein Einkommen möchte ich behalten. Jawohl, ich bin ein Knecht des Staates. Ist es nicht besser,
ich habe diesen Posten, als daß ich ihn einem Volksverderber
überlasse?! Ich habe sogar aus taktischen Gründen ein für den
Staat akzeptables Parteibuch erworben. Na und? Hauptsache das
Gehalt fließt und ich kann jedes Jahr einige Monatsgehälter für
deutsche Belange einsetzen ...« (*Bauernschaft* 1/94, S. 48)

Aus Freude über das Techtelmechtel Franz Schönhubers mit Gerhard Frey schrieb ein Leser der *Deutschen National-Zeitung:* »Auf Passau freue ich mich ganz besonders und lege eine Spende von DM 100 bei. Ebenfalls anbei meine Bestellung für *Verheimlichte Dokumente* – Band 2 und für die CD *Deutschland, Deutschland über alles.*« (*DNZ* 16. 9. 94)

Der Zahnarzt und Hauptmann a. D. Dr. Robert Otto Muth aus Unna, ein versierter Leserbriefschreiber in diversen rechten Gazetten, kombinierte seinen Unmut über eine angebliche Propagandaoffensive gegen Schirinowskij »getreu der Devise: Kriechen vor den Dirigenten der öffentlichen Meinung, Diffamieren aller deutschen und ausländischen nationalen Kräfte« mit einem Lob für eine Frey-Zeitung: »Das Verdienst der *Deutschen National-Zeitung* liegt in der lückenlosen Aufklärung dieser Märchengeschichten! Eine Spende von DM 100,– für die *Deutsche National-Zeitung* habe ich heute angewiesen.« (*DNZ* 11. 2. 94, S. 8)

Über die geplante Teilnahme des Russen Wladimir Schirinowskij an der DVU-Großkundgebung 1994 in Passau freute sich auch ein Leser aus Royan in Frankreich dermaßen, daß er »mit einer 50-Mark-Spende« dazu beitragen wollte. (*DNZ* 26. 8. 1994, S. 8)

Ein Rentner, der die Wiking-Jugend fördert, schrieb: »Anbei überreiche ich Euch die Einzugsermächtigung für meine Beitragsforderung. Obwohl ich nur Arbeiterrentner bin, … bitte oder gestatte ich bis auf weiteres, den Beitrag in doppelter Höhe jeweils abzubuchen, mit der Bitte, die Kasse vor dem Zugriff der demokratischen Schergen zu schützen …« (*Wikinger* 4/93, S. 2)

Gelegentlich spielen auch Erbschaften als Einnahmequelle der extremen Rechten eine Rolle, zum Beispiel bei Christian Worch. Worch, Jahrgang 1956, einst enger Vertrauter von Michael Kühnen und führender Kopf der im Februar 1995 verbotenen Nationalen Liste, ist laut Hamburger Verfassungsschutzbericht 1993 einer der wenigen Hamburger Rechtsextremisten mit überregionaler Bedeutung. Er hat ein beträchtliches Vermögen geerbt. Das bestätigen auch Insider, die es wissen müssen. Es handelt sich hauptsächlich um Immobilienbesitz, nämlich um ein Geschäftshaus am Hamburger Gänsemarkt, bei dem Worch an einer Erbengemeinschaft beteiligt ist, und um eine Eigentumswohnung am Mittelweg in bester Lage, direkt an der Alster. Insgesamt dürfte sich der Wert allemal um über eine Million DM bewegen.

Die NPD scheut sich nicht, ihre Kameraden oder Parteifreunde aufzufordern, ihr Testament zu machen – zugunsten der Partei. Und der Schatzmeister zieht aus dem Ableben der Kameradinnen und Kameraden finanziellen Nutzen – gar nicht einmal so selten, schließlich ist die Partei nach wie vor überaltert, und dementsprechend werden eben oft Mitglieder »zur großen Armee abberufen«. Dabei ist es der NPD am liebsten, wenn sie als Alleinerbe im Testament eingesetzt ist.

Die beiden Schwestern Frieda und Charlotte Krieg standen der NPD schon zu Lebzeiten mit Rat und Tat zur Seite. Als die NPD kaum ein Versammlungslokal habe auftreiben können, hätten ihr die Schwestern erlaubt, Parteiversammlungen in ihrem Gartenhaus abzuhalten, berichtet die *Deutsche Stimme*. Und die Parteikameraden seien von den Schwestern freundlich bewirtet worden. NPD-Größen wie der ehemalige Bundesvorsitzende Adolf von Thadden oder Emil Maier-Dorn hätten in der Villa logiert. In Schule, Politik und Malerei, so die Parteizeitung, sei Frieda Krieg deutsch gewesen. Ihr Eintreten für ihre Geschlechtsgenossinnen habe sie als jahrelange Frauenführerin erfolgreich bewiesen. Dafür habe sie »nach dem Umschwung« Lehrverbot bekommen, heißt es in dem NPD-Blatt. Noch auf dem Krankenlager habe sie Jüngeren »aus ihrem reichen Erfahrungsschatz« Wertvolles mitgegeben (*Deutsche Stimme* 11/1987).

Als Frieda und Charlotte Krieg aus Eningen unter Achalm starben, vererbten sie in ihrem Testament der NPD ihren Grund und Boden mit der Auflage, aus der noblen Villa ein nationales

Schulungszentrum entstehen zu lassen. In dem Testament vom 15. 3. 1984 mit der Urkundenrolle Nr. 1086/1984 setzten sich die beiden Schwestern gegenseitig zu Alleinerben ein. Unter § 3 der Urkunde heißt es:

> »Die Überlebende von uns beruft zu ihrem Erben
> die Nationaldemokratische Partei Deutschlands.
>
> Die Überlebende von uns macht dem vorgenannten Erben folgende Auflagen: Das Hausgrundstück ... in Eningen u. A. [unter Achalm] samt dem dazugehörigen parkartigen Garten soll eine Begegnungsstätte für Mitglieder der NPD und für Personen sein, die der NPD nahestehen, um in diesem Haus das politische und kulturelle Gedankengut der NPD zu pflegen. Daher soll der Verkauf des vorgenannten Grundstücks unterbleiben. Auch soll kein Verkauf von Teilflächen des Grundstücks oder des parkartigen Gartens erfolgen. Die im Haus ... in Eningen u. A. befindliche Bibliothek soll ungeteilt erhalten bleiben.«

Doch niemand in dem 10 000-Einwohner-Ort will dort einen NPD-Stützpunkt haben. Als sich NPD-Chef Günter Deckert in dem Städtchen im Landkreis Reutlingen im Januar 1995 als Bürgermeisterkandidat bei einer von der Gemeinde organisierten Wahlkampfveranstaltung vorstellen wollte und zu reden begann, gingen die Eninger einfach heim (*Süddeutsche Zeitung* 13. 1. 1995).

Deckerts Name prangt bereits auf dem Klingelschild, und er hat auch schon seinen Zweitwohnsitz dort angemeldet.

Nun muß die NPD jedoch dem Land Baden-Württemberg ca. 425 000 Mark an Wahlkampfkostenerstattung wieder zurückzahlen, beim Bund steht sie mit rund 760 000 Mark in der Kreide. Aufgrund ihrer schlechten Wahlergebnisse bei der Bundestagswahl 1990 und der Landtagswahl 1992 in Baden-Württemberg muß die Partei wesentliche Teile der bereits nach dem Parteien-

Nach Befragung durch den beurkundenden Notarvertreter
erklären wir, daß wir nicht gehindert sind, heute
letztwillig zu verfügen.

Unsere seitherigen letztwilligen Verfügungen widerrufen
wir hiermit.

§ 2

Wir setzen uns hiermit gegenseitig zu Alleinerben ein.

Wir sind Schwestern.

§ 3

Die Überlebende von uns beruft zu ihrem Erben die

Nationaldemokratische Partei Deutschlands.

Die Überlebende von uns macht dem vorgenannten Erben
folgende Auflagen:

Das Hausgrundstück Schillerstraße 73 in Eningen u.A.
samt dem dazugehörigen parkartigen Garten soll eine
Begegnungsstätte für Mitglieder der NPD und für
Personen sein, die der NPD nahestehen, um in diesem
Haus das politische und kulturelle Gedankengut der NPD
zu pflegen.
Daher soll der Verkauf des vorgenannten Grundstücks
unterbleiben. Auch soll kein Verkauf von Teilflächen
des Grundstücks oder des parkartigen Gartens erfolgen.

Die im Haus Schillerstraße 73 in Eningen u.A. befindliche
Bibliothek soll ungeteilt erhalten bleiben.

Diese Niederschrift wurde den Erschienenen
vom Notarvertreter vorgelesen, von ihnen
genehmigt und eigenhändig unterschrieben
wie folgt:

Aus dem Testament der beiden Schwestern (Auszug)

gesetz geleisteten Beträge zurückzahlen. In Verhandlungen mit
dem Stuttgarter Landtagspräsidenten Dr. Krupp (CDU) wurde
vereinbart, daß die NPD den Betrag von DM 425 000 in Raten
von 300 Mark monatlich abstottern darf. Jeder kann sich
ausrechnen, wie lange das dauern wird.
Der Landtag hatte dann eine Pfändungsverfügung veranlaßt.
Diese soll aufgehoben worden sein, nachdem Deckert erklärt
habe, nicht der Landesverband, sondern der Bundesverband
sei Erbe der Villa. Nach der Zusage des Parteivorstands, für
die Rückzahlungsverpflichtung zu haften, sei die Pfändung
aufgehoben worden. Man prüft derzeit, ob eine Teilveräuße-
rung des Eninger »Nationalparks« möglich ist. Doch im Testament der Schwestern steht deutlich: »Auch soll kein Verkauf
von Teilflächen des Grundstücks oder des parkartigen Gartens
erfolgen.«

Bei einem plötzlich verstorbenen NPD-Kameraden aus Düsseldorf-Mettmann, der der Partei schon oft finanziell aus der Patsche geholfen hatte, klappte es mit dem Erben nicht. Zwar hatte der Nationaldemokrat nach Parteiangaben 100 000 Mark für das »Objekt Altmark« zur Verfügung stellen wollen, doch kam der plötzliche Tod dazwischen. Der Kamerad starb im Alter von 83 Jahren an einem Gehirnschlag und konnte die NPD nicht mehr schnell genug schriftlich als Erbin einsetzen. Nun erben die Kinder (vgl. *Deutsche Stimme* 1/1995).

Um dem vorzubeugen, empfiehlt die NPD, ein Testament zu machen, »rechtzeitig an alles zu denken, auch daran, daß man seine Verbundenheit mit unserer Gesinnungsgemeinschaft über den Tod hinaus auf diese Weise unterstreicht«. Als Berater wirkt dabei NPD-Bundesschatzmeister Dieter Fuhrmann, ein 55jähriger Industriekaufmann aus Maintal.

Der Bundesparteitag 1993 in Coppenbrügge beschloß zur Konsolidierung der Finanzlage der Partei eine satte Beitragserhöhung. 21 Mark im Monat muß ein NPD-Mitglied im Westen zahlen, im Osten sind es elf Mark.

Eine Aufbesserung der Parteikasse erhofft sich die NPD auch auf anderem Wege. Sie verkauft jetzt die Fußballweltmeisterschaften von 1930 bis 1990 auf Video für 39,50 DM pro Film. Vor Weihnachten 1994 lagen der *Deutschen Stimme* Prospekte bei für die Jubiläums-Edition »75 Jahre UFA«. Damit pries die Firma History Films aus Schwarzenbruck zehn Meisterwerke aus der Ufa-Produktion auf Video zum Preis von 299 Mark an.

Die Parteien: Gelder aus der Staatskasse

Ende Januar 1994 erregte eine Presseerklärung aus dem Bundespräsidialamt Aufsehen. Der damalige Bundespräsident hatte das Gesetz zur Neuregelung der Parteienfinanzierung zwar unterschrieben, aber sich gleichzeitig davon heftig distanziert. Insbesondere wird die erhöhte Kostenerstattung je Wählerstimme für die ersten fünf Millionen Stimmen jeder Partei mit 1,30 Mark und die Höhe der steuerlich zu berücksichtigenden Beiträge und Spenden als verfassungsrechtlich fragwürdig bewertet. Eine von Weizsäcker eingesetzte Kommission hatte für einheitlich 90 Pfennig pro Wählerstimme plädiert.

Nach der Bürgerschaftswahl in Hamburg im September 1993 kamen auch die Parteien, die an der Fünf-Prozent-Hürde scheiterten, in den Genuß des warmen Regens aus dem Steuersäckel. Die Republikaner erhielten 300 000 Mark und die DVU 173 000 Mark, die FDP zum Vergleich ca. 260 000 Mark.

Aus der staatlichen Parteienfinanzierung erhalten Parteien eine Mark pro Wählerstimme und Jahr sowie 50 Pfennig Zuschuß auf jede Mark Spende oder Beitrag. Die DVU erhielt 1994 statt 1,59 nur noch 1,02 Millionen. Aus dem Rechenschaftsbericht der Republikaner 1993, die 19 820 Mitglieder angaben, geht hervor, daß der Staat mit 7,2 Millionen DM mehr als die Hälfte des 13,8-Millionen-Budgets bezahlte. Bei den Republikanern blieb der Staatszuschuß 1994 bei 3,72 Millionen Mark, denn die öffentliche Finanzierung darf nicht höher sein als die Summe von Spenden und Beiträgen. Und die haben sie verschenkt, weil sie die Antragsfristen versäumt hatten.

DVU

Die DVU schimpft gern über »die etablierten Abzocker« und die »Verschleuderungsmentalität« der Altparteien (*Deutsche National-Zeitung* 27. 1. 1995, S. 10). Inzwischen sind Abgeordnete der rechtsextremen »Deutschen Volksunion« (DVU) und der DVU-Abspaltung »Nationalkonservative Gruppe« (NK) in Bremen selber in den Ruch von Beutelschneidern gekommen. Sie sollen die für ihre Parlamentsarbeit gewährten Staatszuschüsse zum großen Teil zweckentfremdet haben. Die DVU hat nach einem Prüfbericht des Landesrechnungshofes allein 1992 mindestens 257 000 Mark widerrechtlich verwendet. Mitte Januar 1995 hat der Vorstand der Bremer Bürgerschaft die Zahlung der sogenannten Gruppengelder an DVU und NK gestoppt. Bislang erhielten die Gruppen für ihre parlamentarische Arbeit 6222 Mark monatlich je Abgeordnetem. Der Bürgerschaftspräsident fordert 250 000 Mark von der DVU und 130 000 Mark von der NK zurück (*Süddeutsche Zeitung* 12. 1. 1995, *Frankfurter Rundschau* 25. 1. 1995). Weil das Parlament nicht damit rechnet, daß die beiden Rechtsaußen-Gruppen die zweckentfremdeten Zuschüsse freiwillig zurückzahlen, bekommen beide keine Gelder mehr für ihre Parlamentsarbeit.

Von den öffentlichen Zuschüssen profitierte augenscheinlich besonders die *Deutsche Wochen-Zeitung* des Parteivorsitzenden Dr. Gerhard Frey aus München. Laut Prüfbericht hat die Bremer DVU Woche für Woche fünfmal hintereinander 28 800 Exemplare der Zeitung gekauft und an 10 800 Haushalte kostenlos verteilt. Dem Münchner Verlag habe das rund 140 000 Mark eingebracht.

Bei einem Betrag von 200 000 Mark für Sachverständige und einem Arbeitsvertrag über 28 000 Mark mit einem Stadtverordneten hat der Rechnungshof keine Gegenleistungen erkennen können. Darüber hinaus seien mindestens zwei Drittel des Jahresgehalts über 100 000 Mark des DVU-Geschäftsführers Sven Eggers unrechtmäßig ausgezahlt worden. Trotz seiner Funktion als Geschäftsführer der Bremer Fraktion wohnte er in München, wo er en passant noch die Redaktion der *Deutschen Wochen-Zeitung* leitete und sich um die Leserbriefe der *Deutschen National-Zeitung* kümmerte. Wenn Eggers persönlich an der Weser auftauchte, so kam er im Flugzeug – bezahlt aus dem Steuersäckel.

Die Nationalkonservative Gruppe bildete sich 1993 nach heftigen Streitereien in der DVU. Sie kam ins Gerede, weil ihr Abgeordneter, der Hafenarbeiter Peter Nennstiel, laut Landesrechnungshof Steuermittel in erheblichem Umfang für Privatangelegenheiten verwendet haben soll – so für die Anschaffung von Gartenmöbeln, Baumaterial, einer Waschmaschine, für ein Gebiß, für die neue Brille und die Bekleidung seiner Ehefrau.

Als Konsequenz daraus hat die Bürgerschaft ihren monatlichen Zuschuß von 18 000 Mark zunächst um 80 Prozent gekürzt. Nennstiel wurde aus der NK ausgeschlossen.

Die DVU war am 29. September 1991 mit fünf Parlamentariern als Fraktion in die Bremer Bürgerschaft eingezogen. Doch nach internen Querelen und der Abspaltung der NK verlor sie ihren Fraktionsstatus. Von den 950 000 Mark, die die DVU als Fraktion bekommen hatte, sind dem Bericht des Rechnungshofs zufolge 400 000 Mark für Öffentlichkeitsarbeit ausgegeben worden. Das wird als unerlaubte Parteienfinanzierung betrachtet (vgl. *Frankfurter Rundschau* 20. 12. 1994, 4. 1. 1995 und *Süddeutsche Zeitung* 5. 1. 1995).

Nach vorläufigen Schätzungen sollen die drei verbliebenen Abgeordneten der Gruppe über 100 000 Mark für unerlaubte Parteienfinanzierung oder private Zwecke mißbraucht haben.

Vor dieser Affäre war die DVU schon einmal in den Verdacht der finanziellen Unkorrektheit geraten. 1992 waren die Fraktionszuschüsse gesperrt worden, weil damit kein Fraktionsbüro unterhalten, sondern Steuergelder von 53 000 Mark monatlich möglicherweise für außerbremische Zwecke eingesetzt worden seien.

Der DVU-Landtagsabgeordnete Hans Weidenbach hegt dagegen den Verdacht, etablierte politische Kreise wollten mit einer Kampagne zur Diffamierung politisch Unbequemer von eigenem Fehlverhalten ablenken (*DNZ* 20. 1. 1995).

Der Münchner Pressemogul Dr. Gerhard Michael Frey kam am 18. Februar 1933 im oberpfälzischen Cham als Sproß einer alteingesessenen Kaufmannsfamilie, in der der reaktionäre Geist der Freikorps wehte, auf die Welt. Was den Vater prägte, blieb dem Sohn verwehrt. Er war keinen Tag Soldat – das Schießen betreibt er laut *Who's-who* nur als Hobby. Aber schon früh begann Frey, publizistische Scharmützel auszutragen – als Mitarbeiter der *Deutschen Soldaten-Zeitung*, die von ehemaligen Nationalsozialisten und SS-Männern wie dem Waffen-SS-General Paul Steiner, dem Mitarbeiter im Führungshauptamt der

Waffen-SS Oberst Joachim Ruoff und anderen agilen Kameraden ins Leben gerufen wurde. Schon 1959 wurde Frey Chefredakteur des Blatts, das er zur auflagenstärksten rechtsextremen Wochenzeitung machte und in *Deutsche-National-Zeitung* umbenannte.

Der millionenschwere Verleger bekam das kaufmännische Talent ebenso wie die nationale Gesinnung schon in die Wiege gelegt. Heute hat er umfangreichen Immobilienbesitz in München und Berlin. Frey ist promovierter Staatswissenschaftler und Jurist, dem Militärischen gilt seine Vorliebe, doch seine Schlachten finden auf dem Papier statt. Findig ist er insbesondere, wenn es darum geht, an Geld zu kommen. Da läßt er sich schon etwas einfallen, die Gründung einer ganzen Reihe von Klubs zum Beispiel.

Der Doktor aus München ist nicht nur Vorsitzender der Partei Deutsche Volksunion, er leitet auch die 1971 gegründete Deutsche Volksunion e. V., die ein eingetragener Verein ist. Während die Partei DVU ihre Großspender nennen muß, bleibt dies der DVU e. V. erspart. Nach dem Motto »für jeden etwas« rief der ideenreiche Vereinsgründer zahlreiche Aktionsgemeinschaften ins Leben. Als erste wurde 1979 die »Volksbewegung für Generalamnestie« (VOGA) aus der Taufe gehoben. Jetzt heißt sie »Volksbewegung gegen antideutsche Propaganda (VOGA)«. Die VOGA veranstaltete Meinungsumfragen zum Thema »Sollen die Deutschen ewig büßen?«. Im November 1980 entstand die »Initiative für Ausländerbegrenzung (I.f.A.)«, und 1981 folgte die »Aktion deutsches Radio und Fernsehen (ARF)«. Zum Gedenken an den 1982 verstorbenen Schlachtflieger und Oberst a. D. Ulrich Rudel schuf Frey den »Ehrenbund Rudel – Gemeinschaft zum Schutz der Frontsoldaten«, der gegen die »Diffamierung untadeliger Soldaten« ankämpft. Weiteren Zulauf erhoffte sich Frey durch den »Deutschen Schutzbund für Volk und Kultur«, der mit besonderer Häme die Angst vor angeblicher Überfremdung schürt. Schließlich gibt es auch noch die »Aktion Oder-Neiße (AKON)«, die sich für »ein deutsches Deutschland in gerechten Grenzen« einsetzt. Die Monatsbeiträge liegen bei jeweils sechs Mark für DVU und DVU e. V. und bei drei Mark für die anderen sechs Aktionsgemeinschaften. Laut Verfassungsschutzbericht 1994 liegt die Mitgliederzahl der DVU bei 20 000. Frey selbst gibt höhere Zahlen an.

Daneben existieren noch drei einträgliche Familienbetriebe. Die DSZ Druckschriften- und Zeitungs-Verlag GmbH mit ca. 30 Beschäftigten gab für 1993 einen Umsatz von neun Millionen Mark an. Die DSZ-Druck GmbH meldete mit zehn Beschäftigten 1993 einen Jahresumsatz von 1,44 Millionen Mark. Und die FZ Freiheitlicher Buch- und Zeitschriftenverlag GmbH machte 1992 mit 20 Beschäftigten fünf Millionen Umsatz. Geschäftsführer sind jeweils Dr. Gerhard Frey, Regine Frey und Michaela Frey.

Das umfangreiche Versandangebot, das für jede Gebrauchssituation eines »Freiheitlichen« das Passende bereithält, läßt Freys Kassen klingeln. Zum Wandschmuck für deutschgebliebene Deutsche bietet der FZ-Verlag die »Reichsflagge« für 24,75 Mark (25 x 15 cm) oder für 79,75 Mark (90 x 60 cm) an. Es gibt auch »nationale Wandplakate« für 18,80 Mark. Wenn sich sogenannte deutschbewußte Menschen ein stilvolles Präsent machen wollen, läßt sich unter den »herrlichen deutschen Medaillen« etwas finden, Hitler-Stellvertreter Rudolf Heß zum Beispiel oder Hitler-Nachfolger Großadmiral Dönitz oder Hitlers General Guderian – jeweils in Gold für 488 Mark oder, für den kleineren Geldbeutel, in Feinsilber für 128 Mark. Selbstverständlich ist auch nationale Stimmungsmusik im Angebot, *Lieder, die wir einst sangen* (als LP, Kassette oder CD) oder *Alte Kameraden* (CD). Dazu kommt ein einschlägiges Buch- und Videoangebot. Wenn ein Nationaler eine Reise tun will, dann kann er das mit »FZ-Leserreisen«, zum Beispiel sechs Tage nach »Böhmen und Mähren« für 990 Mark.

Freys Talent bewährte sich auch beim Akquirieren geldwerter Leistungen prominenter Zeitgenossen. Zu ihren Lebzeiten behandelt Frey seine hochrangigen Berater diskret, sobald sie jedoch das Zeitliche gesegnet haben, werden sie erbarmungslos geoutet, zum Beispiel als »wunderbare Wegbegleiter«. So verhielt es sich bei zwei bayerischen Ex-Ministern: Theodor Maunz und Alfred Seidl. Theodor Maunz, 1901 geboren und 1993 verstorben, gilt als einer der namhaftesten Verfassungsrechtler in der Bundesrepublik. Sein Kommentar zum Grundgesetz, *der* Maunz-Dürig, ist das wichtigste Handwerkszeug im Staatsrecht für Richter, Anwälte und Studenten. Ko-Autoren sind Rupert Scholz, Vorsitzender der Enquête-Kommission zur Verfassungsreform, und Bundespräsident Roman Herzog. Herzog war auch Schüler von Maunz. Vor seiner Karriere als Demokrat hat Theodor Maunz die Staatsrechtslehre im Dritten Reich befördert. Mit seinen Schriften leistete er einen wichtigen Beitrag zur Durchsetzung des Rasseprinzips im NS-Staatsrecht. Wegen seiner braunen Vergangenheit mußte Maunz 1964 als bayerischer Kultusminister seinen Hut nehmen. Er blieb aber weiter ungeniert Professor an der Münchner Ludwig-Maximilians-Universität.

Der Bundesinnenminister hatte Ende der sechziger Jahre die Schlagzeile der *Deutschen National-Zeitung* »Verbrecherstaat Israel will uns Moral lehren« zum Anlaß genommen, einen Antrag nach Art. 18 des Grundgesetzes zu stellen, um Frey das Grundrecht auf freie Meinungsäußerung abzuerkennen und so das Erscheinen der *DNZ* zu unterbinden. Das Verfahren schleppte sich über Jahre hin und wurde 1974 zurückgewiesen. Was keiner wußte: Juristischen Beistand bekam Frey damals und noch auf zwanzig weitere Jahre von Maunz. So bestätigte es Maunz' Sohn im Oktober 1993 gegenüber dem Fernsehmagazin *Panorama* (vgl. Franziska Hundseder/Volker Steinhoff: Verfassungsrechtler Maunz beriet DVU, *Panorama* 7. 10. 1993).

Wer sich gefragt hatte, wieso Frey in Hunderten von Gerichtsverfahren noch nie bestraft worden ist, der wußte jetzt Bescheid. Maunz erstellte für Frey zahlreiche Rechtsgutachten und schrieb Artikel für die *Deutsche National-Zeitung,* die meist auf Seite drei anonym erschienen. In einem seiner vielen Briefe an den »lieben Herrn Dr. Frey« entschuldigte sich Maunz für eine

Verspätung und schrieb weiter: »Ich werde mir daher erlauben, das von Ihnen genannte Buch am kommenden Montag zur gewohnten Stunde im Verlag in Empfang zu nehmen.« In Zahlen ist wohl kaum zu messen, was es Frey gebracht hat, daß der Säulenheilige des bundesdeutschen Staatsrechts quasi IM (informeller Mitarbeiter) des rechtsextremen Verlegers war – genausowenig im Fall Seidl. Der ehemalige Fraktionsvorsitzende, Justiz-Staatssekretär und Innenminister Alfred Seidl starb Ende November 1993 und wurde dann von Frey als Partner dekuvriert. Nach Freys Angaben hat Seidl, der einstige Verteidiger von Hitler-Stellvertreter Rudolf Heß bei den Nürnberger Kriegsverbrecherprozessen, dreieinhalb Jahrzehnte lang harmonisch mit ihm »zusammengewirkt«, also auch während seiner Zeit als Innenminister 1977/78.

NPD

Die Stimmengewinne aus der Europa-Wahl 1984 und der Bundestagswahl 1987 brachten der NPD noch insgesamt ca. 3,2 Millionen Mark Wahlkampfkostenerstattung.
Bei der Bundestagswahl am 2. 12. 1990 hatte die NPD jedoch weder im Wahlgebiet der früheren DDR noch in dem der ehemaligen Bundesrepublik 0,5% der Zweitstimmen erhalten. Dies ist aber Voraussetzung für die Erstattung von Wahlkampfkosten aus Steuergeldern.
In einem vertraulichen und ausschließlich für die Mitglieder des Parteivorstandes der NPD bestimmten Situationsbericht vom 5. 12. 1990, also drei Tage nach der ersten gesamtdeutschen Bundestagswahl, bei der die NPD nur 145 895 Stimmen (0,31 Prozent der Stimmen) bekam, schrieb der damalige Parteivorsitzende Martin Mussgnug: »Die wirtschaftliche Situation macht seit dem 2. 12. 90 eine Weiterarbeit unmöglich.« Die Bundespartei habe einen ungedeckten Schuldenstand von ca. 1,5 Millionen Mark. Der derzeitige Geschäftsbetrieb der Zentralverwaltung der Partei in Stuttgart verursache »ein monatliches Defizit

und damit eine monatliche und laufende Unterdeckung von DM 25 000«.

Bei der Landtagswahl 1992 in Baden-Württemberg hatte die NPD einen herben Stimmenverlust einstecken müssen, während die Konkurrenz, die Republikaner, mit fünfzehn Abgeordneten in den Stuttgarter Landtag einziehen konnte. Und dies obwohl die NPD im Südwesten schon einmal kräftig abgeräumt hatte (1968 mit 9,8 Prozent) und von einer späten Wiederholung träumte. Mit dem 92er Wahlergebnis war die Partei aber auch finanziell vor dem Aus.

Die NPD hatte 1988 bei der Landtagswahl in Baden-Württemberg 2,1 Prozent der Stimmen erreicht und damit für die Wahl 1992 einen Anspruch auf eine Vorauszahlung in Höhe von 438 000 Mark erworben. Nachdem sie bei der Landtagswahl 1992 aber nur auf 0,9 Prozent kam, wurde die Rückzahlung fällig, und zwar in voller Höhe, weil die Partei den Mindeststimmenanteil von einem Prozent nicht erreichte. Die NPD hatte sich in Gesprächen mit der Landtagsverwaltung außerstande erklärt, die Summe zurückzuzahlen. Daraufhin ließ die Landesoberkasse Ende Dezember 1992 die NPD-Landesverbandskonten pfänden. Aber schon am 15. 12. 1992 hatte Landesvorsitzender Hartmut Hildebrandt eingeräumt, der Landesverband sei »besitz- und mittellos«. Beitreibungen seien sinnlos. Zu holen sei nichts. Daher wird jetzt in monatlichen Raten von DM 300 das Geld zurückerstattet.

Parteivorsitzender Günter Deckert meldet sich im August 1993 bei den »lieben Freunden und Förderern, Kameradinnen und Kameraden« der NPD. Es ginge um die finanzielle Lage der Partei. Zwar habe sich der Zustand der Finanzen erheblich gebessert, doch Entwarnung könne nicht gegeben werden. Die NPD habe noch immer beachtliche Schulden (rund 750 000 Mark) gegenüber dem Bundestag, die jährlich 32 000 Mark Stundungszinsen kosteten. Deshalb wird eine große Entschuldungsaktion gestartet – zu Lasten des Steuerzahlers nach folgendem Modell: »Jeder Empfänger, jede Empfängerin dieses Rundbriefes erklärt sich bereit, DM 300 Sonderumlage zu zahlen, sofern er/sie noch Steuern zahlen muß (DM 150 werden im Rahmen des Lohnsteuerjahresausgleiches oder der Einkommensteuererklärung über das Finanzamt zurückerstattet); 150 DM sofern er/sie keine Steuererklärung mehr machen muß. Da im Jahr 1993 nur wenige Verbände ›wahlgekämpft‹ haben, erreichen nicht viele die mögliche Spendenobergrenze von DM 1200 für Ledige, DM 2400 für Verheiratete. Davon werden jeweils 50% über das Finanzamt zurückerstattet.« Eine zweite Fassung des Textes, die im Parteiorgan *Deutsche Stimme* abgedruckt ist, hat Deckert bereits aktualisiert: »1994 können Spenden und Mitgliedsbeiträge an politische Parteien bei Ledigen bis zu DM 3000 und bei Verheirateten bis zu DM 6000 im Jahr mit 50% direkt von der Steuerschuld abgesetzt werden. Darüber hinausgehende Spenden werden bis DM 6000 bzw. bis zu DM 12 000 im Jahr wie bisher steuerlich begünstigt.«

Günter Deckert, bundesweit bekannt geworden durch die Begründung des Urteils der 6. Strafkammer des Landgerichts Mannheim, mit der eine einjährige Freiheitsstrafe zur Bewährung ausgesetzt wurde und in der die Richter Deckert als »eine charakterstarke, verantwortungsbewußte Persönlichkeit mit klaren Grundsätzen« gewürdigt hatten, machte seine neue Publizität gleich zu Geld. Die Urteilsbegründung im Umfang von 67 Seiten verkauft er für 25 Mark. Auf einer Einladung zu einem Pressegespräch in der Stuttgarter NPD-Zentrale ließ er anmerken: »Bildjournalisten nur gegen Entrichtung eines Betrags von DM 250 in bar oder als Euroscheck.« (*FAZ* 16. 8. 94)

Ein Herz für Deutschland

Für Persönlichkeiten des öffentlichen Lebens, Beamte oder Unternehmer, also für alle diejenigen, denen ein offenes Bekenntnis zur NPD schädlich sein könnte, hat die Partei den »Freundeskreis Ein Herz für Deutschland« gegründet. Nicht jeder bekennt sich schließlich so freimütig wie beispielsweise

Prof. Dr. h. c. Hermann Oberth, der Vater der Weltraumfahrt. Er war der NPD beigetreten und verfaßte eine Bekennerschrift *(Der Mut zur Wahrheit – Mein Weg zur NPD)*. »In dieser Atmosphäre der Selbstbesudelung und der Diffamierung eines der wichtigsten Kulturvölker kann ein harmonisches Zusammenleben der weißen Völker nicht entstehen!«, so beschrieb er seine Auffassung. Er hielt den Nationaldemokraten bis zu seinem Tod im 95. Lebensjahr die Treue.

Wer denkt schon bei »Ein Herz für Deutschland« an die alten Kämpen, jeder denkt an Kinder und die *Bildzeitung*-Aktion. Der Freundeskreis vertrieb entsprechende Aufkleber fürs Auto mit einem schwarz-rot-goldenen Herz. Und er brachte Flugblätter unter die Leute, beispielsweise mit der Frage: »Deutschland – ein Einwanderungsland?« Die angegebene Postfachnummer war die der NPD, und ebenso gehörte das Spendenkonto Nr. 11 504-707 der NPD.

Dieser dezente Kreis scheut es, offen seine Ziele zu äußern. »Angehörige des Freundeskreises fördern die Arbeit der NPD, ohne direkt in Erscheinung zu treten«, heißt es in einem Brief an einen »sehr geehrten Freund nationaldemokratischer Politik«, »auf Wunsch erhalten Sie eine steuerabzugsfähige Spendenquittung«.

Inzwischen hat sich der Freundeskreis, besser gesagt: haben sich die Freundeskreise verselbständigt. Es hatte aufgrund der mangelnden Wahlerfolge der NPD Probleme gegeben, manche wandten sich den Republikanern zu, so daß die Freundeskreise je nach Ort unterschiedlich bewertet werden müssen. In Bremen soll der Freundeskreis 1988 305 Mitglieder gehabt haben, und Landesvorsitzender Weidenbach war sicher, dieses Potential auch noch für etliche direkte NPD-Mitgliedschaften ausschöpfen zu können (*Deutsche Stimme* 5/1988). Das Bremer Landesamt für Verfassungsschutz hält die Zahl von 305 herzigen Freunden für »frei erfunden«. Die ganze NPD habe 1994 in Bremen lediglich fünfzig Mitglieder.

Der Stuttgarter Freundeskreis nennt sich »Ein Herz für Deutschland« im DCEC (vgl. S. 220). Dieses Kürzel steht für »Delegier-ten-Convent Europäischer Corporationen«. Es handelt sich um eine von den Europa-Burschenschaften Arminia zu Zürich und Nibelungia zu Wien am 30. 6. 1984 zu Obermiething/Ober-österreich gegründete Arbeitsgemeinschaft europäischer Kör-perschaften. Bei der Europa-Burschenschaft Arminia Zürich zu Heidelberg in der Rohrbacher Straße war im Januar 1995 eine Polizeirazzia. Unter der Überschrift »NS-Schriften bei Burschen-schaft beschlagnahmt« berichtete die *Rhein-Neckar-Zeitung* vom 24. 1. 1995 darüber. Nationalsozialistische Literatur und Bestelli-sten für NS-Materialien seien die Ausbeute gewesen. Bei den beschlagnahmten Gegenständen handle es sich nach Angaben des Landeskriminalamts zum Beispiel um SS-Liederbücher und Tonträger mit nationalsozialistischem Inhalt. Ins Haus der Europa-Burschenschaft im DCEC lud der Freundeskreis am 14. 5. 1993 zu einem Liederabend mit dem rechtsradikalen Barden Frank Rennicke ein. »Mit Klampfe und Schwert – gegen den Zeitgeist« war das Motto. Auf dem Briefkopf standen aber nicht nur der Freundeskreis, sondern auch die Deutsche Volksver-sammlung, die die Bundesregierung durch volkstreue Männer und Frauen ersetzen will, und die Heimattreue Vereinigung Deutschlands (HVD). Die HVD wurde vom baden-württember-gischen Innenminister Frieder Birzele mit Wirkung vom 14. Juli 1993 verboten. Der führende Kopf der HVD, Andreas Rossiar, war zuletzt am 8. Dezember 1994 vom Freundeskreis geladen, um über das Verhalten gegenüber Polizei und Justiz zu referie-ren. »Da die staatliche Repression gegenüber vaterländisch Denkenden immer größere Dimensionen annimmt, sollten wir uns über unsere Rechte im klaren sein«, heißt es in der Einladung. Als Ort wurde eine Stuttgarter Gaststätte (Haus für Bessarabiendeutsche) angegeben. Andere Referenten waren zum Beispiel der frühere Landesvorsitzende der NPD und heutige Funktionär der Deutschen Liga für Volk und Heimat, Jürgen Schützinger, oder der ehemalige Rechtsanwalt und Rechtsterrorist Manfred Roeder.

Einer der Aktivisten, Mitgründer und Alt-Sprecher des Freundeskreises in Stuttgart ist Bruno Schmidt, Spitzname Leo, Jahrgang 1920. Als Kontaktstelle des Freundeskreises fungiert Franz Schmid aus Donzdorf. Er kandidierte 1994 bei den Kommunalwahlen in Baden-Württemberg allerdings nicht auf der NPD-Liste, sondern bei den Republikanern. Schmid erstellt für jedes Treffen eine Liste mit Terminen wichtiger Veranstaltungen und Aktionen. Bei Schmid konnten auch die Treffpunkte der inzwischen verbotenen Wiking-Jugend und der DJO (Deutsche Jugend in Europa) abgefragt werden. Die DJO hat Schmid deshalb Ende 1994 ausgeschlossen. Der Versicherungsmakler Franz Schmid, vulgo »Freki«, betätigt sich auch als »Stammesfürst«. Als solcher richtet er Stammestreffen der Sueben, Allemanen, Helvetier und Vindeliker auf dem Hohenstaufen bei Göppingen aus. Die damalige Schriftleiterin der deutschsprachigen Midgartzeitung für europäische Religion Freifrau Sigrun von Schlichting dankte zum Jahreswechsel 1993/94 dem »rührigen Freki« neben »dem fleißigen Egulf« und »dem treuen Wolfgang« für ihre unauffällige Hilfe und besonders gute Arbeit. Obendrein ist Schmid auch noch Schatzmeister bei der »Deutschgläubigen Gemeinschaft«. Für seine Versicherungsagentur warb er unter dem Slogan »Heiden versichern sich bei Heiden«. (*Huginn & Muninn* 8/1991)

Republikaner

Um die Parteikasse durch höhere Staatszuschüsse aufzufüllen, war Bundesschatzmeister Pahl ein Trick eingefallen. Pro Spendenmark, die einer Partei zufließt, zahlt der Staat 50 Pfennig dazu. Je höher also das Spendenaufkommen, desto höher auch die Gelder aus dem Staatssäckel. Deshalb ließen die Republikaner Formulare drucken, auf denen Aufwendungen für die Partei wie Fahrkarten, Taxibelege, Porto- oder Telefonkosten und Büromaterial aufgeführt werden sollten. Auf diese Formulare ist auch gleich eine Erklärung auf Verzicht von Auslagenersatz gedruckt. Der Gesamtbetrag der Kostenrechnung soll damit umgehend gespendet werden, auch wenn in Wirklichkeit kein Geld geflossen ist. Wer nicht Funktionsträger sei, solle unbedingt »Beauftragung« beifügen. Das Blatt »Beauftragung zur Ausführung einer Aufgabe, Tätigkeit oder sonstigen Leistung mit Anspruch auf Kostenersatz« bezieht sich auf Wahrnehmung bzw. Ausführung von bestimmten Leistungen wie Teilnahme an Parteiveranstaltungen, Delegiertenaufgaben, Öffentlichkeitsarbeit, Wahlkampf usw.

Erich Fuchs war 1983 der Partei beigetreten (Mitgliedsnummer 119). 1991 schrieb der ehemalige hessische Landesvorsitzende Fuchs an Parteifreunde: »Die Partei steht vor der finanziellen Pleite, die der vorausgegangenen politischen zwangsläufig folgen mußte. Der große Geldsegen aus der Europawahl ist längst vertan. Großartige Gehälter für Günstlinge (jeweils rund 10 000 DM monatlich), der gepanzerte Dienstwagen samt Fahrer und Gorilla, eine pompöse, aber leider wenig effiziente Bundesgeschäftsstelle, sinnlos verausgabte Gelder im Bundestagswahlkampf (für Klebekolonnen, die viel verdienten, aber wenig leisteten), leckere Büfetts und ergiebige Spesenabrechnungen (nach einem Mehrklassensystem) für Karrieristen und Newcomer waren gewissermaßen parteiimmanent. F. S. bescherte einer kleinen Anzahl von Funktionären ein schönes Leben auf Kosten der Partei. Auf der anderen Seite standen über Jahre wir ›nützlichen Idioten‹ mit unseren Beiträgen, Spenden, Bürgschaften (die oft bezahlt werden mußten!) und kostenlosen Einsätzen für die Partei. Wir bezahlten alles aus der eigenen Tasche, versteht sich.«

Anders die Abgeordneten der Republikaner im Landtag von Baden-Württemberg. Sie erhalten knapp 7000 Mark als Grunddiät plus eine steuerfreie Pauschale von durchschnittlich 3500 Mark. Fraktionsvorsitzender Dr. Rolf Schlierer soll der *Deutschen National-Zeitung (DNZ)* zufolge noch eine »Funktionszulage« von etwa 1250 Mark kassieren. Das ergäbe die Summe von 11 750 Mark monatlich. »Politik ist auch kein Umweg zu materieller

Absicherung«, ließ sich Schlierer im Parteiblatt (11/1994) vernehmen. Die Landtagsabgeordneten Rolf Wilhelm und Horst Trageiser beziehen laut *DNZ* 3000 Mark aus der Parteikasse. Der Landtagsabgeordnete Heinz Troll, Beisitzer im Landesvorstand sowie Gemeinde- und Kreisrat, und der Abgeordnete Lothar König aus Dobel, sportpolitischer Sprecher der Fraktion und Kuratoriumsmitglied der Landeszentrale für politische Bildung, von Beruf Hauptschullehrer, erhielten 2250 Mark von der Partei. Der stellvertretende Landesvorsitzende und Stadtrat von Heilbronn Alfred Dagenbach kassierte der *DNZ* zufolge monatlich 8000 Mark. Dieser Beitrag sei Ende 1993 auf 9000 Mark aufgestockt worden. Der stellvertretende Landesvorsitzende Rüdiger Helfer erhalte 3500 Mark und zusätzlich das Gehalt eines Fraktionsgeschäftsführers, das bei etwa 10 000 Mark liege. Seine Ehefrau bekomme 4000 Mark. Die von den Republikanern im Südwesten aus Parteigeldern finanzierten Aufwandsentschädigungen von Amtsträgern sollen 1993 rund 580 000 Mark betragen haben.

»Wo sind die Millionen geblieben?« fragte daraufhin das Kölner Magazin *Europa vorn* des Ex-Republikaners Manfred Rouhs. »Wenn alleine 11 baden-württembergische Rep-Funktionäre, von denen die meisten noch zusätzlich Bezüge als Volksvertreter auf Landes- oder kommunaler Ebene einstreichen, in einem einzigen Jahr 580 000 Mark aus der Parteikasse auf ihre privaten Konten überweisen, ist klar, warum die Partei außerstande ist, bundesweit flächendeckend vernünftige Wahlkämpfe zu führen. Diese ›Patrioten‹ langen schlimmer zu als die übelsten Vertreter jenes Altparteien-Regimes, gegen die die Republikaner doch eigentlich eine ›ehrliche‹, ›saubere‹ Politik durchsetzen wollten.« – »Von diesen Sprößlingen einer dekadenten, materialistischen Wohlstandsgesellschaft müssen sich die deutschen Patrioten trennen, sofort!« empörte sich das Blatt. (*Europa vorn* 15. 11. 1994)

Laut Rechenschaftsbericht haben die Republikaner 1992/93 an Großspenden erhalten:

Konrad Hüttner, München	60 000	Mark
Bernd Bernhard, Berlin	20 245	Mark
Brigitte Bernhard, Berlin	26 800	Mark
Michael Gassen, Berlin	25 336	Mark
Frank Gassen, Berlin	21 795	Mark
Brigitte Bernhard, Berlin	31 875	Mark
Bernd Bernhard, Berlin	27 107	Mark
Werner Haase, Göttingen	94 167,60	Mark
(davon Nachmeldung für 1992: 60 000		Mark)
Karl Werner Weiss, Saarbrücken	26 086,88	Mark
Reinhard Wnendt, Plettenberg	88 060	Mark
Otto Strauß, Arnsberg	20 752	Mark

Konrad Hüttner, nach Auskunft von Franz Schönhuber kein Parteimitglied, ist Rechtsanwalt und hat eine Kanzleigemeinschaft mit Schönhubers Ehefrau Ingrid in München. Bernd Bernhard ist Vorsitzender des Landesverbandes Mecklenburg-Vorpommern der Republikaner. Parteimitglied Werner Haase hat eine Immobilien- und Anlagenvermittlungs-GmbH in Göttingen, die eng mit der V.A.S. Versicherungs- und Finanzierungsdienst für Akademiker und Studenten GmbH unter derselben Adresse zusammenarbeitet. Der Bankkaufmann Reinhard Wnendt aus Plettenberg und der Dachdeckermeister Otto Strauß aus Arnsberg sind beide Republikaner-Funktionäre.

Deutsche Liga

Bei der Kommunalwahl 1989 hatten 7,4 Prozent der Wähler die Republikaner in den Kölner Rat geschickt. Doch schon nach kurzer Zeit war die Partei heillos zerstritten. Die sieben Rep-Ratsmitglieder spalteten sich alsbald in drei Fraktionen, und das lohnte sich. Denn statt einem kassierten jetzt drei Vorsitzende monatlich 1262 Mark zusätzlich zu den 631 Mark, die jedes Ratsmitglied als Aufwandsentschädigung bekommt.
Erstattet werden auch Tagegelder für Treffen von Arbeitskrei-

sen. Darauf haben auch »sachkundige Bürger« Anspruch. Und die Republikaner waren ganz besonders mit geballter Kompetenz und viel Sitzfleisch gesegnet. »Sachkundige Bürger« liefen ihnen in solchen Scharen zu, daß sie im Jahr 1990 gleich 804 Teilnehmer in 184 Sitzungen versammeln konnten und dafür 42 718 Mark einstrichen.

Auch Büromaterial muß den Fraktionen erstattet werden. Die Fraktion der Deutschen Liga, bestehend aus zwei Ex-Republikanern, kassierte pro Kopf 1591,94 Mark. (Bei der SPD waren es 207,41 Mark, bei der CDU 218,18 Mark.) Wer soviel Papier verbraucht, der verschickt auch viele Briefe. Die beiden Ligisten verschickten im ersten Halbjahr 1993 etwa doppelt so viele Briefe wie SPD und CDU zusammen, nämlich 2138. Ob das Fraktionspost war oder ob nicht vielleicht doch Parteipost dazukam, läßt sich kaum klären. Ein Brief aus der Rep-Fraktion jedenfalls ging just an die richtige Adresse, nämlich an das Bundesamt für Verfassungsschutz, und dieser Brief enthielt mitnichten Fraktionspost.

Beim Vizepräsidenten der Kölner Behörde, Dr. Peter Frisch, erschienen eines Tages zwei junge Männer, gaben sich als Redakteure der Schülerzeitung eines Gymnasiums aus und begehrten ein Interview. Das haben sie dann auch erhalten. Doch Frisch war baß erstaunt, als er später einen Umschlag von der Kölner Fraktion der Republikaner erhielt, in dem das Belegexemplar für das Gespräch mit den vermeintlichen Schülerzeitungsredakteuren steckte. Das Interview war nämlich für die Zeitschrift *Europa vorn* des Kölner Ratsherrn Manfred Rouhs erschlichen worden. Um Fraktionspost handelte es sich dabei ganz bestimmt nicht, denn die Fraktion hatte rein gar nichts mit dem Blatt *Europa vorn* zu tun, dessen Chefredakteur damals noch Ratsherr der Republikaner, einige Monate später schon der Deutschen Liga war.

Die beiden Fraktionsmitglieder der Deutschen Liga für Volk und Heimat waren offenbar intensiv damit beschäftigt, mit dem Taxi durch die Gegend zu fahren, auf Staatskosten zu telefonieren oder Fotokopien anfertigen zu lassen. Allein von Mai bis November 1992 ließen sich die beiden Ratsherren der Liga für über 6000 Mark Taxikosten zurückerstatten. »Früher konnten wir darauf vertrauen, daß die Fraktionen die Fahrten korrekt abrechnen; mit den Rechten hat sich das geändert«, sagte Heinz-Erhard Cremer, der für den Rat zuständige Amtsleiter der Stadtverwaltung dem *Kölner Stadt-Anzeiger* (24. 9. 1994). Jetzt werde in jedem Einzelfall genau geprüft. Beispielsweise soll die Fraktion am Tag einer RTL-Sendung über Rechtsextremisten mehrere Taxen zum Studio im Erftkreis genommen haben. Die Verwaltung stellte der Fraktion den Fahrpreis in Rechnung, denn sie war sicher, daß dabei keine Fraktionsarbeit geleistet worden ist.

Freie Wählergemeinschaft Düsseldorf

Kräftig hingelangt hat die im Düsseldorfer Rat mit lediglich zwei Sitzen vertretene Freie Wählergemeinschaft (FWG) bei der Erstattung von Sitzungsgeldern. Die Minifraktion hat 1992 für Fraktionssitzungen 186 889 Mark aus dem Steuersäckel erhalten. Zum Vergleich: Die SPD erhielt mit 33 Vertretern 109 000 Mark, die CDU mit 32 Ratsmitgliedern 104 000 Mark. Auch im Jahr 1993 lag die aus den Republikanern hervorgegangene zweiköpfige FWG-Fraktion mit 93 000 Mark vorn. Die FWG hatte mit zwei Ratsmitgliedern die Mindestgröße für einen Fraktionsstatus und damit Anspruch auf ein kostenloses Büro und Fraktionsgelder. Laut Satzung der Stadt stehen jedem Sitzungsteilnehmer 52 Mark je Fraktionssitzung zu. Durchschnittlich wurden von der Zwei-Mann-Fraktion 29 Sitzungsteilnehmer für bis zu 15 Sitzungen pro Monat gemeldet. (*Rheinische Post* 3. 2. 1993, 19. 11. 1993) Im März 1994 haben die beiden FWG-Räte, die Friseurmeisterin Petra Lauer und der Kaffeehausbesitzer Herbert Zaunbrecher, ihre Ratsmandate niedergelegt.

Stiftungen: staatlich gefördert

Franz-Schönhuber-Stiftung

Seit März 1994 ist es amtlich: Die Erste Kammer des Verwaltungsgerichts Düsseldorf hat das Innenministerium von Nordrhein-Westfalen verpflichtet, die Franz-Schönhuber-Stiftung zuzulassen (AZ: 1K4629/93). Damit können die Republikaner auf dem Stiftungsweg mit Staatsknete und steuerlich begünstigt ihre Ideen unters Volk bringen.

Alle größeren Parteien haben ihre Stiftungen, mit denen sie mehr oder weniger verdeckte Werbung betreiben. Sie werden größtenteils aus Steuergeldern finanziert. Die Beträge, die an diese parteinahen Stiftungen gehen, sind etwa doppelt so hoch wie die offizielle Parteienfinanzierung. 1993 haben die Parteistiftungen aus dem Bundeshaushalt 644,97 Millionen Mark erhalten, 1992 sogar 650,33 Millionen. Aus Steuermitteln sind geflossen an die

Konrad-Adenauer-Stiftung	212,54 Millionen DM	(CDU-nah)
Friedrich-Ebert-Stiftung	205,21 Millionen DM	(SPD-nah)
Friedrich-Naumann-Stiftung	99,71 Millionen DM	(FDP-nah)
Hanns-Seidel-Stiftung	97,38 Millionen DM	(CSU-nah)
Stiftungsverband Regenbogen	30,13 Millionen DM	(Grünen-nah)

Also wollen auch die Republikaner von diesem Kuchen etwas abbekommen. Die Stiftung soll jährlich Mittel in zweistelliger Millionenhöhe lockermachen. Etwa 60 Millionen Mark hätten den Republikanern seit 1990 zustehen müssen, so haben sie errechnet, seit sie die Gründung einer parteinahen Stiftung beschlossen hatten (Hans Hausberger in: *Junge Freiheit* 5. 8. 1994, S. 4).

Gegen die Stiftungsgründung hatte sich der zuständige nordrhein-westfälische Innenminister Herbert Schnoor fünf Jahre lang gewehrt. Doch die Stiftung ist rechtmäßig und muß genehmigt werden, so befand das Gericht. Es gab damit einer »Untätigkeitsklage« der Republikaner statt. Es lägen keine Anhaltspunkte vor, daß die Parteistiftung mit Sitz in Bonn ihre Ziele in kämpferischer oder aggressiver Weise durchsetzen wolle. Von einer Gefährdung des Allgemeinwohls sei nicht auszugehen. Nach dem Stiftungsgesetz kann die Zustimmung zur Gründung einer Stiftung nur verweigert werden, wenn ein Verstoß gegen das »Gemeinwohl« vorliegt. Dies befürchtet der nordrhein-westfälische Innenminister, das Gericht hingegen nicht. Deshalb hat das Innenministerium vor dem Oberverwaltungsgericht Münster Berufung gegen die Entscheidung des Verwaltungsgerichts Düsseldorf eingelegt. Ein Termin stand Anfang 1995 noch nicht fest.

In der Berufungsbegründung vom 11. 11. 1994 kritisiert das Innenministerium, daß das Verwaltungsgericht Düsseldorf zur Auslegung der erklärten Zwecksetzung der Republikaner nur das offizielle Parteiprogramm von 1993 heranzieht (S. 22): »Damit bleiben die gesamten von den Verfassungsschutzbehörden des Bundes und der Länder im Rahmen der Beobachtung der Klägerin wegen des Verdachts der Verfolgung verfassungswidriger Bestrebungen gesammelten Erkenntnisse aus Äußerungen, Flugblättern und Schriften von Mitgliedern, Funktionären und Unterorganisationen der Klägerin, aus denen sich die tatsächlichen politischen Zielsetzungen der Klägerin ergeben, außer Betracht.« (S. 22f.) Warum diese Erkenntnisse der Verfassungsschutzbehörden bei der inhaltlichen Auslegung des Stiftungszwecks nicht berücksichtigt werden dürfen, ergebe sich aus der Begründung des Verwaltungsgerichts nicht. Es leuchte aber ohne weiteres ein, daß Ziele, aus denen sich die Verfassungswidrigkeit einer Partei ergeben könnten, niemals offen verkündet würden.

Nach Auffassung der Republikaner sei eine parteinahe Stiftung »eine Art Tochterunternehmen der Partei«, der ausgegliederte

»Brain-Trust«, das »Gehirn«, also »der maßgebliche und edelste Teil« der Partei. Daher seien die politischen Ideen, Überzeugungen und Zielsetzungen der Partei Die Republikaner auch maßgeblich für die Stiftung. Der Verfassungsschutz habe »hinreichende tatsächliche Anhaltspunkte« für den Verdacht von Bestrebungen der Republikaner gefunden, die gegen die freiheitliche demokratische Grundordnung gerichtet sind. Aus dem vorliegenden Material ergibt sich nach Meinung der Beschwerdeführer »eine permanente Mißachtung des tragenden Konstitutionsprinzips des Grundgesetzes, der Achtung der Menschenwürde als Mittelpunkt des Wertesystems der Verfassung und des Verbotes der Diskriminierung wegen der Rasse, des Glaubens oder der Nationalität«. Dies sei als Gefährdung des Gemeinwohls im Sinne des § 4 Abs 1a StiftG NW zu bewerten und rechtfertige es, die Genehmigung der Stiftung zu versagen.

In der Satzung der Franz-Schönhuber-Stiftung heißt es, die Stiftung wirke daran mit, »die staatliche Einheit des deutschen Volkes in Freiheit« zu vollenden und »das Bewußtsein von der Einheit der Nation in allen ihren Teilen wachzuhalten«. Was darunter zu verstehen ist, erklärt Rolf Schlierer, jüngst gekürter Schönhuber-Ablöser, im Parteiblatt: Die Parole »Wir sind ein Volk« gelte »auch für Ostpreußen«. 1990 habe nur eine »Teilwiedervereinigung« stattgefunden, und bei der Gelegenheit zieht er auch gleich noch gegen die »Legende von der angeblichen österreichischen Nation« zu Felde. »Warum kann man Grenzen nicht verändern?« soll der Rechtsanwalt der Republikaner vor Gericht 1994 gesagt haben, dies wollten sie allerdings nur mit friedlichen Mitteln.

Wer die heutigen Grenzen verschieben will, der sorgt für politischen Zündstoff, insbesondere im Ausland. Die Republikaner sprechen die ehemals deutschen Ostgebiete an, die heute in anderen Staaten liegen. Mit der Stiftung könnten so zum Beispiel in Schlesien oder im Sudetenland Seminare abgehalten werden, in denen auf eine Grenzrevision hingearbeitet wird – steuerbegünstigt aufgrund des Stiftungsgesetzes. Der Völkerverständigung wäre das bestimmt nicht dienlich. Jeder Steuerzahler müßte unfreiwillig dieses Treiben finanzieren. Dabei ist durch den »Vertrag zwischen der Bundesrepublik Deutschland und der Republik Polen über die Bestätigung der zwischen ihnen bestehenden Grenze« vom 14. 11. 1990 (BGBl. 1991 II S. 1329) und den Zwei-plus-Vier-Vertrag vom 12. 9. 1990 (BGBl. S. 1318) die Endgültigkeit und Unverletzlichkeit der Außengrenzen des vereinten Deutschland festgelegt. Die Bundesrepublik hat definitiv erklärt, Gebietsansprüche weder jetzt noch in Zukunft zu erheben. Eine parteinahe Stiftung, die gegen völkerrechtlich gültige Verträge Propaganda macht, kann wohl kaum erwarten, aus dem Steuersäckel finanziert zu werden. Dies war auch schon den Hardlinern in den Vertriebenenverbänden klargeworden, die zunächst die Grenze nicht akzeptieren wollten, dann aber nach heftigem Krach einsehen mußten, daß ihnen andernfalls der Geldhahn zugedreht wird. An eine Einsicht der Republikaner zu glauben, das wäre wohl ein frommer Wunsch.

Doch die Stiftung hat nicht nur juristische Probleme. Schon vor ihrer Genehmigung hat sie eine wechselvolle Geschichte mit zwei Anläufen hinter sich. Zunächst sollte sie Carl-Schurz-Stiftung heißen. Nach dem badischen Politiker und Revolutionär (1829 bis 1906) sollte die Stiftung benannt werden, weil dieser ein »untadeliger Republikaner« gewesen sei, so sagte der Stiftungsvorsitzende Dr. Hans Hausberger zur Begründung des Namens. Dazu muß man aber schon sehr verquer denken, denn Schurz war freilich ein Republikaner, der mit der heutigen Partei gar nichts zu tun hat. Carl Schurz kämpfte auf den Barrikaden der 1848er Revolution und verfaßte eine Schrift »Der rothe Republikaner«. Er wurde nach dem badischen Aufstand 1849 zum Tode verurteilt und mußte nach Nordamerika flüchten. Dort hat er sich den Republikanern um Abraham Lincoln angeschlossen, war Senator und Staatssekretär des Innern. Er setzte sich besonders für eine Verschmelzung der Nationalitäten ein und bekämpfte insbesondere Machtmißbrauch, Korruption und Parteienmißwirtschaft.

Daß sich ausgerechnet die Schönhuber-Partei mit dem Namen von Carl Schurz schmücken können sollte, dagegen protestierten energisch verschiedene deutsche Gesellschaften wegen Verletzung des Namensrechts (§ 12 BGB). Die Republikaner beantragten dann mit Datum vom 1. März 1992 im zweiten Anlauf den Namen Ruhstorf-Stiftung. In dieser niederbayerischen Gemeinde hatte die Partei 1990 einen Programmparteitag abgehalten. Doch auch die Stadt Ruhstorf drohte mit Klage. Der Bürgermeister verwahrte sich vehement dagegen, mit den Reps namentlich in einen Topf geworfen zu werden. Die Partei zog den kürzeren. Schließlich suchte sich die »Stiftung i. G.« (in Gründung) einen Namenspatron, der nicht protestiert. Und so kommt Franz Schönhuber auf seine alten Tage noch als Notnagel zu unerwarteten Ehren: Die Stiftung trägt jetzt den Namen ihres Erfinders. Mittlerweile sitzt »der Alte«, wie er sich gern nennen läßt, in seiner Zweitwohnung in Rottach-Egern am Tegernsee, Oberbayerns feinster Adresse. Dort in der südlichen Bucht des »Lago di Bonzo«, wo wohlhabende Norddeutsche, rheinische Industrielle und gut betuchte Münchner sich ein Zweitdomizil leisten, dort räsoniert nun der ausgemusterte Parteivorsitzende über weißblaue Politik, schreibt an seinen Memoiren und wartet darauf, daß der Rest Getreuer in der Partei »Junge, komm bald wieder« singt.

Die Republikaner sind nun in der unbequemen Situation, daß ihre Stiftung ausgerechnet nach dem in Ungnade gefallenen Ex-Vorsitzenden heißt, oder aber die ganze Genehmigungsprozedur unter neuem Namen von vorne beginnen würde. Für Burkhard Stieglitz, Vize-Chef der Republikaner in Nordrhein-Westfalen, war beim Parteitag Ende 1994 jedenfalls klar, daß die Stiftung nunmehr unmöglich noch nach Schönhuber benannt sein kann.

Die Gründung einer Carl-Schurz-Stiftung war bei der Bundes-vorstandssitzung der Republikaner am 19. Juni 1989 beschlossen worden. Nach der Unterzeichnung am 3. März 1990 reichten die Republikaner die Stiftungsurkunde bei der zuständigen Stiftungsbehörde in Nordrhein-Westfalen ein. Unterschrieben ist sie von Schönhuber, Klaus-Dieter Pahl, dem Treuhänder Ernst Rath und dem Versicherungs- und Finanzmakler Werner Haase, einem millionenschweren Republikaner aus Niedersachsen. Er beschäftigt sich mit seinen Unternehmen u. a. mit steuerbegünstigten Vermögensanlagen (vgl. S. 42).

Ihr erstes Treffen hielt die Stiftung am 28. April 1990 in noblem Rahmen ab, in dem gerade erst eröffneten Bonner Luxushotel Maritim nahe dem Regierungsviertel, wo auch der Vorsitzende Hausberger bevorzugt seine Geschäfte abwickelte. Dr. Hans Hausberger ist Chef der Hausberger & Partner Unternehmens-beratungsgesellschaft in Köln.

Versammelt waren bei der ersten Tagung Kuratorium und Vorstand, ein handverlesener Kreis von damaligen Schönhuber-Getreuen, rund neunzig Gäste aus Verwaltung, Wirtschaft und Geistesleben. Die Auswahl traf Dr. Hausberger: »Wir wollen Hunderte von Seminaren veranstalten, da kann ich doch nicht jedesmal den Bundesvorstand der Partei dazu einladen.« Im Bundesvorstand saßen auch Schönhuber-Kritiker, die sich über-gangen fühlten. Die Schlüsselpositionen in der Stiftung waren mit Gefolgsleuten des früheren Waffen-SS-Mannes Schönhuber besetzt. Den Festvortrag bei der monströsen Gründungsver-anstaltung hielt Werner Obst, Autor des Wirtschaftsverlags Langen-Müller/Herbig aus der Gruppe Fleissner. Der diplo-mierte Volkswirtschaftler war Wirtschaftsexperte beim Minister-rat der DDR, flüchtete 1969 und schreibt und referiert seit vielen Jahren bei rechten bis rechtsextremen Zeitschriften und Zirkeln wie der »Gesellschaft für freie Publizistik«, die die NS-Verbrechen rechtfertigt und NS-Führungspersonen glorifi-ziert, bis zum »Witiko-Bund e. V.«, einem exklusiven Orden weit rechtsaußen.

Wie steht es jetzt um den Vorstandsvorsitzenden der Stiftung, Dr. Hans Hausberger, der in einem Strategiepapier vom 13. Mai 1990 schrieb: »Wir verfügen mit Franz Schönhuber über einen Bundesvorsitzenden von wahrhaft historischem Gewicht«?

Hausberger ist ein diskreter Mann. Das bringt schon sein Job als Unternehmensberater mit sich. Er selbst gehöre der Partei gar nicht an, konnte man dem Parteiblatt entnehmen (*Republikaner* Nr. 7/1990). Er sei aber absolut »ein Mann Schönhubers«, sagte er selbst und bekannte sich dann 1992 als »ein Republikaner in nicht unwesentlicher Funktion« (*Staatsbriefe* 6–7/1992, S. 55). Beim Bundesparteitag 1994 hielt sich Hausberger im Hintergrund, zwar war er ständig in Gespräche am Rande des Parteitags verwickelt, gab einem Kamerateam Anweisungen, zum Mikrofon griff er nicht.

1977 gründete Hausberger an der Universität den rechten Jungakademikerklub »Ring freiheitlicher Studenten«. Hans-Dietrich Sander, diese Reckengestalt der Reichsfanatiker, zählte ihn »zu den Mitarbeitern von der ersten Stunde« seiner Monatszeitschrift *Staatsbriefe*. Nachdem ihm Hausberger 1992 die Mitarbeit unter anderem wegen des Abdrucks von Kühnen-Texten aufkündigte, ist er für Sander nur noch das Beispiel eines relativ jungen Mannes, »der sich nach pseudonym kalkulierten wilden Jahren wie ein Rumpelstilzchen als Musterdemokrat aufspielt« (*Staatsbriefe* 6–7/1992 S. 54).

Hausberger gilt schon von Berufs wegen als ein Mann mit ausgezeichneten Kontakten zur Industrie. Mit Prof. Carl Zimmerer von der Düsseldorfer Interfinanz sei er seit vielen Jahren bekannt, sagt er selbst. So wurde der Kölner Yuppie auch hin und wieder bei dessen ultrakonservativer Unternehmerrunde gesehen (siehe S. 172). Und der gebürtige Österreicher brüstet sich auch mit seinen hervorragenden Verbindungen zu Jörg Haider und seinen »Freiheitlichen« (F), früher Freiheitliche Partei Österreichs (FPÖ).

Politische Bildungsarbeit und wissenschaftliche Politikberatung, die beiden klassischen Aufgaben einer parteinahen Stiftung, seien für die »Republikaner« von ausschlaggebender Bedeutung, glaubt Hausberger. »Als eine Gesinnungsgemeinschaft des demokratischen geläuterten Patriotismus dürfen die Republikaner nicht auf das Niveau pseudorechter Sprücheklopfer zurückfallen«, fordert Hausberger im Parteiorgan.

Kuratoriumsvorsitzender war laut Satzung vom 1. 3. 1990 der damalige Bundesschatzmeister der Republikaner, der Dortmunder Kaufmann Klaus-Dieter Pahl. Er gilt als enger Vertrauter Schönhubers. Pahl ist Geschäftsführer der Immobilien-Vertriebs- und Baubetreuungs-GmbH & Co. KG ebenso wie der Immobilien-Vertriebs- und Baubetreuungs-Verwaltungs-GmbH. Die Firmen in der Dortmunder Elisabethstraße beschäftigen sich mit Bauplanung, Baubetreuung und der Erstellung von schlüsselfertigen Häusern. Eine »Bürogemeinschaft Elisabethstraße«, Klaus-Dieter Pahl in Dortmund wickelt aber auch die kaufmännischen Geschäfte der REP-Verlags-GmbH mit Sitz in Bonn ab. Die Gesellschafter der GmbH sind mit jeweils 25 000 Mark Klaus-Dieter Pahl und Dr. Rolf Schlierer.

Um die Finanzen der Stiftung und die Verwaltung ihres Treuhandkontos bei der Dortmunder Volksbank kümmerte sich Ernst Rath, laut Parteiblatt Pahls Steuerberater. Rath hatte eine Einlage von 50 000 Mark geleistet. Dr. Hausberger hatte sich dazu sphingenhaft geäußert: »Ich weiß nicht, ob Herr Rath Steuerberater des Bundesschatzmeisters ist, will das aber auch nicht ausschließen.«

Der in der ersten Urkunde vorgesehene stellvertretende Vorstandsvorsitzende Diplomkaufmann Dr. Ulrich Wlecke kommt von der Burschenschaft Franconia, »der ältesten schlagenden Verbindung in Münster«, wie sie selbst stolz verkündet. Er war auch Vorsitzender des Hochschulpolitischen Ausschusses der Deutschen Burschenschaft (*Burschenschaftliche Blätter* 1/1987). Dem Registereintrag zufolge fungierte Wlecke als Schatzmeister des »Neuen Deutschen Nationalvereins e. V.« (NDNV),[4] wobei die Herren Dr. Hausberger, der Stiftungsvorsitzende, und Hans Eschbach von der »Bonner Runde«, die auf dem Haus der Burschenschaft Franconia tagte, seine Vorgänger im Amt waren.

Dr. Wlecke steht auch auf dem Briefpapier des Berliner Dienstagsgesprächs, jener Kontaktstelle zwischen Persönlichkeiten aus Politik, Wirtschaft und braunstichigen Yuppies, die durch die Senatskrise im Sommer 1994 bekannt geworden ist (siehe Seite 165). Als Ende 1989 drei Republikaner die Fraktion im Düsseldorfer Stadtrat verließen, nannte dies Parteimitglied Dr. Ulrich Wlecke »peinlich«. Die Republikaner hätten zu spät gemerkt, daß sie falschen Patrioten aufgesessen seien, die versucht hätten, ihr Mandat für persönliche Interessen zu mißbrauchen. Bäckerei- und Café-Filialen-Besitzer Herbert Zaunbrecher und Bauingenieur Hartmut Janssen hätten ihr eigenes Süppchen kochen wollen. Wlecke hatte damals, als er in den Vorstand der Franz-Schönhuber-Stiftung berufen wurde, eine führende Position bei der Westdeutschen Landesbank. Inzwischen wechselte er zu einer großen internationalen Personal- und Managementberatung, für die er heute in Berlin tätig ist.

Den Vorstand der Franz-Schönhuber-Stiftung bilden laut Satzung vom 1. 9. 1992:

- Dr. Hans Hausberger als Vorsitzender
- Dr. Rolf Schlierer als stellvertretender Vorsitzender. Der Fraktionschef der Republikaner im Landtag von Baden-Württemberg ist seit dem Sindelfinger Parteitag im Dezember 1994 Bundesvorsitzender. Schlierer will die Partei durch Schulung auf Vordermann bringen, da käme die Stiftung gerade recht. Besser qualifizierte Funktionäre sollen die Partei dem Vorbild in der benachbarten Alpenrepublik annähern, wo Jörg Haider eine Rechtspartei mit 20 Prozent etabliert hat. Dabei muß sich Schlierer noch mächtig anstrengen, das meinte der ultrarechte Haider-Kampfkumpan und ehemalige FPÖ-Chefideologe Andreas Mölzer in der *Jungen Freiheit*. Der spröde Schlierer, so Mölzer, unterscheide

sich »vom österreichischen Medienzampano und Volkstribunen« Jörg Haider so »wie der Bankangestellte von einem Zirkusdirektor«.

- Steuerberater Ernst Rath als Schatzmeister
- Diplomkaufmann Günter Kersten als Schriftführer
- Dr. Heinz Barth
- Major Dr. med. Robert Friedrich Nagels[5]

Gemäß der Stiftungsurkunde vom 1. 9. 1992 besteht das Kuratorium aus:

- Ingrid Schönhuber, Rechtsanwältin und Ehegespons des Parteivorsitzenden
- Klaus Dieter Pahl, bis Dezember 1994 Bundeskassenwart
- Dr. Ursula Saniewski, ehemalige Vizepräsidentin von CAUSA Deutschland und persönliche Referentin von Franz Schönhuber
- Prof. Dr. Hellmut Diwald. Der 1993 verstorbene Mitautor des Republikaner-Programms, der Hitlers Schuld am Zweiten Weltkrieg für eine »politische Zweckthese« hält, gilt der *Welt* als »einer der angesehensten Historiker der Bundesrepublik«. Diwald griff auch selbst für das Springer-Blatt zur Feder ebenso wie
- der Meistersänger der Antiliberalen, Dr. habil. Armin Mohler, der über zwanzig Jahre Geschäftsführer der renommierten Carl-Friedrich-von-Siemens-Stiftung war
- der Heidelberger Politologe Prof. Dr. Hans-Joachim Arndt, der auf seinem Schriesheimer Bergsitz mit dem Reichserneuerer Hans-Dietrich Sander plauderte (*Staatsbriefe* 5/1994) und im Dezember 1983 schon mit Schönhuber, Diwald und Mohler in einem »Deutschlandrat« saß
- Dr. Jens Steffen aus Kiel, Republikaner-Programm-Erneuerer für die Bereiche »Jugend, Familie, Frau, Gesundheit und Sport«
- Reinhold Giegold aus Schwarzenbach an der Saale, Landes-

schatzmeister der bayerischen Republikaner und seit dem Sindelfinger Parteitag Bundesschatzmeister

- Generalleutnant a. D. Dr. Franz Uhle-Wettler, zuletzt Kommandant der NATO-Verteidigungsakademie in Rom, der auch in der Reihe »Offizierstagungen« des »Studienzentrums Weikersheim e. V.« referierte und als Republikaner-Berater fungierte
- der Richter am bayerischen Landessozialgericht und Münchner Kreisvorsitzende der Republikaner Dr. Heinz Friedrich Kremzow. Für seinen Kuratoriumsplatz muß ein Nachfolger gesucht werden, denn der von der CSU kommende Jurist hat die Reps 1994 verlassen
- der mit Kanzelverbot belegte Laienprediger Hellmut Lange aus Höningen in der Pfalz, stellvertretender Kreisvorsitzender der Republikaner in Bad Dürkheim
- Alexander Hausmann, Betriebswirt aus Starnberg, der dem *Playboy* zufolge in den USA zum Wertpapierhändler ausgebildet wurde, Anfang der 80er Jahre die Wall Street aufgemischt hat und seit 1989 als strategischer Finanz- und Vermögensberater die wirtschaftspolitische Flanke der Republikaner sichert (*Playboy* Oktober 1992, S. 68)
- Klaus Kunze, Rechtsanwalt aus dem niedersächsischen Uslar
- die Berliner Apothekerin Ingeborg Seiffert, die die Bundesrepublik einem »ethischen Universalismus« ausgeliefert sieht, dessen Ziel eine »Weltgesellschaft« sei.

»Obwohl der Eintragungsantrag noch läuft«, schrieb Bundesschatzmeister Pahl schon 1990, »fließen bereits die ersten Spenden.«
Bleibt abzuwarten, wie das Oberverwaltungsgericht Münster entscheiden wird. Fest steht, daß die Republikaner dringend Gelder brauchen, um die Löcher in der Parteikasse zu stopfen, die durch die ausgefallene Parteienfinanzierung 1994 entstanden sind, die nicht rechtzeitig beantragt wurde.

Der rheinische Multimillionär Hermann Niermann war nicht gerade das, was man eine Frohnatur nennt. Nach Völkischem stand dem Einzelgänger der Sinn. So rief der ledige und kinderlose Fabrikant auf seine alten Tage eine nach ihm benannte Stiftung ins Leben, die das Deutschtum im Ausland fördern sollte – mit einem Vermögen von über hundert Millionen Mark.

Schlagzeilen machte die satt ausgestattete Stiftung, die im April 1978 ihre Tätigkeit aufgenommen hatte, knapp zehn Jahre später in Ostbelgien.[6] Damals berichteten die dortigen Zeitungen, daß die Partei der Deutschsprachigen Belgier (PDB) möglicherweise in den Sog rechtsradikaler Einrichtungen gekommen sei, denn sie und ihr nahestehende Organisationen oder Institutionen seien in den Genuß von Spenden einer ominösen Hermann-Niermann-Stiftung aus Düsseldorf gekommen. (Wie sich später herausstellte, war tatsächlich ein nicht unbeträchtlicher Anteil der Mittel an die PDB für parteipolitische Zwecke geflossen, nämlich 1984 30 000 Mark, knapp 50 000 Mark im Jahre 1985 und 43 000 Mark im Jahre 1986; vgl. Brief des Innenministers des Landes NRW an den Ministerpräsidenten Joseph Maraite in Eupen vom 15. 4. 1993.) Das deutschsprachige *Grenz-Echo* deckte die Verbindungen zu dem »der rechtsextremen Ecke zuzuordnenden Freiherr von der Heydte oder Dr. Norbert Burger« auf. Burger habe innerhalb der Stiftung keine offizielle Funktion gehabt, sei aber Pfleger und persönlicher Berater des alten und kranken Stifters gewesen, der 1985 starb.

In der *Aula* vom September 1985, einem rechtsgerichteten Studentenmagazin aus Wien, stellt sich die gemeinnützige Stiftung vor: Das Werk sei ins Leben gerufen worden, »um bedrohtes Volkstum zu schützen und den ethnischen Minderheiten dabei zu helfen, ihre biologische und kulturelle Existenz zu bewahren«. »Da das deutsche Volkstum im Westen,

Süden und Osten gefährlichen Bedrohungen ausgesetzt ist«, habe der Stifter als Sohn des deutschen Volkes dem Schutz bedrohten deutschen Volkstums, aber auch den Vertriebenen besondere Aufmerksamkeit gewidmet. Welche geographischen Räume dabei gemeint sind, läßt sich wohl aus den sechs Abbildungen bei der Anzeige entnehmen; die zeigen den Dom zu Eupen, das Straßburger Münster, Schloß Tirol bei Meran, das Rathaus Reichenberg (Liberec) in der heutigen Tschechischen Republik, das Grabmal Kants in Königsberg im russischen Ostpreußen und die Kirchenburg Birthälm in Siebenbürgen. Unterzeichnet ist die Anzeige von 1985 von Universitätsprofessor Dr. Friedrich-August Freiherr von der Heydte, Vorsitzender des Kuratoriums. Ansuchen sind zu richten an »unseren Mitarbeiter« Dr. Norbert Burger, A-2880 Kirchberg Nr. 8.

Der 1907 in München geborene Dr. jur. utr. et Dr. rer. pol. Friedrich August Freiherr von der Heydte, Staatsrechtler, CSU-Mitglied und langjähriger Landtagsabgeordneter, Brigadegeneral der Reserve und Ritter zum Heiligen Grab, hat sich zeitlebens für rechte Gruppen ins Zeug gelegt, ob für die Abendländische Akademie, den Verein »Rettet die Freiheit« oder den Deutschen Kreis. 1962 löste er die *Spiegel*-Affäre aus. Der rechte Ritter hat kaum eine Gelegenheit ausgelassen, sich in der Vorfeldarbeit rechtsaußen zu profilieren, ob im Franco-Spanien oder bei der griechischen Militärjunta. 1985 war er einer der Erstunterzeichner einer Anzeigenkampagne der »Patrioten für Deutschland«, die mit großformatigen Inseraten in der *Welt,* der *Frankfurter Allgemeinen Zeitung* und der *Bild*-Zeitung zur »überparteilichen Sammlung« aller »patriotisch gesinnten Mitbürger und schon bestehender Gruppen und Vereinigungen« blies. 1993 brachte er bei Amalthea aus der Verlagsgruppe Fleissner ein Buch über »die Reichsidee Europa« heraus, »eine erhellende Studie«, wie der Verlagsprospekt meint (Heydte, Friedrich August von der: *Die Monarchie.* Eine europäische Idee, München 1993). Offenbar hatte er in dem schwerreichen Industriellen

Niermann einen aufgeschlossenen Partner für bestimmte Europa-Ideen gefunden. Von der Heydte schied am 26. 7. 1986 aus dem Kuratorium aus.

Der zweite Freund im Bunde Niermanns, der österreichische Rechtsradikale Norbert Burger, war seit Anfang der 70er Jahre mit dem Stifter bekannt und für diesen als Berater in Vermögensangelegenheiten tätig. Im Stiftungsgenehmigungsverfahren trat Dr. Burger als Bevollmächtigter des Stifters auf. Wegen seines politischen Hintergrundes wurde die Genehmigung der Stiftung am 11. 4. 1978 mit der Auflage erteilt, daß Burger keine Funktion in den Organen übernehmen dürfe. Dennoch gab es eine Beratertätigkeit auch in Stiftungsangelegenheiten, für die am 22. 1. 1979 eine schriftliche Honorarvereinbarung geschlossen wurde. Burger nahm auch an Kuratoriumssitzungen teil. Der Honorarvertrag wurde erst am 18. 7. 1986 schriftlich gekündigt. Dabei wurde Burger aufgefordert, sämtliche Aktivitäten für die Stiftung einzustellen. Außerdem wurde ihm untersagt, die Geschäftsräume der Stiftung zu betreten. Das Kuratorium der Stiftung, in dem offenbar die Burger-Spezln die Oberhand hatten, mißbilligte die Kündigung – ohne Erfolg.

Burger, der sich nicht damit abfinden wollte, daß Hitler 1939 nach der Einverleibung Österreichs in dem mit Mussolini getroffenen sogenannten Stahl-Pakt »auf den deutschen Volksboden in Südtirol« verzichtet hatte, wollte das Land mit Bomben von Italien loslösen. 1951 hatte er die später verbotene Burschenschaft Olympia gegründet, die einen Großteil der Südtirol-Terroristen stellte. Er war auch Mitbegründer des »Befreiungsausschusses Südtirol« und der Nationaldemokratischen Partei (NDP) in Österreich, die 1988 wegen NS-Wiederbetätigung verboten wurde. Der in Italien in Abwesenheit zu lebenslänglicher Haft verurteilte »Bumser« erreichte bei den Südtirol-Prozessen in Österreich wie bei einem Verfahren wegen Geheimbündelei und Sprengstoffverbrechen in München spektakuläre Freisprüche. Das ostbelgische *Grenz-Echo* veröffentlichte ein Foto, das Burger zusammen mit Hans-Ulrich Rudel, dem bis in den Tod völkisch gesinnten Agitator der Deutschen Volks-Union (DVU) und höchstdekorierten Wehrmachtssoldaten zeigt. Burger, der nie als Neonazi gelten wollte, starb 1992.

In der Bundesrepublik kam die Stiftung erst ins Gerede, als ihr ehemaliger Kurator Dr. Erhard Hartung, Anästhesiologe an der Düsseldorfer Uni-Klinik, im chinesischen Wuhan bei einem Symposium Ende Mai 1994 die Grußbotschaft von Bundeskanzler Helmut Kohl überbrachte. Bei seiner Ernennung zum Gastprofessor auf Lebenszeit der chinesischen Uni wurde Hartung ausgerechnet von der rechtsextremen Monatsschrift *Nation und Europa* samt verkleinertem Faksimile der Ernennungsurkunde belobigt. Auch der NPD-Zeitung *Deutsche Stimme* machte 1990 Freude, daß Dr. Hartung, Sprecher der »Kameradschaft der ehemaligen Südtiroler Freiheitskämpfer« einen Aufruf für Berlin als Hauptstadt eines wiedervereinigten Deutschlands unterschrieben hatte. Die Unterschriftensammlung hatten die *Unabhängigen Nachrichten* organisiert, die der Verfassungsschutz als rechtsextrem einstuft. Und da prangt der Name Dr. Erhard Hartung, Meerbusch, neben dem von Günter Deckert (NPD), dem Remer-Freund Karl Philipp, dem Hamburger Aktivisten Jürgen Rieger, dem Revisionisten Udo Walendy oder Wilhelm Stäglich, dem Autor von *Der Auschwitz-Mythos*. 1987 stellte Dr. Hartung es in einem Rundschreiben seiner Kameradschaft an »liebe Freunde Südtirols« als die vordringliche Aufgabe seiner Organisation – im Gegensatz zu den humanitären Organisationen – dar, »den politischen Volkstumskampf zu unterstützen«.

Und just beim Begräbnis des Gründers der neonazistischen NDP Norbert Burger 1992 trug Erhard Hartung den Sarg – in Südtiroler Schützenuniform. Er soll nach dem Buch *Aufbruch des Völkischen* den verstorbenen Ex-Terroristen einen »großen Sohn Deutsch-Österreichs« genannt haben. Und auch dem Großadmiral Karl Dönitz, der am 30. 4. 1945 zum Nachfolger Hitlers ernannt wurde, gab Hartung 1981 die letzte Ehre; Burger und Hartung legten mehreren Zeitungsberichten zufolge gemeinsam Kränze nieder.

Das Land Nordrhein-Westfalen als Aufsichtsbehörde habe zwar den Einstieg Burgers in die Stiftung verboten, schreibt der *Stern*. Dieser habe jedoch seinen Mitstreiter Hartung »und andere Radikale« im Kuratorium der Stiftung plaziert. »Von dort floß fortan Geld an den Südtiroler Heimatbund und viele obskure Empfänger«, weiß die Illustrierte. Die Staatsanwaltschaft Bozen vermute, daß Gelder der Niermann-Stiftung zur Finanzierung der Sprengstoffanschläge der Gruppe »Ein Tirol« Ende der 80er Jahre verwandt wurden. »Ein Tirol« wollte von 1986 bis 1988 mit einer Serie von über vierzig Anschlägen Südtirol nach Österreich zurückbomben. Laut *Stern* hat die Kaufhauskette Horten dem NDP-Chef Burger 1986 eine halbe Million Mark »für das Zustandebringen einer Vereinbarung mit der Hermann-Niermann-Stiftung wegen des Mietverhältnisses Ost-Straße« nach Liechtenstein überwiesen. Das Geld sei spurlos verschwunden (*Stern* 8. 9. 1994).

Der *Spiegel* machte auch die heimattreue Partei »Elsässisch-Lothringischer Volksbund« als Profiteur der Niermann-Gelder aus. Vermutlich habe die Düsseldorfer Stiftung auch die Verteidigung der »Schwarzen Wölfe« finanziert (*Spiegel* 7. 11. 1994). Diese Separatistengruppe um den Schnapsbrenner Pierre Rieffel verübte Anschläge, darunter auch auf das ehemalige Konzentrationslager Struthof. Einem Südtiroler namens »Peter Innerhofer« habe die Stiftung 6000 Mark für eine wissenschaftliche Arbeit überwiesen. »Einen Mann dieses Namens gab es jedoch nicht«, schreibt das Hamburger Nachrichenmagazin. Laut Burger habe sich ein Südtiroler Ministerialbeamter dahinter verborgen, der wichtiges Geheimmaterial beschafft habe.

Nach Darstellung des Innenministeriums von Nordrhein-Westfalen ist die Stiftung erstens bis 1991 gesäubert worden. Heute seien keine rechtsextremen Personen mehr im Stiftungsauftrag tätig. Zweitens hätten in der Presse zwar jede Menge Verdächtigungen gestanden, doch bewiesen sei nichts. Die Stiftung habe auch Projekte für Sinti und Roma gefördert und Gelder für eine Mahn- und Gedenkstätte für die Opfer des Nationalsozialismus in Düsseldorf gegeben. Wohl seien aber in früheren Jahren auch Stiftungsgelder, die an Südtiroler Bauern gehen sollten, zur Hälfte »versickert«.

Auf die Kleine Anfrage des Abgeordneten Dr. Michael Vesper (Grüne), ob die Stiftung Terrororganisationen insbesondere im Elsaß, in Südtirol und Spanien gefördert habe, teilte die Landesregierung mit: Konkrete Anhaltspunkte oder gar Beweise hätten sich bei den Ermittlungen des eingesetzten Sachwalters nicht ergeben. »Wohl hat es Hinweise gegeben, daß aus Stiftungsmitteln oder Privatmitteln des Stifters ein Betrag von 40 000 Mark geflossen sein soll«, so der Innenminister von NRW, »um die anwaltliche Verteidigung von Personen mit zu finanzieren, denen u. a. Mitgliedschaft in einer elsässischen Separatistenorganisation (›Schwarze Wölfe‹) zur Last gelegt wurde.« Für die Finanzierung von terroristischen Aktionen in Südtirol habe weder der Sachwalter noch das Bundeskriminalamt Anhaltspunkte gefunden.

Zweimal hatte die Aufsichtsbehörde einen Sachwalter eingesetzt, und zwar 1986/87 den Rechtsanwalt Dr. Tondorf und 1990/91 Dr. Kolvenbach. Der Bericht von Dr. Tondorf vom 27. 7. 1987 befaßt sich mit den gesamten Fördertätigkeiten der Stiftung in Südtirol, Elsaß/Lothringen, Ostbelgien und im Baskenland für den Zeitraum 1984 bis 1986. In vielen Punkten, in denen Hinweisen und Vermutungen über unkorrekte, satzungswidrige Mittelverwendungen und auch Veruntreuungen von Fördermitteln nachgegangen wurde, sind jedoch keine beweiskräftigen Ergebnisse erzielt worden. Zutreffend sind die schon erwähnten Zahlungen an die Partei Deutschsprachiger Belgier (PDB). Auch an den Südtiroler Heimatbund sind Stiftungsmittel geleitet worden, die zwar von den beteiligten Personen bestritten worden sind, aber aufgrund von Aussagen anderer Beteiligter als erwiesen angesehen werden können. Diese Zahlungen widersprachen laut Innenminister Schnoor den Zweckbestimmungen der Stiftungssatzung, da der Heimatbund als politische Partei einzustufen war. Seit 1987 sei sichergestellt, daß die Fördermittel der Stiftung nicht für politische Zwecke mißbraucht werden.

Hätte nicht der bereits am 2. 12. 1989 aus dem Stiftungskuratorium entfernte Hartung 1994 des Kanzlers Grußwort im fernen China übermittelt, hätte er damit nicht den Aufhänger geliefert, so wäre die Nachwelt wohl nie von den zwielichtigen Transaktionen der Niermann-Stiftung in der ersten Hälfte der achtziger Jahre in Kenntnis gesetzt worden. 1987 jedenfalls hatten sich in der Bundesrepublik keine interessierten Redaktionen gefunden.

2 Als gemeinnützig anerkannt: Steuervorteile für Rechtsradikale

Jeder hat in der Bundesrepublik das Recht, einen Verein zu gründen. So steht es in Artikel 9 des Grundgesetzes. Und dieses Recht wird weidlich genutzt. Die Anzahl der bei den Vereinsregistern der Amtsgerichte eingetragenen Vereine beträgt etwa 240 000. Allein in Baden-Württemberg sind 12 000 Vereine registriert, in Nordrhein-Westfalen sind es 45 000, und jeden Tag werden neue angemeldet.

Einen Verein gründen, das ist eine denkbar einfache Sache. Laut Vereinsrecht geht das so: Zunächst muß man sich Mitstreiter suchen, das können auch Familienmitglieder sein. Dann braucht man eine Idee, einen Vereinszweck, der in einer Satzung niedergelegt sein muß. Das kann Hilfe für Rußlanddeutsche sein, die Förderung der Volksmusik oder die Unterstützung notleidender Kinder in Kroatien. Dann kann man sich im Vereinsregister beim zuständigen Amtsgericht registrieren lassen und darf den Zusatz e. V. (eingetragener Verein) im Namen tragen.

Ein Verein ist nach geltendem Recht – wie es so schön heißt – eine juristische Person des Privatrechts und muß als solche Steuern zahlen – es sei denn, er ist als Körperschaft als gemeinnützig anerkannt (§ 5 Abs. 1 Nr. 9 KStG). Im Steuergesetz heißt es: »Von der Steuer sind befreit inländische Körperschaften, die nach Satzung und tatsächlicher Geschäftsführung unmittelbar und ausschließlich gemeinnützigen Zwecken dienen.« Das heißt, eine Personenvereinigung oder Körperschaft muß grundsätzlich keine Körperschafts- oder Vermögenssteuern zahlen, wenn sie gemeinnützig ist. (Es kann auch eine Körperschaft als gemeinnützig anerkannt werden, die kein eingetragener Verein ist.)

Der zweite Vorteil liegt darin, daß nicht nur der Verein selbst von der Steuer befreit ist, er darf seinen Förderern steuerbefreiende Quittungen ausstellen. Das bedeutet, daß Spenden für einen als gemeinnützig anerkannten Verein von der Steuer abgesetzt werden können und diese Gelder somit dem Fiskus verlorengehen. Rechtsextreme Vereine, die als gemeinnützig anerkannt sind, werden also von den Finanzämtern und letztlich aus dem großen Steuertopf, in den alle einzahlen, unterstützt. Sie und ich, wir sind damit alle, ob wir es wollen oder nicht, auch Förderer von Vereinen, die nicht allzuviel mit der Demokratie im Sinn haben. Und diese Vereine müssen in der Öffentlichkeit keine Rechenschaft ablegen. Anders als Parteien müssen Vereine ihre Großspender nicht namhaft machen.

Gespendet werden dürfen fünf bis zehn Prozent des Einkommens oder aber zwei Promille des Umsatzes plus Personalkosten. Auch Mitgliedsbeiträge und Aufnahmegebühren sind von der Steuer abziehbar, wenn ein Verein eben unmittelbar zum Empfang steuerbegünstigter Zuwendungen berechtigt ist.

Wie wird nun ein Verein »gemeinnützig«? Normalerweise reicht ein Verein, der steuerlich begünstigt werden will, seine Satzung beim Finanzamt des Ortes ein, an dem die Organisation ins Vereinsregister eingetragen ist. Der zuständige Finanzbeamte prüft dann »nach pflichtgemäßem Ermessen« aufgrund der vorliegenden Satzung, ob Gemeinnützigkeit zuerkannt werden kann. Die Definition lautet so: »Ein Verein verfolgt gemeinnützige Zwecke, wenn er die Allgemeinheit auf materiellem, geistigem oder sittlichem Gebiet selbstlos fördert.«

Es ist schon schwierig für einen Verein, diesem Zweck nicht zu entsprechen. Gemeinnützig ist alles vom Volkstanz bis zur Förderung des europäischen Gedankens, der Erhaltung der deutschen Kultur, der Heimat- und Brauchtumspflege oder der staatsbürgerlichen Bildungsarbeit, wie immer dies konkret auch aussehen mag. Seit 1994 können auch Spenden an Vereine, die »das Zusammenwachsen beider Teile Deutschlands« fördern wollen, von der Steuer abgesetzt werden (*SZ* 20. 5. 1994). Rechtsextreme haben ihre Lektion gelernt. Stereotyp heißt es in den Satzungen rechtsextremer gemeinnütziger Vereine, die fast alle unverfängliche Namen haben, der Verein fördere die Volksbildung, die deutsche Kultur oder die Völkerverständigung.

In der Praxis haben Vereine kaum Schwierigkeiten, anerkannt zu werden. Die Finanzämter handhaben in aller Regel die Steuerbefreiung von Vereinen sehr liberal. Vereine haben dann den begehrten Vermerk »als gemeinnützig anerkannt« auf dem Briefpapier und im Werbematerial. Das gibt einen seriösen Anstrich. Viele halten diesen Zusatz für eine Art staatliches Gütesiegel. In Wirklichkeit sagt dieses Prädikat gar nichts aus über die Rechtschaffenheit eines Vereins, wie mildtätig er tatsächlich ist und ob die Spendengelder im Sinne des Vereinszwecks verwendet werden. Ob und wie eine Kontrolle der Vereinstätigkeit und der Verwendung der Spenden stattfindet, darüber erfährt der Spender gar nichts.

Die liberale Handhabung der Steuerbefreiung hat ihren Grund. Man ging davon aus, daß das Engagement in einem Verein etwas Honoriges ist, viel Freizeit kostet und keine unlauteren Beweggründe hat. Schließlich soll ein Anreiz für ein ehrenamtliches Engagement der Bürgerinnen und Bürger für einen guten Zweck gegeben werden. Allerdings profitieren davon auch einige Dutzend braungefärbte Klubs, was wohl nicht im Sinne des Erfinders liegt. Darunter waren auch eine ganze Reihe steuerbefreiter Traditionsverbände der ehemaligen SS, deren Name mit zahllosen Verbrechen während des Nationalsozialismus verbunden ist.

Mitte 1985 forderte der SPD-Finanzexperte Dieter Spöri die Landesfinanzbehörden in der Bundesrepublik auf, ihre bisherigen Entscheidungen zugunsten der SS-Traditionsverbände zu überprüfen und bestehende Freistellungsbescheide aufzuheben. Diese Forderung Spöris war eine Konsequenz aus der Antwort des Parlamentarischen Staatssekretärs beim damaligen Bundesfinanzminister, Hansjörg Häfele (CDU), der bestätigt hatte, daß Vereine, zu deren Zwecken nur oder neben anderen steuerbegünstigten Zwecken auch die Förderung der Tradition und Kameradschaft gehöre, nach geltendem Recht nicht als gemeinnützig anerkannt werden könnten. Auch die Dokumentation der Geschichte eines Panzer-Korps der ehemaligen Waffen-SS sei kein gemeinnütziger Zweck im Sinne des Steuerrechts. Mit Bescheid des Finanzamtes Stuttgart vom 15. 4. 1982 war so zum Beispiel dem »Kameradschaftsverband der Soldaten des I. Panzerkorps der ehemaligen Waffen-SS e. V.« das Recht zuerteilt worden, steuerabzugsfähige Spendenbescheinigungen auszustellen. Die Waffen-SS war im Nürnberger Prozeß als »verbrecherische Organisation« eingestuft worden, dennoch wurden die alten Kameraden später steuerlich gefördert.

Dies hatte Spöri empört. Die Länder müßten nunmehr durch eindeutige Anweisungen sicherstellen, so verlangte Spöri, daß die SS-Traditionsverbände steuerlich zutreffend von den Finanzbehörden behandelt würden (*Frankfurter Rundschau* 5. 6. 1985).

Das Finanzministerium Baden-Württemberg hatte in einem Schreiben an die Oberfinanzdirektionen Freiburg, Karlsruhe und Stuttgart vom 23. 5. 1985 zugegeben: »Die Finanzämter haben eine größere Zahl von Kameradschaftsverbänden von Angehörigen der ehemaligen Wehrmacht und der ehemaligen Waffen-SS als gemeinnützig anerkannt.« Gleichzeitig wurden die Finanzämter angewiesen, die Geschäftsführung dieser Traditionsgemeinschaften zu überprüfen. Am 24. Juni 1985 hatte dann das Stuttgarter Finanzministerium erklärt, nach seiner Kenntnis seien in Baden-Württemberg keine SS-Kameradschaften mehr als gemeinnützig anerkannt.

Dennoch hatte der »Traditionsverband 6. Gebirgsdivision Nord der ehemaligen Waffen-SS e. V. im Kameradenkreis der ehemaligen Gebirgstruppe«[1] weiter Spendenquittungen verschickt mit dem Vermerk: »Wir sind nach dem uns zugestellten Freistellungsbescheid des Finanzamtes Waiblingen vom 19. September 1960 ... ausschließlich und unmittelbar als gemeinnützigen Zwecken dienend anerkannt und nach § 4, Abs. 1 Ziff. 6 des KStG von der Körperschaftssteuer befreit.« Der Weg von der schwäbischen Metropole in die schwäbische Provinz schien also recht weit zu sein. Zumindest hatte der Traditionsverband entweder nichts von der Aberkennung gewußt oder wider besseres Wissen gehandelt.

Hinzu kommt, daß zumindest bei kleineren Beträgen bezweifelt werden darf, daß der einzelne Finanzbeamte, der eine Steuererklärung prüft, überhaupt die Zeit hat zu klären, ob ein Verein tatsächlich als gemeinnützig anerkannt ist oder dieses nur vorgibt. Bei Spendenbeträgen bis zu hundert Mark reicht dem Finanzamt ohnehin der Einzahlungsbeleg der Post oder eines Kreditinstituts; eine gesonderte Spendenquittung wird aus Gründen der Vereinfachung nicht gefordert.

Der Spender hat keine Möglichkeit zu überprüfen, ob ein Verein wirklich gemeinnützig ist. Er muß sich auf die Angabe des Vereins verlassen. Er sollte sich, bevor er eine Spende überweist, genau erkundigen, ob auf der Spendenquittung ordnungsgemäß die Steuernummer und das Datum des Freistellungsbescheides angegeben sein werden. Eine Nachfrage beim zuständigen Finanzamt ist meistens zwecklos; Auskunft wird nicht erteilt, weil diese unter das Steuergeheimnis fällt. Ein Zentralregister gemeinnütziger Vereine gibt es nicht. Allerdings ist in den Einkommensteuerrichtlinien eine Liste mit 59 steuerbegünstigten Vereinen abgedruckt, darunter beispielsweise der Weiße Ring, der Verband der Reservisten der Deutschen Bundeswehr oder die Deutsche Welthungerhilfe. Teilt also ein Verein Spendenquittungen aus, kann der Spender erst dann, wenn er seine Steuererklärung vom Finanzamt zurückbekommt, definitiv feststellen, ob der Verein dazu auch berechtigt war. Wurde die Spende von der Steuer abgezogen, dann ist der Verein tatsächlich gemeinnützig oder der Beamte hat nicht geprüft.

Bei der Zuerkennung der Gemeinnützigkeit verfügen die Finanzämter in der Regel nicht über Erkenntnisse, die Zweifel erregen. Die Satzungen sind dermaßen allgemein gehalten, daß ein Verdacht auf extremistische Aktivitäten selten aufkommt. Die Finanzämter beurteilen bei einem neu gegründeten Verein die Gemeinnützigkeit zunächst nur in einem vorläufigen Verfahren aufgrund der eingereichten Satzung. Die Prüfung der tatsächlichen Geschäftsführung sollte dann erfolgen, wenn der Verein die Unterlagen über seine Geschäftstätigkeit eingereicht hat.

Nach der vorläufigen Erteilung des Prädikats »gemeinnützig« haben die Finanzämter nach drei Jahren anhand der von den Vereinen übersandten Rechenschaftsberichte zu prüfen, ob das tatsächliche Vereinsgebaren auch den gemeinnützigen Zwecken entspricht. Dann wird die endgültige Steuerfreistellung erteilt. Diese Überprüfung des tatsächlichen Vereinsgebarens durch eine Prüfung der Buchführung ist grundsätzlich Sache des zuständigen Finanzamtes. Da aber das Finanzamt Spendeneinkommen und Quittungen prüft, stellt es dabei in der Regel nicht fest, ob bei einem Verein beispielsweise rechtsradikales Gedankengut verbreitet wird.

Das Amtsgericht Neu-Ulm hatte einen Verein als gemeinnützig anerkannt, der laut Satzung »Förderung des Breitensports durch die Abhaltung sportlicher Übungen und Wettkämpfe« als Vereinszweck angab. Dann waren wiederholt Vereinsmitglieder aufgefallen, »wie sie in Tarnanzügen in Wäldern an der Grenze zwischen Bayern und Baden-Württemberg ›Krieg spielten‹ (Gotcha)«. Es stellte sich heraus, daß der ca. 30 Mitglieder starke Sportverein namens Germania ein eher schmales sportliches Betätigungsfeld hatte.

Bei Gotcha-Spielen beschießen sich zwei gegnerische Mannschaften mit waffenähnlichen Geräten und markieren sich dabei mit blutroten Farbkugeln. Und dies, so befand das Gericht später, habe mit Breitensport nichts zu tun. So wurde der Verein aus dem Register gestrichen und ihm die Gemeinnützigkeit aberkannt. Vorausgegangen waren Nachforschungen des bayerischen Innenministeriums.

Die Germanensportler hatten die Aufnahme des Vereins in den Bayerischen Landessportverband (BLSV) beantragt, um an staatliche Zuschüsse zu kommen. Das hatte den sportpolitischen Sprecher der SPD-Landtagsfraktion Willi Leichtle auf den Plan gerufen. Er warf den Freizeitsportlern vor, unter dem Deckmantel eines Sportvereins rechtsradikales Gedankengut verbreiten zu wollen. Dennoch wollte der Verein laut seinem Geschäftsführer, dem Neu-Ulmer Kaufmann Uwe Neumann, NPD-Kreisvorsitzender bis Sommer 1994, weitermachen. »Neger und Türken« würden sich in dem Bellenberger Verein nicht wohl fühlen, hatte Neumann der *Südwest-Presse* zufolge offen bekundet (*Südwest-Presse* Ulm 4. 6. 1993 und 22. 9. 1993). Inzwischen ist auch das Bundeskriminalamt auf Gotcha-Spieler aufmerksam geworden und stellt in einem internen Papier fest: »Die Durchführung dieser Spiele weist häufig Ähnlichkeit mit Wehrsportübungen von Rechtsextremisten auf.« (*Focus* 1. 10. 94)

Wenn nun der Verdacht der Veruntreuung von Spendengeldern aufkommt, dann muß einem Verein bewiesen werden, daß Betrug vorliegt (§ 263, Abs. 1 StGB). Nicht der Verein muß eine korrekte Handhabung der Gelder nachweisen, sondern die Anklagebehörde muß die betrügerische Absicht beweisen. Betrug aber setzt voraus, daß der Geschädigte über Tatsachen getäuscht worden ist. Gemeinnützige Absichten sind aber keine Tatsachen. Wer will je nachweisen, daß ein Verein nicht irgendwann einmal die Absicht hatte, die kulturelle Entfaltung der deutschen Minderheit in Schlesien zu fördern, aber aufgrund widriger Umstände noch nicht dazu gekommen ist? Wenn in einem Spendenaufruf steht, mit den eingehenden Geldern solle ein deutschsprachiger Rundfunksender im »ehemals deutschen Osten« finanziert werden, die Gelder aber für ein Privathaus verwendet wurden, dann kann ein Verein nur wegen Betrugs belangt werden, wenn nachzuweisen ist, daß er nie die *Absicht* hegte, den Sender einzurichten. Es müßte nachgewiesen werden, daß der gute Wille nicht an polnischen Behörden gescheitert ist, die keine Lizenz erteilten, sondern überhaupt nie bestanden hat, und das ist sehr schwer möglich.

Schulungszentrum in der Heide

Hetendorf bei Hermannsburg in der Lüneburger Heide ist das wichtigste Zentrum für Neonazis aus der Bundesrepublik, aber auch aus dem Ausland. Dort schwor die inzwischen verbotene Wiking-Jugend ihre Anhänger auf ein »rassereines Nordland« und den wehrhaften Kampf für Deutschland ein, veranstaltete martialische Heldengedenkfeiern und paramilitärische Übungslager.

Die Wiking-Jugend verstand sich als eine Lebensgemeinschaft auf völkischer Grundlage. Die Erziehung zu kämpferischer Härte begleitete ihre Mitglieder lebenslang. Sie begann im Sandkasten und endete im Greisenalter.

Im Zentrum Hetendorf trafen sich auch die mittlerweile verbotenen Organisationen Nationalistische Front, Nationale Liste und die FAP, die Gesellschaft für biologische Anthropologie, Eugenik und Verhaltensforschung, der Nordische Ring und die Jungen Nationaldemokraten. Rüdiger Hesse vom niedersächsischen Verfassungsschutz sagt über die Bedeutung dieser Stätte: »Das Zentrum in Hetendorf hat bundesweite Bedeutung inzwischen im Rechtsextremismus und im Neonationalsozialismus. Diese bundesweite Bedeutung ist dadurch entstanden, daß hier teilweise unter konspirativen Aspekten Gruppen zusammenkommen können, ungestört ihre Planungen begehen können, diskutieren können und sich hier miteinander austauschen können, ohne von politischen Gegnern dabei gestört zu werden.«

Das störungsfreie Zentrum Hetendorf diente und dient immer noch vielen neonazistischen Organisationen als Schulungs- und

Lagerstätte. Das Verblüffende: Das Neonazi-Zentrum wird indirekt staatlich gefördert. Eigentümer der Anlage am Ortsrand ist nämlich ein eingetragener Verein mit dem idyllischen Namen Heide-Heim e. V., ansässig in Hamburg. Über diesen Verein berichtet der Verfassungsschützer Rüdiger Hesse: »Er ist gemeinnützig und kann dadurch das Anwesen in Hetendorf, dessen Träger er ist, natürlich entsprechend fördern. Die örtlichen Kommunalpolitiker sind über diesen Sachverhalt seit Jahren informiert. Sie engagieren sich auch seit Jahren dagegen, haben zahlreiche Schritte gegen die Gemeinnützigkeit dieses Vereins unternommen. Bis heute noch nicht mit Erfolg.«

In der Satzung des Hamburger Heide-Heim e. V., der so vielen Neonazi-Gruppen Unterschlupf gewährt, heißt es: »Der Verein hat den Zweck, ein Volksbildungs- und Jugendheim zu unterhalten. In diesem Heim sollen die Erziehung, die Volksbildung, die Jugendpflege und die Völkerverständigung sowie der Abbau von Vorurteilen insbesondere mit den skandinavischen Völkern gefördert werden. Dieses Heim soll eine Stätte sein, in der sich Familien begegnen können, wo Gedankenaustausch und Weiterbildung in Fragen der Kinder- und Jugenderziehung auch auf internationaler Basis möglich wird und die natürliche Entfaltung der Jugendlichen in der Familie und in Jugendgruppen gefördert wird.«

Rechtsextreme haben ihre Lektion gelernt. Zwar mag man stutzig werden, wieso nun der Abbau von Vorurteilen ausgerechnet bei den skandinavischen Völkern so wichtig sein soll. Aber ein Anhaltspunkt für neonazistisches Gedankengut findet sich in dieser Satzung nicht.

Der Heide-Heim e. V., Hamburg, wurde am 18. 12. 1984 gegründet und am 21. 2. 1985 in das Vereinsregister beim Hamburger Amtsgericht, Abteilung 69, Geschäftsnummer 69 VR 10565 eingetragen. Soweit erkennbar ist die einzige derzeit geförderte Liegenschaft des Heide-Heim e. V., Hamburg, die Anlage in Hetendorf, die der Verein mit Wirkung vom 22. 6. 1992 von den Voreigentümern Freundeskreis Filmkunst e. V., Hamburg, und

Gesellschaft für biologische Anthropologie, Eugenik und Verhaltensforschung, Hamburg, erwarb.

Neben dem Heide-Heim e. V., Hamburg, besteht ein weiterer Verein Heide-Heim e. V. mit Sitz in Buchholz, Landkreis Harburg. Dieser Verein wurde am 23. 8. 1990 unter der Nr. 1342 in das Vereinsregister des Amtsgerichts Tostedt eingetragen. Dieser Verein ist bemüht, Mitglieder, insbesondere Förderer, zu gewinnen, um mit den Beiträgen und Spenden die Kosten für den Betrieb und den Ausbau der Anlage in Hetendorf bestreiten zu können. Der Verein hat nach Verfassungsschutzangaben etwa 25 Mitglieder. Der Zweck des Heide-Heim e. V., Buchholz, ist es, »ein Volksbildungs- und Jugendheim *zu fördern*«.

Der Komplex in Hetendorf besteht aus vier herrschaftlichen Häusern mit ausgedehntem Grundbesitz von ca. 7000 Quadratmetern. Die Gewähr war gegeben, dort allerlei braunes Brauchtum zu veranstalten, wie sogenannte Tage volkstreuer Jugend, Lager für Ordner und Wachmannschaften, Vorträge über Rasse oder die germanische Seele des Deutschen oder Totenehrungen.

Jetzt endlich sind die zuständigen Finanzbehörden in die Gänge gekommen. Die Gemeinnützigkeit soll aberkannt werden.

Von deutscher Schrift und Sprache

In aller Regel formulieren Vereine nicht explizit ihre *Absichten*, sondern es heißt: »Zweck des Vereins ist ...« Deutliche Absichten hatte aber ein Sprachverein bekundet. Beim »Verein für Deutsche Sprache und Kultur«, der am 5. Juni 1990 in Wuppertal gegründet wurde, heißt es in § 2 der Satzung: »Es ist die Absicht des Vereins, sich für die Erhaltung der deutschen Sprache und Kultur einzusetzen und das Brauchtum zu pflegen, sowie der zunehmenden Anglisierung im Sprachgebrauch der Medien (Presse, Funk, Fernsehen) und nicht zuletzt auch der Behörden entgegenzuwirken. Dieser Sprachverwilderung will der Verein durch Schulung und Vorträge für alle Volksschichten ohne Beachtung von Rang und Namen, aber insbesondere der Jugend, entgegentreten. Der Verein, mit Sitz in Wuppertal, verfolgt ausschließlich und unmittelbar gemeinnützige, im Sinne des Abschnitts steuerbegünstigte Ziele ...« So hat es auch das Finanzamt Elberfeld anerkannt.

Nun ist es unbestritten ein hehres Ansinnen, gegen Sprachverschluderung zu Felde zu ziehen, allerdings sind Zweifel aufgekommen, ob dies denn auch der vornehmliche Vereinszweck sei.

Der Verein war nämlich Träger eines Hauses in der Alsenstraße beim Steinbecker Bahnhof in Wuppertal, in dem sich früher die Geschäftsstelle des NPD-Kreisverbandes Wuppertal befand. Der Sprachverein veranstaltete Bildungsabende zur Geistesertüchtigung. So hatte der Verein für Freitag, den 13. März 1992, »alle national denkenden Bürger« zu einem Vortrag geladen mit dem Titel »Europa – Völkerbrei oder anthropologische Ordnung«.

Redner war Ernst Günter Kögel, Studienrat im Ruhestand, aus Remscheid. Kögel glaubt, daß fremde Mächte das Ziel einer »Umvolkung der Deutschen« hätten und eine »angestrebte Vermischung mit Volksfremden« ein willkommener Nebeneffekt des »Gastarbeiterimports« sei. Der Referent, Jahrgang 1926, in vielen rechtsextremen Gruppen zu Hause, stand eine Zeitlang im Mittelpunkt der Neonaziszene, weil er erstinstanzlich freigesprochen wurde, nachdem er »es gewagt hatte, öffentlich Zweifel an der behaupteten Vergasung von Juden in deutschen Konzentrationslagern zu äußern« (*HNG-Nachrichten* 3/1990). Später wurde er rechtskräftig zu einer Geldstrafe von 12 600 Mark zuzüglich der Kosten für die Verhandlung, insgesamt 14 440 Mark verurteilt. Ob Kögel nun ein Honorar aus steuerabzugsfähigen Spenden erhalten oder seinerseits sein Honorar gegen Spendenquittung gespendet hat, ist nicht bekannt.

Daß Redner wie Kögel bei den Sprachpflegern auftreten, ist wohl kein Zufall: die Gründungsmitglieder sind überwiegend

Funktionäre bzw. Mitglieder der NPD. Den Vereinsvorsitz hatte Diplom-Ingenieur Gerhard Schied inne. Die Firma Schied Automationstechnik Wuppertal gratulierte dem *nhb-report*, der Zeitung des Studentenbundes der NPD (Nationaldemokratischer Hochschulbund), in einem der nicht gerade häufigen Leserbriefe von Firmen zum neuen Konzept und wünschte weiterhin viel Erfolg. Das Studentenmagazin der NPD lag bei Schied nach eigenen Angaben im Empfangsraum aus (*nhb-report* Nr. 16).

Von der Gründung an dabei, sowohl bei der NPD wie beim Sprachverein, war der stellvertretende Vorsitzende Helmut Keller. Der kürzlich in die Ewigkeit abgetretene Kaufmann hatte in Wuppertal auch einen Videovertrieb mit Filmen von Hitler bis Dönitz und einschlägigen »Klassikern« wie dem legendären NS-Durchhaltestreifen über die Festung Kolberg. Der *Kolberg*-Film mit Heinrich George, Regie: Veit Harlan, wird bei Neo- und Alt-Nazis mythisch verklärt, weil ihn der *Völkische Beobachter* am 1. Februar 1945 hoch gelobt hat, obwohl der Film kaum noch zu sehen war, weil die Kinos da schon zerbombt waren. Heinrich George wurde danach inhaftiert, eben wegen seiner Mitwirkung an diesem letzten Propagandastreifen, und kam in einem Lager zu Tode.

Zweifel an der Gemeinnützigkeit des Vereins hegten die Grünen. Die Landtagsabgeordnete Dr. Katrin Grüber hatte recherchiert und sagte in einer mündlichen Anfrage vom 27. Mai 1992: »Offenkundig ist, daß die Gründung des Vereins für Deutsche Sprache und Kultur lediglich dazu dient, die Vermögensverhältnisse der NPD in Wuppertal über Steuervorteile zu verbessern. So wurde das Vereinslokal Kleine Residenz in der Wuppertaler Alsenstraße auch auf den Verein übertragen. Die Spender und Spenderinnen haben inzwischen von der Stadt Wuppertal (›Durchlaufspenden‹) unterzeichnete Spendenbescheinigungen in Höhe von 75 000 DM erhalten.«

Der Finanzminister antwortete am 3. Juni 1992: »Sollte sich herausstellen, daß der Verein mit seiner tatsächlichen Geschäftsführung nicht seine steuerbegünstigten Satzungszwecke, sondern politische Zwecke (z. B. Unterstützung einer politischen Partei) verfolgt, wird das Finanzamt die vorläufige Bescheinigung über die Gemeinnützigkeit widerrufen.« Zwar hat das Finanzministerium für die Überprüfung eineinhalb Jahre gebraucht, doch Ende 1993 hatte die Initiative der Grünen Erfolg: die vorläufig anerkannte Gemeinnützigkeit wurde gegenstandslos.

Ein anderer kultureller Trutzbund wider die »Verhunzung der deutschen Sprache« zum Beispiel »durch Feministinnen« ist dagegen seit vielen Jahren als gemeinnützig anerkannt: der »Bund für deutsche Schrift und Sprache« mit Geschäftsstelle in Ahlhorn und Sitz in Hannover. Der Bund hat eine bewegte Geschichte. Gegründet wurde er gegen Ende des Ersten Weltkriegs, am 1. April 1918, als »Bund für deutsche Schrift«, 1941 löste er sich selbst auf, und 1951 wurde er wiedergegründet. Der Bund »hat sich in seiner Satzung die Pflege und Erhaltung der beiden Grundpfeiler deutscher Kultur – Sprache und Schrift – zum Ziel gesetzt«. Er tritt dafür ein, heißt es in der Vereinswerbung, »die deutsche Sprache und die deutsche Schrift als zwei schöne Blumen im Garten der Volkskulturen zu pflegen und zu erhalten; denn eine Welteinheitskultur wäre trostlos und öde«.

Für derlei Ziele setzen sich inzwischen eintausend Mitglieder ein, *Die deutsche Schrift – Vierteljahreshefte zur Förderung der deutschen Sprache und Schrift* hat sogar 1600 Abonnenten, erzählt Geschäftsführer Helmut Delbanco, ein früherer Studiendirektor. Trotz der hohen Mitgliederzahl wird weiter fleißig für den Sprachbund geworben. Wer solche Werbung vorwiegend in germanistischen Fachzeitschriften vermutet, der täuscht sich. Es handelt sich um die neonazistischen *Nachrichten der Hilfsorganisation für nationale und politische Gefangene und deren Angehörige,* kurz HNG-Nachrichten (August 1990), das *Leitheft* eines »Kameradenkreises der ehemaligen Waffen-SS zur Pflege der Kameradschaft, Abwehr von Geschichts- und Propagandalügen durch Aufklärung und Dokumentation« oder den Rundbrief der »Gemeinschaft des Deutschen Ostens – staatstragender Zusammenschluß volks- und reichstreuer Deutscher« (Herbst 1994). Der Bund inserierte zum Beispiel im *Bismarckdeutschen – Organ der Deutschen Freiheitsbewegung* des Hitlerverehrers Generalmajor a. D. Otto-Ernst Remer (7/8 1988, S. 30). Lateindruck und beschränkte Kleinschreibung, schreibt der Bund in der Anzeige, bedeuteten »Nachäffung des Auslandes ohne Sinn und Verstand« und »Verrat an der deutschen Sprache«.

In der Zeitschrift dieses Kulturkampfbundes (2/1994, S. 23ff.) wird die angebliche muttersprachliche Verkommenheit von Politik und Wirtschaft beklagt: »Natur und Geschichte lehren aber auch, daß es eine Menschen-Einheitskultur nicht gibt und daß die Entwicklung von Kultur nur möglich ist, wenn die Völker als Kulturträger einen geschlossenen Lebensraum bewohnen können; denn die Kultur setzt Verständnis der Gemeinschaft für die Schöpfungen ›ihrer‹ begnadeten Künstler voraus. Eine Vermengung von Menschen der verschiedensten Abstammung und Herkunft führt zu keiner ›Multikultur‹, sondern zur Zerstörung der gewachsenen Ordnung.«

Vereinsfunktionäre sind vielfach in eindeutig rechtsextremen Zusammenhängen anzutreffen. Der Vorsitzende Siegfried Brunow schreibt in dem rechtsextremen Blatt *Deutschland – Schrift für neue Ordnung* des Ernst Günter Kögel, der beim vorgenannten Sprachverein auftrat (11/12 1992). Sein Stellvertreter Magister Gerhard Staudinger engagiert sich bei nostalgischen Ostpreußenfahrten und im Freundeskreis Dichterstein Offenhausen, einer rechtsradikalen Kleingruppe in Österreich, ebenso wie Vorstandsbeisitzer Thorwald Poschenrieder. Und das Ehepaar Soyka-Körner, beide im Vereinsvorstand, ist Inhaber der Faksimile-Verlag Bremen GmbH. An seine Verlagsfreunde schrieb Soyka mit dem Vermerk »Vertraulich!«: »Seit Bekanntwerden des sogenannten Leuchter-Berichtes, eines Prozeßgutachtens des amerikanischen Gaskammer-Experten Fred Leuchter, steht in der wissenschaftlichen Welt die These vom millionenfachen Judenmord in deutschen Konzentrationslagern mittels Zyklon-B in Frage.« Ganz besonders aktiv ist Helmut

Brückmann, Beisitzer laut Sonderheft der Vereinszeitschrift *Die deutsche Schrift* 1990/91. Brückmann schreibt fleißig in braunen Blättern wie *Leitheft* (Nr. 58), *Recht und Wahrheit* (11/12 1992, S. 28f.), *Sieg* (5/1990) und *Huttenbriefe*. Und er reist durch die Lande und hält Vorträge über »Sprachpflege – eine Hilfe zur Volkserhaltung« oder »Multikriminalität – Aufgang oder Untergang« oder »Die Macht der Sprache als Hort der Volksseele«. Auf der Frankfurter Buchmesse 1994 hatte der Bund einen Stand. Im dort verteilten Werbeprospekt war Brückmann nicht mehr unter den Vorstandsmitgliedern aufgeführt.

Unter den Leserbriefschreibern oder Autoren der Vereinszeitschrift tauchen rechtsextreme Aktivistinnen und Aktivisten auf wie zum Beispiel Pia Bernburg, die mit Günter Bernburg, verurteilt wegen »Handlungen zur Wiederherstellung der verbotenen Organisation NSDAP u. a.«, just an einem 20. April, also an Hitlers Geburtstag, den Bund fürs Leben schloß und seither sieben Kinder mit Namen wie Froderun, Luise Hagedise, Ottomar oder Dietmute gebar. Auch der Dichter und Gründer des »Kampfbund Deutsches Schlesien« Reinhard Kreisköther ist darunter, der seine Lyrik in der NPD-Parteizeitung, *im Runenstein* oder in Christophersens *Bauernschaft* veröffentlicht. Der Bund für deutsche Schrift und Sprache ernennt auch Mitglieder auf Lebenszeit. Der heidnische Totenbestatter Gerd Rothe (siehe S. 319 f.) zum Beispiel gehört seit 1991 zu diesen Auserwählten.

Ein anderes Mitglied auf Lebenszeit verstarb »am 18. Januar/Hartung 1994«, Dipl.-Ing. Karl Hummel aus Darmstadt. Er war dem Bund bereits zur Jahreswende 1932/33 beigetreten, 1982 wurde er zehntes Mitglied auf Lebenszeit, laut Vereinszeitschrift soll er großzügige geldliche Unterstützung geleistet haben. Durch eine letztwillige Verfügung hat er dem Bund nochmals 5000 Mark vermacht (*Die deutsche Schrift* 2/1994, S. 34).

Die Zeitschrift bedankt sich auch bei dem Unternehmer Willibald Völsing aus Giesen-Hasede, der dort eine Fabrik für

Metallverarbeitung und Keramik betreibt. Bei ihm hat der vor 1945 harte NS-Kunst produzierende Maler und Zeichner Ernst von Dombrowski,[2] einer der Exponenten von Reichsstatthalter Schirachs Ausstellung »Junge Kunst im Deutschen Reich« in Wien 1943, eine letzte Heimstatt für sein Werk gefunden (*Kunst und Diktatur,* Bd. 2, Baden (Ö) 1994).

Dieser Sprachbund, zu dem Rechtsextremisten eine besondere Affinität aufweisen, ist seit Jahrzehnten als gemeinnützig anerkannt. Steuermindernde Spendenbescheinigungen werden auf Wunsch zugesandt.

Kultur und Zeitgeschichte nach rechter Art

Im oberbayerischen Rosenheim am Inn, wo die Republikaner ihre größten Wahlerfolge feiern konnten, ist ein Verein beheimatet, der sich der Deutung der Vergangenheit und Identitätsstiftung durch eine revidierte Nationalgeschichtsschreibung widmet. Er wurde im Oktober 1985 ohne viel Aufhebens und mit einem neutral klingenden Namen gegründet: »Kultur und Zeitgeschichte – Archiv der Zeit e. V.«. 1995 feiert er in Goslar am Harz sein zehnjähriges Jubiläum mit dem Österreicher Otto Scrinzi als Festredner, einem häufigen Ehrengast der Passauer Großkundgebungen der »Deutschen Volksunion« (DVU). Ein »Verein für Kultur und Zeitgeschichte e. V.« existiert in Hamburg schon seit Mai 1979, und im oberösterreichischen Waizenkirchen gibt es auf Schloß Hochscharten einen »Freundeskreis Kultur und Zeitgeschichte«. Alle drei sind »der historischen Wahrheit verpflichtet«. Doch wenn in rechtsradikalen Kreisen von »Wahrheit« die Rede ist, merkt man meistens schnell, daß es um nichts anderes als Mohrenwäsche des Nationalsozialismus geht. Keine einzige rechtsextreme Gruppe nach 1945 hat darauf verzichtet, die »Reinigung des deutschen Geschichtsbildes« zum Programm zu erheben.

Auch das von Spendern großzügig alimentierte Institut in

Rosenheim will unter seriösem Deckmantel die Betrachtung der nationalsozialistischen Vergangenheit gründlich revidieren und das Ergebnis möglichst öffentlichkeitswirksam darstellen. Schließlich ist der extremen Rechten in den letzten Jahren mit Hilfe wissenschaftlicher Verbrämung der Einbruch in die politische Mitte schon recht gut gelungen. Wen wundert's, wenn dieses Entsorgungsarchiv in einem Bundesland als gemeinnützig anerkannt ist, dessen ehemaliger Ministerpräsident Franz Josef Strauß der Auffassung war, die »ewige Vergangenheitsbewältigung als gesellschaftliche Dauerbüßeraufgabe« sei geeignet, das »deutsche Volk zu lähmen«.

Dem Bild der Deutschen in der Welt gilt die Sorge des Vereins, denn sogar in unserem eigenen Land sei schon zu befürchten, »daß die Wahrheit über unser Sein nicht mehr erkennbar« sei. Wegen der verzerrten Darstellung »des deutschen Volkes im allgemeinen und der Deutschen schlechthin« müsse die wahre deutsche Geschichte für die künftigen Generationen sichergestellt werden. Um »das wahre deutsche Geschichtsbild« und die »wirklichen deutschen Verhältnisse in den letzten 75 Jahren für die künftigen Generationen« zu übermitteln, sollen Wissenschaftler, Publizisten und Verleger in systematischer Arbeit alle politischen Fragen der letzten Jahrzehnte aufarbeiten. Um diese »notwendige Aufgabe und Verpflichtung von hohem Rang« finanzieren zu können, wandte sich Vereinsgründer Waldemar Schütz in der *Deutschen Wochen-Zeitung (DWZ)* an die »lieben Leser«: »Durch die Hilfsbereitschaft vieler von Ihnen konnten von uns in den letzten Jahren Männer und Frauen unseres Volkes, die gehetzt und verfolgt z. T. Jahrzehnte in Gefängnissen verbracht haben und noch verbringen, mit ihren Angehörigen unterstützt werden ... viele hunderttausend Mark konnten mithin für diese Unterstützungsmaßnahmen eingesetzt werden.« Jetzt sollten sich die DWZ-Leser an dem »großen Gemeinschaftswerk« mit der Bezeichnung »Archiv der Zeit« beteiligen. Der Jahresmitgliedsbeitrag beträgt 50 Mark.

Das Personal des Vereins wird ausschließlich von altbewährten

Kämpen gestellt. Sie sind allesamt Personen mit Ausstrahlung in diverse Richtungen des rechtsradikalen Lagers, die auch an anderer Stelle Bedeutung haben. Deshalb lohnt ein genauerer Blick auf den Vorstand.

Den Vorsitz führt der Verleger Waldemar Schütz, Jahrgang 1913. Schütz machte eine Lehre bei der *Lahn-Zeitung* als Verlagskaufmann und Redakteur. 1929 ging er in die Hitler-Jugend. 1934 wurde er schon Gau-Pressereferent bei der NS-Gemeinschaft »Kraft durch Freude« und 1939 Gaubeauftragter der NSDAP in Hessen. Im Krieg brachte er es zum Hauptsturmführer bei der LAH SS-Panzer-Division (Leibstandarte Adolf Hitler) und nahm an Ostfeldzügen teil.

1949 gründete Schütz in Göttingen den Plesse-Verlag (nach der nahegelegenen Burg), den er später in Karl Waldemar Schütz-Verlag umbenannte. Mit NS-Schriftstellern und völkischen Autoren wie Hans Grimm, Hans-Ulrich Rudel oder Peter Kleist und Heinrich Härtle rückte er die Geschichte zurecht. Vor allem aber ging es um die Rehabilitierung der SS. Später verlegte Schütz noch den *Reichsruf,* das Organ der Deutschen Reichspartei, dann die *Deutsche Wochen-Zeitung* und die *Deutschen Nachrichten* der NPD.

Auf der Frankfurter Buchmesse 1955 präsentierte Schütz die letzten Aufzeichnungen des nationalsozialistischen Literaten und Gründers des Kampfbundes für deutsche Kultur (1928) Alfred Rosenberg aus dem Nürnberger Gefängnis unter dem Titel *Ideale und Idole der nationalsozialistischen Revolution.* Wegen dieses Machwerks des ehemaligen Reichsministers für die besetzten Ostgebiete mußte Schütz damals seinen Messestand räumen. In späteren Jahren blieb der Stand unbehelligt.

Schütz hat auch Parlamentserfahrung. Er saß für die »Deutsche Reichspartei« (DRP) im Landtag (1955–1959). Aber die DRP war nicht erfolgreich, sie sank unter ein Prozent. Daher gründete Schütz – diesmal unter formal demokratischen Vorzeichen – am 28. 11. 1964 in Hannover mit Adolf von Thadden, früher DRP, und Friedrich Thielen, einem Bremer Betonfabrikanten,

die erste nationale Sammlungsbewegung, die »Nationaldemokratische Partei Deutschlands« (NPD). Noch heute sitzt Schütz
im Vorstand des ersten Kampfbundes für deutsche Kultur der
Nachkriegszeit, der »Gesellschaft für freie Publizistik e. V.«, er
ist Vize-Chef dieser größten rechtsextremen Kulturvereinigung,
die laut Verfassungsschutz 1960 von ehemaligen SS-Offizieren
und NSDAP-Funktionären gegründet wurde (vgl. Verfassungsschutzbericht, Hamburg 1993, S. 31).

Der berufsmäßige »Künder der historischen Wahrheit« – so
einer seiner Werbeslogans – hat nach 1945 »führend dazu
beigetragen, daß sich neben der fortwirkenden Siegerpropaganda auf dem Felde der Zeitgeschichtsliteratur ein revisionistischer Zweig bilden konnte«, lobt ihn die *Deutsche National-Zeitung* aus München zu seinem siebzigsten Geburtstag.

Bei der Mitgliederversammlung am 23. 5. 1992 wurden zwei
weitere kampferprobte Gesinnungsgenossen in den Vorstand
gewählt: der Kaufmann Erwin Höke aus Preußisch Oldendorf
und Rudolf Kendzia aus Berlin, ebenfalls Kaufmann. Höke ist
Geschäftsführer der Firma Kölle Druck, einer einschlägig bekannten Druckerei mit 35 Beschäftigten, die aufs engste mit
Schütz zusammenarbeitet.

Kendzia, Geschäftsführer der Firma Kendzia + Partner Vermitt-
lungs- und Betreuungs-GmbH, wurde nach dem sensationellen
Wahlerfolg der »Republikaner« bei der Berliner Senatswahl
1989 Parlamentarischer Geschäftsführer der Rep-Abgeordnetenhausfraktion. Nachdem es aber bei den Berliner Republikanern zuging wie bei Hempels unterm Sofa, verließ Kendzia die
Partei (»Dagegen war die NPD ein Mädchenpensionat«, sagte er
dem *Spiegel* 18. 9. 1989). Kendzia hatte schon einen langen
politischen Vorlauf: 1958 Eintritt in die Deutsche Reichspartei,
von 1967–1969 Landesvorsitzender der Berliner NPD, Austritt
1969, bis 1986 soll er laut *Süddeutscher Zeitung* vom 2. 3. 1989
dem CDU-Wirtschaftsrat angehört haben, 1. 1. 1988 Eintritt bei
den »Republikanern«. 1991 war er Geschäftsführer der Verlagsgesellschaft für politische Bildung mit beschränkter Haftung.

Außerdem sitzt Dr. Theo Ernst Wolfgang Huber, Jahrgang 1922, im Vorstand. Der Jurist, der sich 1941 von der Schulbank weg freiwillig zur Panzertruppe meldete und seit 1956 eine Anwaltskanzlei in München betreibt, gehörte 1967–1971 als Richter dem Bayerischen Verfassungsgerichtshof an. Er zählte zu den profiliertesten Führungsleuten der Nationaldemokraten und leitete viele Jahre die Rechtsabteilung beim NPD-Parteivorstand.

»Der rührige und unerschrockene Streiter«, so die NPD-Zeitung *Deutsche Stimme,* vertrat seine Partei bei vielen gerichtlichen Händeln. 1988 hat er seine Tätigkeit als Justitiar der NPD wegen »ständiger Satzungsverstöße« eingestellt. Huber monierte nach Angaben der *Süddeutschen Zeitung* vom 2. 7. 1988, daß dem NPD-Parteivorstand eine Vereinbarung mit Gerhard Frey und der Deutschen Volksunion vorenthalten worden sei, wonach sich Frey verpflichtet hatte, der NPD den »Kostenersatz« von einer Million Mark nach der Europawahl 1989 zu bezahlen als Gegenleistung dafür, daß die NPD zugunsten der DVU nicht kandidierte. Und schließlich ist Huber auch Vorsitzender des Rechtsausschusses der gemeinnützigen »Notgemeinschaft für Volkstum und Kultur e. V. zur Förderung deutschen Lebens«.

Noch im Vorstand sitzt Klaus Christoph Marloh aus Seevetal, einer der Erstunterzeichner einer Anzeige gegen die angebliche Erpressung des deutschen Volkes durch den Holocaust. Er reiste 1994 mit einer Gruppe ehemaliger Soldaten von drei Divisionen der Waffen-SS nach Moskau und war Wortführer in einer Audienz bei dem Ultranationalisten Wladimir Schirinowskij, über die er hinterher in den neonazistischen *Huttenbriefen* berichtete (*Huttenbriefe* November/Dezember 1994, S. 10–14). Vorstandsmitglieder sind auch der Apotheker Wolfgang Hahn aus Murnau, Organisationsleiter der schon erwähnten »Gesellschaft für freie Publizistik« und Autor der NPD-Zeitung *Deutsche Stimme,* und Dr. Karl Hans Ertl aus Wien, Referent beim völkischen »Verein Dichterstein Offenhausen« und Mitarbeiter an der mehrbändigen *Deutschen Geschichte aus deutscher Sicht,* einem der zahllosen Geschichtsklitterungsbücher aus der rechtsradikalen Ecke.

Der auf seine Art profilierte Vorstand des Archivs der Zeit hat drei Hauptaufgabengebiete umrissen. Es soll eine dreiteilige Lexikon-Dokumentation erarbeitet und an alle deutschen Bibliotheken ausgeliefert werden. Eine Stiftung soll den Fortbestand der Material- und Dokumentensammlung und den Ausbau zu einer politisch-militärischen Bibliothek garantieren. Drittens soll ein Informationsdienst für Presse, Funk und Fernsehen öffentliche »Falschauslegungen der Geschichte« geißeln. Über achthundert erarbeitete Themen lägen bereits vor und seien ein Beweis für den sicheren Erfolg des Gesamtunternehmens.

Das Vereinsvermögen erlaubte bisher, daß eine ganze Reihe von Buchprojekten in Angriff genommen werden konnte. Erschienen sind eine Chronologie und ein Lexikon *Deutsche Geschichte im 20. Jahrhundert,* herausgegeben von Waldemar Schütz, noch mit einem Geleitwort des 1993 verstorbenen Ordinarius für Mittlere und Neuere Geschichte an der Universität Erlangen, Hellmut Diwald (512 S., Leinen, Deutsche Verlagsgesellschaft DVG 1992, DM 78), drei Bücher über *Verwandler der Welt,* nämlich 1. Adolf Hitler, 2. Josef Stalin 3. Roosevelt und Churchill, verfaßt von Ex-NPD-Chef Adolf von Thadden und Georg Franz-Willing (ebenfalls alle DVG). Außerdem kamen Bücher über die Kriegsschuldfrage, *Die Sieger im Schatten ihrer Schuld,* und über Hans-Ulrich Rudel, den höchstdekorierten Wehrmachtssoldaten heraus. 1993 veröffentlichte der Verein für »Kultur und Zeitgeschichte – Archiv der Zeit« eine Publikation von Franz-Willing, bei der schon der Titel an Abstrusität kaum zu überbieten ist: *Umsturz 1933 – Versuch einer Lösung der abendländischen Krise.* 1994 folgte die Broschüre *Weltherrschaft durch Umerziehung?,* gedruckt bei der Firma Kölle des Vorstandsmitglieds Erwin Höke aus Preußisch Oldendorf.

Der berühmt-berüchtigte Historiker und Publizist Georg Franz-Willing aus Überlingen am Bodensee gehört zu den häufigen Autoren des Vereins. 1985–1988 war er dessen zweiter Vorsitzender. Ihm attestierte der Verleger Gerhard Frey, er habe sich »um historische Gerechtigkeit für Deutschland« bemüht, »fernab der Umerziehungsklischees«. In der Tat hat Franz-Willing den revisionistischen Buchmarkt um etliche Titel bereichert, so zum Beispiel durch eine *Trilogie zur Entstehungs- und Frühgeschichte der Hitlerbewegung.* Im Tübinger Grabert-Verlag lieferte er »vollkommen neue Einblicke« in *Die Reichskanzlei 1933–45,* und bei Druffel berichtete er über »historische Tatsachen« angesichts der verzerrten und falschen Mediendarstellung über »1933 – die nationale Erhebung«. In dem Buch *Bin ich schuldig?* zeichnet er die Biographie des ehemaligen NS-Reichsstudentenführers und späteren Gauleiters von Salzburg Gustav Adolf Scheel nach, der nach dem Krieg zu einem Verschwörerkreis ehemaliger hoher Nationalsozialisten gehörte. Und in der rechtsextremen Monatszeitschrift *Nation Europa* (Heft 2/88) feierte er Rudolf Heß, den Führer-Stellvertreter, als »deutschen Patrioten«, der sich wunderbar gehalten und in Nürnberg die einzig richtige Haltung eingenommen habe: »Er anerkannte das Siegertribunal nicht als ›Gericht‹ und zeigte ihm deutlich seine Geringschätzung.« Daneben trat Franz-Willing schon seit Jahren bei Kongressen der »Gesellschaft für freie Publizistik« (GfP) auf, bei der sich alljährlich braungefärbte Verleger und Schriftsteller darüber unterhalten, wie sie die politische Kultur der Bundesrepublik wirksam beeinflussen können.

Bei der Jahreshauptversammlung des Archivs der Zeit e. V. im Mai 1992 »unweit von Salzburg« (*NE* 6/92, S. 58), wo auf dem Schloß Hochscharten des Welser Fabrikanten Robert Wimmer auch ein »Freundeskreis für Kultur und Zeitgeschichte« residiert, konnte Schütz schon publizistische Erfolge vermelden, nämlich die Herausgabe der vier Biographien über die »Verwandler der Welt«. Adolf von Thadden, der Motor der NPD-Gründung 1964, kam von seinem Wohnsitz Teneriffa aus angeflogen, um einen Vortrag zu halten. Dabei stilisierte er die »verfemte« extreme Rechte zu Verfolgten und Märtyrern des Systems hoch. Professor Ernst Topitsch, Graz, konnte mit berechtigter Genugtuung beweisen, in welchem Umfang seine Thesen inzwischen bestätigt worden seien, nachdem sein Buch über *Stalins Krieg* zunächst bei weiten Teilen »der der Umerziehung verpflichteten Historikerschaft Furore gemacht und wütende Proteste hervorgerufen« hätte.

Aufträge für Publikationen des steuerbegünstigten Vereins mit Konto bei der Volksbank Siegsdorf erhält die Deutsche Verlagsgesellschaft mbH (DVG) (AG Traunstein, HRB 699). Der DVG obliegt laut Handelsregister die Herstellung und der Vertrieb von Büchern, Zeitungen, Zeitschriften und Druckschriften. Sie betreibt mit elf Beschäftigten neben der Druckerei auch Großhandel mit »Unterhaltungszeitschriften«.

Eigentümer der DVG ist der Vereinsvorsitzende Waldemar Schütz. Laut Satzung wird der Verein durch den 1. Vorsitzenden allein vertreten, im übrigen durch je zwei Mitglieder des Vorstandes. Waldemar Schütz kann also als Vereinsvorsitzender an sich selbst als Eigentümer der DVG Druckaufträge vergeben. Und er könnte auch an sich selbst bzw. seine Firma für geldwerte Leistungen steuerabzugsfähige Spendenquittungen ausstellen – zum Beispiel für Druckkosten, rein theoretisch.

Seit der Gründung des Vereins für Kultur und Zeitgeschichte im Jahre 1985 gibt die Deutsche Verlagsgesellschaft keine Umsatzzahlen mehr bekannt. (Zuvor lag der Umsatz zwischen 2 und 2,5 Millionen jährlich.) Die Adresse des Vereins und der Verlagsgesellschaft ist identisch, ebenso wie die Telefonnummer. Die Personalunion zwischen dem Vorsitzenden eines Vereins, dessen satzungsgemäßer Zweck die Abfassung von Büchern ist, und dem Eigentümer eines Betriebs, dessen Geschäft das Herstellen von Büchern ist, dürfte doch recht vorteilhaft sein.

Zweifel an der Seriosität des Archivs gab es schon in der Anfangsphase auch bei Gesinnungsfreunden. »Es ist auch nicht unsere Aufgabe, merkwürdige Spendenaufrufe zu untersuchen« schrieb der Herausgeber der *Deutschen Monatshefte,* Dr. Gerd Sudholt, »in denen schwammig vorgetragene Anliegen eines sogenannten Archiv der Zeit (Chef: Waldemar Schütz) formuliert werden, um den Idealismus und die Spendenfreudigkeit unter den Lesern der Schütz-Postille zu wecken und zu sammeln. Das Geld soll auf das ›Rechtskampfkonto‹ der *Deutschen Wochen-Zeitung* überwiesen werden: damit entzieht es sich jeder Kontrolle durch die Spender, denn Mehrheitsgesellschafter der *Deutschen Wochen-Zeitung* ist Waldemar Schütz. Damit wird dem nationalen Anliegen schwerer Schaden zugefügt.« (*Deutsche Monatshefte* 1/86)

Einen »Verein für Kultur und Zeitgeschichte e. V.« gibt es auch in Hamburg: An dessen Spitze stand bis 1994 der im selben Jahr verstorbene Hautarzt Erich Ludwig, Jahrgang 1912, im Zweiten Weltkrieg Truppenarzt der SS-Division Götz von Berlichingen, später Vorsitzender der NPD-nahen »Hamburger Liste Ausländerstopp«. Die NPD-Zeitung *Deutsche Stimme* (2/94) lobte in einem Nachruf seine Heimat- und Volkstreue sowie seine Vaterlandsliebe. Er lehrte als Professor für Dermatologie. Ludwigs Stellvertreter ist der Nationaldemokrat Ulrich Harder. »Kultur und Zeitgeschichte« Hamburg setzt sich auch aus Nationalgesinnten verschiedener Organisationen zusammen.

Im Schloß Hochscharten am Ortsrand des Marktfleckens Waizenkirchen in Oberösterreich, wo im Park ein Schild mit der Aufschrift »Kultur und Zeitgeschichte – Der Wahrheit verpflichtet« prangte, fand auch der Brite David Irving Obdach. Irving machte im November 1989 eine Vortragsreise durch Österreich, die in dem militant-neonazistischen Blatt *Sieg* angekündigt war. Irving werde auch die Frage erörtern, »ob es in den deutschen Konzentrationslagern Gaskammern zur massenweisen Ermordung von Menschen mit dem Gas Zyklon B gegeben habe« (*Sieg* 11/12 1989, S. 27). Nachdem der Besitzer einer Gaststätte absagte, in der Irving seinen Vortrag halten wollte, lud ihn der Eigentümer von Hochscharten zum Privatissimum mit 120 geladenen Personen ins Schloß. Der riesige frühklassizistische Bau gehört dem Unternehmer Robert Wimmer. Als dennoch die österreichische Polizei auftauchte, trat Irving, den Wimmer samt Gattin mit einem Blumenbukett begrüßte, demonstrativ mit Leukoplast verklebtem Mund auf, reden durfte er nicht. Er mußte sich aufs Autogramme-Verteilen beschränken. Nicht zur Stelle waren die Staatsschützer hingegen, als Gerd Honsik, einer der hartnäckigsten Holocaust-Leugner und Autor des gerichtlich beschlagnahmten Buches *Freispruch für Hitler?*, auf dem Schloß mehrmals seine österreichische Jungschar instruierte.

Seit einigen Jahren nutzen auch deutsche Rechtsradikale das Anwesen in dem ausgedehnten Park, um ihren Nachwuchs in einwöchigen Lehrgängen für Führungsaufgaben zu drillen. Auch werden jedes Jahr Sonnwendfeiern in dem 2,5 Hektar großen Park zelebriert. »Da haben sich schon die Bürger bei mir beschwert, weil etwa das Horst-Wessel-Lied bis ins Dorf schallte«, klagte Bürgermeister Franz Haslehner. Besitzer Wimmer, der auch »Kultur und Zeitgeschichte« ins Leben rief, steht nach eigenen Worten »politisch dem Jörg Haider sehr, sehr nahe«. In Waizenkirchen fühlen sich Oberösterreicher belästigt, weil ihnen immer wieder Post des Freundeskreises für Kultur und Zeitgeschichte ins Haus flattert. Der Verein ist seit Dezember 1989 registriert und führt auf dem Schloß regelmäßig Vorträge zu Themen wie »Legenden und Wirklichkeit der ›Reichskristallnacht‹« durch.

Die Verbindung zwischen den drei Vereinen scheint nicht nur namentlich zu bestehen: Offenbar handelt es sich um Hilfsgemeinschaften auf Gegenseitigkeit. 1991 fand die Jahreshauptversammlung des in Rosenheim als gemeinnützig anerkannten Vereins im Großraum Hamburg und 1992 bei Salzburg statt.

Notgemeinschaft mit angeschlossener Altersbetreuung

Noch ein anderer gemeinnütziger Verein hat sich im oberbayerischen Alpenvorland eingenistet: die »Notgemeinschaft für Volkstum und Kultur e. V. zur Förderung deutschen Lebens« mit Sitz in Miesbach. Die Geschäftsstelle liegt aber in Villingen-

Schwenningen in Baden-Württemberg. Wie bei den meisten rechtsextremen Vereinen, so wurden auch hier die Vorbereitungen in aller Stille getroffen. In der Planungsphase 1988/1989 hatte das Werk noch »Deutsche Nationalstiftung« heißen sollen. Die Notgemeinschaft knüpft mit ihrem Namen bewußt an ein historisches Vorbild an, die Notgemeinschaft für Wissenschaft, die am 30. Oktober 1920 als eingetragener Verein gegründet wurde. Sie hatte zum Zweck, nach dem Ersten Weltkrieg »die der deutschen wissenschaftlichen Forschung durch die gegenwärtige wirtschaftliche Notlage erwachsene Gefahr völligen Zusammenbruchs abzuwenden«. In erster Linie ging es um Geldbeschaffung, zunächst »in einem engeren Kreise der Industrie« und bei »deutschfreundlichen Kreisen des Auslands«.

Die heutige Notgemeinschaft »will deutsches Leben in allen Bereichen des Volkstums und unserer Kultur fördern«, so wird es in der Präambel formuliert. »Sie will den Lebenden und den Kommenden ihre ideelle und materielle Lebensleistung als Vermächtnis übertragen, sie sinnvoll für den Kampf um die deutsche Lebensbehauptung einzusetzen. Insofern ist sie eine letzte große Leistung der Kriegsgeneration zum Wohle unseres deutschen Volkes mit Wirkung in die Zukunft.«

Die Notgemeinschaft hatte bereits vor ihrer offiziellen Gründung mit allerlei Unbilden zu kämpfen; das Alter der Initiatoren brachte es mit sich, daß zwischen den Vorbereitungen bis zur tatsächlichen Gründung des Vereins schon sämtliche Mitglieder des präsumtiven Ehrenpräsidiums »nach Walhall abberufen« wurden, wie man in diesen Kreisen sagt. Es setzte sich zusammen aus

- General Hermann Heinrich Behrend,
- Heinrich Härtle, Jahrgang 1909,
- Emil Maier-Dorn, Jahrgang 1908,
- Prof. Wilhelm Petersen, Jahrgang 1900
- Prof. Hermann Giesler, Jahrgang 1898, Hitlers persönlichem Architekten. Giesler verband mit dem ehemaligen SS-Brigadeführer Prof. Franz Alfred Six, Leiter des berüchtigten

»Vorkommandos Moskau« der SS-Einsatzgruppe B, eine enge Freundschaft. Er saß mit Six gemeinsam im Landsberger Gefängnis, weil Six für Massenerschießungen von Juden verantwortlich war und deswegen zu zwanzig Jahren Haft verurteilt wurde. In seinem Buch *Ein anderer Hitler – Bericht seines Architekten Hermann Giesler* dokumentiert Giesler die Landsberger Gespräche mit Six.[3] Dort erfährt man auch, daß Giesler und Six gemeinsam von Hitler mit einem »Reichskulturwerk« beauftragt waren. Mit seinem Engagement für die Notgemeinschaft erfüllte der gesinnungstreue Giesler also spät ein Vermächtnis.

Notgedrungen machte sich der Verein auf die Suche nach einem neuen Ehrenpräsidium. Dafür konnten drei altgediente Nationalsozialisten gefunden werden. Diese Personengruppe soll die Gewähr dafür bieten, daß die in die Notgemeinschaft eingebrachten Mittel materieller und ideeller Art einzig und allein »den Lebensinteressen des deutschen Volkes dienstbar gemacht werden«. Jeder von ihnen sei eine »über jeden Zweifel erhabene Persönlichkeit«. Wie wahr, Zweifel an deren nationalsozialistischer Gesinnungstreue bestanden in der Tat nicht, zumal die Notgemeinschaft nach dem Motto »Trau keinem unter neunzig« zu verfahren scheint. In das neue, aber keineswegs verjüngte Ehrenpräsidium wurden berufen:

– Matthias Haidn, Jahrgang 1900. Haidn konnte auf eine einschlägige Karriere zurückblicken. 1919 Eintritt in das Freikorps Passau, 1920 Freikorps Epp, 1926 Eintritt in die NSDAP, 1931 Entlassung bei der Landwirtschaftsschule Hammelburg wegen politischer Tätigkeit, seit 1931 ebenfalls Gaupropagandaleiter des Gaues Unterfranken, nach der Machtergreifung Landeshauptabteilungsleiter I der Landesbauernschaft Bayern und Mitglied des Reichsbauernrats (laut *Führerlexikon* 1934/1935, S. 167f.), wurde dann Leiter der Reichshauptleitung I in Berlin im Reichsnährstand und

1940 Leiter des Fachamtes Landwirtschaft beim Reichsorganisationsleiter im Zentralbüro der Deutschen Arbeitsfront. Bis in seine späten Tage war er aktiv als Autor der dem Verein verbundenen *Huttenbriefe* (4/92) oder der *Nordischen Zeitung*. Er starb 1992.

- General a. D. Hans Baur, Jahrgang 1897. Baur startete mit Hitler 1932 in der JU 52 zu der Propagandakampagne »Flug über Deutschland« und blieb dreizehn Jahre lang in der Nähe des Führers. Baurs Buch *Mit Mächtigen zwischen Himmel und Erde – Chefpilot bei Adolf Hitler* erschien mittlerweile schon in der zehnten Auflage im Schütz-Verlag. Auch Baur, der »Pilot des Führers« und ehemalige SS-Gruppenführer, wurde inzwischen »zur Großen Armee einberufen«. Er starb am 17. Februar 1993 im 95. Lebensjahr und wurde unter reger Anteilnahme alter und junger Kameradinnen und Kameraden, von Delegationen von Traditions- und Soldatenverbänden auf dem Münchner Westfriedhof beigesetzt.

- Generalarbeitsführer a. D. Hans Ivo Lukesch. Lukesch wurde erst 1901 geboren und ist damit das jüngste Ehrenpräsidiumsmitglied. 1933 ging er zur SA und führte die Brigade Niederösterreich, 1935 wurde er Führer der SA-Obergruppe Österreich, deshalb saß er 1935/36 in Haft, nach dem Einmarsch Hitlers 1938 kam er in den Reichstag, war SA-Gruppenführer und wurde 1943 Generalarbeitsführer und Führer des Arbeitsgaus XXXVI Südmark (Stockhorst, Erich: *5000 Köpfe. Wer war was im 3. Reich*, Husum 1985). Beim Festakt zur Gründung der Notgemeinschaft 1990 sprach Lukesch ein Geleitwort im Namen des Ehrenpräsidiums, umrahmt vom ersten Satz des Kaiserquartetts von Joseph Haydn, gespielt vom Esterhazy-Quartett.

Idee und Gestalt der Notgemeinschaft (NG) stammen von Lisbeth Grolitsch, Jahrgang 1922, einst Gau-Unterführerin im Bund Deutscher Mädel (vgl. DÖW: *Handbuch des österreichischen Rechtsextremismus*, Wien 1993, S. 299). Sie gibt auch den Ton an.

Die Dame ist daneben noch Präsidentin des österreichischen Zweiges des »Deutschen Kulturwerks Europäischen Geistes e. V.«.[4] Ihr deutscher Kollege als langjähriger Präsident ist übrigens ein Mann mit hervorragenden Verbindungen in hohe Kreise von Politik und Justiz, Karl Günther Stempel, ehemaliger Richter am Bayerischen Obersten Landesgericht.

Lisbeth Grolitsch hatte aber auch zusammen mit dem Holocaust-Leugner Generalmajor a. D. Otto Ernst Remer 1982 den »Freundeskreis Ulrich von Hutten e. V.« gegründet. Beim Eröffnungsfestakt der Notgemeinschaft im Hotel Deutscher Hof in Nürnberg 1990 mit zweihundert geladenen Gästen, volkstreuen Gästen versteht sich, hielt sie den Festvortrag – eine Philippika wider »die Traditionszerstörung durch minderwertige und abartige Umtriebe« in der Gegenwartskultur.

Die Notgemeinschaft ist in mancherlei Hinsicht ein ganz besonderer Verein. Sie hat nicht vor, eine eigene kulturelle Vereinstätigkeit zu entwickeln. Sie versteht sich vielmehr als Spendensammel- und Verteilinstitution. Sie ist treuhänderisch verpflichtet, die ihr aus Stiftungen, Testamenten und sonstigen Spenden zufließenden Mittel »nach Maßgabe der Notwendigkeit für die gestellte Aufgabe einzusetzen und gerecht zu verteilen«. Über die Verwendung der Gelder bestimmt der Vorstand.

Beim genaueren Hinsehen bekommt man den Eindruck, bei der Notgemeinschaft handle es sich um eine Gruppe nationalgesinnter Erbschaftspezialisten. Der Verein verfügt nämlich über einen Rechtsausschuß, der sehr konkrete Ratschläge für den Fall des Ablebens erteilt, sogenannte »Hinweise über die Errichtung letztwilliger Verfügungen nach deutschem und österreichischem Recht«. Sie finden sich auf den ersten Seiten der Selbstdarstellungsbroschüre der Notgemeinschaft, gebunden in braunen Karton mit eingeprägtem Eichenlaub. Dabei geht es darum, was zu tun ist, wenn man die gesetzliche Erbfolge ausschließen will, wenn also »ein Erblasser sein Vermögen anderen natürlichen oder juristischen Personen« vermachen will als seinen zum Beispiel politisch gesehen mißratenen Kindern. Es folgen dann genaue Anweisungen, wie ein Testament auszusehen hat. Ergänzende Informationen, auch zur Testamentsform in anderen Ländern, können über die Geschäftsstelle erfragt werden. Wer im Ausland lebt »und der Notgemeinschaft Mittel (Erblassenschaften) zukommen lassen möchte, kann jederzeit eingehend durch unseren Rechtsausschuß beraten werden«, heißt es weiter. Vorsitzender des Rechtsausschusses ist Rechtsanwalt Dr. Wolfgang Huber, auch Vorstandsmitglied beim Rosenheimer Verein Kultur und Zeitgeschichte – Archiv der Zeit und langjähriger Leiter der Rechtsabteilung der NPD.

Die Notgemeinschaft ist ein Verein von außergewöhnlicher Fürsorge. Gebricht es einem Mitglied oder Sympathisanten an familiärer Pflege, so tritt eine Arbeitsgruppe Altersbetreuung in Aktion. Sie hat die Aufgabe, »die Stifter und Erblasser der NG zu betreuen«. In den Status eines Stifters gelangt, wer mindestens fünftausend Mark erbringt oder Mittel durch letztwillige Verfügung in dieser Höhe bereitstellt. Förderer kann man bereits werden, wenn man der Notgemeinschaft die Kleinigkeit von dreitausend Mark zukommen läßt. Förderer können Organisationen, Unternehmen oder Einzelpersonen sein. »Testament- und Vermächtnisgeber, Stifter und Förderer« sind so privilegiert, daß sie urkundlich in das Goldene Buch des Vereins eingetragen werden – kommenden Geschlechtern zum Zeugnis. Sie erhalten sogar »in wichtigen Angelegenheiten Nachricht von der NG«. Wer es sich allerdings anders überlegt und wieder aus dem Verein austreten will, der hat das Nachsehen. Er bekommt seine Einlagen laut § 5, Abs. 7 der Satzung nicht zurück.

Auf welche Weise auch immer, hat die Notgemeinschaft doch recht stattliche Beträge zusammengebracht. Als erste Leistung haben die völkischen Sponsoren die 2. Auflage/Band II der *Deutschen Volksgeschichte* von Adolf Helbok[5] mit rund 10 000 Mark vorfinanziert. Das im Tübinger Grabert-Verlag erschienene Buch gilt ihnen als »Standardwerk«. Standards hat Helbok in der Tat gesetzt, und zwar als Rassenhistoriker im Dritten Reich.

Im Verlag von Herbert Grabert, 1945 als Hochschullehrer amtsenthoben wie Helbok, war schon 1964 Helboks Werk mit einem Vorwort vom Verlagsinhaber herausgekommen. (»Es ist ein Werk der Besinnung auf das deutsche Selbst, auf sein Wesen und Geblüt ...« S. 7)

Eine besondere Förderung lassen die volkstreuen Finanziers der neuen Ostkolonisation angedeihen. Die Expansion nach Ostdeutschland nach dem Fall der Mauer war nur ein Zwischenstopp. Missionare, braune Demagogie im Gepäck, sind zuhauf unterwegs, um Deutschstämmige auf den rechten deutschnationalen Kurs zu bringen. Auch Holocaust-Leugner touren durch den Osten. David Irving reiste nach Dresden, Leipzig und Gera; der Deutsch-Kanadier und nimmermüde Agitator Ernst Zündel sprach im schlesischen Pyskowice, früher Peisksetscham, unweit von Auschwitz.

Deutsche Rechtsextremisten fordern kompromißlos die Rückgabe der ehemals deutschen Ostgebiete, die heute zu Polen, der Tschechischen Republik, Rußland und Litauen gehören. Deshalb fördern sie auf jegliche Art und Weise eine Eindeutschung dieser Gebiete. Vor allem auf kulturellem Gebiet, durch Unterstützung deutscher Bibliotheken, deutscher Schulen, deutscher Vereinstätigkeit, versuchen sie so, eine schleichende Unterwanderung in ihrem Sinn zu erreichen. Ein Etappenziel für eine Rückgewinnung Nordostpreußens, dem heutigen russischen Verwaltungsbezirk Kaliningrad, ist die Ansiedlung rußlanddeutscher Familien. Für eine solche Besiedlung hat die Notgemeinschaft – wie aus einem Schreiben von Lisbeth Grolitsch an die Mitglieder, Stifter und Förderer vom 12. 5. 1992 hervorgeht – damals schon Spendengelder in Höhe von 45 000 Mark bereitgestellt. Privilegierter Partner für das Ostpreußen-Projekt ist die »Aktion Deutsches Königsberg« unter Führung des Kaufmanns Dietmar Munier aus Kiel. Die NG läßt nach eigenem Bekunden ein Kulturhaus mit Schulzimmern, Lehrmittelraum, Bibliothek, Gemeinschaftssaal bauen. »Das notwendige Kapital ist bereitgestellt.« Spenden, für die ab 100 Mark eine Bescheinigung zur

Steuerbegünstigung ausgestellt wird, werden dennoch weiter auf ein Konto bei der Raiffeisenbank Igersheim erbeten oder, falls keine steuerabzugsfähige Bescheinigung gewünscht wird, auf ein anderes Konto ebenfalls bei der Raiffeisenbank. Zuvor hatte sich die NG schon in Polen engagiert mit einer Sammlung unter dem Motto »Bedrohtes Volkstum in Schlesien«.

In den *Huttenbriefen* (Mai 1993, S. 12), deren Hauptschriftleitung bei der Vereinsvorsitzenden Lisbeth Grolitsch liegt, erfahren die Leser, daß die Notgemeinschaft 65 000 Mark für den Bau eines Kultur- und Schulhauses in Amtshagen bei Jasnaja Polnaja »in der russisch besetzten Zone« bereitgestellt hat. Als Vorsitzende des »Freundeskreis Ulrich von Hutten e. V.«[6] hat Frau Grolitsch noch einmal 71 745 Mark zum Zwecke der Siedlungsförderung in Nordostpreußen gestiftet.

Aber auch in der Bundesrepublik hält der betuchte Verein per Anzeige Ausschau nach geeigneten Immobilien: »Wir suchen ein gut erhaltenes Objekt durch Pacht oder testamentarische Zuwendung zu erwerben, das sich als Bildungsstätte zur geistigen Ausbildung von Führungskräften eignet. Das Objekt müßte mindestens 20 Personen Raum bieten für Unterkunft, Verpflegung und Unterricht.«

Seit der Gründung ist Lisbeth Grolitsch – von Beruf Schriftstellerin – Vereinsvorsitzende. Vertreten wird sie von dem ehemaligen NPD-Landtagsabgeordneten Karl Bassler (1924 geboren) aus Böblingen. Das absolute Nesthäkchen im Vorstand der Notgemeinschaft ist Wolfram Nahrath, Jahrgang 1962. Bis zum Verbot der militant neonazistischen Wiking-Jugend e. V. im November 1994 war er ihr Bundesführer. Nahrath arbeitete 1994 als Rechtsreferendar im Berliner Justizdienst und hat die Absicht, Richter zu werden. Er ist Beamter auf Widerruf und kann nach dem zweiten juristischen Staatsexamen einen juristischen Beruf ausüben.

Lisbeth Grolitsch gehört zu den nicht gerade zahlreichen Aktivistinnen im ultrarechten Lager. Frauen spielen hier in der Regel eine untergeordnete Rolle. Ein Frauenprogramm kennt die extreme Rechte nicht. Ansätze dazu gab es zwar bei einigen neonazistischen Gruppen, auch bei Skingirls und bei der Neuen Rechten in ihrem Kampf gegen das »ethnozide Bild der mutterschaftsabgeneigten Europäerin« (Thule-Seminar), zu dauerhaften organisatorischen Strukturen ist es jedoch nicht gekommen. Auch in den Parteiprogrammen finden sich keine frauenspezifischen Aussagen. Das war auch schon im NSDAP-Programm so, außer dem Satz: »Der Staat muß für die Hebung der Volksgesundheit durch den Schutz der Mutter und des Kindes sorgen« ist dort nichts Frauenspezifisches zu finden. Darin offenbarte sich die Grundeinstellung gegenüber Frauen, wonach »die Frau« funktional als Mutter und Trägerin von Blut und Rasse gekennzeichnet wurde. Gelobt wird im *Taschenwörterbuch des Nationalsozialismus* von 1934 (als Faksimile-Ausgabe erschienen im Verlag von Wieland Soyka vom Bund für deutsche Schrift und Sprache) allerdings, daß »die Masse der deutschen Frauen den Weg zu Adolf Hitler« noch schneller fand »als der oft in parteipolitischen Ideologien gefangene Mann« (S. 91). Der Nationalsozialismus hat »der deutschen Frau« die höchste Aufgabe als »Hüterin des deutschen Volkstums« zugewiesen. Dem diente auch die NS-Frauenschaft. Sie unterstützte junge Mütter durch materielle Hilfe und durch Unterweisung in sogenannten Mutterschulungen und betreute auch kinderreiche Mütter. Heute gibt es weder einen nationaldemokratischen noch »republikanischen« Frauenbund, die NPD zeichnete aber schon bei Parteitagen kinderreiche Frauen durch eine Art »Mütterkreuz« aus. Auch die Wiking-Jugend veranstaltet Ehrungen für »volkstreue Mütter«. Als Paradebeispiel gilt Mutter Bachmann aus Kärnten, die 1992 ihr elftes Kind namens Gunhild Alrun entbunden hat. Ihr Mann reist derweil durch die Lande und hält Vorträge über »die Erziehung unserer Kinder zu Kämpfern für das deutsche Volk« oder »artgemäße Erziehung«. Für große Volksreden und Gewaltaufmärsche sei die Zeit »noch nicht reif«, befand er 1989, Kader bilden, Familie gründen und Kinder erziehen sei das Wichtigste.

Deutsche Frau und volkstreue Mutter

Es gibt auch einen kleinen Verein namens »Mütterdank e. V.«. Zu seinen Zielen gehört, Mütter im Rahmen einer Feier – ganz wie einst im Reich – mit einer »wertvollen Brosche« auszuzeichnen. »Es müssen wieder echte Anreize geschaffen werden«, so lautet die Vereinsphilosophie, »gesunde kinderliebe Ehepaare zum Kinderreichtum zu ermuntern.« Die Ehrung derjenigen Mütter, die bewußt auf Luxus und Annehmlichkeiten verzichten, »soll zu einem Bewußtwerden um unsere Volksnot« führen. Der Verein wurde am 20. Oktober 1987 gegründet und war unter der Steuernummer 17/421/03680 vom Finanzamt Hamburg-Ost am 13. 4. 1988 als gemeinnützig anerkannt worden.

Die konkrete Vereinsarbeit sieht so aus, daß kinderreiche Familien mit einer Geldspende von 3000 Mark unterstützt werden. Für den Sommer steht ein Haus in der Nordheide zum Urlaubmachen zur Verfügung.

Hinter Mütterdank e. V. stehen »Idealisten, die sich mit heißem Herzen Gedanken um den Fortbestand unseres Volkes machen«, so präsentiert der Verein sich selbst. Die Zahl der Mitglieder ist unbedeutend, die meisten sind bei der NPD oder stehen ihr nahe. Vorsitzender war der Beamte a. D. Helmuth Cruse, bis er 1990 starb. Seine Stiftung Mütterdank, schrieb das NPD-Parteiorgan *Deutsche Stimme* in einem Nachruf auf den »unentbehrlichen Förderer« (10/1990), werde seinen Namen erhalten und weitertragen. Cruse war ein alter Kämpfer, schon 1966 trat er in die Partei ein, sechs Jahre lang war er Landesschatzmeister. Und Cruse kannte sich aus in Steuerangelegenheiten, er war nämlich Finanzbeamter. Im Vorstand mit dabei ist auch der Verleger Uwe Berg aus Toppenstedt, auch er schon seit dreißig Jahren ein Aktivist. Seine Buchhandlung gilt als Insidertip für einschlägige Literatur, die vergriffen ist, wie *Das Bauerntum als Lebensquell der nordischen Rasse, Neuadel aus Blut und Boden* oder Holzschnitte des NS-Künstlers Georg Sluyterman von Langeweyde.

Europäische Nationalisten

Als »gemeinnützige Einrichtung der politischen Bildung« präsentiert sich das Nationaleuropäische Jugendwerk e. V. (NEJ) mit Sitz in Mannheim. Seit 19. 8. 1986 ist das NEJ vom Finanzamt Mannheim-Stadt (GemL. Nr. 267/181 – 1983) wegen »ausschließlicher und unmittelbarer Förderung der Volksbildung« als gemeinnützigen Zwecken dienend anerkannt und berechtigt, Spendenbestätigungen auszustellen. Aus der Vereinszeitschrift *Zeitenwende* erfährt man: »Das NEJ ist parteipolitisch und konfessionell ungebunden ... Es wurde 1973 als Selbsthilfe von Jugendlichen für Jugendliche gegründet und unterhält ein Vereinshaus in Rheinland-Pfalz, das als Begegnungsstätte dient. Ein Abonnement kann auch durch eine angemessene Spende an das NEJ erworben werden.«[7] (*Zeitenwende* Nr. 3 September 1991)
»Nationaleuropäisch« zu sein, war Anfang der siebziger Jahre bei der Rechten chic. Ulrich Wickert berichtete 1971 von einer »National-Europäischen Jugend (NEJ)« und einem »National-Europäischen Centrum (NEC)«, die zum harten Kern der militanten »Aktion Widerstand« gehörten. Am 16. September 1972 fand in Planegg bei München der I. Nationaleuropäische Kongreß mit rund 1000 (nach eigenen Angaben 1200) nationalen Aktivisten aus vierzehn Ländern statt, darunter Abordnungen der italienischen Neofaschisten, der spanischen Falangisten und der Cedade und der militanten Flamen von Were Di. Die Veranstaltung wurde als Fanal zum Aufbruch verstanden. Zweck war der Aufbau einer »arbeitsfähigen Internationale der Nationalen« (*Eckartbote* 11/1972). Bernhard C. Wintzek, damals wie heute Herausgeber der Zeitschrift *Mut,* wandte sich bei seiner Eröffnungsrede mit pathetischen Worten an seine Kameraden: »Dieser Kongreß muß allen Zweifelnden, Verzagten, allen Unterdrückten und Ausgebeuteten die Hoffnung und die Zuversicht bringen, daß wir, die Nationalisten, Bannerträger und Baumeister einer besseren und gerechten, einer menschlicheren und sozialen, einer neuen europäischen Ordnung sind ... Unser Ruf gilt der nationalgesinnten

jungen Generation im freien Teil Europas: Europäische Nationalisten – auf ans Werk!« Die Themen des Kongresses waren: 1. Nationalismus und Biopolitik, 2. Europa als unabhängige politische Kraft und 3. Minderheitenfragen und Volksgruppenrecht. Dieser Thematik nahm sich auch das NEJ an.

Die vereinseigene Schulungsstätte liegt in der idyllischen 300-Seelen-Gemeinde Niederkirchen, Ortsteil Morbach bei Kaiserslautern. Dort finden Tagungen und Wochenendseminare statt. Die Themen lauten oft unverfänglich: »Deutschland in Geschichte und Gegenwart«, »Europa der Minderheiten« oder »Nation heute«.

Der Vorsitzende, Rechtsanwalt Ludwig Bock, ist 50 Jahre alt und führt eine gutgehende Anwaltskanzlei im Zentrum von Mannheim. Bock verteidigt seit vielen Jahren Rechtsextremisten, Skinheads und ehemalige Südtirol-Terroristen oder SS-Leute. Nach eigener Auskunft läßt er seinen juristischen Beistand auch »Juden und Kommunisten« zuteil werden. Prominent wurde der nationalgesinnte Jurist durch den Erfolg als Strafverteidiger in Sachen des NPD-Parteivorsitzenden Günter Deckert. Der ehemalige Studienrat war von der 6. Strafkammer des Landgerichts Mannheim im Juni 1994 wegen Verbreitens der sogenannten Auschwitz-Lüge zu einem Jahr Freiheitsstrafe auf Bewährung verurteilt worden. Der schriftlichen Urteilsbegründung zufolge war Deckert eine »charakterstarke, verantwortungsbewußte Persönlichkeit«. Deckert kämpfe ganz uneigennützig dagegen, daß Deutschland »weitreichenden Ansprüchen ... aus der Judenverfolgung ausgesetzt ist, während die Massenverbrechen anderer Völker ungesühnt blieben«. Diese Sätze wurden weltweit als Skandal empfunden. Der Fall ging in die Revision beim Bundesgerichtshof in Karlsruhe, der am 15. Dezember 1994 die Sache zur Neuverhandlung an das Landgericht Karlsruhe verwies. Dieses verurteilte den NPD-Vorsitzenden am 21. April 1995 zu zwei Jahren Haft ohne Bewährung.

Ludwig Bock, der selbst 1972 für die NPD zum Bundestag kandidierte, wurde im Mai 1995 zum Vorsitzenden des Schiedsgerichts der Gesellschaft für freie Publizistik e. V. gewählt, die vor 35 Jahren von ehemaligen SS-Offizieren und NSDAP-Funktionären gegründet worden ist. Bock vertritt den NPD-Chef Deckert anwaltschaftlich schon seit Jahren. Als Deckert 1992 u. a. wegen Volksverhetzung, Aufstachelung zum Rassenhaß vor dem Landgericht Mannheim angeklagt war, wurde Bock nach einer einstündigen Verlesung seines Beweisantrages daran gehindert, weitere sechs Stunden aus den Akten des Auschwitz- und des Majdanek-Prozesses vorzulesen. Bock wollte dadurch das Gutachten des Germar Rudolf in den Prozeß einführen, weil »Zyklon B in Auschwitz nicht verwandt worden ist« und »alle bisher genannten Tötungszahlen falsch« seien. Für Prozeßanreicherungen durch Hunderte, gelegentlich sogar Tausende von Beweisanträgen ist Ludwig Bock bekannt. Das scheint seine besondere forensische Begabung zu sein. Bis zum äußersten erprobt hat er diese Taktik als Verteidiger im Majdanek-Prozeß. Damals vertrat er die ehemalige KZ-Aufseherin Hildegard Lächert, genannt die »blutige Brygida« (weil sie so brutal zuschlug). Sie war der Mordbeihilfe in 1196 Fällen angeklagt. In der Verhandlung bezichtigte der forsche Anwalt den Gutachter Wolfgang Scheffler der Voreingenommenheit, weil der Berliner Historiker bei einem jüdischen Wissenschaftler promoviert habe, und verlangte seine Ablösung durch den NPD-Funktionär Udo Walendy, einen Holocaust-Leugner. Bei einem Fernsehinterview mit der BBC hatte Bock spekuliert, die Gaskammern in Majdanek seien möglicherweise nach dem Krieg errichtet worden und hätten vielleicht der Reinigung von Kleidern gedient (*Stern* 21. 9. 1978, *Zeit* 7. 4. 78, *Westfälische Rundschau* 22. 2. 78 u. a.).

Heute engagiert sich Bock nicht nur für braune Vergangenheitsverklärer unter seinen Mandanten, sondern auch für Europas Zukunft als NEJ-Vorsitzender und Hüter des Vereinshauses.[8]

Nach eigenen Angaben standen dem NEJ erhebliche finanzielle Mittel zur Verfügung – die vom Finanzamt zuerkannte Gemeinnützigkeit schien sich auszuzahlen. So konnten ehrgeizige Projekte in Angriff genommen werden, wie der »Aufbau eines europaweiten Freundeskreises als Netzwerkorganisation mit Schwerpunkt in der Bundesrepublik Deutschland« und der »Ausbau unseres vereinseigenen Hauses zu einem Kongreß- und Seminarzentrum«. Allerdings war dabei wohl auch viel Schaumschlägerei, denn das Schulungshaus macht beileibe nicht den Eindruck eines feudalen Kongreßzentrums. Es scheint auch mehr eine Koordinierungsstelle für Rechte verschiedenster Richtungen, von Jungen Nationaldemokraten bis zu Republikanern oder Rezipienten der sogenannten Konservativen Revolution, zu sein. Nach dem Beispiel der Nouvelle Droite in Frankreich sollten über die »Mitarbeiter in vielen Städten Deutschlands« Diskussionszirkel geschaffen werden, in denen eine rhetorisch geschulte und organisatorisch erfahrene Elite herangebildet werden sollte. Zwar verfügt das NEJ nicht über Ortsgruppen in vielen Städten, aber Seminarteilnehmer strahlen doch aus, ganz im Sinne der vom NEJ vertretenen Multiplikatorentheorie. Bis vor einiger Zeit warb das NEJ neue Interessenten durch Veranstaltungsanzeigen in diversen Rechtsaußenpostillen.

Die Vereinszeitschrift *Zeitenwende*, früher *Europa*, verstand sich als »Forum geistiger Auseinandersetzung mit dem Mut zu Neuem, das keiner politischen Richtung folgt«. Es sollte ein Journal sein, in dem das »Links-Rechts-Schema« überwunden sei. Und in der Tat hätten die Gegensätze zwischen links und rechts kaum größer sein können: Peter Glotz, Vordenker der SPD, und Ernst Anrich,[9] einstiger Chefideologe der NPD, der schon vor 1933 Nationalsozialist war und im Dritten Reich als Hochschullehrer Karriere machte, vereint als Autoren im Themenheft »Geistige Strömungen«. »Da habe ich nicht genau hingeschaut«, sagte Peter Glotz, als er später merkte, in welche Gesellschaft er da geraten war.

Wer publizierte sonst noch in dem Magazin? Neben Glotz und Anrich erschien der kalabresische Baron Julius Evola, einst Mussolinis Hofphilosoph und Verfasser der »Grundrisse der faschistischen Rassenlehre«, der vom Castro-Linken zum Carl-Schmitt-Exegeten gewandelte Günter Maschke, Lothar Ulsamer, Autor des Diffamierungsbuches *Zersetzen, Zersetzen, Zersetzen* und heutiger Pressesprecher des »Deutschen Familienverbandes« in Baden-Württemberg, der Geschäftsführer von Filbingers Studienzentrum Weikersheim Albrecht Jebens, Albert Riester (siehe Seite 210) oder der Mannheimer Rechtsanwalt Thor von Waldstein, früher Bundesvorsitzender des NPD-Studentenbundes, Doktorand bei dem Nationalphilosophen Bernard Willms, heute einer der Verteidiger des angeblichen Gaskammer-Experten Fred Leuchter. Die Vereinszeitschrift wurde inzwischen eingestellt. Der Grund sollen Meinungsverschiedenheiten zwischen Ludwig Bock und dem Blattmacher Harald Thomas[10] gewesen sein, der die Schatten der alten Rechten loswerden wollte. Laut Pressehandbuch *Stamm* 1991 hatte die Zeitschrift eine Auflage von 3500 Exemplaren.

Vehement wehrt sich das NEJ, »wenn uns jemand in die ›rechte Ecke‹ stellen will«. Auch mit der NPD habe das NEJ nichts zu tun. Dennoch kandidierte aber zum Beispiel Dr. Rolf Kosiek, früher NPD-Fraktionsvorsitzender im baden-württembergischen Landtag, zum Kassenprüfer. Anliegen des NEJ ist nach eigenem Bekunden die »freie Diskussion«, die »eine fruchtbare Spannung staatstragender Wirkung« erzeugt. Wie bei einigen ähnlichen Institutionen geht es darum, unter biedermännischer Camouflage rechte Ideen auf steuerbegünstigte Art und Weise an junge Leute heranzutragen.

Aufbauhilfe für die Deutschen im Osten

Das »Freundschafts- und Hilfswerk Ost e. V.« wirbt unter der Überschrift »Deutsche helfen Deutschen zuerst« in der Vertriebenenzeitung *Der Schlesier* (4. 11. 1994) um Fördermitglieder. »Wir reden nicht viel, wir helfen den Deutschen im Osten!« ist ein Spendenaufruf in der ultrarechten Zeitschrift *Nation* überschrieben (*Nation* 6/91). »Zur nationalen Pflichterfüllung« rief der Gründer Karl-Heinz Vorsatz[11] zu Spenden auf das Konto bei der Bremischen Volksbank auf.

Das Freundschaftswerk ist fast ausschließlich in der Hand von NPD-Leuten. Bei der Gründung bestand der ganze Vorstand aus Funktionären der NPD oder Jungen Nationaldemokraten, auch Ulrich Eigenfeld, damals Geschäftsführer der *Deutsche Stimme* Verlagsgesellschaft mbh war mit dabei. Und in der Parteizeitung *Deutsche Stimme* erschien ein Gründungsaufruf (*DS* 2/3 1991). Selbst die bayerische Büchersammelstelle des Hilfswerks in Mauern bei Freising wird von einem NPD-Landesvorstandsmitglied geleitet, nämlich Anneliese Michel.

Seit Mitte 1994 führt der Immobilienmakler und NPD-Stadtrat Klaus Hoffmann aus Bad Bevensen, gebürtiger Breslauer, den Verein. Laut NPD-Zeitung *Deutsche Stimme* ist er auch 1. Vorsitzender der Landsmannschaft Schlesien im niedersächsischen Munster und Obmann des »Förderkreises Deutsche Einheit e. V.«. Dieser Kreis steht offiziell hinter der »unabhängigen, gesamtdeutschen« Wochenzeitung *Der Schlesier,* einem der auflagenstärksten Vertriebenenblätter. Um die Finanzen des Freundschaftswerks kümmert sich der Schatzmeister des NPD-Kreisverbands Uelzen, Carsten Ostrich.

Inzwischen hat das Hilfswerk ein Spendenkonto bei der Volksbank Bevensen eingerichtet. Es stellt sich »lieben Freunden der Deutschen im Osten« als »gemeinnütziger Verein« vor. »Zweck des Vereins ist soziale und caritative Hilfe für Einzelpersonen deutscher Abstammung und Herkunft in allen Ländern östlich der deutschen Grenze. Ferner die Unterstützung legaler Verbände, Vereine, Bünde, sozialer und kultureller Vereinigungen der Bevölkerung deutscher Abstammung und Volkszugehörigkeit.« Laut § 3 verfolgt der Verein »ausschließlich und unmittelbar gemeinnützige Zwecke im Sinne des Abschnitts ›steuerbegünstigte Zwecke‹ der Abgabenordnung«. Der Sitz des Vereins wurde mittlerweile von Bremen nach Bad Bevensen verlegt. Die Zahl der Mitglieder ist auf »höchstens fünfzig« beschränkt.

Im Sommer 1994 startete Klaus Hoffmann eine Ferienaktion für 22 Kinder von deutschstämmigen Eltern aus der polnischen Stadt Torun (Thorn). Die Kinder im Alter von acht bis siebzehn

Jahren verbrachten zehn Tage bei Gastfamilien in Bayern und Niedersachsen. In Torun konnte die NPD auch schon politische Erfolge verbuchen. Es gibt dort die erste Auslands-Ortsgruppe der NPD.

Das Hilfswerk leistet insbesondere geistige Aufbauhilfe. Es will in den vergangenen drei Jahren 5000 Bücher an Büchereien der deutschen Gruppen geschickt haben. Nach Thorn wurden »500 Lexika, Romane, Soldatenbücher sowie Bücher zur Zeitgeschichte« an den »Bund der Bevölkerung deutscher Volkszugehörigkeit« geliefert (*DS* 10/11 1992). Für private Vorführungen hat der Verein einen Video-Dienst mit Dokumentarfilmen über Breslau, Danzig, Königsberg usw. eingerichtet. Mit landwirtschaftlichen Maschinen und anderen Geräten sollen Nord- und Südostpreußen versorgt worden sein (*DESG-inform* 6/7 1994). Einer der Partner ist die »Deutsche Gesellschaft Elch« unter Hildegunde Gabriele Butrym in Olsztyn (Allenstein). Das Hilfswerk hat der Gesellschaft bei einer Reise 1992 acht Millionen Zloty übergeben (*DS* 7/8 1992). Ziel einer weiteren Reise des Hilfswerks war Herbert Raschka in Zabrze (Hindenburg), Ortsteil Mikulczyce (Klausberg). Ihm wurden zum Aufbau der »Deutschen Oberschlesischen Jugend« Bücherkartons und Verpflegungspakete übergeben.

Hart wie Kruppstahl, zäh wie Leder, flink wie die Windhunde, nach diesem HJ-Motto will Raschka die »deutsche Jugend« in Oberschlesien erziehen. Herbert Raschka, Jahrgang 1931, ein alter Kämpe, der Zucht und Ordnung noch in Hitlers Eliteschule Napola gelernt hat, kümmert sich mit Verve um junge Schlesier. »Wenn wir die Jugend hier verlieren, dann ist Schlesien ganz verloren«, sagt er. Deshalb will er Attraktionen bieten. Das sind für ihn Filme wie *Reitet für Deutschland, Fridericus Rex* aus dem Versand des Dr. Gerhard Frey, »Bücher kontra Geschichtslügen« oder die Lieder des braunen Barden Frank Rennicke. »Und das Reich wird neu erstehn«, singt der. Bei Raschka geben sich rechtsextreme Reisekader die Klinke in die Hand. Mit denen plant er Zeltlager, so zum Beispiel mit der Wiking-

Jugend vor ihrem Verbot oder dem Bund Reichstreuer Jugend. Große Zelte will Raschka aus Bundeswehrbeständen organisieren. Von der Wiking-Jugend bekam er auch einen Wandteller »Ein Wort, ein Reich, ein Glaube – Deutschland« und eine Olivetti-Schreibmaschine. Führend war der Gau Nordmark mit Jan Knust, dem Leiter der Beschaffungsstelle der Wiking-Jugend. Mittlerweile liegt diese sogenannte Beschaffungsstelle im Fränkischen, in Veitshöchheim bei Würzburg. Das liegt auch geographisch günstiger für Schlesienfahrten der WJ, die Knust organisierte. Auch mit dem Deutsch-Kanadier Ernst Zündel hat sich Raschka schon getroffen. Holocaust-Leugner Zündel sprach vor 24 Teilnehmern beim Deutschen Freundschaftskreis in Pyskowice.

Erhalten hat Raschka auch bereits hundert Bücher des Maggi-Kochstudios für seine geplante Mädchen-Kochschule und eine Sendung Kaltspeisen von Dr. Oetker. Die deutsche Kochschule soll in Dziewkowice (Frauenfeld) entstehen, wo ein Zentrum der Reichstreuen ausgebaut wurde. Das Anwesen hat für rund 50 000 Mark Günter Boschütz aus dem badischen Königsfeld gekauft. Früher gehörte das Haus einem Steinmetz. Die große Werkstatt im Garten wurde zu einem Versammlungssaal ausgebaut. Doch Boschütz hat inzwischen Aufenthaltsverbot in Polen. Dennoch ist er im Oktober 1994 wieder in Schlesien aufgetaucht. Wie die Agentur PAP berichtet, wurde er in Strzelce Opolskie (Groß-Strehlitz) festgenommen. In der Nähe hatte Torsten Paproth die »Strehlitzer Medienwerkstatt« eingerichtet. Boschütz, früher im Kreisvorstand der NPD Schwarzwald-Baar, dann Mitglied der in der Bundesrepublik inzwischen verbotenen »Nationalen Offensive« und Mitorganisator des Rudolf-Heß-Marsches 1993, war im Dezember 1992 wegen neonazistischer Betätigung von den polnischen Behörden ausgewiesen und zur »unerwünschten Person« erklärt worden.

Raschka gehört zu den besonders rührigen Spendensammlern. Vor allem aber hat er eine Spende im Wert von 380 000 Mark eines großen norddeutschen Möbelfabrikanten beschafft. Damit wurde das Haus des Deutschen Freundschaftskreises in Mikulczyce (Klausberg) ausgestattet. Dort haben die Wiking-Jugend, die Niederschlesische Volkstumsjugend, die Deutsche Volksversammlung oder eben auch NPD-Funktionär und Hilfswerk-Vorsitzender Klaus Hoffmann Quartier bei ihren Schlesien-Fahrten bezogen (*DS* 10/11 1992). Der Kontakt zwischen Klaus Hoffmann und Herbert Raschka besteht schon seit Ende 1991. Damals hatte Raschka um nationale Literatur für seine Jugendbibliothek gebeten. Boschütz sollte den Transport übernehmen.

Vermittelt wurde die satte Spende von dem SPD-Politiker Hans-Jochen Vogel. Er hatte Raschka nichtsahnend zu einem Empfang für die deutsche Minderheit ins Hotel Marriot in Warschau eingeladen. Dort, so erzählte Raschka, habe er sein Leid geklagt über die schlechte Ausstattung der Geschäftsstelle des Deutschen Freundschaftskreises in Klausberg. Daraufhin sei er mit dem Unternehmer aus Westerstede bekannt gemacht worden, der eine große Möbelfabrik hat. Von diesem sei dann tatsächlich ein riesiger Container aus Deutschland angerollt, so daß die Häuser in der kleinen Straße in Klausberg, in der Raschka wohnt, von der Erschütterung gewackelt hätten. Und in dem Container sei alles gewesen, was man so braucht, um ein Büro und eine Begegnungsstätte einzurichten, von gepolsterten Sesseln bis zum Schukostecker.

»Seid herzlich gegrüßt aus dem Deutschen Osten, aus Oberschlesien, mit dem Gruß ›Heil Euch‹«, so bedankt er sich im Namen aller Kameraden für zugeschickte *Europa-vorn*-Kugelschreiber (*Europa vorn* Juni 1991, S. 30). Raschka bemühte sich auch um eine Rundfunklizenz. Die Initiative ging aus vom »Verein zur Förderung der deutschsprachigen Medien in Osteuropa e. V.« aus Konstanz am Bodensee. Schlesienradio sollte der Sender heißen. Raschka hatte dafür eine 20 000-DM-Spende und mehrere kleinere Beträge aufgetrieben. Eine gebrauchte Sendeanlage sei in der Bundesrepublik für etwa 12 000 Mark zu haben. Im Programmbeirat sollten laut Prospekt auch Vertreter der Deutschen Freundschaftskreise aus Katowice (Kattowitz), Opole (Oppeln) und Czestochowa (Tschenstochau) sitzen. Einer der drei Handlungsbevollmächtigten des Senders sollte der frühere NPD-Funktionär Torsten Paproth aus Konstanz sein.

Besonders hervorgetan hat sich im nördlichen Ostpreußen die »Aktion Ostpreußenhilfe« des dem Verfassungsschutz seit vielen Jahren bekannten Rechtsextremisten Siegfried Godenau aus dem hessischen Sebbeterode. Der 67jährige Aktivist reiste 1992 viermal gen Ostpreußen. Mit der eigentlichen Aufbauarbeit hat er im August 1992 begonnen. Godenaus Aktivitäten bestehen in der karteimäßigen Erfassung der Kopfzahl rußlanddeutscher Familien, der Erkundung leerstehender Häuser zum Erwerb, in Deutschunterricht, Vermittlung von Geschichtskenntnissen, Verhandeln mit Behörden und Baufirmen, Kauf von Großvieh usw. Inzwischen ist er so bekannt geworden, daß man nur in einem Lebensmittelgeschäft zwischen Jasnaja Polnaja (Trakehnen) und Osersk (Angerapp) nach ihm zu fragen braucht, dann wird man auf sein Quartier in Gawrilowo (Herzogsrode, Gawaiten) verwiesen. Im Januar 1993 meldete Godenau in seinem Rundschreiben, durch Patenschaften würden momentan siebzig rußlanddeutsche Familien unterstützt. Zur Geldbeschaffung werden sogenannte Bausteine von 500 Mark aufwärts herausgegeben.

Um steuerabzugsfähige Spendenquittungen ausstellen zu können, hatte sich der Geschäftsführer der Aktion Ostpreußenhilfe Godenau auf einen kleinen Umweg besonnen. »Ich bin Mitglied der Gemeinschaft Deutscher Osten (GDO) e. V. in Nienburg, einem gemeinnützigen Verein, und kann deshalb Spendenbescheinigungen für das Finanzamt beschaffen.« Wer eine solche Bescheinigung benötigt, die für Spenden ab 100 Mark erteilt wird, wolle bitte seine Spende auf das Konto der GDO überweisen, schreibt Godenau in seinem Rundbrief.[12]

Die »Gemeinschaft Deutscher Osten e. V.« (GDO) in Nienburg unter Uwe Stolle, Jahrgang 1933, versteht sich als »eine öffentlich rechtliche Körperschaft ostdeutschen Verfassungsrechts«.

Sie sieht sich in Kontinuität zu der 1969 gegründeten Gemeinschaft Ost- und Sudetendeutscher Grundeigentümer und Geschädigter und ist seit dem 29. 11. 1989 ein rechtsfähiger und als gemeinnützig anerkannter Verein. »Sie sammelt alle ostbewußten, volk- und reichstreuen Deutschen, die diesen Staat tragen.« Ihre Mitglieder gründeten die Vereinigten Länder des Deutschen Ostens im Deutschen Reich als Bundesstaat im Vertriebenenstand (Exilstaat), »um Ostdeutschland dem deutschen Volke als ganzem zurückzugewinnen«, so betont der »Staatsrat für Rechtswesen« der selbsternannten Exilregierung, der Hannoveraner Oberregierungsrat a. D. Wolfgang Gaewert in *Recht und Wahrheit* (7+8/1993, S. 17) »Das ist der einzige deutsche Staat, der die völkerrechtliche Vertretung der ostdeutschen Reichsgebiete einschließlich des Sudetenlandes auf Grund des Selbstbestimmungsrechtes übernommen hat.« Die Vereinigung hat auch eine Exilregierung mit einem Staatskanzler, einem Präsidenten, einem Staatsrat für Inneres, einem anderen für Äußeres und einem Sonderbotschafter in Chile. Stolle ist stellvertretender Präsident einer der beiden rechtsextremistischen Gruppen namens »Notverwaltung des Deutschen Ostens« und »Gemeinschaft Deutscher Osten«.

Im *Anzeiger der Notverwaltung des Deutschen Ostens – Vereinigte Länder des Deutschen Ostens im Deutschen Reich* wurde im November 1989 zu einer Arbeits- und Aussprachetagung mit dem GDO-Referenten Uwe Stolle eingeladen. Geladen wurde auf Salem Lindenhof in Stadtsteinach im Frankenwald, übernachtet wurde in der Zentrale der Salem-Kinder- und -Jugenddörfer. Auch Salem ist in derselben Region im nördlichen Ostpreußen aktiv – gemeinsam mit dem deutschen Rechtsextremisten und ehemaligen Rechtsanwalt Manfred Roeder, der 1982 als Rädelsführer einer terroristischen Vereinigung zu dreizehn Jahren Haft verurteilt worden war. Gemeint ist nicht das Elite-Internat »Schule Schloß Salem« am Bodensee, sondern das Salem-Netzwerk in Stadtsteinach.

Das Salem-Netzwerk

Salem ist eine nähere Betrachtung wert, erstens weil das Spendenaufkommen mehrere Millionen im Jahr betragen dürfte, zweitens weil die Salem-Machenschaften gelinde gesagt sehr dubios sind. »Spenden nicht empfohlen«, so klassifiziert der Spendenratgeber *Markt der offenen Herzen,* der 1985 erschienen ist, das diffuse Salem-Netzwerk. Salem, soviel steht fest, besteht aus einem weitverzweigten System von diversen Unternehmungen. Im vierteljährlichen Rundbrief *Die Salem-Hilfe – Mitteilungen des christlichen gemeinnützigen Hilfswerkes Salem* beschreibt sich das Unternehmen selbst so: Kinder- und Jugenddörfer im In- und Ausland, Zentrale: D-95346 Stadtsteinach, Salem-Siedlung, Initiative für Tier-, Natur- und Umweltschutz – Alternativen zum Tierversuch, Bio-Kur-Klinik Lindenhof Salem, Haus für Prävention und Rehabilitation, staatlich anerkannt, beihilfefähig.

Der Gründer Gottfried Müller hat es verstanden, ein kaum durchdringliches Dickicht von Unternehmungen zu schaffen. »Sogar Finanzämter und Amtsgerichte haben offenbar kapituliert und lassen den Verein weitermachen«, schreibt der Spendenratgeber. Ermittlungsverfahren wegen Spendenmißbrauch, Spendenbetrug, arglistiger Täuschung usw. verliefen im Sande oder endeten mit Freispruch mangels Beweisen.

Gottfried Müller, geboren am 10. 4. 1914, entstammt einer altpietistischen Familie aus dem Kreis Backnang in Württemberg. Seit 1935 bereiste er zu Studienzwecken den Nahen Osten, im Zweiten Weltkrieg wurde er wegen seiner Landes- und Sprachkenntnisse von der deutschen Wehrmacht in Dienst genommen und sprang mit dem Fallschirm über Kurdistan ab, um die Kurden zum Aufstand gegen England zu bewegen. Er wurde 1941 in Kairo gefangengenommen, zum Tode verurteilt, aber später begnadigt. In der Todeszelle habe er seinen Entschluß gefaßt, sein weiteres Leben in den Dienst am Nächsten zu stellen, schreibt Müller selbst. 1951 übernahm er die Leitung des Stuttgarter Kreises der Judenchristlichen Reichsbruderschaft, 1953 trat er aus der Kirche aus. 1954 war er Verkaufsleiter bei Siemens, 1955/56 Referent beim Stuttgarter Oberbürgermeister Klett, 1957 gründete er die »Bruderschaft Salem e. V.«. Sie bezeichnet sich als Endzeit-Missionswerk, das »in klarem Auftrag Gottes durch Gottfried Müller gegründet« wurde. 1959 gründete er die »Werkschaft der Armen e. V.«. 1958 eröffnete er das Theater der Altstadt in Stuttgart, um den Armen bessere geistige Nahrung zu bieten. Es folgten eine ganze Reihe von Vereinen wie ein »Bund für Existenzarbeit e. V.«, ein »Jugendclub 2000 e. V.«, ein »Bund für Sozialarbeit«, das »Kinderhilfswerk Salem e. V.« und die »Deutsche Nothelferei DeNo e. V.«. Müllers Aktivitäten fanden die Unterstützung von Presse, Behörden, Firmen und einem Spenderkreis von damals etwa 2000 Mitgliedern (vgl. Hutten, Kurt: *Seher, Grübler, Enthusiasten. Das Buch der traditionellen Sekten und religiösen Sonderbewegungen,* 12. Auflage Stuttgart 1982, S. 236ff.).

Müller ersann immer neue Projekte, ganzheitliche, biologische Siedlungen und Lindenhöfe, eröffnete ein Kinderheim in Neukeferloh bei München und ein Altenheim in Seehausen am Staffelsee. 1964 siedelte er »auf göttliche Weisung hin« nach München über. Schließlich gründete Müller die Bruderschaft Salem GmbH.

Jetzt entstanden neue Einrichtungen, eine Salem Hotel- und Gaststätten GmbH, eine Salem Bio-Bau- und Wohnungsgesellschaft mbH, eine Salem Verwaltungsgesellschaft und Co. Beteiligungs KG, Salem-Kinderdörfer, eine Salem-Aussätzigen-Hilfe, eine Schwangeren-Hilfe, ein Gesundheitsdienst, ein Forschungsinstitut, eine Bewässerungshilfe in Namibia (ehemals Deutsch-Südwest), eine hauseigene Druckerei, ein Salem-Klänge-Dienst, der die Konzerte des Salem-Kinder- und Jugendorchesters vermarktet. Es gibt die Bio-Kurklinik Salem-Lindenhof mit vegetarischer Vollwertkost, die Salem-Bio-Akademie e. V., ein Salem-Kochbuch, verkauft werden Salem-Getreidemühlen, Salem-Vollwertkost, Vollwert-Körperpflegemittel und auch Salem-Spaghetti. Salem läßt keine Geldquelle aus.

Heute wird der *Salem-Rundbrief* mit einer Auflage von 100 000 gedruckt (*Stamm* 1991). Müller hat laut *Spendenberater* selbst einmal die Mitgliederzahl von 100 000 angegeben. Ob das stimmt, weiß niemand. »Der Werbeaufwand des Vereins allerdings ist riesig, und deswegen kann auf der Grundlage von Schätzungen davon ausgegangen werden, daß jährlich etwa vier bis fünf Millionen DM Spenden in die Müller-Kasse gezahlt werden«, gibt der *Spendenberater* an.

Der Sitz der Bruderschaft wurde 1987 von München nach Stadtsteinach verlegt. Laut Satzung will die Bruderschaft Salem »alle positiven Kräfte der Welt sammeln, die durch den Logos, die Liebestat am Nächsten, bei der Wiederherstellung der Harmonie auf Erden mitarbeiten wollen«. Die Bruderschaft Salem verfolgt »ausschließlich mildtätige und gemeinnützige Ziele«. Sie ist durch Bescheinigung des Finanzamtes Bayreuth als besonders förderungswürdig anerkannt. In der Satzung des Vereins und im Impressum des Mitteilungsblattes (z. B. Dez. 1993) steht der äußerst merkwürdige Satz: »Aufgabe der Bruderschaft Salem e. V. ist es, die gemeinnützigen Ziele der Bruderschaft Salem GmbH zu fördern.«

Schon der *Spendenberater* vermerkte vor knapp zehn Jahren: »Müllers Kontakte und Verbindungen zu eindeutig rechtsradikalen Kreisen sind offensichtlich« (S. 181). Die Behörden hat das bislang kaum gekümmert, oder ihre Versuche blieben im Sande stecken, obwohl Salem in seinen Kinderdörfern Jugendliche betreut, um sie charakterlich zu festigen und ganzheitlich zu ernähren.

Im nördlichen Ostpreußen baut Salem in Hohenrode. Gerhard Lipfert und Manfred Olszewski heißen die Missionare vor Ort. Der Kontakt wurde über das »Deutsch-russische Gemeinschaftswerk – Förderverein Nord-Ostpreußen« von Manfred Roeder hergestellt. Roeder arbeitet nach eigener Aussage mit dem Salem-Hilfswerk zusammen. Roeders Gemeinschaftswerk verfolgt nach § 2 der Satzung »ausschließlich und unmittelbar gemeinnützige Zwecke«. Es leiste humanitäre Hilfe für die

110

Bevölkerung in Nord-Ostpreußen, fördere das harmonische Zusammenleben von Deutschen und Russen, den Gedanken der Völkerverständigung und des Umweltschutzes. Die *Schwälmer Allgemeine* berichtete über einen Hilfstransport von Roeders Gemeinschaftswerk nach Ostpreußen (28. 8. 1993). Ein Sattelzug der Firma Roß-Landmaschinen aus Neukirchen sei gestartet, um einen Mähdrescher, Heuwender, Ackerpflug und eine Sämaschine ins Gebiet um das ehemalige Königsberg zu bringen.

Auf die Idee, gen Ostpreußen zu fahren, hat ihn Dietmar Munier gebracht. Von dessen erstem Reisebericht war Roeder so fasziniert, daß er gleich weitere Nachdrucke bestellte, um die in seinem Freundeskreis zu verteilen. Er fuhr dann Anfang Juli 1992 das erste Mal in das »Land seiner Vorväter«, denn Roeders Ahnen wurden in der Nähe von Gumbinnen, später bei Petersburg angesiedelt.

Roeder, am 6. 2. 1929 in Berlin geboren, war jahrelang Angestellter der US-Streitkräfte. 1967 wurde er als Rechtsanwalt zugelassen. 1970 übersiedelte er nach Bensheim an der Bergstraße und war in der CDU aktiv. Er gründete die »Bürgerinitiative gegen moralische und politische Anarchie«, die er später in »Deutsche Bürgerinitiative e. V.« (DBI) umbenannte. Als Ziel nannte die Bürgerinitiative »eine Erneuerung unserer Staats- und Sittenordnung«. Sie wolle den sittlichen Verfallserscheinungen entgegentreten. Die Initiative wurde am 21. 12. 1971 von den Finanzbehörden als gemeinnütziger Verein anerkannt. Erst nach der Veröffentlichung der Broschüre *Die Auschwitz-Lüge* von Thies Christophersen mit Roeders Vorwort wurde die Gemeinnützigkeit aberkannt.

Zunächst machte der sittenstrenge Rechtsanwalt und Vater von sechs Kindern Anschläge mit Farbbeuteln oder mit Buttersäure, zum Beispiel auf einen Sexladen. 1972 kam es dann zur ersten gemeinsamen Aktion mit Thies Christophersen, der aus Protest gegen »entartete Kunst« und den »gesteuerten Kulturverfall« eine Fuhre Mist vor der Dokumenta in Kassel ablud und mit einer Rauchbombenaktion Verwirrung stiftete. Bald machte Roeder eigenständig mit spektakulären Aktionen auf sich aufmerksam. Im Mai 1977 hielt er mit seiner braunen Jungschar einen »Reichstag zu Regensburg« ab und verschaffte sich anschließend gewaltsam Zugang zur Befreiungshalle in Kelheim. Ein paar Wochen später demonstrierte er mit zwei Dutzend Neonazis vor der Britischen Botschaft für die Freilassung des Hitler-Stellvertreters Rudolf Heß. Im November 1977 marschierten volkstreue Naturschützer unter Roeders Führung in der Garlstedter Heide auf, um gegen ihre Verwendung als Truppenübungsplatz zu protestieren. Schon damals zeigte er Verständnis für Terroristen: »Wer dreißig Jahre lang die Jugend gegen die Eliten aufhetzt, braucht sich nicht wundern, wenn die Jugend eines Tages zur Maschinenpistole greift.«

Anfang 1978 setzte sich Roeder ins Ausland ab. Wegen Volksverhetzung und Verunglimpfung des Staates war er zu einer Haftstrafe und 3000 Mark Geldbuße verurteilt worden. »Ihr Wölfe im Schafspelz, ihr Bonner und Otterngezücht, verschwindet endlich mitsamt euren Besatzungstruppen und überlaßt Deutschland den Deutschen«, hatte Roeder gegen die Regierung gewettert, »Ihr seid der Pestherd, der das ganze Leben im Lande vergiftet hat.« Weil er nicht hinter Gitter wollte, flüchtete Roeder zunächst in die Schweiz und von dort nach Österreich. Dann tauchte er in Brasilien unter, wo er zusammen mit dem langgesuchten KZ-Schergen Günter Wagner auf einer Führer-Geburtstagsfeier Verbindungen zu alten Kameraden und neuen Gönnern aufnahm. Schließlich wirkte er noch in Großbritannien, Kanada und den USA. Mittlerweile war Zwietracht in die Reihen seiner Anhänger eingekehrt. Einige kreideten ihm seine Flucht als Feigheit an; sie hätten ihn lieber als Märtyrer gesehen. Außerdem munkelte man in Kameradenkreisen, Roeder habe Spendengelder für sich selbst verpulvert.

Als zu Beginn der achtziger Jahre die Gewalt gegen Ausländerwohnheime mit Bomben und Brandsätzen eskalierte, waren Roeders Aktionsgruppen gleich anfangs dabei. Auf ihr Konto gingen etliche Anschläge, wobei zwei Menschen in Hamburg getötet und acht verletzt wurden.[13]

Roeder wurde im Juni 1982 wegen Rädelsführerschaft in einer terroristischen Vereinigung und versuchter Anstiftung zum Mord zu 13 Jahren Freiheitsstrafe verurteilt. Nachdem er zwei Drittel seiner Strafe abgesessen hatte, wurde er 1990 entlassen. Aus dem Gefängnis heraus versorgte er wie weiland Adolf Hitler seine braune Fangemeinde mit Rundbriefen. In einem seiner Sendschreiben feierte er den Führer 1983 als »machtvollsten Vertreter des Reiches« und »Vollender eines jahrtausendealten Traumes«. Rudolf Heß bejubelte er in einer Eloge als »letzten und größten Repräsentanten einer idealistischen Weltanschauung«, der als treuer Gefolgsmann des Führers durch seinen »Weg nach Walhall« – er meint den Freitod – sein stolzes Bekenntnis »Ich bereue nichts« erneuert habe.

Auf seinem Gut auf dem Knüll in Nordhessen, Reichshof genannt, veranstaltet Roeder regelmäßig Treffen mit seinen Gesinnungsgenossen im In- und Ausland, so etwa anläßlich der Wintersonnwendfeier am 17. Julmond 1994 oder einer »Werkwoche« im März 1995. Er will das alte 15-Zimmer-Hotel mit 32 Hektar Land im Werte von 170 000 Mark von Spendengeldern gekauft haben (*Welt* 9. 9. 1975). Heute fließen Gelder dank seiner guten Auslandskontakte immer noch, vor allem aus Südafrika, wo er auch fleißig Spenden für Nordostpreußen sammelt. »Vielleicht treffen wir uns demnächst in Südafrika, Australien oder St. Petersburg«, wendet sich Roeder im Sommer 1991 an seine Gesinnungskameraden. Mit Hilfe der von ihm verfaßten Publikationen verbreite Roeder »nationalistisches und fremdenfeindliches Gedankengut«, notiert der Verfassungsschutzbericht 1993 (S. 116ff.). 1988 vermerkte der Verfassungsschutz, die Aktivitäten der Eheleute Roeder seien in erheblichem Umfange durch Spenden finanziert (S. 125f.).

Schon lange bevor es deutsche Freundeskreise im Osten gab,

berichtet Roeder in einem Rundbrief vom Brachet/Heuert (Juni/Juli) 1991, habe seine Bürgerinitiative in vielen Ländern Freundeskreise gebildet. »Diese Zellenarbeit«, so Roeder, werde jetzt weiter ausgebaut, »vor allem im Osten«.

»Das zweite Haus wird von unsern Salem-Freunden im Sturm-schritt hochgezogen«, schreibt Roeder in seinem Rundbrief im Oktober 1994. Roeders Verein mit Sitz im hessischen Schwarzen-born war am 24. Mai 1993 die vorläufige Anerkennung als steuerbegünstigte Körperschaft entzogen worden. Mittlerweile hat sie der Ex-Rechtsanwalt neu beantragt. Das zuständige Finanzamt hat noch nicht darüber entschieden.

»Wir werden, will's Gott, ein Dorf nach dem anderen im ehemals deutschen Ostpreußen errichten und erwarten dafür die geistige und geldliche Hilfe von Tausenden hilfsbereiter Menschen«, schreibt Gottfried Müller in den *Salem-Mitteilungen*. Viele Rußlanddeutsche hätten alles verloren. Sie hätten nur den Glauben an Gott um Hilfe in der Not und Helfer: Salem. »Geld, bares Geld« sei nötig, appelliert Müller an seine Gemeinde, darunter viele gutgläubige und religiös motivierte Menschen. Gelegentlich sind seine Bettelbriefe »im Namen meiner Mit-arbeiter in der Heimat und draussen an der Front der Not« auch handgeschrieben und vervielfältigt.

»Ende Juni 1993 gingen die Salem-Spenden nach Herzogsrode in zwei Lastzügen der Firma Kühne & Nagel und in unserem, diesem Transport angeschlossenen, großen Salem-Lkw ab: 25 Tonnen Zement und Baukalk, eine komplette Schreinerei-Ein-richtung, das für den Hausbau benötigte Werkzeug, 1000 Liter-flaschen Sonnenblumenöl und 3,5 Tonnen gute Winterbeklei-dung für groß und klein.« Allein die Transportkosten sollen nach Salem-Angaben 17 000 Mark betragen haben.

In den *Salem-Mitteilungen* schreibt auch Ostpreußen-Helfer Man-fred Olszewski einen euphorischen Bericht: »Ich durfte Augen-zeuge sein. Augenzeuge einer historischen Stunde in Ostpreu-ßen.« 320 ha Land stehen zur Verfügung, die ersten fünf Häuser werden errichtet. »Denn Hilfe tut hier wirklich not! Ostpreußen ist nach 750 Jahren deutschen Schaffens dort 1945 in russische Hände gekommen. Heute aber ist dieses Land überwiegend öde, viele Häuser zerfallen, genauso wie das kommunistische Regime zerfallen ist. Um so leuchtender ist das Licht der Salem-Siedlung draußen in der Rominter-Heide bei Herzogsrode, rund zwei Autostunden östlich von Königsberg ... Königsberg ist heute eine sterbende Stadt – die Salem-Siedlung bei Herzogsrode aber ist Geburt für eine neue Zeit ...« (Dezember 1993)

Müllers Kontakte zu eindeutig rechtsradikalen Kreisen seien offensichtlich, schrieb der *Spendenberater* und nannte Professor Mommsen aus Frankfurt, der mindestens bis 1991 dem wissenschaftlichen Beirat der rechtsextremistischen »Gesellschaft für biologische Anthropologie, Eugenik und Verhaltensforschung e. V.« angehörte, die sich für Rassentrennung stark macht. Der ehemalige SS-Oberst Kappler ebenso wie Ex-SS-Hauptsturmführer, Major und Kriegsverbrecher Walter Reder hätten sich der Salem-Hilfe sicher sein können. Herbert Kappler hatte als SS-Obersturmbannführer und Gestapo-Chef von Rom Hunderte von Menschen foltern und exekutieren lassen. SS-Hauptsturmbannführer Walter Reder ließ die ganze Bevölkerung des italienischen Dorfes Marzabotto ermorden (Säuglinge wurden in die Luft geworfen und wie Tontauben erschossen).

Gottfried Müller hat sich selbst 1989 für ein anderes fragwürdiges Projekt eingesetzt: die Aktion »Wald für die Welt« vom »Arbeitskreis der Lateinamerika-Freunde e. V.« im badischen Bühl. In den Zeitungsanzeigen von Wald für die Welt wurde die Erhaltung der tropischen Regenwälder als eine globale Herausforderung dargestellt. Abgebildet waren allerdings bei den Annoncen keine Urwaldbäume, sondern sechs Schwarzwaldtannen. Die Aktion inserierte auch unter »Entwicklungshilfe Lateinamerika Aktion: Versuchsfarm ›autark‹, Mit und ohne Kapital ...« In anderen Anzeigen hieß es: »Für Siedlungsprojekt in Paraguay (Zucht- und Versuchsfarmen) suchen wir, Arbeitskreis Lateinamerika e. V., gemn. Alle Berufe (Arzt, ...). Auch für

Anleger steuerlich begünstigt und für einen Neuanfang bestens geeignet. Anfragen: Aktion Aufforstung trop. Regenwald ...«
Müllers Freund, der Vorsitzende dieses Lateinamerika-Vereins, nennt sich »Präsident«. Es ist der Ingenieur Heinrich Kirrwald. 1989 hatte die Deutsche Bank ein Sonderkonto mit der Nummer 7 x 7 eingerichtet, und eine Zeitlang lagen die Spendenformulare von Wald für die Welt neben denen für das Rote Kreuz und Misereor an den Schaltern der Badischen Beamtenbank aus. Der Arbeitskreis Lateinamerika-Freunde e. V. ist durch die Bescheinigung des Finanzamtes für Körperschaften in Bühl Nr. 149 vom 2. 4. 1987 als gemeinnützig und besonders förderungswürdig wegen seines Einsatzes für die Förderung der Kultur, die Völkerverständigung und die Förderung der Entwicklungshilfe anerkannt worden. Die staatliche Förderung scheint sich auszuzahlen. In seinem Jahresabschluß für 1994 bilanziert der »Arbeitskreis der Latein-Amerika-Freunde e. V.« 956 505,74 Mark. Kirrwalds zweiter Verein, die »Gemeinnützige Förder- und Forschungsgesellschaft für Weltökologie e. V.« gibt in seiner Jahresbilanz als Ein- und Ausgaben 944 863,45 Mark an, veröffentlicht in den amtlichen *Bühler Stadtnachrichten* 1995.[14]
Wald für die Welt verfügte auch über ein Postfach mit der Nummer 1 im noblen Baden-Baden. Mit Spendengeldern »und Krediten des Entwicklungshilfeministeriums«, so schrieb Kirrwald einer Illustrierten, »möchten wir die zwei größten zusammenhängenden Waldgebiete Paraguays erwerben«. Die Kosten in der Anfangsphase bezifferte Kirrwald auf zehn Millionen Mark.
Seine Projekte würden von Bundesministerien gefördert, so steht es in einem Text für Interessenten. Doch der zuständige Referent in Bonn, Michael Rügner, sagte, weder Wald für die Welt noch andere Vereine des Diplomingenieurs aus Bühl bekämen auch nur eine müde Mark. Dieses habe er dem Herrn Kirrwald auch bei dessen Besuch in Bonn unmißverständlich erklärt.
Wie sollen nun Kirrwalds ökologische Siedlungen aussehen?

116

»Geplant sind sogenannte Kernstädte, die einen mittelalterlichen Charakter haben«, erzählt der Frühpensionär 1989. In diesem Binnenbereich hätten Einheimische wenig zu suchen, »obwohl es auch unter ihnen hochwertige Menschen gibt, wenn sie am Goethe-Institut Deutsch gelernt haben«. Von den Indios hat Kirrwald keine sehr gute Meinung: »Die muß man erst langsam erziehen und zur Arbeit scheuchen. Aber wenn die die Energie, die sie nachts zum Tanzen aufbringen, tagsüber zum Arbeiten verwenden«, so denkt er, »dann läßt sich schon etwas machen.« Auch Geburtenkontrolle sei dort wichtig, »denn es geht nicht, daß die sich wie die Karnickel vermehren«. Den Landwirtschaftsbetrieb der chilenischen Colonia Dignidad hielt Kirrwald für »mustergültig«, obwohl es nicht opportun sei, das zu sagen, weil die Presse so schlecht über die Colonia berichtete. Zu Paraguays Ex-Diktator Alfredo Stroessner, so behauptete Kirrwald, habe er hervorragende Beziehungen unterhalten. Dieser soll ihm ein Grundstückspräsent von 10 000 Hektar gemacht haben. Doch just als Kirrwald auf dem Airport von Asunción gelandet war, habe der Militärdiktator das Weite gesucht und sei nach Brasilien geflogen.

Um wen handelt es sich bei dem Diplomingenieur aus Bühl? Um einen deutschtümelnden Phantasten, einen unermüdlichen Tüftler oder einen trickreichen Agenten für zwielichtige Unternehmungen? Kirrwald machte sich nicht nur für den tropischen Regenwald stark, sondern auch für die neonazistische »Freiheitliche deutsche Arbeiterpartei« (FAP). Nachdem er von der Partei »Die mündigen Bürger« nach Auskunft von deren Vorsitzender, Erika Herbst, wegen permanenten Verstößen gegen die Satzung ausgeschlossen worden war, begann er, sich für die braungefärbte FAP zu interessieren. Er schrieb dem damaligen Intendanten des Süddeutschen Rundfunks einen wütenden Brief, weil der SDR nach Kirrwalds Meinung verzerrt über die antisemitischen Umtriebe der FAP berichtet habe. Kirrwald fühlte sich berufen, dem SDR das FAP-Aktionsprogramm nahezubringen und den Sender aufzufordern, der Öffentlichkeit »die wahren und richtigen Ziele der FAP« mitzuteilen. Abschließend drohte er, »daß auch Sie und Ihre Familie im Inferno untergehen werden, wenn Sie weiter so eine sinnlose Hetze dulden« (abgedruckt in: *Deutscher Standpunkt* 8/1986).

Zimperlich war Kirrwald auch nicht, was die Wahl der Werbeträger seiner Aktionen anbelangt. So inserierte er unter anderem in der Zeitschrift *Code,* die der Verfassungsschutzbericht unter die rechtsextremistischen Presseerzeugnisse einreihte. Dieses Monatsmagazin glaubt an die Existenz einer »weltweiten zionistischen Geheimorganisation«, tritt für den Führer des Front National in Frankreich, Jean Marie LePen, ein und beschäftigt sich mit Weltverschwörungstheorien, wonach Freimaurer im Verbund mit der »Trilateralen Kommission« und dem Zionismus den Erdball regieren.

Lokalblätter berichteten mehrspaltig über eine im September 1989 bevorstehende Informationsausstellung des Arbeitskreises der Lateinamerika-Freunde e. V. in der Bühler Statthalle. Als Gastreferent sei Prof. Dr. phil. Carl Friedrich von Weizsäcker geladen. Der kam allerdings nicht. Gekommen aber ist Gottfried Müller. Er hielt einen Vortrag über seine ebenfalls international tätige Bruderschaft Salem.

Dramatisch als »letzte Meldung« aufgemacht, hat Gottfried Müller in seinen *Salem-Mitteilungen* einen Hilferuf an Salem: »Holt ihn! Mit Rettungsflugzeug!« ins Blatt gerückt. Der Salem-Ostpreußen-Freund Gerhard Laus sei bei einem Verkehrsunfall in Kaliningrad verletzt worden. Schon wenige Stunden später sei der »liebe schwerverletzte Freund« aus seiner Heimat Ostpreußen heimgeflogen worden. Gerhard Laus war auch mit dabei, als der »Verein zur Förderung der Rußlanddeutschen in Trakehnen e. V.« aus der Taufe gehoben wurde.

Dieser Verein ist beim Amtsgericht Bad Segeberg ins Vereinsregister eingetragen und vom Finanzamt Kiel-Nord unter der Steuernummer 3284 als gemeinnützig anerkannt. Er will die kulturellen, sozialen, politischen und wirtschaftlichen Verhältnisse der Rußlanddeutschen in der Region Kaliningrad fördern.

Der Tätigkeitsbericht informiert über den Aufbau der Firma Basis Hoch- und Tiefbau in Jasnaja Polnaja (Trakehnen), die von den russischen Behörden zugelassen wurde. Bereits 1993 wurden mehrere Häuser und Wohnungen gebaut oder renoviert, außerdem wurde eine Tischlerwerkstatt in Matischkehnen eingerichtet. Das 1993 fertiggestellte Café Elch in Trakehnen, das mit der Basis Hoch- und Tiefbau Anzeigen zum Beispiel im *Ostpreußenblatt* schaltet, ist inzwischen zur Anlaufstelle und Kontaktbörse sowohl für Heimwehtouristen wie auch Fahrtengruppen zum Beispiel der Wiking-Jugend geworden. Eine Bauanfrage hat die Firma Basis Hoch- und Tiefbau von Siegfried Godenau von der »Gemeinschaft Deutscher Osten« bzw. der »Aktion Ostpreußenhilfe« erhalten, der fünf Häuser in Gawrilowo (Gawaiten, Herzogsrode) errichten will. In der Planung sind eine Bäckerei und eine Kfz-Werkstatt.

Die Vereinsvorsitzende Ilse Timm, eine pensionierte Elektroingenieurin, möchte die Rußlanddeutschen mit dem Ziel unterstützen, daß sie als Volksgruppe ihre Rechte in Ostpreußen wahrnehmen können, wie sie überall in Europa für Minderheiten und Volksgruppen angestrebt würden (*DESG inform* 12/1992, S. 7). Um Unterstützung für die Projekte des »Vereins zur Förderung der Rußlanddeutschen« wird in diversen rechten Blättern gebeten, so zum Beispiel auch in *Nation Europa* (10/1992, S. 56). Ein Vorstandsmitglied des Vereins hat mit einem Vortrag im März 1994 auch den Arbeitskreis Hamburg der rechtsextremen »Gesellschaft für freie Publizistik« über das »Schicksal der Rußlanddeutschen in Nordostpreußen« auf dem laufenden gehalten.

Zu den Gründungsmitgliedern gehört Hans-Joachim von Leesen, häufiger Autor in *Criticón* und dem *Ostpreußenblatt*. Schon 1953 findet sich ein Beitrag von ihm in der damals noch jungen Zeitschrift *Nation Europa* des ehemaligen Waffen-SS-Hauptsturmführers Arthur Ehrhardt. »Wir brauchen eine starke fünfte Partei« schreibt von Leesen als Fazit der Bundestagswahl im Oktober 1994 auf der ersten Seite des *Ostpreußenblattes* (28. 10.

1994). Diese Partei könne nur rechts von der CDU ihren Standort haben. Was die FDP anbelangt, so meint Leesen, daß Österreich »höchst eindrucksvoll« eine andere Möglichkeit zeige, dort marschiere nämlich die Freiheitliche Partei als nationalliberale Partei von Sieg zu Sieg. Nur mit einer rechts von der CDU auftretenden bundesweiten Partei könne in Zukunft noch eine bürgerliche Regierung gebildet werden. »Antifaschisten« gelten ihm als »die neuen Blockwarte«. Leesen ist inzwischen aus dem Vorstand ausgeschieden. Karsten Niefind, als Student 2. Bundesführer des »Bund Heimattreuer Jugend« (BHJ), fungiert derzeit als Vize-Chef des Vereins.

Wichtigster Mann vor Ort in Ostpreußen ist der Bauingenieur Dieter Otto aus Lütjenburg, der zuvor viele Jahre in Namibia als Farmer und Lehrer an der deutschen Schule in Karibib gelebt hat.

Aufgrund von persönlichen Gesprächen hat sich der »Allgemeine Deutsche Kulturverband« (ADKV) Wien/Stuttgart zur Zusammenarbeit mit dem »Verein zur Förderung der Rußlanddeutschen in Trakehnen e. V.« entschlossen. Der große Vorteil dieser Kooperation sei der ortskundige Fachmann Hans-Dietrich Otto von der Firma Basis. 15 Häuser sollen in Mühlengarten entstehen. Auf den Bankquittungen des ADKV ist der Verweis auf die Gemeinnützigkeit aufgedruckt: »Bei Spenden über DM 50,– geht Ihnen auf Wunsch bis Anfang des kommenden Jahres eine Spendenbescheinigung zu, die Sie bei der Einkommensteuererklärung gegenüber dem Finanzamt geltend machen können.« ADKV-Vorsitzender war bei der Gründung der Funktionär der Sudetendeutschen Landsmannschaft und des ultrarechten Witikobund des Horst Löffler, jetzt ist Burkhard Fichtner Vorsitzender. Sein Stellvertreter ist Kirchenrat Dr. Rolf Sauerzapf, evangelischer Dekan im deutschen Bundesgrenzschutz. Er promovierte in Pretoria und war mehrmals bei den rechtslastigen Südafrika-Seminaren in Coburg aktiv, wo er die Aufbauleistung der Weißen würdigte. Als protestantischer Reichstreuer bekennt sich Sauerzapf in seinem Aufsatz »Reich Gottes und das Reich der Deutschen« für die rechtsextremen *Staatsbriefe* (11/1991, S. 27ff.). In der Nummer 10/1990 war zum »Diskurs vom Reich« ein Aufsatz von Michael Kühnen mit dem Titel »NS-Verbot und Souveränität« erschienen.

Studiengesellschaften zur geistigen Erneuerung

Steuervorteile genießt auch das »Collegium Humanum e. V. – Internationales Studienwerk« (CH) in Vlotho-Valdorf im Weserbergland. Der Verein wurde bis etwa 1985 aus Landesmitteln gefördert. Bis heute ist das Collegium steuerbegünstigt.
In seinen Prospekten stellt sich der Verein als Heimvolkshochschule für Jugend- und Erwachsenenbildung und »eine Bürgerinitiative des freien Geisteslebens« vor. »Das Collegium Humanum bemüht sich um eine vorurteilslose Urteils- und Bewußtseinsbildung gegenüber allen Fragen unserer Zeit mit dem Ziel«, so heißt es in der Selbstdarstellung, »durch die Begegnung und die Zusammenarbeit aller Menschen eines guten Willens der geistigen Erneuerung zu dienen.« Die bislang angebotenen Kursthemen boten tatsächlich eine bunte Mischung: Trachtenschneidern, Historikerstreit, Yoga, Volkstanz, Lebensschutz, Völkerschutz, Asiatische Massage oder ein Kurs der »deutsche Osten«, gehalten von einer Referentin der bereits bekannten »Gemeinschaft Deutscher Osten« (GDO).
Im Haus des Collegiums trafen sich zeitweilig härteste Neonazis, getarnt als Umweltschützer. Das belegt der Verfassungsschutzbericht 1984 des Landes Nordrhein-Westfalen: »Im Oktober 1984 wurden unter der Bezeichnung ›KAH‹ Rundschreiben an ehemalige ANS/NA-Anhänger zu einem ›Schulungs- und Besprechungstreffen‹ am 20./21. Oktober 1984 in den Räumen des Collegium Humanum in Vlotho versandt. Dieses Treffen ist als ›Seminar über Umweltfragen und Naturreligionen‹ getarnt worden.«
KAH bedeutet »Komitee zur Vorbereitung der Feierlichkeiten

KOMITEE ZUR VORBEREITUNG DER FEIERLICHKEITEN ZUM 100. GEBURTSTAG
DES FÜHRERS (K A H)

Rundschreiben an die Kreissekretäre, Sonderbeauftragten und
Stützpunktleiter im Gau Rhein-Westfalen.

Am 2o./21.Oktober findet in Vlotho ein wichtiges Schulungs- und
Besprechungstreffen auf Gauebene statt. Alle Kreissekretäre,
Sonderbeauftragte und Stützpunktleiter sind dazu eingeladen.
Treffpunkt : Samstag, 2o.1o., 15.oo Uhr
            Collegium Humanum
            Bretthorststr. 2o4
            4973 Vlotho
Die Veranstaltung dauert bis Sonntag, 21.1o., 15.oo Uhr.
Auf der Anreise zum Veranstaltungsort und in "Collegium Humanum"
besteht strengstes Uniformverbot.

Am 3.11. findet der Landesparteitag der FAP statt. Der genaue Termin
und der Ort werden noch rechtzeitig bekanntgegeben.

Christian Malcaci.
                                        Gausekretär

Christian Malcaci
Postfach 10 0273
D-4048 Grevenbroich 1

Einladung des KAH in die Räume des Collegium Humanum

zum 100. Geburtstag Adolf Hitlers«. Neonazis bereiteten langfristig, nämlich fünf Jahre lang, den 100. Geburtstag Adolf Hitlers, »des deutschen Zeitenwenders«, vor. In einer Pizzeria im Herzen der Madrider Altstadt wurde dieses KAH am 26. 5. 1984 gegründet. Michael Kühnen, sein damaliger Stellvertreter Thomas Brehl, Dieter Weißmüller und ein anderer Kamerad, der inzwischen abtrünnig geworden ist, hatten sich mit Léon Degrelle, dem ehemaligen SS-General und wallonischen Faschistenführer, getroffen. Als Ehrenpräsident des Hitler-Komitees spielte Degrelle eine Hauptrolle. Außerdem war es ihm aufgrund seines einträglichen Export-Import-Handels möglich, das KAH mit saftigen Spenden zu unterstützen. Seit 1984 sammelte das Komitee Spenden zur Finanzierung der braunen Jubelfeier und der Koordinierungstreffen. Die Räume im Collegium Humanum hatte der damalige Kühnen-Anhänger, spätere Republikaner-Funktionär und heutige Buchhändler in Miesbach Michael Krämer besorgt.

Vorstandsmitglied des gastfreundlichen Collegiums, das 51 Übernachtungsplätze bieten soll, ist seit Oktober 1989 der ehemalige Studiendirektor Ernst Günter Kögel aus Remscheid. Am 4. Dezember 1993 wurde er zum ersten Vorsitzenden gewählt. Kögel gehört zu den altbekannten Mehrfachaktivisten der rechtsextremen Szene. Unter anderem sitzt er in einem Ausschuß der »Deutschen Volksversammlung«, die die Regierung durch »volkstreue Männer und Frauen« ersetzen will. Kögel hilft dem Holocaust-Leugner David Irving, seine Thesen zu verbreiten. Der international berüchtigte Brite gab 1989 eine sogenannte Auschwitz-Pressekonferenz in London. Die deutschsprachige Dokumentation zu dieser Pressekonferenz gab Ernst Günter Kögel heraus. Deshalb wurde er rechtskräftig wegen Volksverhetzung verurteilt. Kögel bezeichnete in seinem Vorwort die Vergasung von Menschen in den Gaskammern deutscher Konzentrationslager als »Propagandalüge«.

In der November/Dezember-Ausgabe 1994 der Vereinszeitschrift *Stimme des Gewissens* wird es als angebliches Merkmal der westlichen Wertegemeinschaft dargestellt, daß gleichgeschaltete Massenmedien die Wahlen beeinflussen würden und nationale Interessen keine Chance hätten. Derselbe Autor, der sonst oft in der Weltverschwörungs-Zeitschrift *Code* publizierende Hans Werner Woltersdorf, befaßt sich in der vorhergehenden Ausgabe mit den Siegern beider Weltkriege, die bewußt Völker getrennt und feindliche Stämme in einen gemeinsamen Staat gepreßt hätten. Die Regierungsform der Demokratie stelle »keinen Wert an sich« dar. »Wenn aber die Bundesregierung eine Serie von Maulkorbgesetzen erläßt, um ein von den Siegermächten vorgefertigtes Geschichtsbild von deutscher Alleinschuld und der Einzigartigkeit deutscher Verbrechen außer Zweifel zu stellen, dann ist das nicht Gerechtigkeit vor der Justiz, sondern offenkundig ein Beweis dafür, daß wir immer noch von der Diktatur der Besatzungsmächte beherrscht werden«. Hier wird deutlich, was das Collegium unter »geistiger Erneuerung« zu verstehen scheint, nämlich immer noch die alten Töne.

Ausführlich wird Hanna Reitsch zitiert, die einzige Frau, die im Dritten Reich den Titel »Flugkapitän« erhielt, mit dem EK 2 und EK 1 ausgezeichnet und wegen ihres bedingungslosen Einsatzes für Volk und Vaterland bis zu ihrem Tod 1979 in nationalen Kreisen als Heldin verehrt wurde. Und Heinz Mahncke,[15] den man sonst als Autor Hunderter von Aufsätzen aus sogenannten volkstreuen Zeitschriften antrifft, wie zum Beispiel im *Leitheft* der ehemaligen Waffen-SS oder in der *Bauernschaft* des Holocaust-Leugners Thies Christophersen, freut sich über die *Abrechnung* des Ex-Linken Klaus Rainer Röhl.

Am 27. Januar 1995 begann beim Collegium Humanum ein Seminar mit dem Titel »Der Reichsgedanke in Religion und Geschichte«. Der Referent ist in der Bundesrepublik nur in gewissen Kreisen bekannt, in der Schweiz dagegen macht Bernhard Schaub Schlagzeilen, als er in Zusammenhang mit seinem Buch *Adler und Rose* als Lehrer fristlos entlassen wurde (vgl. *Jüdische Rundschau*, Basel, 21. 1. 1993). Schaub zeichnet mit den hartnäckigen Holocaust-Leugnern Arthur Vogt und Jürgen Graf verantwortlich für ein dreiseitiges Pamphlet einer »Arbeitsgemeinschaft zur Enttabuisierung der Zeitgeschichte«. In dem Flugblatt heißt es, in Frankreich, Deutschland und Österreich würden am laufenden Band bei kafkaesken Prozeßfarcen Revisionisten zu Bußen und teils jahrelangen Haftstrafen verurteilt, wobei stets sämtliche Sachbeweise der Verteidigung abgelehnt würden. Unter diesen »Sachbeweisen« verstehen Revisionisten die Gutachten der Herren Leuchter, Lüftl, Rudolf und anderer. Das Rudolf-»Gutachten« wird auch namentlich in dem Text aufgeführt. »Daß die behaupteten Gaskammermorde schon deshalb nicht stattgefunden haben können, weil sie technisch unmöglich waren«, sei schon in den siebziger Jahren aufgezeigt worden. Vor dem Collegium kam es, wie schon mehrmals zuvor, zu einer Protestaktion von Demonstranten. Das zuständige Finanzamt sah bis heute, ungeachtet der jahrelangen Proteste gegen den Verein, keinen Anlaß zum Handeln. Auch der Verfassungsschutz kümmert sich nicht um diese Ökobraunen, die weiterhin Steuern sparen dürfen.

Auf eine besonders obskure Kleingruppe namens »Hugin Gesellschaft für politisch-philosophische Studien e. V.« stößt man im Mitteilungsblatt *Bab Ilu* der Ordensgemeinschaft Tempelhofgesellschaft (8/1991), im *Eidgenoss* des Schweizer Revisionisten Dr. Max Wahl (10/11 1985), in der *Deutschen National-Zeitung* (z. B. 28. 11. 1986) oder in der *Bauernschaft* des Thies Christophersen (März 1982).

Dort inseriert die Gesellschaft mit folgendem Text: »Viele Länder Europas erleben in den letzten Jahrzehnten eine regelrechte Überflutung durch asiatische und schwarzafrikanische Menschen. Warum geschieht das alles?« Aus einer anderen Anzeige geht hervor, daß die Gesellschaft an die Existenz von Wunderwaffen glaubt, die vor 1945 in supergeheimen Werkstätten entwickelt und gebaut wurden und die nicht in Feindeshände gefallen sind. Auf organisierten Fluchtrouten seien bis weit in die fünfziger Jahre hinein noch Deutsche beiderlei Geschlechts in deutsche Sperrgebiete in Übersee ausgewandert. Diese phantastisch anmutenden Tatsachen könnten heute enthüllt werden, auch wenn die Medien in Ost und West und ein gezielter Ablenkungsschwindel der Alliierten Mächte sie noch unter den Teppich kehren würden.

Als Symbol hat sich die Gesellschaft einen der beiden Raben aus der germanischen Mythologie gewählt. Hugin und Munin sitzen auf Wotans Schulter und werden zuweilen ausgeschickt, um die Welt zu durchforsten. Die Gesellschaft gibt allerdings keine germanischen Schriften heraus, sondern abstruse Pamphlete wie *Die Erhaltung der Arten – eine naturgesetzliche Verpflichtung!* oder *Germany must perish – Amerikanisch-sowjetisches Zusammenspiel zur atomaren Vernichtung Deutschlands?*

In ihrer Satzung bestimmt sich die Gesellschaft als »eine nicht-wirtschaftliche, gemeinnützige Vereinigung zur Wahrung und Festigung des Rechtsbewußtseins in der Öffentlichkeit«. Sie wolle »durch Erarbeitung und Herausgabe von Mitteilungen und Schriften dazu beitragen, daß im politisch-philosophischen Bereich die Meinungs- und Willensbildung im Sinne einer naturgemäßen Ordnung gefördert wird«. Die Gesellschaft setzt sich zur Aufgabe, »den Auftrag des Grundgesetzes sowie die allgemeinen Regeln des Völkerrechts (Artikel 25 GG) und die sich entwickelnden Völkerrechts-Normen zu erfüllen, zu wahren und zu festigen. Gleichzeitig die sich weltweit anbahnende und für viele unübersehbare politische Entwicklung mit dem Anspruch: ›Macht geht vor Recht‹ aufzuzeigen und aufzuhellen, um dadurch zur Entkräftung derselben beizutragen. Die Gesellschaft ist parteipolitisch und konfessionell ungebunden und will zu unabhängiger und kritischer Betrachtungsweise anregen. Sie verfolgt ausschließlich und unmittelbar gemeinnützige Zwecke im Sinne der Gemeinnützigkeitsverordnung vom 24. 12. 1953.«

Wie sieht nun eigentlich diese Förderung der Meinungsbildung »im Sinne einer naturgemäßen Ordnung« aus? In der Hugin-Schrift »Wahl ist Verrat« fordert der langjährige Hugin-Vorsitzende Richard Schepmann zum Wahlboykott und zur Beseitigung des Grundgesetzes auf. Zitat: »Vor Abzug restlos aller Besatzungstruppen, vor Beseitigung des Grundgesetzes, vor Beseitigung dieser Ausländerherrschaft und Ausschaltung deutscher Kollaborateure, vor der Befreiung Deutschlands und der Wiederherstellung des Reiches – nebst Inkraftsetzen seiner Gesetze – ist und bleibt jede abgehaltene Wahl illegal, ist jede Wahlbeteiligung volksschädlich und bleibt Verrat am eigenen Volk!!!«

In der 60-Seiten-Broschüre *Warum Völkervermischung?* geht die Hugin-Gesellschaft von der These aus, die weiße Rasse sei besonders gefährdet. Sie solle vernichtet werden: 1. durch Vermischung mit »einer ausreichenden Menge eingeschleuster, fremdrassiger Menschen«, 2. durch die Pille, andere Verhütungsmittel und »Förderung des Pansexualismus«, 3. durch Strahlenverseuchung und 4. durch genetische Manipulationen. Daher müßten alle volksbewußten Deutschen dem Mord am deutschen Volk entgegenwirken.

Bei diesem Verständnis von Politik und Philosophie wundert es nicht, daß sich die Hugin-Gesellschaft auch mit Ufos, Geheimwaffen des Dritten Reiches und Flugobjekten befaßt, die angeblich die Weltmeere überwachen. Sie geht von einer haushoch überlegenen reichsdeutschen Flugscheibenmacht aus und gibt auch eine Sonderstudie ›Weltbolschewismus‹ – *Flugscheiben im Einsatz gegen sowjetische Militärziele* heraus.

Mitgründer und langjähriger Vorsitzender war der Fleischermeister Richard Schepmann. Bis Januar 1978 soll er Mitglied der CDU im Kreisverband Ennepe-Ruhr gewesen, dann aber ausgetreten sein, weil eine »zionistische Clique« samt ihren willfährigen Werkzeugen in den Parteien Kernkraftwerke, Atommüllplätze und die Neutronenbombe baue, um Deutschland zu vernichten. Am 6. 2. 1981 wurde Anklage gegen Schepmann wegen seiner Broschüre *Warum Völkervermischung?* erhoben. Laut Anklageschrift (Az 51 Js 977/80 Staatsanwaltschaft Hagen) hat Schepmann die Menschenwürde von Bevölkerungsteilen dadurch angegriffen, daß »behauptet wird, eine Vermischung mit diesen Bevölkerungsteilen würde bei den jeweiligen Mischlingen alle negativen Eigenschaften wie Charakterlosigkeit, Hemmungslosigkeit, Willensschwäche, Unbeständigkeit, Pietätlosigkeit und Treulosigkeit hervorbringen« (*Recht und Justiz* Beilage in *UN* 7/82 S. 3 und *Frankfurter Rundschau* 24. 1. 1983). Im Januar 1983 wurde er im Berufungsverfahren vom Landgericht Hagen wegen Volksverhetzung und Aufstachelung zum Rassenhaß zu einer Freiheitsstrafe von sechs Monaten mit Bewährung und 3000 Mark Geldbuße verurteilt. Schepmann ist inzwischen vom Fleischermeister zum Kaufmann avanciert. So gibt er seinen Beruf an. Erst vor etwa drei Jahren hat Schepmann ein Haus geerbt. Es ist tatsächlich ein Domizil mit Vergangenheit. Es gehörte nämlich dem früheren SA-Stabschef und Reichsleiter der NSDAP Viktor Lutze. Dieser verunglückte tödlich am 2. 5. 1943, worauf Wilhelm Schepmann, Richards Vater, am 9. 11. 1943 SA-Stabschef wurde (Stockhorst, Erich: *5000 Köpfe*). Im Innern soll dieses braune Haus reichlich mit Hakenkreuzsymbolen ausgeschmückt sein – für bestimmte Kreise also ein Ort mit hoher Anziehungskraft. Auch die Freiheitliche deutsche Arbeiterpartei (FAP), die 1995 verboten wurde, hat ihn ideal gefunden und einen Landesparteitag dort abgehalten.

Vermutlich wegen des Aufsehens um den ersten Vorsitzenden ist im Dezember 1983 die Hausfrau Dorothee Schepmann zur neuen Vorsitzenden gewählt und die Gemeinnützigkeit aberkannt worden. Dagegen ist Schepmann laut letztem Registereintrag noch Schatzmeister des Deutschen Rechtsschutzkreises e. V. (DRsK).

Stille Hilfen für Justizopfer

Dieser »Deutsche Rechtsschutzkreis e. V. (DRsK) Deutsche Rechtsschutzkasse« nennt sich großspurig »Gemeinnützige Vereinigung zur Abwehr politischer Justiz*«. Und auf das Sternchen kommt es an, denn da steht kleingedruckt: »Finanzamtliche Anerkennung der Gemeinnützigkeit noch nicht erfolgt.«

Der Verein wurde am 2. März 1979 gegründet; bis heute steht der kleingedruckte Vermerk im Briefkopf. Trotzdem konnte der DRsK e. V. »in den letzten drei Jahren aufgrund der Spenden und Beiträge seiner Förderer Rechtsgutachten, Anwaltskosten und Unterstützungen in Höhe von genau 19 935,08 DM für Opfer der politischen Justiz aufbringen«, meldete das Organ *Recht und Justiz* Nr. 1/1992.

Das wichtigste, was der DRsK herausgebracht hat, sind die *Geschichten aus dem Leben des ›mündigen Bürgers‹ Mäxchen Treuherz* mit Vorabdruck in *Recht und Justiz*. So harmlos nennt sich ein juristisches Handbuch für die braune Szene. Autorin ist Gisa Pahl, eine Hamburger Rechtsanwältin, hier unter dem Pseudonym Gisela Sedelmaier, die Vorsitzende des Landesschiedsgerichts der Republikaner war und 1993 ausgetreten ist. Es handelt sich hierbei um eine Gebrauchsanleitung, wie man legal die Demokratie bekämpft. Jeder braune Kamerad kann damit das Austricksen des Rechtsstaates üben, zum Beispiel bei der Verwendung verfassungswidriger Propagandamittel und Kennzeichen, beim Leugnen der Judenvernichtung oder beim Parolen-Sprühen.

In § 2 der Vereinssatzung definiert sich der DRsK e. V. als »eine nichtwirtschaftliche, gemeinnützige Vereinigung«. Er verfolge ausschließlich und unmittelbar gemeinnützige Zwecke. Im Verfassungsschutzbericht 1982 war unter der Überschrift »Publikationen deutscher neonazistischer Gruppen« die Schrift *Recht und Justiz* des Rechtsschutzkreises genannt worden. Gegen die Einstufung als neonazistisch hatte der Kreis geklagt. Das Oberverwaltungsgericht Nordrhein-Westfalen hatte die Klage mit einem Urteil vom 20. Januar 1989 zurückgewiesen. Eine Revision wurde nicht zugelassen. Der Kreis sieht sich selbst als »völlig unpolitischer Verein zur Verteidigung der Rechtsstaatlichkeit im Bereich der politisch motivierten Strafjustiz«. Dieser unpolitische Club sucht Abnehmer für seine Schriftenreihe in den Anzeigenspalten der NPD-Zeitung *Deutsche Stimme* (IV/1989).[16] *Recht und Justiz – Mitteilungen zur Entwicklung des Rechtslebens im politischen Bereich* erscheinen als Mittelblatt der *Unabhängigen Nachrichten*. Der Hamburger Rechtsanwalt Jürgen Rieger zeichnete gelegentlich als Verantwortlicher.

In seltenen Fällen wurde rechtsextremen Vereinen auch die begehrte Gemeinnützigkeit aberkannt. Der »Stillen Hilfe für Kriegsgefangene und Internierte e. V.«[17] hat das Finanzamt 1994 nach 43 Jahren die Anerkennung als gemeinnütziger mildtätiger Verein aberkannt. Doch die Entscheidung wurde angefochten (*Rundbrief Stille Hilfe* Nr. 1/94), schließlich geht es jährlich um sechsstellige Spendensummen.

Die Hilfe für einsitzende Kriegsverbrecher ist moralischer und finanzieller Art. Es werden Urlaubs- und Entlassungsgelder gezahlt, Weihnachtsgeld und Familienzuwendungen, aber auch Rechtshilfe geleistet, Gnadengesuche und Revisionen vorbereitet.

Die Stille Hilfe hat sich seit ihrer Gründung nicht politisch geändert. Sie vertritt immer noch die alten ideologischen Ladenhüter von der deutschen Erniedrigung seit 1945. Im Rundbrief 2/88 heißt es: »Immer noch – schon 43 Jahre nach Kriegsende! – werden ehemalige deutsche Soldaten hinter Gefängnisgittern festgehalten, um lebenslange Haftstrafen zu verbüßen ... In solcher Zeit der Erniedrigung Deutschlands sitzen inzwischen alt und gebrechlich gewordene Männer auch heute noch auf der ›Anklagebank‹!« Betreut wurde beispielsweise Hildegard Lächert (»blutige Brygida«) im Majdanek-Prozeß. In jüngster Zeit gehörte zum Beispiel der ehemalige SS-Oberscharführer Josef Schwammberger zu den Schützlingen der Stillen Hilfe e. V. Schwammberger war 1942–1944 Kommandant in den polnischen Arbeitslagern Przemysl und Rozwadow. Er wurde 1992 von der 9. Strafkammer des Stuttgarter Landgerichts wegen Mordes in 22 Fällen und Beihilfe zum Mord an mindestens 641 jüdischen Häftlingen zu einer lebenslangen Freiheitsstrafe verurteilt, die er in Deutschlands einzigem Seniorenknast in Singen am Hohentwiel verbüßt.

Wenn einem Verein die Gemeinnützigkeit aberkannt wurde, dann muß er nachträglich seine Einnahmen versteuern. Beim

Spender, der eine steuerabzugsfähige Quittung erhalten hat, sieht das anders aus. Er kommt in aller Regel ungeschoren davon. Ihm müßte nachgewiesen werden, er hätte gewußt, daß das tatsächliche Vereinsgebaren nicht mit dem gemeinnützigen Satzungszweck übereinstimmt. Das ist kaum möglich.

3 Nordostpreußen – Land der unbegrenzten Möglichkeiten für braune Pioniere?

Seit dem Fall der Mauer träumen rechte Grenzverschieber von einer Neuordnung Europas, erst im Osten, dann auch im Westen (Eupen-Malmedy, Elsaß, Südtirol). Und sie träumen wieder von einem großdeutschen Reich in den Grenzen von 1937. »Beflügelnd wirkt die Tatsache, daß überall das ethnische, das nationale Prinzip wieder einen zentralen Platz ... einnimmt«, schreibt das *Ostpreußenblatt* (vom 26. 9. 1992), eine der größten Vertriebenenzeitungen. Andere rechte Blätter jubeln über den »Völkerfrühling«, sie freuen sich auf eine Neuaufteilung der Territorien im Osten und im ehemaligen Jugoslawien.

Altbekannt ist die Forderung nach Rückgabe der ehemaligen deutschen Ostgebiete. Jetzt wird sie wieder neu aufgelegt. Brückenkopf für die Heimholung ins Reich soll das nördliche Ostpreußen sein, das von Rußland abgetrennt ist. Hinter der Fassade von Touristenreisen, Hilfstransporten und Siedlungsprojekten läuft die Vorbereitung einer kalten Landnahme ab. Ein deutschstämmiger Autonomie-Anhänger stellt sich die Strategie so vor: »Wenn man von der Autonomie spricht, dann gibt es nur große Aufregung. Ich denke, hier muß anders gearbeitet werden. Ich denke, man sollte stillschweigend ansiedeln und arbeiten. Finden sich hier erst einmal deutsche Ingenieure ein, dann kommt auch deutsche Intelligenz; sind hier erst mal mehr deutsche Kinder, dann kommt ganz von selbst die Frage nicht nur nach Volksschulen, sondern auch nach höheren Schulen, bis hin zu einer Universität. Das muß langsam geschehen. Es ist besser, wenn man jetzt ansiedelt und vorläufig von seinem Recht nicht spricht. Das Recht kommt von allein.« (Munier, Dietmar: *Das letzte Dorf. Bei den Rußlanddeutschen in Ostpreußen*, Kiel 1993, S. 197) Rechtsradikale konzentrieren sich in einer regelrechten Kampagne auf den Aufbau einer deutschen Kolonie.

Dabei muß deutlich gesagt werden, daß keineswegs jede humanitäre Hilfe für Menschen im nördlichen Ostpreußen ihre Wurzeln im braunen Sumpf hat. Auch die Rußlanddeutschen, die nach schweren Erfahrungen in Kasachstan, Kirgisien oder Tadschikistan in die Kaliningradskaja Oblast, wie das Gebiet um Königsberg auf russisch heißt, kommen, sind beileibe keine Neonazis, sondern Mißbrauchte. Sie dienen unfreiwillig westdeutschen Rechtsextremisten als Vehikel für deren Re-Germanisierungsträume. Die rußlanddeutschen Siedler sind fast alle ahnungslos, sowohl in bezug auf das angelaufene Vermarkten Ostpreußens als auch hinsichtlich der politischen Hintergründe. Sie freuen sich über jeden, der hilft. Diese Menschen waren in Asien von der lebendigen Gegenwartskultur der Bundesrepublik abgeschnitten, ihr Deutsch ist auf dem Niveau des 19. Jahrhunderts, sie sprechen noch von deutscher Scholle, deutscher Erde und deutschem Blut. Ihr Kulturverständnis ist vor vielen Jahrzehnten stehengeblieben, und genau das reizt hiesige Ewiggestrige. Bei den Rußlanddeutschen glauben sie, Deutschtum pur zu erleben, noch nicht »zersetzt« von westlicher Dekadenz und unbehelligt von nordamerikanischen Einflüssen. Beispielsweise »kam eine Truppe von Jungen Nationaldemokraten nach Trakehnen und die haben die Reichskriegsflagge aufgezogen«, berichtet Klaus Keimer, ein bundesdeutscher Unternehmer, der sich selbst als »rechts, aber nicht braun« einstuft. Das habe dann gleich Ärger gegeben. Aber die Familie, in deren Garten die Fahne flatterte, hat nicht durchschaut, um was für eine Flagge es sich da handelte (vgl. Bericht des Fernsehmagazins *Panorama* »Rechtsradikale auf dem Marsch ins Vierte Reich« vom 20. 5. 1993).

Ostpreußen – schon der Klang des Namens läßt völkische

Herzen höher schlagen. Da ertönt »der Ruf« Ostpreußens *(Deutsche Stimme, Huttenbriefe, Rundbrief der Deutschen Bürgerinitiative e. V.-weltweit),* des Landes der dunklen Wälder und stillen Seen, der Kornfelder und des Bernsteins, und vor dem geistigen Auge tauchen schon die Trakehner Pferde auf der Weide auf. In der Tat sieht es in Ostpreußen so aus wie in einem Bilderbuch vom Landleben vor vierzig Jahren. Eine Gans marschiert mit ihren Jungen über eine Allee, Welpen balgen sich mitten auf einer Fahrbahn, weil kaum mal ein Auto vorbeikommt, Störche stelzen auf feuchten Wiesen herum, und Pferdefuhrwerke gehören zum Alltagsbild – eine Idylle, wenngleich mit zerfallenden Häusern und Ruinen aus der Kriegszeit. »In Ostpreußen atmet jeder Stein deutsch«, glaubt ein rechtsradikaler Arzt, und »abends treten Elche aus den Dünen« singen nationale Barden in ihrem Ostpreußenlied auf der Musikkassette »Protestnoten für Deutschland«.

Für die anlaufende Ostpreußen-Kampagne machten fast alle rechtsradikalen Gruppierungen und Parteien mobil. »Auf nach Königsberg!« wurde zum gemeinsamen Schlachtruf. Wolfgang Strauss, rechter Prophet des Sturms im Osten, verkündete: »71 Jahre nach Versailles und 46 Jahre nach Jalta werden die Gebrandmarkten von einst zu einem neuen Ostlandritt aufgerufen.« Der Raum Königsberg sei der deutsche Fuß in der russischen Tür (*Staatsbriefe* 11/1992, S. 39).

Im Mai 1992 rief die *Deutsche Wochen-Zeitung* aus dem Hause Frey zu einer Vereinigung aller Patrioten auf, um »Ostpreußens neue deutsche Chancen zu verwirklichen« (*DWZ* 8. 5. 1992).

Am meisten Öffentlichkeit erreichte die Kampagne für ein deutsches Königsberg durch die Inserate des Vereins »Unitas Germanica e. V.« in der *Frankfurter Allgemeinen Zeitung,* dem *Rheinischen Merkur* und der *Welt* im Frühjahr 1992. Auch dieser Verein ist als gemeinnützig anerkannt und wird somit indirekt staatlich gefördert. Für die Finanzierung der großformatigen Anzeigen wurde schon Anfang des Jahres in der *Jungen Freiheit* (Januar/Februar 1992) um großzügige Spenden gebeten. Unitas Germanica schicke eine steuerabzugsfähige Spendenbescheinigung zurück. Nach der durch »das Volk erzwungenen Vereinigung West- und Mitteldeutschlands« sei jetzt das Volk erneut aufgefordert, »seiner Regierung Beine zu machen«. Die Chancen für ein deutsches Königsberg seien so groß wie nie. Diese Aktion war wirklich eine konzertierte Aktion des rechten Lagers, denn die Unterzeichner dieses Appells reichten von eingefleischten Neonazis bis zu Rechtskonservativen. Einige Beispiele:

- Edgar W. Geiß, inzwischen verstorbener Kamerad aus dem Kreis Michael Kühnens, den Verfassungsschutzberichte als Neonazi und Holocaust-Leugner qualifizieren,
- Ludwig Bock, Rechtsanwalt und Vorsitzender des rechtslastigen Schulungszentrums »Nationaleuropäisches Jugendwerk« (NEJ) aus Mannheim,
- Dr. Albrecht Jebens, Geschäftsführer des rechtskonservativen »Studienzentrums Weikersheim e. V.«,
- Heiko Baumert, Mitgründer der neonazistischen »Nationalen Alternative« (NA),
- Dr. Norbert Bartel, bekannt aus den einschlägigen Zeitschriften *Sieg* und *Recht und Wahrheit,*
- Dr. med. Otto-Rigolf Henning von der Deutschen Liga für Volk und Heimat,
- Dr. Axel Neu, Ex-Republikaner, heute »Schulverein zur Förderung der Rußlanddeutschen« aus Kiel,
- Rüdiger Stolle von der reichstreuen »Gemeinschaft Deutscher Osten«/Nienburg (GDO),
- Max Klüver, ein Autor, der in seinen zahlreichen Artikeln und Büchern nicht müde wird, das Dritte Reich freizusprechen,
- Klaus Hoffmann vom Freundschafts- und Hilfswerk Ost und der NPD,
- Gisela Robel-Pietzner, Stifterin des ehemaligen NPD-Bildungszentrums in Oberitalien,

- Burschenschaft Danubia aus München
- Bund der Vertriebenen, Kreisverband Heidenheim
- Junge Union, Landesverband Sachsen-Niederschlesien
  u. v. m.

Unitas Germanica hatte im übrigen schon Erfahrung mit Volkstumsarbeit im Osten. Schon 1990 wurden Spenden für Oberschlesien in Polen gesammelt, denn dort herrscht nach Ansicht
des steuerbegünstigten Vereins »volkliche Not«. Nicht nur um
Bargeld und Bücher baten die Ostlandfahrer, auch um deutsche
Fahnen und Wimpel sowie »seriöse patriotische Plakate«, An-
stecker und Abziehbilder, damit das Deutschtum dort wieder
fröhliche Urständ feiern möge.
Seit 1992 sind ganze Scharen ostpreußischer Konjunkturritter
unterwegs. Unter dem Motto »Der Treck Richtung Ostpreußen
beginnt zu rollen!!! Wir gehen wieder zurück in die Heimat«
forderte ein Preußischer Investment Club zum Griff in den
Geldbeutel oder zu Sachspenden auf. Der Mindestförderbeitrag
läge bei 500 Mark, notarielle Absicherung sei möglich. »Die Zeit
ist reif«, schrieb der Club, »Sie dürfen als erste(r) dabeisein!« In
der Ausgabe 4/1992 der Clubzeitung *Neue Preußische Nachrichten*
wurde schon der Hauptstützpunkt in Ostpreußen mit einem
Foto vorgestellt, ein Wohn- und Wirtschaftsgebäude mit Stallun-
gen, Werkstatt und Lagergebäude. »Wir brauchen neben dem
Kapital der gutwilligen Erlebnisgeneration die Tatkraft und den
Mut der jungen, unbekümmerten Generation«, so wandte sich
Initiator Werner Greitschus an jung und alt. Er inserierte in
Szeneblättern wie *Nation.* Sonst bot der vielseitige Anlageberater
Sprüche oder Bilder, zum Beispiel die deutsche Nationalhymne
in Brandmalerei auf echtem Leder für 178 Mark, an (*Republika-
ner* 12/1985) oder heidnische Totenehrungen (*Huginn & Muninn* Hornung 1992).
Das »Hilfskomitee Nördliches Ostpreußen im Förderverein VR
e. V.« – VR heißt Vereinigte Rechte – wittert »ungeheure Zu-
kunftsperspektiven für Deutschland«. Es will Hilfslieferungen

organisieren, weil damit »dieses Gebiet langfristig für Deutschland gesichert werden« kann. Deshalb wird um Spenden auf ein Konto bei der Raiffeisenbank Burgharting gebeten.

Beim Studienzentrum Weikersheim diskutierten achthundert Teilnehmer des 14. Sommerkongresses am 8. und 9. Mai 1992 über die Zukunft Ostpreußens und verabschiedeten eine Erklärung Königsberg 2000, die unter anderem ein Rückkehrrecht für vertriebene Deutsche beinhaltet.

Die Deutsche Burschenschaft, die an einem volkstumsbezogenen Vaterlandsbegriff einschließlich Österreich und den ehemals deutschen Ostgebieten festhält, verabschiedete 1992 auf Antrag der weit rechts stehenden Münchner Burschenschaft Danubia eine Resolution, in der sie die Bundesregierung auffordert, »die bereits laufende Zuwanderung Rußlanddeutscher nach Nordostpreußen zu fördern und sich für die Einrichtung eines deutsch-russischen Freistaats Preußen einzusetzen«.

Selbst germanische Sekten sind schon unterwegs. »Wie eine Götterbotin hat sich die Botschafterin der russischen Heiden gemeldet«, berichtet die rechtslastige Heidenzeitung *Huginn und Muninn* 7/1992, deshalb werde die Midgart-Sommersonnwendfeier 1993 in Ostpreußen stattfinden.

Der »Verein zur Förderung deutschsprachiger Medien in Osteuropa e. V.«, der in Polen, Litauen und der Ukraine mit seinen Medienprojekten ebenso forsch wie großmäulig aufgetreten war, dehnte schon Anfang 1992 seine Re-Germanisierungsaktionen auf das nördliche Ostpreußen aus. Er will die deutsche Besiedlung nach Kräften fördern und sammelt Spenden zum Beispiel für Baumaschinen.

Der rührige Verein lud anläßlich seiner ersten Jahreshauptversammlung am 18. April 1992 auch zu einer Besichtigung von Königsberg und der rußlanddeutschen Siedlungsgebiete ein. Die Reiseorganisation lief über das rechte Insiderblatt *Europa vorn* in Köln. Vereinsvorsitzender Torsten Paproth aus Konstanz, ein früherer NPD-Funktionär, schrieb über seine Ostpreußenfahrt einen Erlebnisbericht. Beim Schreiben über »diesen wichtigsten Stützpunkt des neuen deutschen Ostpreußens« bei Golowkino (Gilge) geriet er derart ins Schwärmen, daß sich allerdings tatsächliche Wahrnehmung und Zukunftsmusik kräftig mischten: »Eine ganz andere Welt findet man vor, wenn man mit einer der alten Kolchosefähren zu einer unserer Inseln[1] übersetzt, deren russischen Namen wir hier zum Schutz der Bewohner nicht nennen dürfen ... diese Insel ist der wichtigste Stützpunkt des neuen deutschen Ostpreußen ... Bei unserem Besuch auf der Insel war ein 40 Personen starkes Arbeitskommando von Frauen und Kindern unter der Leitung eines heimatverbundenen Idealisten aus der Bundesrepublik dabei, neue Straßen anzulegen, die öffentlichen Einrichtungen zu renovieren, die Plätze zu bepflanzen und das gesamte Erscheinungsbild der Ortschaft zu verschönern ... So kann es uns nicht verwundern, daß in der Kasse des Kolonialwarenladens, der natürlich im Besitz eines Deutschen ist ... mehr deutsche Pfennige klappern als russische Rubel und Kopeken ... Geld wechseln kann man jederzeit beim Kassenführer aus Westdeutschland.« Besonders angetan hatte es ihm die Kindergärtnerin Karolina, »eine große blonde Schönheit mit blauen Augen – so wie man sich eine Ostpreußin aus dem vergangenen Jahrhundert vorstellen könnte«. (*Europa vorn* 15. 2. 1992, *Deutsche Zukunft* 4/5 1992, *Code* 4/1992).

Paproth war schon als Pionier in Oberschlesien unterwegs gewesen (vgl. Kapitel »Aufmarsch im Osten« in: Hundseder, Franziska: *Stichwort Rechtsextremismus,* München 1993). Dort hatte er sich in Kadlub, früher Starenheim, fest niedergelassen. Der ehemalige NPD-Kreisvorsitzende von Konstanz ließ bei seinen Gesprächen mit Behörden und Gremien in Katowice oder Opole dezent einfließen, er stehe in Verbindung mit der Deutschen Welle in Köln. Dort ist ein Torsten Paproth jedoch nicht bekannt. Bekannt ist allerdings Paproths Verein beim Verfassungsschutz, und zwar als rechtsextremistisch.

In den *Politischen Hintergrund-Informationen* des Schweizer Vereins Buchclub PHI-Pressedienst mit Sitz in Basel und Anschrift in Horgen, in dessen Vorstand Paproth sitzt (vgl. Heft 2/1993), wird empfohlen, »die patriotischen Gruppen in Deutschland sollten darüber nachdenken, ob sie nicht die angebotenen Möglichkeiten einer wirtschaftlichen Zusammenarbeit, verbunden mit einem regen Kulturaustausch nutzen sollten«. Ziel ist, russische Patrioten zu überzeugen, daß wahre Freundschaft nur möglich sei, wenn »das nördliche Ostpreußen wieder einer deutschen Administration unterstellt wird«. Dafür sieht man gute Chancen. Rußland sei das Land der unbegrenzten Möglichkeiten. Nirgendwo sei derzeit die Pressefreiheit so groß wie dort. »Insbesondere die in den meisten Staaten Westeuropas durch Sondergesetze besonders geschützten Juden kann man in Rußland unbegrenzt kritisieren.« Wladimir Schirinowskij, der russische Ultranationalist und Präsidentschaftskandidat für die Wahlen 1996, wolle Ostpreußen zurückgeben.

Der Pressedienst, bei dem Paproth Redakteur ist, wendet sich auch an die Unternehmer in seiner Leserschaft und appelliert an sie, Aufträge nach Ostpreußen zu vergeben. Die Monatslöhne lägen bei dreißig bis sechzig Mark im Monat. Bei solchen Löhnen seien sogar die Transportkosten unerheblich. Eine Fabrik in Nordostpreußen mit deutschen Beschäftigten stelle Fahrräder nach deutschen Normen her zum Preis von 70 bis 90 US-Dollar, je nach Ausstattung, Mindestabnahme fünf Stück. Der PHI-Werbedienst in Berlin, der nur per Fax, nicht aber telefonisch erreichbar ist, helfe bei der Realisierung solcher Projekte.

Paproth organisiert auch Reisen nach Nordostpreußen »für rüstige Menschen«. Zweimal im Monat sollen die Fahrten in Autokolonnen stattfinden, zum Beispiel von Basel über Konstanz durch die Tschechische Republik nach Schlesien und von dort weiter nach Nordostpreußen und Litauen. 1994 inserierte eine Firma namens TAWE-Reisen, benannt nach dem ehemaligen ostpreußischen Fischerdorf Tawe, in Vertriebenenblättern und rechtsextremen Zeitschriften und bot Arrangements ins Königsberger Gebiet an. »Wir holen Sie überall in Deutschland von der Haustür ab und fahren mit bequemen Kleinbussen«, versprach die Reiseagentur in ihren Anzeigen für eine 14tägige Schlesien-Ostpreußen-Reise zum Preis von 780 Mark. Die angegebene Firmenadresse in Konstanz ist identisch mit der Anschrift, unter der Paproth im Adreßbuch der Stadt Konstanz für 1994/95 gemeldet ist.

Manfred Roeder vom »Deutsch-russischen Gemeinschaftswerk e. V.« reiste im Juli 1992 – »Das Preußenland ruft!« – zum ersten Mal nach Ostpreußen, um die braune Scholle zu bestellen. Ihm schwebt ein Freistaat Preußen, eine russisch-deutsche Enklave, vor. Auch der Vorschlag eines Luxemburg an der Ostsee, den der CDU-Bundestagsabgeordnete Wilfried Böhm gemacht hatte, laufe auf etwas Ähnliches hinaus. »Nach meinem Besuch in Nord-Ostpreußen bin ich völlig überzeugt, daß wir einen Freistaat Preußen schaffen können, wenn wir genügend Deutsche dort ansiedeln helfen und hier eine starke Interessenvertretung bilden, die anstelle der unfähigen und unwilligen Bundesregierung mit entsprechenden russischen Stellen verhandeln kann« (Heuert/Ernting 1992).

Schon in seinem Rundbrief vom Hornung (Februar) 1993 verkündete Roeder: »Die Aufbauphase beginnt!« Nicht in erster Linie humanitäre Hilfe, sondern der Aufbau von Musterdörfern sei notwendig. Die erste Genossenschaft in Herzogsrode/Gawaiten (Gawrilowo) sei gegründet. Seither werden fleißig Spenden für dieses »große, einmalige Siedlungswerk« gesammelt. Gawrilowo liegt nahe der polnischen Grenze. Die Nutznießer in Ostpreußen haben keine Ahnung, wer ihr Geldgeber und Wohltäter eigentlich ist. »Tatsächlich gibt es nur alle paar hundert Jahre eine solche Gelegenheit, etwas völlig Neues zu gestalten«, schreibt der braune Robin Hood in seinen Rundbriefen. »Aus dieser Erkenntnis rufen wir zum Arbeitseinsatz im alten Preußenland. Erst gilt es, Tatsachen zu schaffen.« Dazu wurde Roeder sogar von Regierungschef Matotschkin per Fax eingeladen.

Alle Rechtsextremisten denken bei Ostpreußen an eine echte Investition in die Zukunft. Das Gebiet um die Region Kaliningrad, durch Litauen von Rußland getrennt, gilt als Experimentierfeld für eine deutsche Rückbesiedlung, gestützt auf Tausende von Rußlanddeutschen, die sich in den letzten Jahren dort ansiedelten. Auch Rußland weckt bei Rechtsextremen eine Reihe positiver Konnotationen. Oft spielt dabei der Mythos von Tauroggen eine Rolle, der Name der litauischen Stadt, die die Erinnerung an deutsch-russische Waffenbrüderschaft in den Befreiungskriegen gegen Napoleon lebendig werden läßt.

Pionier der ersten Stunde im Kaliningrader Gebiet war Dietmar Munier, ein findiger Geschäftsmann aus Kiel. Munier ist eigentlich Buchhändler und Verleger, aber er versteht es, so ziemlich mit allem Geld zu machen, insbesondere das Politische mit dem Finanziellen zu verbinden. Im Angebot seines Versandhandels finden sich eine Reihe von Büchern so notorischer Rechtsextremer wie Otto Ernst Remer, Gerhard Frey, David Irving, Udo Walendy oder Léon Degrelle sowie von ehemaligen Nazi-Größen. Derartige Schriften werden in der Verlagswerbung mit apologetischer Tendenz vorgestellt: »Dr. Goebbels ... hochsensibel, kultiviert, kreativ und – wiewohl ein Meister der Propaganda – von der Wahrheit und Richtigkeit seines Tuns zutiefst überzeugt«, oder: »der verheerende Verrat des sogenannten ›Widerstands‹, der dem deutschen Frontsoldaten schändlich in den Rücken fiel«. Über den Videofilm »Führergeburtstage 1933–1945« heißt es im Prospekt, diese Paraden hätten der »Darstellung der gewaltigen Aufbauleistung des neuen Regimes« gedient.

Munier kommt aus dem »Bund Heimattreuer Jugend e. V.« (BHJ), einer Konkurrenzgruppe der »Wiking-Jugend«, die sich selbst als »national mit bündischem Charakter« betrachtet. Schon in einem alten BHJ-Lied wird für ein neues Reich geschwärmt:

Brüder im Osten und Westen, Brüder in Österreich,
Aus den zerschlagenen Resten bau'n wir ein neues Reich.
Bauen wir darauf auf's Neue, bilden wir Zukunft zugleich.
Hinter uns liegen die Trümmer, stehen die Toten bleich,
vor uns, da leuchtet Europa, in uns marschiert das Reich!

(Text: vgl. Huhn, Anne/Meyer, Alwin: *Einst kommt der Tag der Rache. Die rechtsextreme Herausforderung 1945 bis heute,* Freiburg im Breisgau 1986, S. 85)

Schon 1984 reiste der Unternehmer Dietmar Munier jenseits der Oder. *Reise in ein besetztes Land* nannte er seinen Bericht in Buchform. Der Verlagsprospekt versprach: »Dieser Reisebericht einer engagierten Jugendgruppe nach Pommern und Ostpreußen eröffnet eine völlig neue Perspektive der Ostpolitik: ›Fordern wir unser Land‹.«
»Der rechtsextremistische Kieler Buchhändler Dietmar Munier rief bereits 1991 eine Bürgerinitiative ins Leben, die Geld und Sachspenden für die Ansiedlung Rußlanddeutscher in Ostpreußen sammelt«, notierte die *Innere Sicherheit* aus dem Bundesinnenministerium im Dezember 1993. Munier ist Initiator der Aktion »Deutsches Königsberg«. Sie wurde im Herbst 1991 aus der Taufe gehoben und arbeitet engstens mit dem »Schulverein zur Förderung der Rußlanddeutschen in Ostpreußen« zusammen. Munier selbst bezeichnet seine Initiative als eine PR-Aktion seines Versandhandels. Über sechs Annahmestellen im ganzen Bundesgebiet werden seither Sachspenden gesammelt. Einige werden von Muniers alten Bekannten aus der Heimattreuen Jugend geleitet, in Berlin nimmt Karl-Heinz Panteleit die Sachen entgegen. Panteleit ist ein bewährter Kamerad, ehemaliger Kreisvorsitzender der Republikaner in Tempelhof, der dann zur Deutschen Liga für Volk und Heimat und zum rechten Bildungswerk Hoffmann von Fallersleben ging, sich von der Liga wieder verabschiedete und für Frank Hübner eintrat, den Vorsitzenden der neonationalsozialistischen Deutschen Alternative, die inzwischen verboten wurde.

Im Dörfchen Gilge am Kurischen Haff, durch Kanäle vom Festland abgetrennt, weshalb das Terrain manchmal als »unsere Insel« bezeichnet wird, scheint sich der finanzkräftige Unternehmer einen Traum erfüllt zu haben. Über die in diesem sumpfigen Gelände angesiedelten Rußlanddeutschen schreibt er in seinem Buch *Das letzte Dorf*. »Liegt nicht die ganze Sehnsucht unserer Seelen im Osten?« fragt er in dem Buch und fabuliert von deutscher Ordnung, die aus den Genen der Großmutter kommt, und vom »deutschen Traum vom deutschen Volk«. Munier informiert die Förderer seiner Aktion »Deutsches Königsberg« in Rundschreiben über den Sachstand. In Nummer 1/1992 berichtet er von seiner ersten Reise ins nördliche Ostpreußen, die ihn dermaßen beeindruckt habe, daß er darüber »ein kleines Buch« schreiben werde. Mittlerweile hat dieses »kleine« Buch die dritte Auflage und wird in Muniers Katalog als »das große, aktuelle Buch über Leben und Schicksal der Rußlanddeutschen« angepriesen. In diesem Rundschreiben wird auch Muniers rechtsextremistisches Feindbild deutlich. Über Polen bzw. den polnischen Staat schreibt er: »Sie wollen überall Polen ansiedeln, der polnische Imperialismus ist schon wieder auf dem Vormarsch ... Prüfen jetzt bitte auch Sie mit großem Ernst, was Sie wirklich entbehren können, ob wir uns etwa von den gierigen Polen beschämen lassen sollen.«

Munier findet offenbar den richtigen Ton, um seine Hilfstruppen zu mobilisieren: »Aber echte Kerle sind das. Als wir ihnen unseren Plan erläutern, Gilge zu einer deutschen Mustersiedlung mit eigener Bäckerei, Räucherei, Ziegelei und Tischlerei zu machen, schlagen sie gleich begeistert ein. 600 Deutsche ihres Dorfes in Kasachstan warten auf Nachricht, ob sie nachkommen sollen ... Die Ansiedlung der Rußlanddeutschen wird allein unser Werk sein, das Werk des Volkes, nicht der Regierung ... Der Idealismus unserer Freunde ist großartig ... Spenden von 500 oder 1000 Mark waren daraufhin keine Seltenheit ... Bitte seien Sie alle Trommler und Sammler für Ostpreußen ... Helfen Sie mit, eine große Hilfsbewegung zu entfachen ... Laßt unsere rußlanddeutschen Landsleute in Ostpreußen jetzt wissen, daß es Glück bedeutet, Deutscher zu sein.«

In seinem Rundschreiben 2/1992 stellt Munier klar, daß Ostpreußen seit »mehr als 700 Jahren deutsche Erde, heilige Erde« sei, »jeder Meter davon getränkt mit deutschem Blut, erkämpft und verteidigt gegen ... immer wieder anbrandende Feinde, zuletzt im mörderischen Ringen gegen die Rote Armee«.

Im Rundbrief 3/92 gibt Munier erste Erfolge seiner Suche nach Paten für die Aktion »Ein Heim für Rußlanddeutsche« bekannt. Für ein Haus müßten 2500 Mark an Baumaterialien kalkuliert werden. Rund 300 vollständige Bauunterlagen mit Bauzeichnung und Projektbeschreibung seien verschickt worden. »In nur fünf Wochen erfolgten Einzahlungen für 37 Häuser, also insgesamt 92 500 Mark.«

Für Munier zahlt sich sein Engagement im nördlichen Ostpreußen nicht nur politisch aus, es scheint auch seinem Geldbeutel zu frommen. Die Geschäfte gingen so gut, daß er 1993 drei neue Angestellte brauchte. Aus dem Leserkreis von *Nation und Europa* und dem *Ostpreußenblatt* suchte Munier zum 1. 8. 1993 eine/n Verlags-Buchhändler/in, eine/n Bürokaufmann/frau und eine Bürokauffrau zur Unterstützung des Sekretariats.

Munier hat insgesamt ein ganzes Bündel von Firmen oder auch Aktionen gegründet oder mitgegründet, die alle irgendwie miteinander verknüpft sind:

– Lesen & Schenken Verlagsauslieferung und Versandgesellschaft mbH,
– Arndt-Verlag, früher Vaterstetten bei München,
– Orion-Heimreiter-Verlag, früher in Heusenstamm/Hessen,
– Arndt-Buchdienst/Europa-Buchhandlung,
– Satz und Montage am Dreiecksplatz,
– Bernstein-Reisen,
– Rathaus-Buchhandlung GmbH,
– Buchhandlung am Dreiecksplatz,

- Aktion »Deutsches Königsberg«,
- Aktion »Ein Heim für Rußlanddeutsche«,
- Gesellschaft zur Siedlungsförderung in Trakehnen mbH,
- Schulverein zur Förderung der Rußlanddeutschen in Ostpreußen.

Der 1983 gegründete Orion-Heimreiter-Verlag, so heißt es in *Wirtschaftskurzinformationen,* verlegt Belletristik und naturwissenschaftliche Literatur, speziell human-ethologische Literatur. Damit machte der Verlag 1990 mit vier Beschäftigten eine halbe Million Mark Umsatz. Die Firma Satz und Montage führt entsprechende Arbeiten für den Arndt- und Orion-Heimreiter-Verlag aus.

»Der Arndt-Verlag war einer der ersten«, lobt Manfred Roeder in seinen Rundbriefen, »der Pionierdienste in den geraubten Ostgebieten geleistet hat, schon lange vor der Öffnung der Grenzen.« Mit Gernot Mörig, einem Mitstreiter aus Tagen der Heimattreuen Jugend, hat Munier die Rathausbuchhandlung Kiel GmbH gegründet und den angeschlossenen Arndt-Verlag nach dem Tode des Besitzers übernommen. Die Geschäftstätigkeit besteht aus einem Versandhandel mit Büchern, Tonträgern, Kunstgewerbe, Schmuck, Kleinmöbeln und Geschenkartikeln. Ein gut Teil der Arndt-Buchproduktion beinhaltet Literatur, die gegen die »Umerziehung« ankämpft, Deutschland als Opfer anderer Mächte darstellt und den sogenannten Historikerstreit als längst fälligen Tabubruch feiert.

Hugo Wellems, Chefredakteur des *Ostpreußenblattes,* veröffentlichte im Arndt-Verlag sein Buch *Das Jahrhundert der Lüge* mit einem Vorwort des Schönhuber-Beraters Hellmut Diwald. Nach dem Willen der Umerziehung solle Deutschland für alle Zeit als ewige Verbrechernation gebrandmarkt werden. Der Autor trete dieser Geschichtsverzerrung entgegen.

Gustav Sichelschmidt, Verfasser von über fünfzig Büchern und Muniers Hausautor, anzutreffen in ultrarechten Blättern wie der *Deutschen National-Zeitung* oder *Sieg,* widmet sich einer teutonischen Opferlegende: *Der ewige Deutschenhaß, Hintermänner + Nutznießer des Antigermanismus.* Mit seinem aufrüttelnden Buch appelliere der Autor an uns Deutsche, dem Kesseltreiben deutschfeindlicher Kräfte selbstbewußt entgegenzutreten, so formuliert die Muniersche Werbeabteilung. Und Hans Wagener, einst Stabschef der SA und Reichskommissar für Wirtschaft, sieht *Hitler aus nächster Nähe – Aufzeichnungen eines Vertrauten.*

Der Arndt-Verlag in Kiel ist Mitglied des Norddeutschen Buchhändler- und Verlegerverbandes. Er hatte 1993 17 Beschäftigte. Letzte veröffentlichte Umsatzzahlen geben für 1992 ebenso wie für 1991 – also vor der groß angelegten Ostpreußen-Kampagne – fünf Millionen an. Fünfmal jährlich erscheint ein eigener Farbkatalog in einer Auflage von 150 000 und einmal sogar von 500 000 Exemplaren.

Die Lesen & Schenken Verlagsauslieferung und Versandgesellschaft mbH sitzt im schleswig-holsteinischen Martensrade. Im Katalog für 1995 präsentiert sich Munier quasi als Familienunternehmen. Über seinem persönlichen Wort an den Leser, das er mit einer Invektive auf die multikulturelle Gesellschaft als dümmste Utopie von Marxisten verbindet, lächelt er nebst Gattin Heilwig mit den Kindern Gislind, Wolfram, Sunhild und Henrike seiner Kundschaft entgegen. Der Katalog zeigt eine clevere Strategie, wie man Ostpreußen vermarkten kann, damit auch noch ganz nett Reibach macht und nebenbei politische Ziele transportiert. Verkauft wird alles, was irgendwie mit der Region in Verbindung zu bringen ist: Wappenteller, historische Stadtsiegel, Wandkalender Ostpreußen in Farbe, Heimat-Landkarten und Stadtpläne, eine Schulwandkarte Ostpreußen für 168 Mark, Hißflaggen, Tischfähnchen und auch eine Puppe mit Ostpreußen-Trachtenkleid für 148 Mark für Sofa oder Vitrine. Breit ist die Angebotspalette bei Schmuck aus Bernstein, Anhänger, Broschen, Krawattennadeln, Ringe, Ohrstecker, Blusennadeln bis hin zu Elchschaufel-Nadeln. Wer Ostpreußen auf dem Bildschirm sehen will, für den gibt's etliche Videofilme, darunter ein Dreiteiler *Flug über Nord-Ostpreußen* für 199 Mark.

Die Trilogie, erstellt von dem Rechtsreferendar Kristof Berking, wurde am 10. Dezember 1994 gleich auf einer halben Seite im *Ostpreußenblatt* belobigt. Darunter wirbt Munier auf einer Viertelseite für die »noch nie gesehenen Aufnahmen«.

Natürlich umfaßt der große Lesen & Schenken-Katalog auch Hochgeistiges, bei dem dem Ostpreußen warm ums Herz wird, wie fünfzigprozentiger Tapiauer Meschkinnes, ostpreußischer Bärenfang, Pillkaller Likör, Samländer Aquavit oder – »so mögen's Männer« – Trakehner Blut, »der rassige Halbbitter«. Auch ostpreußische Küche steht offenbar hoch im Kurs, angefangen von Präsentschachteln mit Königsberger Köstlichkeiten aus Marzipan bis hin zu Königsberger Fleck aus jungem Rindermagen, die 900-Gramm-Dose für 13,80 Mark. Selbst Wohnungsschmuck ist im Angebot, ein ostpreußischer Elch als Bronze-Replik auf edler Marmorplatte für 328 Mark, oder »ein wirklich verführerischer Schmuck für jedes ostpreußische Heim«, der Elch auf Bernsteinplatte für 1384 Mark.

Verkauft wird daneben noch so manches für den nationalen Hausgebrauch, was nichts mit Ostpreußen zu tun hat, beispielsweise Musik aus der Reihe Documentary Series mit den Liedern der Waffen-SS (»Elitesoldaten gegen den Bolschewismus«), Reden und Märschen vom Anschluß Österreichs 1938 oder »Hitler spricht«, einem Zusammenschnitt aus Reden 1932–1939 in Originalton (»Faszinierend, einmal aus nächster Nähe unsere jüngste Geschichte mitzuerleben«).

Bernstein-Reisen ist die Touristikabteilung der Lesen & Schenken GmbH. Damit kann der rechte Urlauber gen Osten fahren oder auf den Spuren deutscher Kolonialherren in Afrika wandeln. »Jenseits der ausgetretenen touristischen Pfade halten wir besondere Ziele und besondere Begegnungen für Sie bereit«, verspricht der Katalog, »gemeinsam führen wir Sie an bedeutsame Stätten deutscher Kultur und Geschichte, sei es im Baltikum, in Ostdeutschland oder im ehemaligen Deutschen Schutzgebiet Südwestafrika.« Man begegne Vertretern deutscher Volksgruppen, seien es die Rußlanddeutschen in Nordostpreußen, die bedrängten Oberschlesier oder die Deutschen in Süd- und Südwestafrika.

Nahe den großen Waldflächen der Rominter-Heide, einige Kilometer südlich von Jasnaja Polnaja (Trakehnen) hat Bernstein-Reisen sein Landgasthaus »Zur alten Apotheke« eröffnet, das von Rußlanddeutschen bewirtschaftet wird und Gruppen bis zu fünfzig Personen bewirten kann. Auch Hotelzimmer stehen laut Anzeige im *Ostpreußenblatt* zur Verfügung. Doch das Gasthaus mit Biergarten soll nur der Anfang sein. Geplant ist ein deutsches Fremdenverkehrszentrum. 1993 ging es bei Bernstein-Reisen noch primitiver zu. Die Reisegruppen, zumeist Personen älterer Jahrgänge, wurden per Armeefahrzeug nach Matrosowo oder Gilge verfrachtet, wo es auf Holzbänken und -tischen im Garten einer Rußlanddeutschen Kaffee und Kuchen gab.

Höhepunkt des Bernstein-Reiseprogramms 1994 war die einwöchige »Sonderkreuzfahrt nach Danzig/Königsberg/Memel mit Seminar- und Vortragsprogramm« für 1690 Mark in der Vier-Bett-Kabine oder 2890 Mark in der Zwei-Bett-Kabine. An dieser Reise vom 30. 9. bis 7. 10. 1994 nahm auch ein Journalist des *Bayernkurier* teil, der auf einer ganzen Seite am 15. 10. 1994 darüber berichtete. Doch damit nicht genug, der Redakteur des offiziellen CSU-Organs hielt auch ein Referat neben anderen Vortragsrednern, die in rechtsextremen Zeitschriften publizieren (*Report* Baden-Baden vom 31. 10. 1994). »Ziel und Zweck der Reise ist die Grundsteinlegung für eine rußlanddeutsche Schule in dem kriegszerstörten Dorf Amtshagen bei Trakehnen«, schreibt das CSU-Blatt. Träger sei der in München eingetragene gemeinnützige »Schulverein zur Förderung der Rußlanddeutschen in Ostpreußen«. In drei Jahren solle ein komplettes Dorf mit Kleingewerbegebiet mehreren hundert Rußlanddeutschen eine neue Heimat bieten. »Ich freue mich, daß die südlichsten Deutschen die nördlichsten Deutschen begrüßen dürfen«, soll laut *Bayernkurier* Pius Leitner, Landtagsabgeordneter aus Südtirol, dem Publikum nach der Grundsteinlegung zugerufen haben. Dank *Bayernkurier* wurde auch Muniers Helfershelfer Helge Redeker über seinen Kiefersfeldener Sprengel hinaus bekannt: auf einem Foto wird er beim Erläutern des Bauvorhabens gezeigt. Davon, daß Muniers Aktivitäten (»bemerkenswerte Privatinitiative«) dem Verfassungsschutz gleich auf zwei Seiten für berichtenswert galten, erfährt der Leser des *Bayernkurier* nichts.

»Wir verbinden unsere Spitzenkreuzfahrt ... mit einem hochinteressanten Seminar- und Vortragsprogramm«, versprach die Ankündigung. Eingeladen waren laut Prospekt etliche einschlägige Literaten, darunter auch Muniers Hausautor Gustav Sichelschmidt und Paul Carell[2], heute ein Bestseller-Autor des Hauses Fleissner. Von ihm stammen Kassenschlager wie *Unternehmen Barbarossa, Verbrannte Erde, Die Wüstenfüchse* und *Stalingrad*. Im Dritten Reich hieß er Paul Karl Schmidt und baute den Nachrichtenbeschaffungsapparat von Reichsaußenminister Joachim von Ribbentrop auf. Als Leiter der Nachrichten- und Presseabteilung sorgte er sich am 27. Mai 1944 um das Ansehen des Reiches in der Welt und empfahl zur Vorbereitung einer Großaktion gegen die Budapester Juden: »Die geplante Aktion wird in ihrem Ausmaß im Ausland große Beachtung finden und sicher Anlaß zu einer heftigen Reaktion bilden. Die Gegner werden schreien und von Menschenjagd usw. sprechen und unter Verwendung von Greuelberichten die eigene Stimmung und auch die Stimmung bei den Neutralen aufzuputschen versuchen. Ich möchte deshalb anregen, ob man diesen Dingen nicht vorbeugen sollte dadurch, daß man äußere Anlässe und Begründungen für die Aktion schafft, z. B. Sprengstoffunde in jüdischen Vereinshäusern und Synagogen, Sabotageorganisationen, Umsturzpläne, Überfälle auf Polizisten, Devisenschiebungen großen Stils mit dem Ziele der Untergrabung des ungarischen Währungsgefüges. Der Schlußstein unter eine solche Aktion müßte ein besonders krasser Fall sein, an dem man dann die Großrazzia aufhängt« (Nürnberger Dokument NG 2424). Auf dieses Dokument verwies die *Frankfurter Rundschau* schon

1959, als Paul Karl Schmidt zum politischen Leiter der Massen-
illustrierten *Kristall* im Springer-Konzern ernannt wurde.

Laut *Report* Baden-Baden hat ein Vertreter des Unternehmens
Simon Glas GmbH & Co KG aus Rinteln, einer Firma für
Herstellung und Verarbeitung von Glas, vor allem Isolier- und
Spezialglas mit einem Umsatz von 9,7 Millionen Mark (1992),
an der Kreuzfahrt im Oktober 1994 teilgenommen und spontan
10 000 Mark gespendet. Vorher sollen schon einige Sachspenden, unter anderem ein Lastwagen, gemacht worden sein (*Report* Baden-Baden 31. 10. 1994). Für 1995 bietet Bernstein-Reisen zehn Ostpreußen-Arrangements an. In der Saison kann man
jeden Samstag von vier Städten aus mit Bernstein nach Kaliningrad fliegen.

Der »Schulverein zur Förderung der Rußlanddeutschen in
Ostpreußen«, der mit Texten und Fotos ausführlich in Muniers
Buch *Das letzte Dorf* vorgestellt wird, wurde am 9. August 1992 in
Husum gegründet. Beim Schulverein handelt es sich um eine
Körperschaft, die allerdings kein eingetragener Verein ist.
Steuerabzugsfähige Spendenquittungen darf er dennoch ausstellen. Die Gemeinnützigkeit wurde aber seltsamerweise keineswegs in Schleswig-Holstein, wo Dietmar Munier beim Verfassungsschutz[3] bekannt ist, sondern in Bayern beantragt und am
26. August 1992 durch das Finanzamt München für Körperschaften bescheinigt. Das Dokument wurde an Helge Redeker
in Unterschweinbach adressiert. Mit Datum vom 4. 11. 1992
folgte unter der Steuernummer 844/37310 die schriftliche
Bestätigung der Berechtigung zum Ausstellen von Spendenbescheinigungen wegen der als besonders förderungswürdig
anerkannten gemeinnützigen Zwecke Bildung und Erziehung.
Zuständig für die Besteuerung von Körperschaften ist grundsätzlich das Finanzamt des Ortes, an dem sich »der Mittelpunkt
der geschäftlichen Oberleitung« befindet – wie es beamten-
deutsch heißt. Die Geschäftsführung des Schulvereins aber ist in
Kiel, der erste Vorsitzende, der Verleger Ingwert Paulsen, wohnt
in Husum.[4]

Die Geschäftsstelle des Schulvereins in Kiel führt Dr. Axel D. Neu, ehemaliger stellvertretender Landesvorsitzender der Republikaner in Schleswig-Holstein. Dr. Neu arbeitet als Wirtschaftswissenschaftler am Kieler Weltwirtschaftsinstitut. In *Nation Europa* setzte er sich 1986 mit dem Verhältnis zur Dritten Welt auseinander. In dem Aufsatz »Wider den Rassismus gegen die eigene Art« kritisiert er die Vergangenheitsbewältigung der Kolonialisten und des »weißen Mannes«. Er konstatiert einen Selbsthaß linker Intellektueller. Bei westlichen Ideologen sei eine Neigung entstanden, für alle Übel dieser Welt, insbesondere der Dritten, das teuflisch korrupte Abendland verantwortlich zu machen. In der Zeitschrift *Code* rief er zur Bildung von landwirtschaftlichen Hilfsgemeinschaften und Organisationen auf. Aktiv ist Neu auch im »Arbeitskreis für deutsche Politik« (AfdP), über den der schleswig-holsteinische Verfassungsschutzbericht 1993 berichtet, er sei in den zwei Jahren seines Bestehens »immer deutlicher zu einem Kristallisationspunkt in der rechtsextremistischen Szene« dieses Bundeslandes geworden. Im Rahmen der Aktion »Deutsches Königsberg« kündigte der Arbeitskreis im Oktober 1992 eine Reise und Hilfslieferung nach Ostpreußen an. Auch der gemeinnützige »Allgemeine Deutsche Kulturverband« Wien/Stuttgart schloß sich der Aktion »Deutsches Königsberg« für eine Hilfsgüterfahrt im August 1992 an.

Der Schulverein hatte im Mai 1993 nach eigener Angabe über vierhundert fördernde Mitglieder. Zur Jahreshauptversammlung am 17. und 18. April 1993 trafen sich 120 Mitglieder im bayerischen Wemding. Dabei erzählte die Projektleiterin für den Deutschunterricht in Trakehnen Ilse Conrad-Kowalski von den Fortschritten des deutschen Schulbetriebs in einem gepachteten Flügel der russischen Schule in Jasnaja Polnaja (Trakehnen). Zwei Lehrerinnen unterrichteten 1993 werktags schon 120 Kinder und Erwachsene in deutscher Sprache. Im Klassenzimmer in der Schule beim ehemaligen Gestüt in Trakehnen konnte man die politische Richtung sehen, die die von Munier entsandte Lehrerin vorgibt: Zumindest im Mai 1993 hing dort eine Landkarte mit den Grenzen von 1937.

Aufgetreten bei der Jahreshauptversammlung im Mai 1993 ist auch der Hildesheimer Amtsrichter und Vertriebenenfunktionär Dr. Christian Thomas Stoll (CDU), der bundesweit durch seine starken Sprüche Schlagzeilen machte. Schon seit Jahren schürt er die politische Mobilmachung der Vertriebenen gegen die Ostverträge. Mal fordert er, »wir wollen Schlesien wiederhaben«, mal spricht er von »unserem so gedemütigten Volk und Vaterland« (*Bauernschaft* Mai 1986), mal instruiert er seine Landsleute: »Wir verzichten gerne auf Brandt, Vogel und auch auf Kohl, nicht aber auf Schlesien«, mal aktualisiert er die nationalsozialistische Volk-ohne-Raum-Propaganda: »Den nötigen Lebensraum aber können wir nur im menschenarmen deutschen Osten finden. Wir benötigen diese Gebiete, allein um schon die steigende Flut der Asylanten und zu uns überlaufenden Polen unterbringen zu können.« (*Frankfurter Rundschau* 12. 9. 1985)

Bekannt wurden Stolls nationalistische Ausfälle schon vor Jahren durch die Zeitung der Schüler-Union in Göttingen. Sie druckte 1985 eine der Stoll-Reden im vollen Wortlaut nach. Der Landesvorstand der Schüler-Union schloß daraufhin den Göttinger Kreisvorsitzenden wegen »verbandsschädigender rechtsextremer Tendenzen« aus.

Daraufhin hatte die Landesregierung ein Disziplinarverfahren beim Richterdienstgericht in Hannover beantragt und Stoll hatte einen Verweis und eine Ermahnung seines Parteifreundes, des damaligen Justizministers in Niedersachsen Walter Remmers erhalten, er möge sich mit öffentlichen Äußerungen künftig etwas zurückhalten.

Dies focht Stoll nicht an. Auf einer Vertriebenentagung in Hildesheim am 8. Juli 1990 hielt er das Hauptreferat und sagte laut *Schaumburger Nachrichten* vom 9. 7. 1990, statt die Gebiete östlich von Oder und Neiße zurückzufordern, schicke sich die Bonner Regierung an, »dem Dieb auch noch ein Zertifikat auszustellen«. Hinter dieser Politik stünden »fremde Mächte«, deren Erwartungen die Bonner »in abstoßender Unterwürfigkeit« erfüllen. Stoll: »Man will uns kleinhalten, uns in ein Kleindeutschland und in die eigens dafür geschaffenen EG und Nato zwängen.«

Bei einer Arbeitstagung der Reichsnostalgiker von der »Notverwaltung des Deutschen Ostens« setzte er sich 1988 mit der Rechtslage Deutschlands aus heutiger Sicht auseinander. Und er ist Verfasser einer Schrift *Die Deutschen im polnischen Herrschaftsbereich nach 1945,* die im Verlag des Wiener *Eckartboten* und des Schutzvereins Österreichische Landsmannschaft erschienen ist und von diversen neonazistischen Postillen voll des Lobes besprochen wird.

Der Jurist Stoll spielt eine wichtige Rolle bei der Legitimierung von Gebietsansprüchen. Schon in einer 1968 im Verlag des damaligen NPD-Ideologen Prof. Ernst Anrich (Buchkreis für Besinnung und Aufbau GmbH, Seeheim an der Bergstraße) erschienenen Untersuchung kam Stoll zu dem Fazit: »Jede verantwortliche deutsche Politik hat daher von dem auch in der westlichen Welt völkerrechtlich als gesichert geltenden Fortbestand des Deutschen Reiches in den Grenzen von 1937 auszugehen.«

Grußbotschaften zu der Jahreshauptversammlung des Schulvereins von 1993 kamen von der rechten Professorenriege Günter Rohrmoser, Hans-Joachim Arndt, Hellmut Diwald, Emil Schlee und Lothar Bossle sowie von dem Schönhuber-Freund General a. D. Franz Uhle-Wettler, der zuletzt Kommandant des NATO-Defense College in Rom war.

Da der Schulunterricht so gut angelaufen ist, sucht auch die steuerlich begünstigte »Notgemeinschaft für Volkstum und Kultur e. V.« in der neonazistischen Zeitschrift *Huttenbriefe* nach Lehrern für den Schulverein (4/1992). »Ostpreußen ist wie ein Zauberwort in das Gemüt des nationalen Deutschland gedrungen und hat eine Welle der Zuneigung in Bewegung gesetzt«, schreibt die Schriftleiterin Lisbeth Grolitsch.

Helge Redeker, der zweite Vorsitzende des Schulvereins, war bei einer Tagung des »Freundeskreises Ulrich von Hutten e. V.«[5], der die *Huttenbriefe* herausbringt, und des »Deutschen Kulturwerks europäischen Geistes e. V.« (DKeG) 1992 mit von der Partie. 1994 erhielt Redeker den »Tiroler Ehren- und Wanderkrug für Volkstumsarbeit« des Kulturwerks. In der Laudatio heißt es laut Rundbrief 3/1994 von Dietmar Munier: »... wieder bestätigt durch die Aktivitäten im Raum Trakehnen, sind wir der Meinung, daß Sie, lieber Herr Redeker, sich in einer ungewöhnlich opferbereiten Weise der Betreuung von Rußlanddeutschen annehmen und damit für die Bewahrung des Volkstums dieser Menschen eine besondere Rolle erbracht haben und weiter erbringen.« (Zum DKeG vgl. Seite 347, Anm. 4)

Bei der Tagung der beiden Vereine war der erste Tag dem »Bekenntnis zu Ostpreußen« gewidmet. Man sang Ostland- und Ostpreußenlieder, und Ralph Wilhelm von der inzwischen verbotenen Wiking-Jugend schilderte die Ostpreußenfahrt seiner Truppe. Redeker hielt vor der spendierfreudigen Runde einen Lichtbildervortrag. Von den Mitgliedern des Freundeskreises und der »Notgemeinschaft für Volkstum und Kultur e. V.« und der Leserschaft der *Huttenbriefe* kamen nach eigenen Angaben immerhin 147 167 Mark an Spendengeldern für eine neue deutsche Schule und für die deutsche Siedlung in Amtshagen zusammen (*Huttenbriefe* November/Dezember 1994, S. 16). (Zu bedenken ist bei den Spendengeldern, die nach Nordostpreußen fließen, daß der Monatslohn dort umgerechnet etwa zehn bis fünfzig Mark beträgt. Mit 150 000 Mark könnte man in der Bundesrepublik keine deutsche Mustersiedlung errichten, in der Kaliningradskaja Oblast ist das sehr viel Geld.) Geplant und ausgeführt werden die Bauten von der »Gesellschaft für Siedlungsförderung in Trakehnen mbH« der Herren Redeker und Munier. Das Stammkapital liegt bei 315 000 Mark. Mit einer Mustersiedlung für Nebenerwerbslandwirte mit je 3800 Quadratmetern sollen Tatsachen geschaffen werden. Die Gesellschaft habe eine 100prozentige russische Tochtergesellschaft, berichtet der *Bayernkurier* vom 15. 10. 1994, und beschäftige 90 Rußlanddeutsche zu übertariflichen Löhnen. Tischlerei, Schlosserei und Autowerkstatt seien in Betrieb, ebenso eine Anlage für die Produktion von Leichtbausteinen.

Innerhalb von fünf Monaten haben sich nach Muniers Angaben über 100 Spender gefunden. Schon 1993 hatte er einen kompletten Flächennutzungsplan für das Gebiet des heutigen Jasnaja Polnaja, früher Trakehnen, vorgelegt – mit einer Bebauung mit 90 Häusern, einem Gewerbegebiet und Fremdenverkehrszentrum. Im September 1992 wurde bereits aus Spendenmitteln eine 450 Quadratmeter große Lagerhalle errichtet. Dort sind Hilfsgüter eingelagert. Auch steht schon ein Fuhrpark zur Verfügung: ein 13-Tonner-Lkw-Pritschenwagen, ein 7,5-Tonner sowie mehrere Bauwagen und Personenautos.

Der Zollbeamte Helge Redeker, Muniers wendiger Kundschafter, trommelte auch jenseits der österreichischen Grenze für Ostpreußen, beim 30. Treffen des »Freundeskreis Dichterstein Offenhausen« 1993.

Der »Freundeskreis Ulrich von Hutten e. V.« machte sich stark für die Munier-Aktion »Ein Heim für Rußlanddeutsche«. Er sammelte Geld für das Trakehner-Haus, »ein typisch deutsches Siedlungshaus«. Auch bei sämtlichen Details wie Dachdeckung oder Holzsprossenfenstern sei darauf geachtet worden, »Deutsche Kultur nach Ostpreußen zu bringen«. Die Kosten für das Haus wurden zunächst mit 2500 Mark veranschlagt. Sie sollen heute wegen der rasanten Kostenentwicklung in der Königsberger Region bei 10 000 Mark liegen. Jeder Spender eines Hauses soll im Treppenhaus namentlich verewigt werden. Um Einzahlungen wurde auf das Konto des Freundeskreis Ulrich von Hutten beim Postgiroamt München gebeten oder direkt auf das Konto von Lesen & Schenken GmbH, Sonderkonto »Ein Heim für Rußlanddeutsche« bei der Sparkasse Kiel.

»Die Rußlanddeutschen folgen dem Ruf, nach Ostpreußen zu gehen und das verödete Land wieder aufzubauen und sich eine neue Heimat zu schaffen ... Ostpreußen und das deutsche Volk werden ihnen einmal für diese neue große Pionierarbeit zu danken haben ... Die Rückgabe Ostpreußens an Deutschland wird die Freundschaft der beiden größten Völker unseres Erdteiles begründen helfen und eine neue europäische Ordnung einleiten.« Dieser Text aus den *Huttenbriefen* (4/1992) umreißt das Fernziel der rechtsextremen Aufbauhelfer. Die rußlanddeutschen Siedler, die meistens ein schweres Schicksal hinter sich haben, stehen solchem Ansinnen in aller Regel naiv gegenüber. Wie viele Rußlanddeutsche bereits im nördlichen Ostpreußen eingetroffen sind, darüber gibt es keine exakten Zahlenangaben. Manche sprechen von 20 000, andere geben schon das Doppelte an.

Die Bundesregierung leistet in begrenztem Umfang humanitäre Hilfe, unterstützt Kultureinrichtungen und Krankenhäuser. 1993 wurde ein Deutsch-Russisches Haus in Kaliningrad eröffnet. Staatssekretär Horst Waffenschmidt (CDU) betonte, es gebe »nichts daran zu deuten«, daß das Gebiet und die Stadt Königsberg »heute zum Souveränitätsbereich der Russischen Föderation« gehörten. Der Bundestagsabgeordnete Wilfried Böhm regt dagegen ein »Luxemburg an der Ostsee«, eine europäische Freihandelszone an (vgl. Böhm, Wilfried/Graw, Ansgar: *Königsberg morgen. Luxemburg an der Ostsee,* Asendorf 1993). Wieder andere träumen von einer autonomen Region.

Wenn sich genügend Rußlanddeutsche still und leise im nördlichen Ostpreußen ansammeln, könnte man eines Tages die russische Regierung vor vollendete Tatsachen stellen, so kalkulieren bundesdeutsche Rechtsradikale. Doch das Schreckgespenst einer Re-Germanisierung sorgt nicht nur im Königsberger Gebiet für Unruhe, sondern auch im angrenzenden Litauen und in Polen. Daß diese Ängste eine gewisse Berechtigung haben, dafür liefern manche Vertriebenenfunktionäre und Kundschafter rechtsradikaler Gruppierungen ständig neue Nahrung.

Zwar weisen Verfassungsschutzberichte schon auf einige Aktivisten der braunen Eroberungsversuche im Königsberger Gebiet hin, unverständlich bleibt, daß einige dieser Organisationen auch Anfang 1995 noch Steuervorteile genießen. Schließlich verfolgen sie offenkundig das Ziel, mit der Ansiedlung deutschstämmiger Familien Gebietsansprüche zu untermauern.

4 Herrenrunden

Die extreme Rechte in der Bundesrepublik wurde mit parlamentarischen Erfolgen nicht verwöhnt. Zwar hatte die NPD Ende der sechziger Jahre in ihrer Hochzeit in manchen Länderparlamenten etwa die Stärke der FDP, doch war es damit schnell wieder vorbei. Als die NPD 1972 aus den Landtagen verschwand, schien die Renaissance der Ewiggestrigen gebannt. Und tatsächlich hatten Rechtsradikale über viele Jahre hinweg bei Wahlen nichts zu melden. Es begann ein Diskussionsprozeß über Strategien, wie denn eine Teilhabe an der Macht zu erreichen sei.

Die Folge: Das rechtsextreme Lager spaltete sich. Eine Vielzahl neonazistischer und gewaltbereiter Gruppen wurde gegründet. Wehrsportgruppen tauchten auf, und ein Michael Kühnen sorgte mit einem kleinen Häuflein Getreuer und spektakulären Aktionen für Aufsehen. Der militante Extremismus begann. Terrorakte Ende der siebziger, Anfang der achtziger Jahre, wie der Anschlag auf dem Münchner Oktoberfest, der dreizehn Menschen das Leben kostete, waren die Folge.

Ein anderer Teil der braunen Vorhut setzte sich von den alten Kameraden ab. Auf Parteien hatten sie keinen Bock. Sie deuteten die Theorie der Kulturrevolution des italienischen Kommunisten Antonio Gramsci für ihre Bedürfnisse um. Das Resultat: die rechten Erneuerer setzten an zum Marsch durch die Institutionen. Sie wollten nicht Wahlen gewinnen, sondern Einfluß auf die Köpfe. Multiplikatoren wurden eine wichtige Zielgruppe. Eine flexible Kampfschreibtechnik zwischen demokratischer Legitimation und latenter rechtsextremer Ideologie brachte den Erfolg für einige neurechte Zeitschriften.

Diese rechtsradikale Formation bevorzugt eine Taktik ähnlich der biologischen Zellteilung. Gruppen gründen sich, bilden Ableger in verschiedenen Städten, benennen sich neu, um unter geändertem Logo wieder Terrain zu erobern. Eine Vielzahl von sogenannten nonkonformen Arbeitskreisen, universitären Zirkeln und harmlos benamsten Runden bildete sich in verschiedenen Städten. Einige sind noch von Dauer, andere existierten nur kurzfristig, einige sind bedeutungslos, andere sind diskrete, aber um so einflußreichere Gesprächskreise. Von letzteren handelt dieses Kapitel.

Man möchte meinen, Unterstützung von Rechtsextremisten durch Industriekreise sei ein Widerspruch, schon allein wegen der Exportabhängigkeit der deutschen Wirtschaft. Dennoch gibt es auch weltweit exportierende Firmen, die beispielsweise rechtsextreme Zeitschriften fördern. Ein überzeugter reichstreuer Firmenchef läßt sich durch seine Auslandsgeschäfte nicht von seinem Sponsoring abhalten, er tut dies nur klammheimlich.

Historisch gesehen war das übrigens auch kein Widerspruch. Die NSDAP ging mit der Parole »Gemeinnutz geht vor Eigennutz« auf Stimmenfang. Noch am 14. Oktober 1930 brachte sie im Reichstag einen Antrag ein, wonach das gesamte Vermögen der Bank- und Börsenfürsten wie auch »der seit dem 1. August 1914 durch Kriegs-, Revolutions- und Inflationsgewinne erworbene Vermögenszuwachs« zum Wohle der Allgemeinheit des deutschen Volkes entschädigungslos enteignet werden solle. Großbanken seien in staatlichen Besitz zu überführen.

Doch zu diesem Zeitpunkt hatten die Nazis längst schon mit der Industrie gekungelt. 1929 hatte Hitler bei seinem ersten Treffen mit Alfred Hugenberg in Berlin versprochen, die Propaganda gegen das Kapital einzustellen. Aus der generell antikapitalistischen Propaganda der NSDAP wurde speziell Propaganda gegen das jüdische Kapital. Vor dem Düsseldorfer Industrieclub dozierte Hitler am 27. Januar 1932, Industrie und NSDAP hätten die gleichen Feinde, demokratische Gleichmacherei und

Pazifismus. Die Wirtschaft brauche den Machtstaat zu ihrer Blüte.

En passant schilderte Hitler bei diesem Vortrag auch die prekäre Lage der NSDAP und des *Völkischen Beobachters*. Die Parteikasse war praktisch leer, und die Tageszeitung, das Hauptorgan im Kampf für die nationalsozialistische Idee mit Alfred Rosenberg als Schriftleiter, stand vor der Pleite.

Hitlers Referat muß die in Düsseldorf versammelten Großindustriellen sehr beeindruckt haben. Denn von diesem Zeitpunkt an hatte die NSDAP keine finanziellen Probleme mehr, auch der *Völkische Beobachter* war saniert. Einige Zeit später bedankte sich Hitler bei Emil Kirdorf, Günder der Gelsenkirchener Bergwerks AG, und überreichte ihm, obwohl er gar nicht NSDAP-Mitglied war, das Goldene Parteiabzeichen. Ende 1932 schrieben Industrielle wie Thyssen, Krupp und Bosch an Reichspräsident Hindenburg einen Brief, um ihn zu veranlassen, die Regierung »an den Führer der größten nationalen Gruppe« zu übergeben, was dann ja auch geschah. In ihrer Begründung führten die Industriellen aus: »Wir erkennen in der nationalen Bewegung, die durch unser Volk geht, den verheißungsvollen Beginn einer Zeit, die durch Überwindung des Klassengegensatzes die unerläßliche Grundlage für einen Wiederaufstieg der deutschen Wirtschaft erst schafft« (vgl. Georg F. W. Hallgarten: *Hitler, Reichswehr und Industrie,* Frankfurt/M. 1962; Czichon Eberhard: *Wer verhalf Hitler zur Macht?* Köln 1972).

Der Industrielle Paul Kleinewefers ist eine der Persönlichkeiten, die schon in der Weimarer Zeit in rechten Kreisen verkehrten und auch heute noch in rechten Publikationen anzutreffen sind. In seinem Buch *Jahrgang 1905* schildert Kleinewefers (Seewald Verlag, Stuttgart 1977) Hitlers Auftritt vor dem Düsseldorfer Industrieclub. »Es war das faszinierendste an ihm, daß er es verstand, vor jeder Art von Versammlung zu sprechen und zu fesseln ... Nach dem ersten Beifall steigerte sich Hitler in seiner Rhetorik. Er zog alle Register seines rednerischen Könnens. Er war ein mitreißender Redner, ein rhetorischer Gigant ...« (S. 75)

Kleinewefers beschreibt, wie aus seiner Erinnerung die führenden Männer der deutschen Industrie immer mehr von Hitler fasziniert wurden und immer mehr mitgingen. Die anfängliche Reserviertheit habe sich aufgelöst, bis zum Schluß ungehemmter Dauerbeifall getobt habe. »Der sonst eher zurückhaltende und etwas unbeholfene Fritz Thyssen sprang geradezu ans Rednerpult und dankte Hitler mit Worten, die aus der unmittelbaren Erregung kamen. Er wünschte Hitler und der ›Bewegung‹ viel Erfolg.« Mit erneutem stürmischem Beifall habe diese denkwürdige Veranstaltung geendet.

Kleinewefers erinnert sich, daß Hitler nicht allzu viel über seine wirtschaftspolitischen Vorstellungen gesprochen habe. Er merkt aber dann an, daß die Wirtschafts- und Finanzprobleme, »später, nachdem politische Stabilität geschaffen war«, von Schacht sachverständig und souverän gelöst worden seien. Scheinbar hält Kleinewefers die Ausschaltung jeglicher politischer Gegner für einen positiven Akt der Stabilisierung.

Man habe nach dem Kriege gesagt, Fritz Thyssen sei der Initiator gewesen, um Hitler der Industrie mit ihren Millionen zuzuführen. »Damit sollte wieder irgendeine ›Schuld‹, in diesem Falle die Schuld der führenden Industriellen, an der Machtübernahme durch die Nationalsozialisten konstruiert werden.« (S. 76) Es sei wirklich nur natürlich gewesen, daß die Industrie den Wunsch gehabt habe, Hitler kennenzulernen nach seinen Erfolgen.

Kleinewefers bekennt sich in seinem Buch zu einem jener antidemokratischen Zirkel, die den Nationalsozialismus als dritte Kraft ansahen. »Hans Zehrer, Giselher Wirsing, Ferdinand Fried und andere hatten in der *Tat*, mit dem ›Tat-Kreis‹, dem ich angehörte, den Weg abgesteckt, der nun wohl zu gehen war.« (S. 77) (Zum Tat-Kreis siehe Seite 254). Namentlich nennt er Moeller van den Bruck mit seinem Buch *Das Dritte Reich*, *Volk ohne Raum* von Hans Grimm und Oswald Spenglers *Untergang des Abendlandes* als bewegende Geister.

Sich selbst sieht Kleinewefers stets als homo politicus: »Ich war nicht nur Unternehmer, ich war immer auch politisch engagiert.« (S. 77) Im August 1932 sei er der NSDAP beigetreten, dieses hätte auch schon 1931 sein können. Er schreibt, daß ihn die sozialen Parolen der NSDAP mindestens ebenso begeistert hätten wie die nationalen. Daß der übermächtige Einfluß der Juden zurückgedrängt werden müsse, hätten damals alteingesessene Juden selbst gebilligt. Antisemitismus sei eine Folge einer geographischen und ethnischen Konstellation, wegen der engen Verflechtung Deutschlands und Österreichs mit dem »stark jüdisch durchsetzten« Osten und Südosten Europas. In späteren Betrachtungen sei »die soziale Komponente der NSDAP viel zu sehr vernachlässigt worden«. »Wir zehren noch heute von dem damals Geschaffenen. Der soziale Friede in der Bundesrepublik hat auch eine Wurzel in den dreißiger Jahren und in der segensreichen Aktivität der Deutschen Arbeitsfront.« (S. 80f.)[1]

Paul Kleinewefers ist auch nach 1945 politisch nicht untätig geblieben. Gemeinsam mit dem Bochumer Professor und »Nationalphilosophen« Bernard Willms schrieb er das Buch *Erneuerung aus der Mitte,* erschienen im Verlag Busse-Seewald 1988. »Die Ideen vom Reich, vom Staat und von der Nation werden als selbständige Perspektive für ein Europa zwischen den Supermächten reaktiviert«, so kommentierte das rechtsextreme Monatsblatt *Nation Europa* aus Coburg (8/1988, S. 60f.). »Es ist das Verdienst der Autoren, Deutschland und Mitteleuropa für ihre Leser gedanklich aus der ideologischen Ost-West-Konfrontation gelöst und namentlich dem Geschwätz von der ›westlichen Wertegemeinschaft‹ eine eigene europäische Position entgegengesetzt zu haben«, meint der *Nation-Europa*-Rezensent. Dieses Buch hatte auch Jahre später noch Nachhall. »Der Industrielle Paul Kleinewefers«, so steht in dem reichstreuen Blatt *Staatsbriefe* aus München, »hatte in enger Zusammenarbeit mit dem Politikwissenschaftler Bernard Willms 1988 ein Buch (Erneuerung aus der Mitte. Prag-Wien-Berlin) veröffentlicht, das einer Aufhebung des Ost-West-Konfliktes durch eine Reichsmetamorphose das Wort redete. Für ihre Verwirklichung galt, ›gerade im so verzweigten und vielseitigen Bereich der Wirtschaft‹ als ›entscheidend die Mitwirkung der sogenannten Machteliten‹. Ohne diese ›sachkundigen Eliten‹ sei nichts zu erreichen.« (*Staatsbriefe* 11/1990)

Bernard Willms, 1931 in Mönchengladbach geboren, promovierte 1964 und wurde 1970 Professor für Politische Wissenschaften in Bochum. Mit seinem Buch *Die deutsche Nation* (1982), das im rechtsextremen Hohenrain Verlag in Tübingen erschienen ist, wurde er zum Protagonisten eines Neonationalismus, der dann bei Rechten aller Schattierungen fröhliche Urständ feierte. »Der Nationalismus ist nun wieder wissenschaftlich anerkannt«, schrieb sein Verlag in der Werbung (siehe zum Beispiel in dem antisemitischen Hetzblatt *Sieg* des österreichischen Neonazis Walter Ochensberger). Willms referierte vor allerlei rechtslastigen bis braungefärbten Gesprächskreisen, wie zum Beispiel bei der rechtsextremen Gesellschaft für freie Publizistik (1983 in Kassel) oder bei Filbingers Studienzentrum Weikersheim. Der GfP-Vortrag wurde in *Nation Europa* veröffentlicht. Dadurch wurden seine Thesen zu einem der meistdiskutierten Programme innerhalb der rechten Szene. Sein Nachruhm wurde vor allem gesichert durch das *Handbuch zur Deutschen Nation*. Willms trug auch vor dem schon erwähnten Freundeskreis Rhein-Ruhr, diesem Tarnclub der NPD, vor. Sein Thema: Die Nation als Prinzip. Dieses hatte sogar den damaligen NPD-Chef Martin Mussgnug vom Schwarzwald in den Ruhrpott gelockt. »Wer Angst davor hat, ›Faschist‹ genannt zu werden, der ist schon mehr als ein ›nützlicher Idiot‹, er ist bereits ein Kollaborateur der Feigheit«, hatte Willms verkündet. Willms kann als einer der wichtigsten Theorielieferanten der Neuen Rechten bezeichnet werden.

Der Großunternehmer Kleinewefers schrieb auch das Nachwort zu einem Buch von Manfred Müller: *Den Weg zur Freiheit bahnen! Um Sozialismus und Sozialpolitik: NS-Arbeiteragitator W. Börger,* das im rechtsaußen angesiedelten Heitz & Höffkes Verlag, Essen 1991, erschienen ist. Das NPD-Blatt *Deutsche Zukunft* wertet Kleinewefers' Nachwort so: »Zeitzeuge Kleinewefers weist auf, wie stark die nur in Ansätzen verwirklichte Sozialordnung des Dritten Reiches in die bundesdeutsche Wirtschafts- und Sozialordnung hineingewirkt hat.«

Kleinewefers war Chef eines 150 Jahre alten Familienunternehmens. Die Kleinewefers Beteiligungs GmbH in Krefeld setzte 500 Millionen Mark um und beschäftigte 2000 Mitarbeiter. Aber zum 1. Oktober 1992 hat Jan Kleinewefers, der Sohn von Paul, seine Aktivitäten im Bereich Papierveredelungsmaschinen mit 300 Millionen Umsatz und 1150 Beschäftigten an die Sulzer-Escher Wyss AG, Zürich, verkauft. Ebenfalls im Oktober 1992 wurde bekannt, daß sich die Kleinewefers Beteiligungsgesellschaft auch von der Neuen Bruderhaus Maschinenfabrik in Reutlingen getrennt hat. Die Gruppe käme damit jetzt gerade noch auf einen Umsatz von 180 Millionen Mark in den Bereichen Textilveredelungs-, Kunststoff- und Vliesstoffmaschinenbau.

Der inzwischen hochbetagte Paul Kleinewefers gehört zu den Unternehmerpersönlichkeiten, die in den rechten Diskurs eingreifen und insbesondere im Ruhrgebiet für Gesprächsstoff in nationalen Freundeskreisen und informellen Zirkeln sorgen.

Berliner Dienstagsgespräch

Im Juni 1994 kam es in Berlin zu einer Regierungskrise der Großen Koalition. Die Tage von Innensenator Dieter Heckelmann schienen gezählt. SPD-Fraktionsvorsitzender Ditmar Staffelt hatte den Regierenden Bürgermeister Eberhard Diepgen (CDU) aufgefordert, Heckelmann zum Rücktritt zu bewegen. Der Senator habe seine Dienstpflicht als politisch Verantwortlicher verletzt, weil er Hinweisen von Polizei und Verfassungsschutz über degoutante Kontakte seines Pressesprechers nicht ausreichend nachgegangen sei. Dieser Pressesprecher, Christoph Bonfert, hatte mehrmals an einem dubiosen Gesprächszirkel teilgenommen, einer Art Kontakthof zwischen führenden

Personen aus Wirtschaft, Politik, Medien und Rechtsradikalen. Nachdem der Verfassungsschutz den Innensenator bereits im März von den anrüchigen Besuchen seines Referenten in dem rechtslastigen Zirkel unterrichtet hatte, ließ der es lediglich bei einer Ermahnung an Bonfert bewenden, er möge dort künftig nicht mehr hingehen. Nachdem der Berliner *Tagesspiegel* am 15. 6. 1994 unter der Überschrift »Sprecher des Innensenators war im Visier des Verfassungsschutzes« über Heckelmann und seinen Referenten berichtete, überschlug sich der Innensenator förmlich mit Ehrenerklärungen für die angeblich honorige Runde, die sich stets dienstags traf.

Der Name des Zirkels ist wenig aussagekräftig: Dienstagsgespräch. Der Initiator hat dagegen eine eindeutige politische Prägung. Es handelt sich um den Unternehmensberater Hans Ulrich Pieper, von der Firma Pieper und Partner, Agentur für integrierte Kommunikation.

Piepers heutige Aktivitäten und seine weitreichenden Verbindungen in Politik und Wirtschaft machen neugierig auf seine Laufbahn. Pieper ist am 4. April 1948 in Berlin geboren. Mit zwanzig machte er erstmals Schlagzeilen. Der *Berliner Extra-Dienst* vom 12. Juni 1968 berichtete über eine Schlägergruppe, die einen Überfall auf das Zentrum des Sozialistischen Deutschen Studentenbundes (SDS) in Moabit organisiert hatte: »Die NPD hat gegen den Chef der Gruppe, ... Hans-Ulrich Pieper, Vorsitzender der Peter-Fechter-Jugend und Propagandareferent der Jungen Nationaldemokraten ein Ausschlußverfahren eingeleitet.« Pieper habe ein Rundschreiben verfaßt und abgesandt, ohne es mit dem NPD-Landesvorstand abgesprochen zu haben. In dem Rundschreiben soll Pieper die Angehörigen der Peter-Fechter-Jugend aufgerufen haben, sich Uniformen zuzulegen sowie Karate- und Schießausbildungen durchzuführen. »Piepers NPD-Mitgliedschaft wurde inzwischen suspendiert, ein Schiedsgericht soll über den Ausschluß entscheiden«, schreibt der *Extra-Dienst*. Drei Tage später enthüllte der *Extra-Dienst* ein Gespräch zwischen Pieper und einem CDU-Abgeordneten. Die

166

Tätigkeit seiner Jugendorganisation sei weniger im Herumsitzen in langweiligen Versammlungen als in aktiven antikommunistischen Aktionen zu sehen, soll Pieper in dem Gespräch kundgetan haben. Manfred Plöckinger, Vorstandsmitglied in Piepers Jugendverein, prahlte laut *Extra-Dienst* damit, »daß er sich im Keller seines Wohnhauses ein Lager mit Rauchbomben und Tränengas zugelegt habe« (*Berliner Extra-Dienst* 15. 6. 68). Als zwei Jahre später Berthold Rubin, Mitgründer der CSU-Freundeskreise auf Bundesebene, eine Selbstentführung vortäuschte, um die Wahlen in Schleswig-Holstein zu beeinflussen und einen »herrschenden Staatsnotstand« glaubhaft zu machen, war Piepers Jugendfreund Manfred Plöckinger, der Anhänger unkonventioneller Aktionen gegen den politischen Gegner, auch mit von der Partie.

Am 9. November 1981 berichtete der *Spiegel* über eine ebenfalls unkonventionelle Aktion. Während sich 300 000 Friedensdemonstranten im Bonner Hofgarten sammelten, zog gleichmäßig brummend ein Propellerflugzeug über ihren Köpfen weg. Im Schlepptau des Fliegers flatterte ein Werbetransparent mit der Frage: »Wer demonstriert in Moskau?« Am gleichen Tag, dem 10. Oktober, warb im *Bonner Generalanzeiger* eine Anzeige mit der Schlagzeile »Wer demonstriert in Moskau?« für den Nato-Doppelbeschluß. Finanziert wurde die Anzeige laut *Spiegel* vom »Bonner Kreis – Vereinigung für Friedens- und Sicherheitspolitik«. Kreisvorsitzender war der damalige Bonner ZDF-Korrespondent Udo Philipp, Fachgebiet Militärfragen. Herr Philipp demonstrierte an jenem Tag allerdings auch nicht in Moskau, wie der *Spiegel* süffisant anmerkte, sondern berichtete für seine Anstalt vom Friedensmarsch der 300 000. Beim Chartern des Flugzeugs für die himmlische Aktion soll übrigens der Mönch-Verlag, der Wehr- und Soldatenzeitschriften publiziert, geholfen haben. Philipp hatte noch einen weiteren Helfer bei seiner friedenspolitischen Vereinigung: Hans Ulrich Pieper, damals PR-Manager und Pressesprecher der Düsseldorfer Rheinmetall, einem der größten Waffenproduzenten in der Bundesrepublik.

Er war bei der Gründungsversammlung des friedensbewegten Vereins zum Schatzmeister gewählt worden, wie er selbst in einem Leserbrief an die *Frankfurter Rundschau* (19. 11. 1981) zugab.

»Schwarze Medien, wie das Bayerische Fernsehen, versuchen uns auszusperren«, resümierte Pieper als Pressesprecher der Republikaner 1990 in München. »Wichtig sind jedoch die richtige Auswahl der Journalisten und die Originalität unseres Informationsangebotes.« (*Der Republikaner* 3/1990) Dies bleute er damals den Republikanern ein. Er predigte ihnen eine »geschickte« Informationspolitik. Betrachtet man sich heute Piepers Dienstagsrunde, kann man ihm nicht absprechen, daß er seine eigenen Maximen tatsächlich beherzigt.

Bei den Stadtratswahlen im März 1990 in München kandidierte Pieper (Berufsbezeichnung: PR-Direktor) auf der Liste der Republikaner. Bei der folgenden Landtagswahl tat er es wieder. Die *Süddeutsche Zeitung* stellte den gelernten Journalisten, Politologen und Historiker so vor: »Der 42jährige studierte Geschichte und Politische Wissenschaften und war Referent in der CDU-Parteizentrale Bonn unter Professor Kurt Biedenkopf. Er arbeitete als Pressesprecher namhafter deutscher Unternehmen. Politische Schwerpunkte sind Asyl- und Ausländerfragen, Sozial-, Wirtschafts- und Gesundheitspolitik. Zur Ausländerpolitik stellt Pieper fest: ›Kein Pardon für Asylbetrüger‹.« (*SZ* 9. 10. 1990)

Für die rechtskonservative Münchner Monatszeitschrift *Criticón*[2] greift Pieper auch häufig zur Feder. Dort freut er sich, daß nicht wenige Linke im Verlauf unserer jüngsten Geschichte engagierte Rechte geworden seien: »Und sind nicht rechte Leute, die von links kamen (Oberlercher, Maschke, Sander, Simon u. a.), vitale Vordenker?« Ende 1993 befaßt er sich mit der Stabilität des Bonner Systems: »In rechten Kreisen gewinnt die Vorstellung vom Sturz des Systems an Zugkraft«, weiß Pieper. »Notstands-Programme und Reichsverfassungsentwürfe zirkulieren.« Was aber werde nach dem Untergang des »Bonner Provisoriums«? »Kommt dann die rechte Erneuerung?« fragt er. »Eine nationale Regeneration mit Rechten in der Regierung? Eine völkische Katharsis, die nach revolutionärem Donner neue Eliten und Einrichtungen schafft?«

Pieper weiß auch Bescheid über Interna aus der *Bild*-Zeitung. Bei einer Leserumfrage der *Bild*-Zeitung hätten auf die Frage nach dem besten Bundeskanzler 50% geantwortet: Franz Schönhuber. Die Chefredaktion von *Bild* habe dieses Ergebnis unterdrücken lassen. PR-Mann Pieper wittert Frühlingsluft: »Die Umerziehung wirkt nicht mehr«, schreibt er im März/April 1993. Die Jugendlichen mit Reichskriegsflagge und Hakenkreuz zeigten mit »ostentativem Hohn«, daß jede ritualisierte bundesdeutsche Brandmarkung des NS-Systems und seiner Symbole seinen Schrecken für sie verloren habe.

Nach Beobachtungsergebnissen der Polizei war Pieper am 1. Mai 1993 Teilnehmer einer Veranstaltung der rechtsextremen Deutsch-Europäischen Studien-Gesellschaft (DESG). Deren Vorsitzender ist ebenfalls Unternehmensberater wie Pieper: Klaus Dieter Ludwig, ein seit Jahren aktiver Rechtsextremist, der früher Bankdirektor in Darmstadt und dem NPD-Umfeld zuzurechnen war. Heute ist er bayerischer Landesvorsitzender der Deutschen Liga für Volk und Heimat. Die DESG ist auch Beobachtungsobjekt des Verfassungsschutzes.

Pieper besuchte auch das Hoffmann-von-Fallersleben-Bildungswerk e. V., wo bekannte Neonazis zusammensitzen, wie Ursula Schaffer, die alljährlich in Zusammenarbeit mit der Wiking-Jugend Heldengedenkfeiern in Halbe ausrichtete, Oliver Werner vom Freundeskreis Revolutionärer Volkssozialisten, zuvor Nationale Alternative, Ulli Boldt, der der inzwischen verbotenen Nationalistischen Front angehörte, Oliver Schweigert (FAP), ein Gefolgsmann Michael Kühnens, und Christian Wendt, ebenfalls vom harten Kern der Berliner Neonazis. Mitglied des Bildungswerks ist auch der ehemalige Vizechef der Berliner Republikaner Frank Schwerdt, der dann zur Deutschen Liga wechselte. Selbst Heinrich Lummer, der Rechtsaußen der Berliner Union,

169

sagte auf Druck des CDU-Landesvorstands beim Bildungswerk einen Vortrag ab, weil »das Bildungswerk als Sammelbecken rechtsextremer Gruppen angesehen wird«.

Das Dienstagsgespräch wurde 1991 »nach dem erfolgreichen Vorbild der Düsseldorfer ›Herrenrunde‹ gegründet – allerdings wollen wir in Berlin auf Damen nicht verzichten«, so liest es sich in einem Papier zum Selbstverständnis. Der Initiator, Hans Ulrich Pieper, der eine Zeitlang in Düsseldorf lebte, hatte mehrmals an der Herrenrunde teilgenommen. In aller Regel traf man sich jeweils am zweiten Dienstag eines Monats im Berliner Hilton-Hotel. Unter den Referenten der Dienstagsrunde finden sich Spitzenmanager wie Dr. Wilhelm Nölling vom Zentralrat der Deutschen Notenbank, Dr. Jörg Schill, Vorstandsvorsitzender von Babcock-Borsig, Prof. Ulrich Steger, Vorstand von VW, aber auch der Vizepräsident des Bundeskriminalamtes Dr. Gerhard Köhler, Peter Staisch von *ntv* und Rolf Schmidt-Holz, noch als *Stern*-Chefredakteur. Weniger verwunderlich ist, daß Männer wie der Maastricht-Gegner Manfred Brunner, der rechte Austropopulist und Chef der Freiheitlichen Partei Jörg Haider, der rechtslastige Medienmogul Herbert Fleissner (Verlagsgruppe Langen-Müller-Ullstein), Gerhard Löwenthal, einst Chef des *ZDF-Magazins,* und der Berliner Unionsrechtsaußen Heinrich Lummer auf der Rednerliste stehen.

Unter den Teilnehmern waren zum Beispiel Herr Happel von der Treuhandanstalt und Alexander von Stahl, Ex-Generalbundesanwalt, der Justizminister des Landes Mecklenburg-Vorpommern, Helmrich, neben Republikanern und Mitarbeitern der *Jungen Freiheit* und Rainer Zitelmann. Die *Junge Freiheit* wurde auch kostenlos verteilt. (Zur *JF* vgl. Seeliger, Rolf: *Grauzone zwischen Union und der Neuen Rechten,* München 1990, S. 96–124.) Aber nicht nur das, es wurde auch aus der Runde heraus zugesagt, das Blatt finanziell zu unterstützen und es als einzige bedeutende rechte Zeitung als Gegenstück zum *Spiegel* aufzubauen.

Hans-Christoph Bonfert, Jahrgang 1962, verfügte in seiner Funktion als Pressesprecher des Innensenators über interne Kenntnisse des Sicherheitsbereichs. Er verstand sich mit Teilnehmern der Runde so gut, daß er auch um persönliche Dienste gebeten wurde. Die Zeitung *Junge Freiheit* benutzt den Kontakt zu Bonfert für einen per Fax übermittelten Brief: »wie gestern anläßlich des Vortrages von Herrn Dr. Fleissner besprochen, faxe ich Ihnen nun einige Unterlagen, die mich zu großer Besorgnis veranlassen, was die Sicherheit unseres Verlages und der Angestellten sowie der zu unserem Unternehmen gehörenden Werbeagentur Profit Marketing GmbH betrifft«. Der Staatsschutz sei bereits durch den Geschäftsführer der AMS, Roland Wehl,[3] über bestimmte Vorgänge informiert worden. Weiter unten heißt es dann: »für eine kurzfristige Kontaktherstellung zur Besprechung der Lage mit dem Innensenator bezüglich unserer neuen Räume in Berlin-Lichterfelde (Werbeagentur) und Verlag (Potsdam) wäre ich Ihnen sehr dankbar. Morgen, den 18. 11., habe ich nachmittags ein Treffen mit Heinrich Lummer in der gleichen Angelegenheit.« Datum des Briefes: 17. November 1993.

Wohl dem, der Freunde an der richtigen Stelle hat. Nach dem Bericht des Innensenators ist dann die zuständige Abteilung der Innenverwaltung aufgefordert worden, die Vorgänge an die Polizei weiterzugeben.

Bei einem Gespräch am 29. 4. 1994 zwischen dem Innensenator und seinem Referenten kam heraus, daß keine arbeitsrechtlichen Konsequenzen gezogen werden. Bonfert wurde ermahnt, »zukünftig mit hoher Sensibilisierung zu handeln«.

Zumindest muß sich der Berliner Innensenator vorhalten lassen, daß er die Neue Rechte unterschätzt hat. Er hat sie verharmlost, hat verschleiert statt aufzuklären. Die SPD hatte den Regierenden Bürgermeister am Montag, den 20. Juni 1994 aufgefordert, den Innensenator zum Ausscheiden aus dem Senat zu bewegen. Am 23. Juni vereinbarte der Koalitionsausschuß aus SPD und CDU, daß das Landesamt für Verfassungsschutz einschließlich der Aufsicht über diese Behörde dem Innensenator entzogen und der Zuständigkeit des Regierenden Bürgermeisters unterstellt werde. Bonfert wurde als Pressereferent abgelöst.

Düsseldorfer Herrenrunde

Seit etwa fünfzehn Jahren treffen sich in der Düsseldorfer Herrenrunde regelmäßig nationalkonservativ gesinnte Wirtschaftsführer und Rechtsextreme zu Gesprächsabenden mit bundesdeutscher Politprominenz, darunter Minister und Geheimdienstchefs. Eigentlich sei die Runde offen für Herren aus allen Parteien, erzählt ein Dauerteilnehmer. Auch für Sozialdemokraten? »Nee, die würden sich bei uns nicht wohl fühlen«, sagt er. Aus dieser Runde fließen nicht nur Informationen, sondern auch Gelder an rechtsextreme Parteien, zum Beispiel an die NPD oder die Republikaner, ganz wie es dem einzelnen Unternehmer gefällt.

Kopf der Runde ist Prof. Carl Zimmerer, ein international renommierter Börsenspezialist. Er hat gute Kontakte zur FDP. 1959 gründete er zusammen mit dem späteren Bundespräsidenten Walter Scheel und Gerhard Kienbaum die Düsseldorfer Interfinanz Gesellschaft für internationale Finanzberatung und Kreditvermittlung mbH.

Zum inoffiziellen Vorstand der Runde gehören außerdem der Solinger Bauunternehmer Günther Kissel, der Werbeberater Hanns Martin Hock aus Kaarst, Jahrgang 1924, Inhaber einer PR-Agentur in Neuss, und der Düsseldorfer Rechtsanwalt Theobald Münch, Jahrgang 1911 (vgl. Dokument im Anhang, S. 364). Etwa einmal im Monat lädt Zimmerer zu Debatten ins Nobelhotel »Nikko«. Die Liste der Referenten reicht zum Beispiel vom Republikaner-Chef Franz Schönhuber über den Maastricht-Gegner Manfred Brunner vom Bund Freier Bürger, Ex-NPD-Chef Adolf von Thadden, Jörg Haider bis zu Heinrich Lummer, dem Berliner Unionsrechtsaußen. Auch Generalmajor a. D. Otto-Ernst Remer war mal als Referent vorgeschlagen worden. Das hielt man aber dann doch nicht für opportun, einen der eifrigsten Leugner des Holocaust öffentlich zum Vortrag zu bitten. Das Publikum der strammen Herrenrunde (Zimmerer: »Wir sind rechts, ganz klar.«): achtzig bis hundert Teilnehmer, darunter vor allem Unternehmer mit rechtsextremer Schlagseite, aber auch ein russischer Journalist aus Bonn, ein polnischer Attaché und ein Belgier vom separatistischen Vlaams Blok. Die Runde erhebt keinen Beitrag, jeder zahlt seinen Verzehr selbst, und die Referenten bekommen kein Honorar, sagt Zimmerer. Er habe auch nach den Vorträgen kaum negative Reaktionen erlebt: »Es hat sicherlich mal Differenzen gegeben, zum Beispiel mit Herrn Kinkel, aber die [Redner] waren erfreut und haben meistens einen Brief geschrieben, daß sie froh waren, einmal in einer Runde unabhängiger Leute offen ihre Meinung vorzutragen. Wir haben auch Leute eingeladen, die offiziell ganz anderer Meinung waren, den Frangi [Abdullah; PLO-Vertreter], Schönhuber, Brunner, das war durchaus erfreulich, und wir haben die in guter Erinnerung gehabt.«

Zu den ständigen Teilnehmern gehören neben Repräsentanten der Wirtschaft aber auch Funktionäre von NPD, Republikanern und Deutscher Liga für Volk und Heimat, wie zum Beispiel:

- der Bauunternehmer Manfred Aengenvoort, 1944 in Zoppot bei Danzig geboren, seit 1966 Mitglied der NPD und immer wieder in diversen Funktionen auf Landes- und Bundesebene. 1987 kandidierte er für die NPD zum Bundestag. Aengenvoort ist Chef der Baubetreuungs- und Verwaltungs GmbH in Oberhausen, die er 1981 gründete. Der Jahresumsatz lag 1992 bei knapp drei Millionen Mark. Die Firma inseriert häufig in dem NPD-Blättchen *Deutsche Zukunft*. Mit einer Niederlassung in Halle an der Saale, die erst seit Dezember 1991 besteht, machte Aengenvoort 1992 auch schon drei Millionen Mark Umsatz. Seit kurzem hat Aengenvoort auch eine Baufinanzierungsberatung in Radebeul. Die Fassade seiner heimischen Villa schmückt eine Odalsrune aus Klinkersteinen.

- der Heilpraktiker Wolfgang Frenz, Jahrgang 1936, stellvertretender NPD-Landeschef in Nordrhein-Westfalen (*Deutsche Stimme* 7/8 1993), 1987 und 1990 in den Parteivorstand gewählt (*Deutsche Stimme* 12/1987, Juni 1990). Frenz ist Mitglied der Redaktionsgemeinschaften der *Deutschen Zukunft – Landesspiegel NRW* der NPD (*Deutsche Zukunft* 3/1991) und der Parteizeitung *Deutsche Stimme* (z. B. 2/1993, 10/11 1994). Er verwendet die exklusiven Informationen aus der Herrenrunde, um hinterher Artikel in NPD-Blättern zu schreiben, freilich ohne die Runde namentlich zu erwähnen. Sonst bietet er übrigens in Anzeigen Wildbret – geschrieben mit zwei »t« – »direkt vom Jäger« an. Rehrücken und -keulen sowie Wildschwein sind zu beziehen über seine Praxis für Naturheilverfahren, Akupunktur, Neural- und Ozontherapie und Chiropraktik (*Deutsche Zukunft* Jahrgang 1991, 1992, 1994).

– der Dortmunder Kaufmann und Immobilienmakler Klaus-Dieter Pahl, Jahrgang 1941, bis zum Parteitag der Republikaner im Dezember 1994 in Sindelfingen deren Bundesschatzmeister. Die Gesamtsumme der 1989 eingegangenen Bürgschaften für die Schönhuber-Partei soll bei 1,5 Millionen Mark gelegen haben. Pahls Visiten bei der Herrenrunde scheinen sich ausgezahlt zu haben.

Gelegentlich haben auch der Vizechef der Republikaner in NRW, Burkhard Stieglitz, der »Nationalverleger« und Inhaber des Verlags Mehr Wissen, des Lebenskundeverlages und des Buchversandes Wissen und Leben, Kurt Winter,[4] und der Kölner Unternehmensberater Dr. Hans Hausberger teilgenommen. Hausberger ist Kuratoriumsvorsitzender der Parteistiftung der Republikaner, die nach Franz Schönhuber benannt ist.

Vor diesem Personenkreis und anderen erschien erstrangige Politprominenz zum Vortrag, wie zum Beispiel:

– Konrad Porzner, Präsident des Bundesnachrichtendienstes 1993,
– Gerhard Boeden, damals Präsident des Bundesamtes für Verfassungsschutz,

- NATO-Generalsekretär Manfred Wörner 1993,
- Michaela Geiger, Staatssekretärin im Bundesverteidigungsministerium 1994,
- Außenminister Klaus Kinkel 1992,
- Bundespostminister Wolfgang Bötsch 1992,
- Paul C. Martin aus der Chefredaktion der *Bild*-Zeitung 1994,
- Tiit Matsulevits, Botschafter der Republik Estland, am 5. Dezember 1994,
- Joachim Schultz-Tornau, Landesvorsitzender der FDP, am 17. Januar 1995,
- J. Grusa, Botschafter der Tschechischen Republik, am 14. März 1995,
- Dr. Helmut Thoma, RTL, am 4. April 1995 und
- Bundeswirtschaftsminister Günter Rexrodt, am 25. April 1995 (vgl. Dokument im Anhang, S. 364).

Der Botschafter Südafrikas in der Bundesrepublik Samuel Gerhardus A. Golden informierte die Runde direkt nach den Wahlen Anfang 1994, die zu einem klaren Sieg des ANC geführt hatten, über die aktuelle politische Lage und die Perspektiven. Auch Jürgen Möllemann ließ die Herrenrunde nicht aus. Doch Möllemann sprach über den »Wirtschaftsstandort Deutschland« bereits vor dem Schönhuber-Auftritt 1989. Negative Publizität gewann dieser Kreis erstmals, nachdem Schönhuber eingeladen war. 1989 war das ein Skandal. Gewinnbringend war die Schönhuber-Soiree auch für den Schatzmeister der Republikaner, Klaus Dieter Pahl. Einige der Unternehmer aus der Runde zeichneten Bürgschaften für den Republikaner-Wahlkampf von jeweils zehntausend Mark.
Wegen eines Vortrages vor diesem teils nationalkonservativen, teils rechtsradikalen Kreis wurde der damalige Vizepräsident des Bundestages Dieter Julius Cronenberg 1989 in der Öffentlichkeit heftig kritisiert. Fünf Jahre später hat sich bei der Herrenrunde nur eines geändert: Der Kreis der Referenten ist noch prominenter geworden. Daß Männer wie Brunner, Lum-

mer und Schönhuber bei der Herrenrunde auftreten, verwundert nicht. Unverständlich dagegen ist, daß demokratische Politiker dort erschienen.

Spenden an NPD, den Bund Freier Bürger und Republikaner fließen nicht von der Herrenrunde als Gremium, sondern von einzelnen Unternehmern der Runde. Über die Höhe der Beträge schweigen sich die Herren aus: Über Geld redet man nicht, man gibt es. Zum Beispiel für den 89er Europawahlkampf der Republikaner. Geld ist auch an den Bund Freier Bürger geflossen. Der Sohn von Prof. Zimmerer, Xaver Carl, kandidierte im Europawahlkampf 1994 für die Brunner-Partei.

Zimmerer, Jahrgang 1926, ist selbst ein enger Freund des früheren langjährigen NPD-Vorsitzenden Adolf von Thadden. Für ihn arrangierte er erste Treffen mit Unternehmern aus dem Ruhrgebiet. Die NPD-Konkurrenzpartei, nämlich die Republikaner, unterstützte Zimmerer mit einer Bürgschaft. In rechten und rechtsextremen Zeitschriften schreibt Zimmerer zum Beispiel, er hoffe, »daß das Zeitalter der Entdeutschung Deutschlands zu Ende« (*NE* 4/92) gehe.

Im *Handbuch der Großunternehmen* wird als Geschäftstätigkeit von Zimmerers Firma Interfinanz die Mitwirkung beim Kauf und Verkauf von ganzen Unternehmen und Beteiligungen sowie die Erstellung von Bewertungsgutachten angegeben. Zimmerer befaßt sich seit mehr als dreißig Jahren mit dem Makeln von Unternehmen, er gilt als einer der besten Fachleute auf dem Gebiet der Unternehmensbewertung. Zuvor hatte er es schon bis zum Leiter der Düsseldorfer Commerzbank-Hauptniederlassung gebracht. Nach Kriegsdienst und französischer Gefangenschaft hatte er Wirtschaftswissenschaften studiert. Die von ihm 1959 mitgegründete Interfinanz Gesellschaft für internationale Finanzberatung mbH zählt zu den Marktführern dieses Wirtschaftszweiges. Walter Scheel stellte für die Interfinanz seine politischen Ambitionen zurück, und Zimmerer hängte seinen Bankjob an den Nagel. Damals vermittelten die beiden eine Fleischwarenfabrik an einen großen Lebensmittelkonzern. »Wir konnten für den nächsten FDP-Bundesparteitag billige Würstchen liefern«, erinnerte sich Walter Scheel beim 25jährigen Firmenjubiläum, »was damals noch keine Anspielung war« (*FAZ* 1. 12. 1983). Vor zwölf Jahren hielt Scheel seinen einstigen Kompagnon für »einen in der Wolle gefärbten fränkischen Liberalen«. Doch schon zu Zeiten der sozialliberalen Koalition hatte Zimmerer die FDP verlassen und sich in Gefolgschaft von Siegfried Zoglmann und seiner Nationalliberalen Aktion begeben. Zoglmann, ehemaliger Bevollmächtigter der Hitlerjugend beim Reichsprotektor in Böhmen und Mähren und Obersturmbannführer, war zuvor von der FDP zur CSU gewechselt.

Mittlerweile findet Zimmerer, die FDP brauche einen Schuß vor den Bug. Und während andere Unternehmer zur Schönhuber-Partei Abstand hielten, war der inzwischen parteilose Zimmerer laut *Wirtschaftswoche* vom 4. 12. 1992 »geneigt, die Reps zu wählen«. In der Zeitung *Junge Freiheit* definiert sich Zimmerer im Februar 1995 als »freiheitlich«. Liberal dürfe man sich ja öffentlich nicht mehr nennen, sonst würde man mit den Anarchisten verwechselt.

In seinen Geschäftsberichten blickt Zimmerer stets auf »ein erfolgreiches Jahr zurück«. Das gilt auch für die beiden Tochtergesellschaften, die Interfinanz-Treuhand GmbH und die Gemeinschaftsgesellschaft CCF-Interfinanz GmbH. Eigentümer der CCF-Interfinanz sind die Credit Commercial de France S.A., Paris, und die Interfinanz Düsseldorf. Dieses Unternehmen befaßt sich a) mit der Beratung und Vertretung seiner Gesellschafter bei der Anbahnung und Durchführung von internationalen Unternehmenszusammenschlüssen, -verkäufen und -käufen zwischen französischsprachigen Ländern einerseits und deutschsprachigen Ländern andererseits und b) mit der Analyse von internationalen Zusammenschluß-, Verkaufs-, Kauf- und Beteiligungsvorhaben betreffend Unternehmen oder Unternehmensteilen im gesamten Europa, insbesondere mit den M & A-Niederlassungen der Credit Commercial de France S.A. und ihren Beteiligungsgesellschaften im Vereinigten Königreich, in

Italien und Spanien sowie c) mit der Entwicklung anderer internationaler finanzieller Vorhaben zwischen Unternehmen in Frankreich und Deutschland. Zimmerer sitzt im Aufsichtsrat der Agrippina-Rückversicherungs AG, Köln, und der LHI Leasinggesellschaft für Handel und Industrie mbH, München. Er ist Präsident der N & A Administraçao de Bens e Negocios S.A. Lissabon und Beirat bei der CCF-CRT Bank Credit Commercial de France S.A., der Cassa di Risparmio di Torino & Co oHG, Frankfurt, der Schmalenbach-Gesellschaft, Deutsche Gesellschaft für Betriebswirtschaft w. V., Köln-Berlin und der Stephan Werke GmbH, Hameln (Hoppenstedt: *Leitende Männer und Frauen der Wirtschaft* 1993).

Zimmerer ist nicht nur ein agiler Businessman, dessen langer Arm in viele europäische Länder reicht, er ist auch ein fleißiger Wirtschaftspublizist. Lange Jahre war er Autor des *Blick durch die Wirtschaft* der *Frankfurter Allgemeinen Zeitung*. In der *Wirtschaftswoche* plädierte Zimmerer für einen Babyboom. Den »Völkern des deutschsprachigen Europas« sei eines gemein: Es gäbe mehr Särge als Wiegen. »Den öffentlichen Meinungsmachern, selbst in der Regel geschieden«, sei nicht zu trauen. »Sie selbst, meist präsumtive Selbstmörder, können kein Vorbild für das Glück der anderen abgeben« (3. 1. 1986). Vorbild dagegen will Zimmerer selbst sein. Erstens ist er Vater von fünf Kindern, und zweitens hat er sich entschlossen, im Hochsommer jeder schwangeren Frau, die er auf der Düsseldorfer Königsallee sehe, eine Rose zu überreichen.

Der promovierte Politologe verfaßte auch etliche Bücher, zum Beispiel *Wirtschaftswunderknaben sind älter geworden* oder *Anmerkungen eines liberal Gebliebenen*. Er veröffentlicht Artikel zu den Themen Rechnungswesen, Bilanzwesen und im Wirtschaftsfeuilleton. Selbstredend kommt er mit vielen Unternehmern und Managern zusammen. Und er hat eine ständige Spalte in der *Zeitschrift für das gesamte Kreditwesen*. Dort schreibt er über »Banksachen«, wie er selbst sagt, »aber durchaus an der Schnittstelle zur Politik hin«. Nach eigener Auskunft ist er in der

Ludwig-Erhard-Stiftung »und in einer ganzen Reihe wissenschaftlicher und freier Gremien tätig«.

Er publiziert aber nicht nur in Fachblättern der Wirtschaft, auch die nationale Sache vertritt er in zahlreichen Artikeln und als Interviewpartner. Zu den Zimperlichen gehört Zimmerer dabei nicht, er rechnet sich selbst zum »Verein für deutliche Aussprache«, das Abkoppeln von der opinio communis sei nötig (*NE* 9/1990, S. 36). Von der gelegentlich anzutreffenden Larmoyanz Rechter über die eigene Zerstrittenheit ist bei Zimmerer nichts zu merken. Dennoch klagt er in der *Jungen Freiheit* im Juni 1990: »Und ›rechts‹ sein, das wird bei uns gleich als verbrecherisch eingestuft.« Damals war er der Meinung, man »sollte im Augenblick den Kanzler unterstützen«, wenngleich er auch glaubt, daß die Republikaner eine gute Politik betreiben würden. Keinen Hehl macht Zimmerer aus seiner Abneigung gegen die Medien: »Die Mediokratie ist mir zuwider.« Sein Rezept: »Wir brauchen eine Remoralisierung.«

Dem rechtsextremen Agitationsblatt *Unabhängige Nachrichten* (9/1990, S. 4) hat das Interview Zimmerers mit der *Jungen Freiheit* im Juni 1990 so gut gefallen, daß es einen Absatz mit dem Titel »Pfarrer geht voran!« nachdruckte. Man sollte doch von Pfarrern verlangen, daß sie selbst diese Asylanten aufnehmen, schlägt Zimmerer vor. »Aber wenn die tüchtigen Völker zur Arbeitszeitverkürzung gezwungen werden und keine Überschüsse mehr für die faulen Nationen erwirtschaften, wird die Hungersnot in der Dritten Welt so groß werden, daß mit der Bevölkerungsvermehrung Schluß ist.«

In der *Jungen Freiheit* (September 1992, S. 4) wird Zimmerer als »Vorsitzender eines Kreises nationalliberaler Wirtschaftsführer aus dem Ruhrgebiet« vorgestellt. In Deutschland drohe ein allgemeiner Kollaps, »wenn wir die Hocheinkommensbezieher durch konfiskatorische Steuern aus dem Lande jagen und Asylanten bezahlen, die hier keinen Beitrag zum Sozialprodukte erbringen, sondern uns nur Geld kosten«. Er schlägt unkonventionelle Remeduren vor wie »Schulungslager für sündige Parlamentarier«, aber auch die »Übernahme der Ganztagskindergärten von der Ostzone«. »Alle Kriege der Nachweltkriegszeit sind von Partisanen gewonnen worden«, sagt Zimmerer. »Die Ausbildung in Manneszucht, Mut und Beweglichkeit kostet viel weniger Geld als die Ausbildung des Tötens auf Distanz.«

Die Monatszeitschrift *Nation Europa* aus Coburg gehört offenbar zum bevorzugten Publikationsorgan für seine politischen Ansichten. Dort räsoniert er über die Möglichkeiten der Rechten: »Aber wir können doch Inseln des Geschmacks, Diskussionszirkel über die offiziell verschwiegenen Teile der historischen Wahrheit bilden, und es hat uns noch nicht einmal das Potsdamer Abkommen verboten, deutsche Lieder zu singen.« (*NE* 9/1990, S. 36)

In *Nation Europa* vom September 1992 befaßt er sich mit einem »vierten Stand«, unter dem er Drogenbesessene, Ausgeflippte und Taugenichtse versteht: »Wir müssen damit rechnen, daß die linken Medienherrscher jede Bewahrung der bürgerlichen Tugenden bekämpfen werden, denn sie wollen unseren Untergang.« (S. 29) Durch finanzielle Austrocknung der Müßiggänger und re-education der Re-Edukatoren könne der weitere Verfall von Moral und Leistung aufgehalten werden. Nachdem »wir« nur begrenzte Möglichkeiten der Aussiedlung und der Umerziehung hätten, sei Ausgrenzung das einzige Rezept. »Wir müssen einfach streng voneinander trennen die sozialen Deutschen, die da arbeiten, sparen, Steuern zahlen, Militär- oder Zivildienst leisten, Kinder aufziehen, freiwillige Sozialdienste erfüllen, von denen, die das alles nicht tun. Daß dann bestimmte Wohnquartiere entstehen werden, die nur mehr für die Taugenichtse da sind, weiß ich auch.« Bedenke man aber beispielsweise, was aus den weißen Wohngebieten geworden ist, nachdem schwarze Nichtstuer eingezogen seien, dann sei die Ausgrenzung als zweitschlechtestes Mittel in Kauf zu nehmen (S. 32).

In Nummer 1/93 des Blattes treibt Vater Zimmerer wie schon 1986 in der *Wirtschaftswoche* immer noch die Sorge um die »Zukunft unseres Volkes« um. Einige Kostproben: »Die multikulturelle Gesellschaft bricht völlig mit Volk und Familie, Kultur und Sitte. Wo die sog. westlichen Wertvorstellungen einreißen, herrscht Liberalismus, beginnen Kriminalisierung, Demoralisierung, Häßlichkeit und Laster überzuschwappen. Wir müssen uns überlegen, wie diesem Verfall gegenzusteuern ist ... In seinem neuen Wahlprogramm bezeichnet Jean Marie LePen die Umschulung von Journalisten als eine der wichtigsten Aufgaben. Nun kann man nicht einfach die Pressefreiheit so aufheben, daß nur noch geprüfte Journalisten Veröffentlichungen vornehmen können. Was man kann, ist allerdings, bestimmte Grundsätze aufzustellen, die zum Beispiel die Wiederherstellung der geschichtlichen Wahrheit zum Ziele haben. Wer dagegen verstößt, sollte nicht mehr verantwortlicher Redakteur einer Zeitung oder eines Senders sein ... Unsere rechten Ansichten werden wahrscheinlich von selber wieder ›chic‹. Unsere Freunde können da nur nachhelfen und formulieren und Schlagworte liefern, ... wie ›Scheinasylanten‹ und ›Eurokraten‹ ... Vielleicht sollte man überlegen, ob man nicht die Aufzucht mongoloider Kinder finanziell weitgehend privatisieren sollte; es scheint, daß sie heute zu sehr ›fokussiert‹ werden, so daß die Erziehung lebenstüchtiger Kinder diskriminiert wird.« (S. 37ff.)

Wenn ihm Bücher am Herzen liegen, schreibt Zimmerer auch Rezensionen. So lobt er überschwenglich Klaus Dieter Ludwigs *Die Tragödie der Mark*, 1993 in der rechtsextremen Verlagsgesellschaft Berg von Gert Sudholt erschienen. (*NE* 11/12 1993, S. 90). Ludwig, dem Ex-Bankdirektor, heutigen Unternehmensberater und bayerischen Landesvorständler der Deutschen Liga für Volk und Heimat, der sich auch als Heidenberater verdingt (»Chlodwig, der Unermüdliche« wie er in germanischen Kreisen heißt), attestiert Zimmerer packende Schreibe und konzisen Vortrag. Vielleicht sei das Buch schon das Abschiedslied für unsere Mark.

Auch das Buch *Kollektive Dummheit* von Karl Steinbuch, Kuratoriumsmitglied von Filbingers Studienzentrum Weikersheim, fand Zimmerers begeisterten Beifall. Er nennt es ein heroisches, ein notwendiges Buch. Zimmerer greift Sätze heraus, die ihm besonders gefallen, zum Beispiel diesen: »Schluß jetzt mit der Umerziehung, die unser Volk verblödet hat, mit der Ideologie gegen die eigene Existenz, mit Trauerarbeitsrhetorik, böllerndem Moralismus, Zeitgeistprostitution!« Solche Forderungen, die alle Bemühungen um Auseinandersetzung mit der Vergangenheit wegwischen wollen, erfreuen einen beinharten Rechten. »Wenn er auch nicht den letzten Schritt tut«, schreibt Zimmerer über den Karlsruher Informatiker, »und die alliierten Propagandalügen als solche entlarvt (er stellt sich sogar im Irak-Konflikt auf die amerikanische Seite), so weckt er doch Vertrauen zu unserer Sache und tastet sich nicht voran, sondern ruft auf.« (*Criticón* 131 1992, S. 150) Karl Steinbuch übrigens, der sich auf seine alten Tage rechtsaußen überschlägt, hat zusammen mit dem NPD-Mann Günter Deckert eine Broschüre über das Asylantenproblem veröffentlicht.

In einem Interview mit dem NDR im Juni 1994 sprach Zimmerer frei von der Leber weg auch über seine Beziehungen zu Adolf von Thadden, dem einstigen NPD-Funktionär. Mit Thadden sei er nicht »ganz eng« befreundet, so sagte er, er habe ihn aber seinerseits für die FDP bekommen wollen. Treffen würde er Thadden etwa einmal im Jahr, wenn er nach Teneriffa komme (wo Thadden jetzt lebt) oder sonstwo, aber er schreibe ihm auch ab und zu einen Brief, und er fände ihn einen »feinen Mann«, der – leider Gottes – Schiffbruch erlitten habe. Es wäre gut gewesen, wenn er seinerzeit zur FDP gegangen wäre. Die habe ja damals nur aus Hitlerjugendführern bestanden. Zimmerer hätte es gut gefunden, wenn sich die FDP mit Thadden hätte schmücken können.

Auf die Frage, ob er denn einen Hehl aus seiner Nähe zu Haider und Schönhuber mache, sagte Zimmerer: »Mache ich auch gar nicht. Denn ich meine, ich würde den Republikanern nicht beigetreten sein, denn ich halte Schönhuber etwas für problematisch als Vorsitzender einer Partei, aber das, was er vorgetragen hat an dem Abend mit Ausnahme der Agrarpolitik, ich bin also gegen Subventionen, das finde ich ganz vernünftig.«

Zimmerer äußerte sich auch zum Sponsern von Schönhuber. Verschiedene Herren hätten sich bereit erklärt, ihm eine Bürgschaft von 10 000 Mark zu geben. Er selbst habe auch eine Bürgschaft gegeben.

Auf die Frage, ob denn aus der Herrenrunde heraus auch für die NPD gespendet würde, antwortete Zimmerer, davon wisse er nichts. Ob denn Herr Kissel gespendet habe? Darauf sagte Zimmerer, »das kann sein, ja. Kissel ist ein sehr ordentlicher Mann.«

Wie steht Prof. Zimmerer zur sogenannten Auschwitz-Lüge? Dazu möge er gar nichts sagen, so Zimmerer. Und das sei ja nun mal verboten. Ob er dieses bedaure? »Ich meine, man sollte diese Dinge frei diskutieren dürfen.« Man sollte auch Leute, die das untersuchen, nicht einsperren. Er habe eine Menge von »Untersuchungen« zu Auschwitz angesehen und habe mit Menschen gesprochen, die dort waren. Kleinewefers zum Beispiel habe dort produziert bis Februar 1945. Er meine, man solle seinen Frieden machen und das Thema Auschwitz nicht ewig aufwärmen. Bei der Herrenrunde sei darüber nie diskutiert worden. Die grundsätzliche Position sei die: »Wir sind der Meinung, daß man über alles frei reden soll.« Gewisse Dinge müsse man aussparen, »weil, wie in diesem Fall, es sogar verboten ist«. Es habe auch mal jemand Otto Ernst Remer als Referenten vorgeschlagen. Er habe Remer aber lieber nicht einladen wollen. David Irving könne man laden, aber Zimmerer fände Diskussionen über Maastricht oder die Bundesbank wichtiger.

Bleibt noch nachzutragen, daß Zimmerer am 7. 6. 1988 von der Landesregierung Nordrhein-Westfalens in Würdigung seiner Verdienste im Bereich des Bank- und Kreditwesens der Professorentitel verliehen wurde.

Zweiter Mann der Herrenrunde ist der Solinger Bauunternehmer Günther Kissel, Inhaber von vier Firmen. Er gilt als einer der reichsten Firmenbesitzer Solingens. Kissel ist ein Unternehmer von echtem Schrot und Korn, einer von der Aufbaugeneration, der ordentliche Häuser hinstellt und von der Stadt Solingen auch ganz beachtliche Aufträge erhält. Und Kissel ist ein national und sozial engagierter Mann. In der Zeit großer Wohnungsnot Anfang der fünfziger Jahre und auch später baute Kissel Hunderte von Sozialwohnungen. Kissel hilft auch bei der Unterbringung ausländischer Familien.

Als Spender für die NPD hat sich Kissel selbst namhaft gemacht. »Daß ich auch einer nationalen Partei, die in antidemokratischer Weise unter Mißachtung des Grundgesetzes laufend behindert wird, gelegentlich eine Spende zukommen ließ, dürfte sicher nicht verboten sein«, schrieb er an den Landtag von Nordrhein-Westfalen mit Datum vom 8. Dezember 1993, als der sich mit dem politischen Engagement des Solingers befaßte. »Aus einer Spende an die NPD macht man ein riesiges Theater ...«, so beschwerte er sich wegen einer Kleinen Anfrage zu seiner Person.

Kissels »nationales« Engagement hat Tradition. Zum fünfzigjährigen Firmenjubiläum der Bauunternehmung Kissel-Rapid ließ sich der Chef etwas einfallen. Für Leib und Seele veranstaltete er ein Betriebsfest, aber auch fürs Leben gab er allen seinen Mitarbeitern etwas Erbauliches mit: ein Buchgeschenk. Es handelte sich keineswegs um ein alltägliches Buch, eines, das in jeder Buchhandlung um die Ecke zu erwerben gewesen wäre, sondern um die Memoiren von Helmut Sündermann, des »stellvertretenden Pressechefs der Reichsregierung«, erschienen 1975 im Druffel-Verlag von Sündermanns Stiefsohn Gert Sudholt. Und wie sich das für eine Jubiläumsgabe gehört, versah Kissel die Sonderausgabe für seine Belegschaft auch mit einem Geleitwort. Jeder Deutschbewußte solle dieses Buch lesen, insbesondere die Jugend. Er, Kissel, habe Sündermann persönlich kennen- und schätzengelernt. »Wem die Zukunft unseres Vaterlandes am Herzen« läge, der müsse sich mit diesem Buch beschäftigen.

Was ist das eigentlich für ein Mann, dieser Helmut Sündermann, den der Unternehmer Kissel so sehr schätzt? Von Sündermann stammt das quer durch alle ultrarechten Reihen beliebte Durchhaltezitat: »Wir sind nicht die Letzten von gestern, sondern die Ersten von morgen.« Er gilt als Symbolfigur der Kampfzeit der NSDAP, bereits mit zwanzig Jahren arbeitete er in der Pressestelle der NSDAP, wurde am 1. 1. 1933 Schriftleiter der NS-Parteikorrespondenz, 1934 SS-Untersturmführer, 1937 Stabsleiter des Reichspressechefs und 1942 eben stellvertretender Pressechef der Reichsregierung. Er begleitete Hitler auch bei seinen drei Auslandsreisen nach Venedig 1934, nach Rom 1938 und nach Hendaye 1940. Nach 1945 blieb Sündermann seinen Überzeugungen treu und stellte sich »der Flut der alliierten Umerziehungspropaganda«, wie man sich in diesen Kreisen ausdrückte, wacker entgegen. Er heiratete 1950 die Witwe des Münchner Gauamtsleiters Sudholt, geborene von Druffel-Egloffstein, und begann kurz darauf wieder mit seiner politisch-publizistischen Tätigkeit. Der Druffel-Verlag am Starnberger See veröffentlichte frühzeitig die Memoiren zahlreicher NS-Größen. 1951 gehörte Sündermann zu den Mitbegründern der Zeitschrift *Nation Europa,* und er legte Wert darauf, daß er nicht zu denjenigen gehöre, die später einen »Unrechtscharakter« des Dritten Reiches erkannt hätten. Sein Ziehsohn Gert Sudholt, langjähriger Vorsitzender der »Gesellschaft für freie Publizistik«, übernahm nach dem Tod seines Stiefvaters eines der größten rechtsextremen Verlagsimperien, u. a. mit Druffel, Vowinckel, Türmer und der Scharnhorst-Buchgemeinschaft.

Nun wird allmählich deutlich, warum Kissel just die Lebenserinnerungen eines unbelehrbaren Nationalsozialisten als lehrsame Lektüre für seine Mitarbeiter aussuchte. Liest man Kissels Texte, so versucht er wie Sündermann, die Zeit vor 1945 zu rechtfertigen und zu schönen, auch er schreibt nichts von einem »Unrechtscharakter«, dafür um so mehr von einer »wunderbaren Kameradschaft«, und nichts davon, daß Millionen für eine menschenverachtende Ideologie im Krieg krepierten. Und Kissel ist sowohl der Zeitschrift *Nation Europa* wie dem Druffel-Verlag und der frühen Sammelstelle für NS-belastete Schreiber, der »Gesellschaft für freie Publizistik« verbunden.

Kissel setzte sich heftig zur Wehr, als er in Zusammenhang mit der rechtsextremen Szene in Solingen nach dem Brandanschlag auf eine türkische Familie im Mai 1993 genannt wurde: »Das ist Rufmord an einem Menschen, der sich ein Leben lang nicht durch Sprüche, sondern durch Taten für den Gemeinsinn eingesetzt hat.« Den Brandanschlag findet Kissel »verabscheuungswürdig«. Der Unternehmer und homo politicus Kissel rechnet sich, so geht es aus einem Brief an den Landtag von Nordrhein-Westfalen hervor, zur patriotisch rechtskonservativen Seite.

Günther Kissel ist 1916 geboren. Seit vielen Jahren schreibt Kissel in diversen braunen Blättern wie dem *Anzeiger der Notverwaltung des Deutschen Ostens* (1/1992), *Recht und Wahrheit* (9/10 1990) oder der Monatszeitschrift *Nation Europa* (9/1990). 1979 organisierte er auf seinem Firmengelände eine Veranstaltung mit dem berühmt-berüchtigten britischen Autor David Irving.

Für den 12. November 1994 lud der Verein »Gedächtnisstätte für die Opfer des Zweiten Weltkrieges durch Bomben, Verschleppung, Vertreibung und in Gefangenenlagern« durch eine Notiz im *Anzeiger der Notverwaltung des Deutschen Ostens* (4/1994) zu seiner Hauptversammlung ein. Kissel stellte dafür Räume seiner Firma Kissel-Rapid in Solingen zur Verfügung. Als Referent angekündigt war Dr. Burkhard Schöbener, Mitglied der Zeitgeschichtlichen Forschungsstelle Ingolstadt, die auch dessen Dissertation »Die amerikanische Besatzungspolitik und das Völkerrecht« für 75 Mark vertreibt. In der Einladung wurde er vorgestellt als Wissenschaftler vom Lehrstuhl für Völkerrecht an der Universität Würzburg. Sein Thema bei Kissel sollte sein: »Besetzt – besiegt – befreit?« Dr. Schöbener sagte seine Teilnahme aber am 9. November ab.

Für welche Ziele öffnet die Firma Kissel so bereitwillig ihre

Pforten? Der Verein will ein Denkmal »mitten in Deutschland« und eine Dokumentation errichten. Diese zentrale Gedenkstätte soll in ihrer baulichen, künstlerischen und würdigen Gestaltung dem Leid so vieler angemessen sein. »Viel Zeit bleibt uns nicht mehr«, heißt es in einem Werbefaltblatt des Vereins und in einer Anzeige im *Schlesier* (6. 8. 93), »denn die Mehrzahl der unmittelbar Betroffenen ist alt, und die nächste Generation, die im Westen aufwuchs, kann sich weder eine Vertreibung von Haus und Hof innerhalb weniger Stunden vorstellen, noch sich in die Trümmerlandschaften unserer Städte, in die gräßlichen Bombennächte oder in die furchtbaren Gefangenenlager zurückversetzen. Solches Schicksal, das ein Großteil unseres Volkes erlitt, soll den nachfolgenden Generationen bewußtgemacht werden.«

Der Mindestbeitrag bei dem von Kissel unterstützten Verein beträgt 120 Mark jährlich, Spendenbescheinigungen können angefordert werden. Die Geschäftsstelle des Vereins liegt ebenso wie die des Weltbundes zum Schutz des Lebens und des als gemeinnützig und jugendfördernd anerkannten Collegium Humanum in Vlotho-Valdorf an der Weser in der Nähe des Hermannsdenkmals und der Externsteine. Im Collegium fand 1984 ein »Seminar über Umweltfragen und Naturreligionen« statt. In Wirklichkeit handelte es sich um ein Schulungs- und Besprechungstreffen des »Komitees zur Vorbereitung der Feierlichkeiten zum 100. Geburtstag Adolf Hitlers« (KAH), wie dem Verfassungsschutzbericht Nordrhein-Westfalen zu entnehmen ist. Die Vorsitzende des Vereins ist die Ehefrau des Leiters des Collegiums und Präsidentin des Weltbundes, Ursula Haverbeck-Wetzel. Bekannter ist ihr Stellvertreter, Prof. Dr. Theodor Schmidt-Kaler, ein Mann, dessen Äußerungen als rassistisch eingestuft werden dürfen. Unter Führung Schmidt-Kalers, Jahrgang 1930, veröffentlichten am 17. 6. 1981 rund zwei Dutzend Professoren das sogenannte Heidelberger Manifest gegen »Überfremdung« des deutschen Volkes. Für 1990 prophezeite der Ordinarius des Astronomischen Instituts der Ruhr-Universität Bochum einen »Bürgerkrieg« wegen der Zuwanderung von Scheinasylanten und der sinkenden Geburtenzahl bei der einheimischen Bevölkerung. Daß Schmidt-Kaler von Haus aus Mathematiker und Astronom ist und als Bevölkerungswissenschaftler eher dilettiert, das ficht manche Kongreßveranstalter wie die CDU nicht an. So durfte er beim Fachkongreß Bevölkerung in der Bundesrepublik 1986 der Konrad-Adenauer-Stiftung das Einführungsreferat halten, und auch bei Filbingers Studienzentrum Weikersheim ist er ein gerngesehener Gast. Weniger verwunderlich ist, daß der Astronom auch dem rechtsextremen Münchner Pressemogul Gerhard Frey als »einer der namhaftesten Bevölkerungswissenschaftler« gilt (Gerhard Frey [Hrsg.]: *Prominente ohne Maske,* München 1984, S. 391).

Die Intention des Vlothoer Vereins, dem Kissel so großzügig Räume zur Verfügung stellt, ist klar: Es geht darum, die Deutschen einseitig als Opfer alliierter Politik und nicht als Täter und Verantwortliche für Millionen Tote und für das verbrecherische Regime des Dritten Reiches darzustellen.

Sich selbst sieht Kissel gern als von Vaterlandsliebe geprägten Unternehmer. So engagierte er sich in der konservativen »Aktionsgemeinschaft Wirtschaft und Politik – Gemeinnützige Forschungs-Gesellschaft zur Förderung politischen Staatsbürger-Engagements e. V.« aus Prien am Chiemsee.

Er fungierte aber auch als Kontaktmann zur nazistischen Seite, nämlich zum ehemaligen Generalmajor Otto-Ernst Remer. In einem enthusiastischen Dankschreiben an den »sehr geehrten Herrn General Remer« erzählt eine Dame aus Solingen nebst ihrer Freundin aus Wegberg, wie sie mit Remer Verbindung aufnehmen konnten: »Bei einem Gespräch mit Herrn Kissel wurde Ihr Name erwähnt, und ich erzählte Herrn Kissel, was mir meine Freundin von Ihnen berichtet hatte. So stellte Herr Kissel das Telefongespräch mit Ihnen her.« (*Recht und Wahrheit* 7/8 1989, S. 15) Besagte Briefschreiberin ist übrigens Mitglied der Arbeitsgruppe »Gedenkstätte des deutschen Ostens auf Schloß Burg« im nordrhein-westfälischen Landtag und stellver-

tretende Landesvorsitzende der Pommerschen Landsmannschaft. Im Februar 1995 enthüllte sie bei einer Feierstunde auf
Schloß Burg an der Wupper vor politischer Prominenz wie dem
Staatssekretär Bernd Wilz MdB und dem Solinger Bürgermeister eine Ernst-Moritz-Arndt-Büste, diesen mit den Worten zitie-
rend: »Und gib uns rechten deutschen Mut, daß wir es lieben
treu und gut. Das soll es sein! Das ganze Deutschland soll es
sein.« (*Ostpreußenblatt* 18. 2. 1995)

Kissels politisches Engagement geht so weit, daß er trotz seiner
knapp bemessenen Freizeit doch immer wieder selbst Artikel
verfaßt. »Angesichts des erneuten Massenzustroms von Asyl-
betrügern und Wirtschaftsflüchtlingen« dokumentiert die Zeitschrift *Nation Europa* (9/1990, S. 66ff.) eine Abhandlung Günther Kissels zum Asylrecht. In einer Beilage zu dem Neonazi-
Blatt *Wehr dich!* von Berthold Dinter, einem der Organisatoren
der alljährlichen Rudolf-Heß-Aufmärsche, erschien ein »offener
Brief des Bürgers Günther Kissel« (Januar 1990). »Einen Maul-
korb läßt sich der Privatmann Günther Kissel von denen, die die
schweren Zeiten des Krieges und der direkten Nachkriegszeit
nicht als Erwachsene miterlebt haben, nicht umhängen«,
schreibt der Ex-Kompaniechef der Wehrmacht an die Repräsentanten der Stadt Solingen.

In den *Deutschen Annalen 1982 – Jahrbuch des Nationalgeschehens*
aus dem schon erwähnten Druffel-Verlag publizierte Kissel
»Kritische Gedanken eines Unternehmers. Rückschau auf ein
wechselvolles Leben und persönliches Bekenntnis«. Schon
1979 veröffentlichte er an gleicher Stelle seinen Aufsatz »Tarif-
autonomie am Scheidepunkt. Sind wir ein Volk von Selbstzer-
störern?«

Kissels Lob gilt in seinem Buchbeitrag von 1982 einem Mann,
der die Mohrenwäsche Hitlers auflagenstark in Gang gebracht
hat, dem US-Amerikaner David Hoggan. Seine These, schuld
am »Vernichtungskrieg gegen Deutschland« seien das perfide
England, das größenwahnsinnige Polen und der blutdürstige
US-Präsident Roosevelt gewesen, wird bis heute von Rechtsradi-

kalen mit Genuß repetiert. Kissel über Hoggan: Er sei »ein Freund Deutschlands« und habe in seinem »epochalen Werk *Der erzwungene Krieg* etwa 1963 dokumentarisch nachgewiesen, daß von einer Alleinkriegsschuld Deutschlands gar keine Rede sein kann« (Sonderdruck 1982, S. 21).

Kissel befaßt sich auch mit dem Verfassungsschutzbericht. Unter der Rubrik rechtsextremistischer Bestrebungen würden auch Gruppierungen und Verlage aufgeführt, »die sich nachweislich nationalen und staatstragenden Gedanken widmen«. Anständige, honorige Menschen und Institute würden mit wenigen extremen Spinnern in einen Topf geworfen (S. 23).

An Veränderungen »im nationalen Sinn«, die auf parlamentarischem Weg zu erreichen wären, glaubt Kissel offenbar nicht: Durch die 5-Prozent-Klausel und die Verteufelung jeder normalen nationalen Regung würden die etablierten Parteien dafür sorgen, daß sich keine gemäßigte nationale Partei durchsetzen könne. Kissel zitiert einen für das gesamte Lager der extremen Rechten programmatischen Aufsatz des NS-belasteten Schriftstellers Hans Venatier (»den großen Schriftsteller, Pädagogen und Patrioten«), der sich 1959 in Düsseldorf das Leben nahm, in *Nation Europa* vom Dezember 1958. In diesem Artikel bekennt sich Venatier »zur Führung des Staates durch eine Elite«, »zum soldatischen Wesen« und zur Absage an einen »rassischen Mischmasch«. Von seinem schriftstellerischen Beitrag in den *Deutschen Annalen* hat Kissel gezielt einen Sonderdruck an rund 3500 Persönlichkeiten geschickt, darunter alle Abgeordneten des Landtags von Nordrhein-Westfalen und die meisten Bundestagsabgeordneten. Er habe nur zwei negative Antworten bekommen »und von vielen Politikern aller Couleur positive Antworten und von meinen Unternehmerkollegen einstimmig zustimmende Antworten«.

An seine Geschäftsfreunde verschickt Kissel zuweilen Lyrisches, so zu Weihnachten 1984. Er hat ein Gedicht der Blut-und-Boden-Dichterin Renate Schütte (Kissel: »diesen prächtigen Menschen«) ausgewählt, Titel: *Mein Deutsches Volk.*

Volk im Zwielicht einer Schande
die Du nicht begangen hast;
unterdrückt im eignen Lande,
trägst Du schwer an Deiner Last.

Zweifelst an den Idealen,
die Dir einst von höchstem Wert;
stehst nicht an den Ehrenmalen
derer, die nicht heimgekehrt ...

Renate Schütte trug die Verse erstmals beim Pfingsttreffen der rechtsextremen Unabhängigen Freundeskreise in Scharzfeld 1977 vor. Seither kann man sie in Postillen wie dem antisemitischen Hetzblatt *Sieg* nachlesen. Thies Christophersen hat für die Liebhaber solch volkstreuer Reime ein Gedichtbändchen Renate Schüttes herausgebracht und in Anzeigen aufgefordert: »Bestellen Sie es, bevor es verboten wird!« Günther Kissel bittet Christophersen in einem Brief, Renate Schütte »recht herzliche Grüße und Dank für ihre wunderbaren Gedichte« auszurichten. Mit viel Aufwand an Zeit engagierte sich Günther Kissel für Thies Christophersen, den Verfasser der Broschüre *Die Auschwitz-Lüge.* Kissel forderte Straffreiheit für diesen notorischen Leugner des Holocaust und Bewunderer Adolf Hitlers.
Christophersen, 1918 in Kiel geboren, hatte 1971 nach dem Niedergang der NPD zur Sammlung getrommelt. Gestützt auf seine Erfahrungen aus der Bauernbewegung, insbesondere der »Notgemeinschaft Deutscher Bauern e. V.«, gründete er die neonazistische »Bürger- und Bauerninitiative« (BBI). Seine politischen Vorstellungen bezeichnet der Verfassungsschutz als »äußerst extremistisch«. Diese Auffassungen (»Wenn Judenhäuptling Bubis pfeift, kuschen Vorsitzende und Präsidenten«) verbreitet Christophersen in seiner Zeitschrift *Bauernschaft,* in den Schriften seines »Kritik-Verlages« und bei sogenannten Freundestreffen, die zum Teil im Ausland stattfinden. Christophersen hat nämlich hervorragende internationale Verbindun-

gen und reist viel, zum Beispiel nach Südafrika oder Spanien. 1973 veröffentlichte er seinen abstrusen »Erlebnisbericht« mit dem Titel *Die Auschwitz-Lüge*. Die Schrift des Landwirts Christophersen, der als Mitarbeiter der Pflanzenkautschukproduktion im Rang eines Sonderführers der Wehrmacht 1944 in Auschwitz den »lustigen Haufen« der Häftlinge »mit Eifer und Freude« bei der Arbeit sah, wurde 1978 gerichtlich eingezogen. Einen Prozeß hat es nicht gegeben, weil bereits die presserechtliche Verjährung eingetreten war. Mittlerweile ist das Machwerk in viele Sprachen übersetzt, es ist zu einem Bestseller unter braunen Ladentischen geworden. Trotz Verbot kann man es von diversen Stellen im Ausland beziehen.

Dennoch hatte Christophersen eine ganze Reihe von Strafverfahren zumeist wegen Volksverhetzung und Verunglimpfung des Andenkens Verstorbener am Hals. Im Herbst 1981 war er nach Belgien geflohen, um sich einer Festnahme zu entziehen. Mit seiner Propagandaarbeit machte er unter dem Pseudonym Paulsen weiter. Am 26. August 1983 war er an der deutsch-belgischen Grenze bei Aachen festgenommen worden. Bis 15. August 1984 saß er in Haft.[5] Damals trat Kissel tatkräftig auf den Plan.

Kissel hat Christophersen nach eigenem Bekunden auf Sylt kennengelernt und bezieht dessen Zeitschrift *Bauernschaft*. In einem Brief an den damaligen Justizminister des Landes Schleswig-Holstein Henning Schwarz vom 6. 2. 1984 stellte Kissel fest, daß er zwar nicht in allem mit Christophersen übereinstimme, aber sich mit vielen Aufsätzen von ihm »persönlich identifiziere«. »Er ist ein honoriger Mensch«, steht da im Brief, »er war Nationalsozialist und bekennt sich heute noch dazu.« Ein Staatsverbrechen könne dies sicherlich nicht sein. Kissel appelliert an den Minister: »Beenden Sie bitte diese unwürdige Situation für Christophersen und geben Sie diesen Mann frei.«

Kissel setzte sich noch weiter für den »hochanständigen« Christophersen »persönlich und in jeder Form« ein. Am 25. Juni 1984 schrieb er an den Leiter der Justizvollzugsanstalt Flensburg: »Daß man einen gebildeten, honorigen und außerordentlich charaktervollen Menschen wie Thies Christophersen mit kriminellen gemeinen Verbrechern zusammen inhaftiert und von einem Gefängnis zum anderen gemeinsam in der grünen Minna transportiert, ist für mich unfaßbar.« (Vgl. Dokument im Anhang S. 365.)

Am 18. Juli 1984 wandte sich Kissel »an die sehr verehrten Damen und Herren Landtagsabgeordneten der Regierungspartei des Landes Schleswig-Holstein« mit der Bitte, »sich sofort um den Fall Thies Christophersen und seine Freilassung zu bemühen«. Im August wurde Christophersen entlassen.

Bis zum Skandal wegen des Schönhuber-Vortrags 1989 war die diskrete Düsseldorfer Herrenrunde nur Eingeweihten bekannt. Daß sich Politiker dazu hergeben, einer bundesweit in die Schlagzeilen geratenen Runde, die Schönhuber und andere Rechtsradikale hofiert, mit Referaten dienstbar zu sein, ist schon unglaublich. Aber zwei Geheimdienstchefs, die dort aufmarschieren, obwohl die politischen Aktivitäten der Herren Kissel und Zimmerer seit vielen Jahren bekannt sind, sollten eigentlich genauestens wissen, vor welchem Forum sie auftreten. Ist das unfaßbare Blauäugigkeit? Oder sind die Sicherheitsbehörden Opfer ihrer eigenen Unterlassungssünden, nämlich beschränkte Skinheads und dumpfe Hitler-Nachahmer ins Visier zu nehmen, die sich salonfähig gebärdende Rechte dagegen kaum wahrzunehmen?

5 Unternehmer vom rechten Schlag

Grenzgänger zwischen Schwarz und Braun

Anfang November 1991 flatterte einem handverlesenen Kreis von ein paar hundert Personen, darunter Unternehmer, Mitglieder des Lions-Club und Vertriebenenfunktionäre, eine Einladung zu einem Vortrag auf den Tisch. Das Thema des Abends war nicht sehr aussagekräftig, nämlich »Neues Europa«. Informativer, jedenfalls für rechtsradikale Insider, war schon der Name des Referenten: David Irving, ein Brite, der in Deutschland seit 1990 zur Zurückweisung an der Grenze ausgeschrieben ist. Dennoch, so vermerkt der Verfassungsschutzbericht des Landes Nordrhein-Westfalen 1992 (S. 14), »gelingt es ihm jedoch immer wieder, unbemerkt nach Deutschland einzureisen«. Irving ist dafür bekannt, daß er abstreitet, daß im Dritten Reich Millionen Juden vergast wurden.

Um was sollte es an diesem Abend gehen? Irving sei bei seinen Nachforschungen nicht verborgen geblieben, »daß die Propaganda in den letzten 50 Jahren systematisch ein falsches Deutschlandbild aufgebaut und propagiert hat«, so heißt es in der Einladung. Deshalb könne Irving, der für den Gastgeber »ein weltbekannter Historiker« ist, »das Geschichtsbild der Deutschen in Europa korrigieren«. Was aber soll dies alles mit dem angeblichen Vortragsthema »Neues Europa« zu tun haben? Veranstaltungsort sollte laut Einladung die Stadthalle Pforzheim sein. Doch eben an diesem 6. November 1991 erschien eine Anzeige in der *Pforzheimer Zeitung*. Darin hieß es, durch die kurzfristige Absage der Stadthallenverwaltung müsse der für 18.30 Uhr vorgesehene Vortrag »Neues Europa« abgesagt werden. In der Tat blieben die Türen der Stadthalle an diesem Abend verschlossen. Eine Gruppe Skinheads stand abwartend davor, etliche zumeist ältere Herrschaften zogen enttäuscht wieder ab.

Ein Vortrag fand dennoch statt, aber nicht zu der für einen Mittwoch ungewöhnlichen Uhrzeit 18.30, sondern ganz normal um 20 Uhr. Und es ging mitnichten um das »Neue Europa«, sondern um ein altes Lieblingsthema von Neonazis und Verdrängungsaposteln, nämlich um das Leugnen der Massenvernichtung der Juden in Auschwitz. Die Anmietung der Stadthalle war wohl ein reines Täuschungsmanöver, so scheint es. Der Vortrag ging woanders über die Bühne – und zwar ein paar Kilometer weiter bei Lachsbrötchen und Weißwein, in gediegenem Rahmen, im Restaurant Adler in Büchenbronn. Dieses nordbadische Schlemmerlokal wird häufig für Geschäftsessen gewählt, vor allem von einer kleinen, aber feinen Firmengruppe.

Die Einladung zu dem Vortrag des Briten, dem in Italien oder Österreich die Grenzen verschlossen blieben, steckte in einem Kuvert mit rotem Poststempel, der von dem Frankierautomaten einer Maschinenfabrik stammte. Und wer von den Empfängern mit dem Namen des Gastgebers Dr. Manfrid Dreher nichts anzufangen wußte, der kam über die angegebene Telefonnummer weiter. Unter dieser Nummer meldet sich kein Privatmann, sondern ein Unternehmen, Dreher Deutschland.

Das Versteckspiel hatte einen guten Grund: Unter den handverlesenen Gästen waren auch Stars der internationalen Neonazi-Szene:

- der Deutsch-Kanadier Ernst Zündel, Jahrgang 1939, ein unermüdlicher Repetitor der sogenannten Auschwitz-Lüge.
- Fred(erick A.) Leuchter nebst Gattin, »Gaskammerexperte« und Autor des pseudowissenschaftlichen Leuchter-Reports, eines braunen Bestsellers, der belegen soll, daß es in Auschwitz nie massenhafte Vergasungen gegeben hat. Er reist »seit

Jahren von einem zum nächsten konspirativen Treffen, um wegen seiner beruflichen Mißerfolge Geld zu erbetteln«, so heißt es über ihn in der neurechten *Jungen Freiheit* (9/93). Leuchter kam aus den USA angeflogen.

Nicht mit dabei bei diesem internationalen Revisionistentreffen in Büchenbronn waren allerdings die Sicherheitsbehörden. Die Staatsschutzabteilung der Kripo und der Verfassungsschutz hatten darauf vertraut, daß dieser Weltgipfel der Holocaust-Leugner abgesagt sei. Schließlich war der Veranstalter kein Unbekannter, sondern ein ehrenwerter Unternehmer und langjähriger CDU-Mandatsträger.

In seiner Einführungsrede vor vollbesetzem Saal begrüßte Dreher besonders die Gäste, die »extra aus Sachsen« an den Schwarzwaldrand angereist waren, und »recht herzlich meine Generation, die die Gnade haben der frühen Geburt, die also aus eigener Anschauung manches anders beurteilen wie diejenigen, denen man über Jahrzehnte hinweg sehr viel zugemutet hat«. Es ist schon makaber genug, das Erleben des Terror-Regimes des Dritten Reiches als »Gnade« zu empfinden. Doch es kam noch schlimmer.

Irving reiste gerade aus den Vereinigten Staaten an, der Auftritt bei dem Pforzheimer Unternehmer war eine Etappe auf einer großen Weltreise, die ihn zwei Jahre lang durch sämtliche Kontinente führte. Er nennt sie *an international campaign for real history*. »Ich setze mich allmählich durch«, resümierte Irving im »Adler«, und unter brausendem Beifall ergänzte er: »Und ich kann nun hier die Prophezeiung aussprechen, daß innerhalb von zwei Jahren kein Mensch mehr an die großen Lügen glauben wird hier in Deutschland, die seit 45 Jahren auf dem Gewissen des ganzen deutschen Volkes lasten.« Man freute sich im Saal über diese kollektive Entlastung. Hämisch wurde eine Sottise auf die hiesige Historikerzunft belächelt: »Und ich warte nun darauf, daß die Historiker in zwei Jahren sagen, aber ja, auch das haben wir alle immer gewußt. Die wissen es, aber die sagen es nicht. Die deutschen Historiker sind alle Lügner und Feiglinge.« Endlich zahlt es diesen »Umerziehern« einmal einer heim. Die Stimmung steigt. Irving kommt zum Höhepunkt: »Wir wissen inzwischen, das brauche ich hier nur als Fußnotiz zu erwähnen, daß es nie Gaskammern in Auschwitz gegeben hat. Das habe ich damals gesagt. Das wiederhole ich hier, meine Damen und Herren. Und das werde ich heute abend beweisen, obwohl das gesetzwidrig ist in Deutschland.« Das Publikum tobte vor Begeisterung, viele riefen »Bravo!«. So manchem dieser versammelten »Frühgeborenen« gingen diese Sätze runter wie einst der Badenweiler, Hitlers Lieblingsmarsch.

Nach eineinhalb Stunden dieser unsäglichen Rede meldet sich der befriedigte Gastgeber zu Wort, er sei ganz ergriffen, alle seien sehr fasziniert, sagt er, die Zeit sei sehr schnell vergangen. Hinterher konnten die Teilnehmer in einer Ecke des Saales jede Menge Bücher und Kassetten von Irving kaufen. Ihm wird neben seinem Eifer bei der Vermarktung seiner Produkte auch ein ausgeprägter Geschäftssinn nachgesagt. Irvings Schriften gingen weg wie warme Semmeln. Er hatte keine Minute ohne Entgegennahme eines Geldscheins und Bitte um ein Autogramm: Revisionismus hat rechtsaußen Konjunktur. Irving soll einen Rolls-Royce in der Garage haben.

Nachdem dieser Abend trotz aller Geheimhaltung dennoch ruchbar wurde, forderte der zuständige CDU-Kreisverband den Parteiausschluß von Dr. Manfrid Dreher. Doch wohl dem, der einflußreiche Freunde hat. Zwar fordern auch Unionspolitiker nach jedem Brandanschlag in einem wiederkehrenden Ritual die Ächtung der Täter und ihrer geistigen Anstifter, doch im konkreten Fall hat die CDU offenbar Manschetten, wenn es um einen Sympathisanten der Auschwitz-Lüge mit Schlips und Kragen geht. Als Dreher Irving einlud, die Stadthalle mietete, eine Tumultschädenversicherung über zwei Millionen abschloß, den Saal in seiner »Stammkneipe« organisierte, da war er nämlich laut Hoppenstedt – *Leitende Frauen und Männer der Wirtschaft*, Ausgabe 1993 – Vizepräsident der Vereinigung Mittelständischer Unternehmer e. V., einem Zusammenschluß des industriellen Mittelstandes mit Sitz in München. Er saß darüber hinaus in vielen Posten und Ämtern:

– Initiator und Fachbeiratsmitglied der INHORGENTA, Münchens kostbarster Messe, der internationalen Fachmesse für Uhren, Schmuck, Edelsteine, Perlen und Silberwaren mit zugehörigen Fertigungs- und Betriebseinrichtungen in München. Zu dieser Messe kommen über 1300 Aussteller aus über 35 Ländern, darunter traditionell viele jüdische Händler, man denke nur an Antwerpen als Zentrum des Diamantenhandels.
– Beiratsmitglied der Fachhochschule Pforzheim.
– Seit zwanzig Jahren Mitglied der Vollversammlung der Industrie- und Handelskammer Nordschwarzwald und 1. Vorsitzender des Umweltausschusses. Das brachte ihm 1983 die Ehrenmedaille und 1990 die Ehrenplakette ein.
– Ehrenmitglied der Londoner Goldsmith Hall.

Einige dieser Funktionen hat Dreher nicht mehr. Beispielsweise hatte sich 1993 der Münchner Oberbürgermeister Georg Kronawitter geweigert, bei der Eröffnung der INHORGENTA im Februar neben Dreher zu sitzen. Jetzt ist ein anderer Fachbeiratsvorsitzender.
Auch die Vereinigung Mittelständischer Unternehmer hat sich zu einem neuen Vizepräsidenten entschlossen.
Die Anfänge seines Unternehmens gehen zurück auf das Jahr 1956. Damals gründete Dreher, der den Krieg als Soldat im Afrikakorps mitgemacht und danach an der TH und am Max-Planck-Institut in Stuttgart Chemie und Metallkunde studiert hatte, sein Ingenieurbüro, mehr oder weniger ein Ein-Mann-Betrieb, aus dem sich später die marktbeherrschende Firmengruppe Dreher Deutschland entwickelte.
Drehers Schwerpunkt ist die Herstellung von Spitzentechnologie und Präzisionsteilen, wie sie in der Rüstungs-, Luft- und

Raumfahrtindustrie, aber auch im Medizinsektor und in der Waffenherstellung, zum Beispiel bei der 44er Smith & Wesson, gebraucht werden. Hier hat er Verfahren der Oberflächenbehandlung entwickelt, die nur er liefern kann. Seine Firmengruppe ist damit weltweit zum Marktführer geworden.

Das Unternehmen expandierte daher schon in den sechziger Jahren ins Ausland. 1979 gründete Dreher die Dreher Corporation in den USA, zwei Jahre später Dreher France im Großraum Paris und die Finishing Technique in England. Daneben gibt es zahlreiche Auslandsvertretungen. Inzwischen hat er in North Attleboro, Massachusetts ein großzügiges Werksgelände, der US-Markt konnte sich verselbständigen. Deshalb reist der umtriebige Firmenchef häufig in die USA, bis 1994 schon 73mal. Nach Auskunft von Pforzheimer Unternehmerkreisen soll er dort auch das meiste Geld verdienen, und zwar in der Raumfahrtindustrie. In Dreher-Fliehkraftgeräten werden Teile für Steuerungsmotoren (Gyros) bearbeitet, wie sie in Autopiloten von Flugzeugen oder Raketen verwendet werden. Über 70 internationale Patente hat er laufen, weltweit. Dreher liefert Know-how für Space shuttle und F 16 (FALCON), einen der modernsten Kampfbomber der Welt. Zwar hat Dreher Deutschland nur ca. vierzig Beschäftigte, dennoch ist das Unternehmen marktbeherrschend. Dreher ist auch auf anderen Gebieten Spezialist, zum Beispiel bei Pestiziden und Agrochemikalien, pyrotechnischen Erzeugnissen und Edelgasen.

Neben seinen beruflichen Pflichten findet Dreher immer auch Zeit und Kraft für ein anderweitiges Engagement. Mit Vorliebe verfaßt er nämlich Leserbriefe, insbesondere zur Asylproblematik. Stolz erzählt er, kaum erscheine eines seiner Elaborate in einer Pforzheimer Zeitung, schon bekomme er zwei bis drei Wochen später zustimmende Post aus aller Herren Länder, zum Beispiel aus den USA.

»Männer wie Dr. Dreher braucht unsere Gesellschaft«, schreibt das Branchenblatt *FZ – Der Fachanzeiger* (7/1993, S. 63) zum siebzigsten Geburtstag des »Vollblutunternehmers«. Das war am

27. August 1993, da wurde in Engelsbrand bei Pforzheim gefeiert – mit Gästen aus aller Welt. Dr. Dreher, obschon längst im rentenfähigen Alter, ist immer noch agil und munter. »Er ist und war immer ein Unternehmer, nie ein Unterlasser«, so urteilt die Fachpresse zum Jubiläum, »und das nicht nur im Geschäftsleben, sondern auch in allen Bereichen der Wirtschaft, der Gemeinden und im öffentlichen Leben.«

Anfang der siebziger Jahre trat Dreher in die CDU ein, zwölf Jahre lang war er Kreisrat und zwei Wahlperioden lang auch Gemeinderat. Für diese Verdienste hat er 1982 das Bundesverdienstkreuz am Bande erhalten. Dreher hat in den Unionsparteien viele Gönner und Freunde gewonnen. Hofiert wurde er nicht nur von Staatsminister a. D. Lutz Stavenhagen. Das Bundesverdienstkreuz Erster Klasse erhielt er 1989 auf Vorschlag des damaligen bayerischen Ministerpräsidenten Max Streibl, überreicht aus der Hand von Wirtschaftsminister August Lang. Der lobte insbesondere Drehers Verdienste als maßgeblicher Lieferant für bayerische innovationsorientierte Unternehmen.

Der hohe Orden soll Dreher, Gastmitglied der CSU, aberkannt werden, wenn es nach dem Willen des bayerischen Ministerpräsidenten Edmund Stoiber geht. »Nach eingehender Überprüfung durch die Bayerische Staatskanzlei«, heißt es in einem Brief vom 14. November 1993 an den Chef des Bundespräsidialamtes, fordere Stoiber »ein Verfahren gemäß § 4 des Gesetzes über Titel, Orden und Ehrenzeichen zur Entziehung des Dr. Dreher verliehenen Bundesverdienstordens einzuleiten«. »Der Bayerische Ministerpräsident Dr. Stoiber ist der Auffassung, daß sich Dr. Dreher der verliehenen Auszeichnung unwürdig erwiesen hat, da sein Verhalten gegen die grundlegenden Prinzipien der freiheitlichen demokratischen Grundordnung der Bundesrepublik Deutschland verstoße ... Vor dem Hintergrund der Welle rechtsextremistischer Gewalt, die später in Vorfällen wie in Rostock, Hoyerswerda, Mölln und Solingen gipfelte, muß Dr. Dreher vorgehalten werden, daß eine Aktion, wie er sie durchgeführt hat, den geistigen Nährboden für rechtsradikale Gewalt geliefert hat ... Ohne Zweifel hat Dr. Dreher dadurch, daß er Irving ein öffentliches Forum zur Leugnung des Holocaust verschaffte, dem Rechtsradikalismus Vorschub geleistet. Er hat damit gegen die dem Orden zugrunde liegenden Wertmaßstäbe verstoßen.« (Vgl. Dokument im Anhang, S. 367.)

Das Bundesverdienstkreuz ist Dreher mittlerweile in einem beinah einzigartigen Akt in der Geschichte der Bundesrepublik tatsächlich aberkannt worden. Den Stein ins Rollen gebracht hatte aber der nordrhein-westfälische Innenminister Herbert Schnoor. Er wandte sich bereits am 13. 12. 1992 an den baden-württembergischen Ministerpräsidenten Erwin Teufel. »Ich kann mich nur schwer damit abfinden, daß Veranstaltungen mit Repräsentanten der sog. Auschwitz-Lüge von einem Mann organisiert werden, der in dieser Weise vom Bundespräsidenten geehrt worden ist«, schrieb er an Teufel. Doch dieser erklärte sich für »nicht zuständig«. Daraufhin schrieb Schnoor an den damaligen bayerischen Ministerpräsidenten Max Streibl. Ohne Resultat, es rührte sich nichts. Dann wandte sich Schnoor nach dem Amtswechsel in Bayern an Edmund Stoiber. Und dieser griff dann Schnoors Anregung auf und bat um die Einleitung eines Verfahrens gemäß § 4 des Gesetzes über Titel, Orden und Ehrenzeichen zur Entziehung des Dr. Dreher verliehenen Bundesverdienstordens beim Bundespräsidenten. Doch Dreher hat im Februar 1995 Klage beim Verwaltungsgericht Köln dagegen eingereicht.

Geschont wird Dreher dagegen in der CDU. Gegen deren Wertmaßstäbe hat er offenbar nicht verstoßen, denn er darf weiterhin sein Parteibuch behalten. Zwar hat der zuständige Kreisverband am 14. November 1991 einen Antrag auf Ausschluß Drehers gestellt, doch das Kreisparteigericht für den Bezirk Nordbaden hat diesen am 18. Januar 1992 abgewiesen. Dreher habe sich bei seiner Irving-Veranstaltung nicht parteischädigend verhalten, weil er erkennbar als Privatmann und nicht im Rahmen der Partei gehandelt habe. Dreher habe einen Vortrag über das »Neue Europa« veranstalten wollen. »Die

Vergangenheit Deutschlands, das Dritte Reich und die Verbrechen des Nationalsozialismus gehörten nicht zu diesem Thema«, so das Parteigericht. Offenbar hat das Gericht die Fakten nicht zur Kenntnis nehmen wollen, denn schon in seiner Einladung formulierte Dreher: »Diesem Zurechtrücken der Vergangenheit ist sein (Irvings) Vortrag gewidmet.« Das Gericht ging weiter davon aus, Irving sei unvorhersehbar vom Thema abgewichen, was Dreher nicht habe wissen können. Dreher thematisierte aber schon in seiner zwanzigminütigen Einführung zu Irving an jenem Vortragsabend die Auschwitz-Lüge: »Jeder soll künftig vor Gericht gezogen werden, der die offizielle Zahl der umgekommenen Juden anzweifelt. Bei den sechs Millionen muß es für die Deutschen bleiben, zu welchen Ergebnissen objektive Wissenschaftler auch kommen mögen. Das ist schon eine Religion, und Religionsfreiheit steht sogar im Grundgesetz.« (Vgl. im Anhang, S. 370.)

Keine Rolle spielte für das Gericht auch der Vorwurf, Dreher habe im Europa-Wahlkampf 1989 den Versand von Propagandamaterial der Republikaner finanziert. Dies sei schlicht verjährt. Dreher hat vom 1. 2. 1989 bis 18. 5. 1989 Portogebühren von DM 676,80 über die Firmenfrankiermaschine laufen lassen, die dann seinem Privatkonto belastet wurden. Am 8. Juni 1989 bekam Leo Thenn, von Franz Schönhuber hochgelobter Wahlkampfmanager der Republikaner, 57 Mark bar aus der Geschäftskasse, die dann auch von Drehers Privatkonto abgebucht wurden.

Das Landesparteigericht der CDU Baden-Württemberg hat Dreher am 21. Oktober 1992 seines Amtes als Ehrenvorsitzender des Ortsverbandes enthoben und ihm die Fähigkeit zur Bekleidung von Parteiämtern auf die Dauer von vier Jahren aberkannt. Bei der Wahl des Ahndungsmittels seien Drehers unbestreitbare Verdienste um die CDU in der Vergangenheit zu berücksichtigen. Zwar habe sich Dreher 1989 vom Kreisvorsitzenden der Republikaner Programme jener Partei erbeten und an 150 bis 200 Personen verschickt, dabei sei es ihm

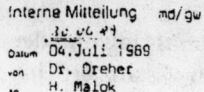

Portogebühren für die Republikaner

jedoch glaubhaft nicht um eine Bekämpfung der CDU gegangen.

Auch nach der letztinstanzlichen Entscheidung des mit hochrangigen Juristen – wie etwa der Richterin am Bundesgerichtshof Dr. Heidi Lambert-Lang – besetzten Bundesparteigerichts darf Dreher in der Partei bleiben. Die Niederschrift vom 28. Oktober 1993 belegt, daß man auch dort Drehers fadenscheinigen Ausflüchten Glauben schenkte:

»1. Herr Dr. Dreher bedauert nachhaltig, daß der von ihm zum Vortrag eingeladene Dr. Irving von der vorgesehenen Thematik unverantwortlich abgewichen ist und Thesen vertreten hat, die seiner persönlichen Auffassung und der der CDU entschieden widersprechen. Er distanziert sich von den dort geäußerten Thesen. Hätte er den Ablauf der Veranstaltung vorhergesehen, wäre Dr. Irving von ihm zu einem Vortrag nicht eingeladen worden.

2. Herr Dr. Dreher erklärt, daß er sein Amt als Ehrenvorsitzender des Ortsverbandes Engelsbrand niederlegt.«

Fernsehaufzeichnungen von jener Auschwitz-Lüge-Veranstaltung am 6. November 1991 brachte der CDU-Kreisverband mit zum Bundesparteigericht. In der Niederschrift heißt es: »Von der Vorführung dieser Aufzeichnungen wird jedoch abgesehen.«

Bleibt noch nachzutragen, daß auch ein Gerichtsverfahren wegen Beihilfe zu Volksverhetzung und Beleidigung am 1. 7. 1992 nach Auskunft der Staatsanwaltschaft Karlsruhe eingestellt wurde. Begründung: Dreher habe nicht wissen können, was Irving im einzelnen sagen werde. Auch hier blieb offenbar unbeachtet, daß Dreher in seiner Eröffnungsrede die Auschwitz-Lüge selber thematisiert hatte.

David Irving hat potente Gönner und Freunde, weltweit. Über ihre Namen schweigt er sich aus. Doch ob in den USA, Europa, Australien, Brasilien oder Argentinien, überall gibt es Helfershelfer, die volle Säle garantieren. Die gab es auch in Südafrika. Dort machte Irving fast jedes Jahr Station. Im Januar 1994 hat die südafrikanische Botschaft seine Einreise abgelehnt. Daß allerdings der Finanzier eines Irving-Auftritts so konkret in Erscheinung tritt wie in Büchenbronn, das ist schon ein einmaliger Fall. Normalerweise bleiben die Geldgeber im Hintergrund. Und schließlich scheute auch Dreher das Licht der Öffentlichkeit. Er war sich sicher, daß sein konspirativer Plan keine Lücke hat. Während die Auschwitz-Lüge, die schon seit dreißig Jahren in braunen Hirnen spukt, sonst vor neonazistischen Mini-Zirkeln verbreitet wird, fand sie hier erstmals Gehör in bürgerlichem Rahmen, mit einem CDU-Mann und Industriellen als Türöffner.

Turbulenzen bei Irving-Vorträgen sind an der Tagesordnung, nicht nur in der Bundesrepublik, sondern auch in Österreich. Aber hier wie dort finden sich potente Hintermänner, die in die Bresche springen, wenn es brenzlig wird. 1989 war Irving auf einer Vortragstournee durch Österreich. Organisiert wurde sie von dem Ex-FPÖ-Abgeordneten Dr. Otto Scrinzi. Als ein Veranstaltungslokal im oberösterreichischen Waizenkirchen seine Räume nicht mehr zur Verfügung stellen wollte, sprang der Eigentümer des Schlosses Hochscharten, der Welser Unternehmer Robert Wimmer, ein, um Irving doch noch Gelegenheit zu geben, seine Lügen über Auschwitz zu verbreiten. Der Vortrag sollte im privaten Rahmen vor etwa 120 geladenen Gästen im Schloß gehalten werden. Doch die österreichische Staatspolizei bekam von dieser privaten Einladung Wind und verbot den Vortrag. Irving sprach daraufhin nicht selbst, er trat medienwirksam mit verklebtem Mund auf.

Der Remer-Kreis

Am 14. März 1994 warteten die Beamten der Justizvollzugsanstalt Bayreuth auf einen »Helden«, doch der kam nicht. Held und Märtyrer, das war Otto Ernst Remer für seine Anhänger schon vor der Verurteilung wegen Volksverhetzung und Aufstachelung zum Rassenhaß 1992. Doch der Ex-General zeigte Feigheit vor dem Feind und zog es vor, ins Ausland abzutauchen, obwohl er seinen Verehrern verkündet hatte: »Wenn ich durch meinen Opfergang der jungen Generation ein Zeichen setzen kann, nehme ich auch diese Tortur in Kauf.« (*Remer-Depesche* Dez. 1991) Seither ist Otto Ernst Remer auf der Flucht vor den deutschen Behörden. Die hatten den Vollstreckungshaftbefehl nur bundesweit ausgeschrieben. Die Staatsanwaltschaft Schweinfurt bezweifelte zunächst, daß sich Remer ins Ausland abgesetzt haben könnte. Dann war er doch per Interpol-Fahndung gesucht und von Journalisten an der Costa del Sol in

Andalusien gefunden worden. In Zusammenhang mit einem Gedenkgottesdienst für den im April 1994 verstorbenen ehemaligen SS-Führer Leon Degrelle war Remer zusammen mit dem ebenfalls vor den Behörden geflüchteten Österreicher Gerd Honsik[1] (Verfasser von *Freispruch für Hitler? – 36 ungehörte Zeugen wider die Gaskammer*) interviewt worden. In Briefen an spanische Abgeordnete hatten beide um Asyl gebeten. »Wenn General Franco noch lebte, würden wir es bekommen«, meinte Honsik (*Süddeutsche Zeitung* 19. 5. 1994).

Inzwischen hat die Bundesregierung um Auslieferung Remers nachgesucht. Die endgültige Entscheidung liegt beim Nationalen Gerichtshof in Madrid, und der hatte bis Anfang 1995 noch nichts beschlossen. Einstweilen steht Remer in Malaga unter Hausarrest.

Gute internationale Kontakte hat der ehemalige Generalmajor der Hitler-Wehrmacht schon seit Kriegsende. Sein langer Arm reicht in die Schweiz, nach Österreich, Belgien, Spanien, Schweden, Norwegen, Großbritannien, Südafrika, Syrien, Nord- und Südamerika.

In Spanien, genauer gesagt in Barcelona, wurde in der Druckerei »Euro-Print«, die hinter der Europa-Buchhandlung liegt, die *Remer-Depesche* gedruckt. Die Druckerei hieß bis vor kurzem noch Nothung, geschrieben in Fraktur. Benannt ist sie nach dem Schwert Siegfrieds, dem Helden der Nibelungendichtung. In dem Buchladen werden Bücher wie *Mein Kampf* oder Videos wie *Der Ewige Jude* ohne jegliche behördliche Beeinträchtigung verkauft. Spanien, das sich erst allmählich nach Francos Tod von der Diktatur löste, kennt keine Gesetzgebung gegen nationalsozialistische Betätigung. Deshalb gilt es heute neben Dänemark und Belgien als Eldorado für Neonazis.

Zeitweilig erschien im Impressum von Remers Zeitung auch die dänische Druckerei Nordwind in Kollund (1/1991). Nordwind ist der Verlag und die Druckerei von Remers Bruder im Geiste Thies Christophersen. Bei Norddruck in Kollund wurde eines der in Revisionistenkreisen meistverbreiteten Flugblätter gedruckt. In einem monströsen Zahlenverwirrspiel wird die Bilanz der Menschenvernichtung heruntergelogen. Mit dem Flugblatt wird der Eindruck erweckt, die Zahl der Opfer in Auschwitz sei immer wieder aufs neue nach unten korrigiert worden und betrage 74 000 nach von Sowjets freigegebenen Totenbüchern (vgl. z. B. *Bauernschaft* 4/1991, S. 8f.: »Der größte Holocaust aller Zeiten wird immer kleiner«). In diesen Totenbüchern sind aber nur die sowjetischen Opfer dokumentiert und nicht die anderer Nationen. Die nicht zur Vernichtung durch Arbeit bestimmten Menschen unter den in Auschwitz Ermordeten sind gar nicht erst registriert worden, sondern direkt von den ankommenden Zügen aus an der Rampe in Birkenau in die Gaskammern geschickt worden.

Remer arbeitet auch mit dem Institute for Historical Review (IHR) in Kalifornien zusammen. Das IHR stellt die Existenz von Gaskammern in Frage. Bei der achten Internationalen Revisionistenkonferenz des IHR in Irvine am 9. Oktober 1987 durfte beispielsweise Ernst Zündel neben anderen Holocaust-Leugnern nicht in die USA einreisen. Einem anderen Europäer gelang es, »den Gegnern der Redefreiheit zu entkommen«, berichtet die Zeitschrift *Code*, ein Blatt aus Stuttgart-Leonberg, das obskuren Weltverschwörungstheorien anhängt. Es handelte sich dabei um den ungeduldig erwarteten »geheimnisvollen Überraschungsgast«, den Generalmajor im Ruhestand Otto Ernst Remer, »ein hochdekorierter deutscher Militärexperte« (*Code* 1/1988, S. 11).

Und in Brighton/Sussex in Großbritannien hat sich der rührige und offenbar auch finanzkräftige »Freundeskreis Freiheit für General Remer« eingerichtet. »Der General war bereit, im Gefängnis zu sterben, doch schalteten sich in letzter Minute gute Freunde aus dem Ausland ein, die ihn retteten. Seine Freunde sind der Meinung, daß ein so verdienter Held nicht sang- und klanglos im Gefängnis für immer verschwinden dürfe. Vielmehr sind sie der Ansicht, daß der Welt die Bestialität des Bonner Regimes am Beispiel von General Remer medial vor

Augen geführt werden müsse. Und das könne nur von einem demokratischen Dritt-Land aus geschehen ... Die Freunde des Generals werden mit Hilfe ihres politischen Gewichts versuchen, der Welt vor Augen zu führen, wie die Bonner die Wahrheit um Auschwitz mit Mafia-Methoden bekämpfen.«

In Flugblättern verlangt Remers Freundeskreis: »Helfen Sie General Remer im Exil. Er will, daß der Kampf weitergeht. Unterstützen Sie mit Ihrer Spende den General ...«

Remer sorgte auch selbst dafür, daß Geld hereinkommt. So hatte er einen Film über Auschwitz in seinem Vertrieb. »Der Film geht weg wie warme Semmeln«, hat Remer dem damaligen *Stern*-Reporter Gerhard Kromschröder gesagt, »jeden Tag verschicken wir fünf bis sechs Stück zu je 150 Mark.« Damit allein könne er seine Aktivitäten natürlich nicht finanzieren, »es kommen immer wieder Spenden rein von alten Kameraden, die es zu etwas gebracht haben, bisher insgesamt 100 000 Mark« (*Der Stern* 23. 5. 1985, S. 38)

Bei einer Versteigerung von »Historica« aus der Nazi-Zeit 1988 in Hamburg ging ein Originalfoto von Remer für 700 Mark weg. Und der Militaria-Vertrieb Durstewitz vertreibt Remer-Farbfotos 20 x 30 cm mit Unterschrift für 50 Mark, 11 x 15 cm für 25 Mark und Bildpostkarten in schwarzweiß mit Remers Signatur für 20 Mark pro Stück. Beim Buch- und Videovertrieb Remer-Heipke in Bad Kissingen waren VHS-Kassetten *Das Interview – Mein Leben in dieser Zeit,* aufgenommen mit Remer am 22. August 1990, zu beziehen für 79 Mark (*RuW* 1/2 1991, S. 26). Schon 1988 wurde das Video *Das Lachout-Dokument* angeboten. Es handelt um ein in Toronto mit dem österreichischen Ingenieur Emil Lachout aufgenommenes Interview. Lachout war Entlastungszeuge von Ernst Zündel im Verfahren wegen der sogenannten Auschwitz-Lüge. In einem anderen Streifen stellt der Autor J. G. Burg die These auf, der Zweite Weltkrieg sei von internationalen Zionisten provoziert worden, um Israel gründen und finanzieren zu können. Stets wendet sich Remer selbst an seine Fangemeinde mit Spendenaufrufen, gelegentlich auch gereimt wie »Wollt Ihr weiter Deutsche sein, dann schickt Eure Spende ein!« (*Der Bismarckdeutsche* 8/1987, S. 14)

Remer, Jahrgang 1912, ist eine Kultfigur der rechtsextremen Szene. »Otto Ernst Remer, deutscher Soldat und Politiker«, so stellt ihn Gerhard Freys Lexikon *Prominente ohne Maske* vor: »Als Kommandeur des Wachbataillons Großdeutschland sollte er am 20. Juli 1944 Dr. Goebbels verhaften. Der jedoch konnte R. davon überzeugen, daß Hitler nicht tot ist und er von den Verschwörern mißbraucht werde. Daraufhin wandte sich R. gegen die Putschisten und trug wesentlich zur Niederschlagung der Revolte bei. Der an der Front achtmal Verwundete (Träger des Ritterkreuzes mit Eichenlaub) wurde zum Generalmajor und Divisionskommandeur befördert.«

Schon als Schüler engagierte sich Remer in der bündischen Jugend. Seit 1933 war er Berufssoldat, wurde 1935 Leutnant, 1943 Major, im Mai 1944 Kommandeur des Wachregiments Großdeutschland und dann »Hitlers Retter« (*Die Welt* 10. 7. 94). Nach dem Krieg war er einer der Männer der ersten Stunde, nämlich Mitgründer und zweiter Vorsitzender der »Sozialistischen Reichs-Partei« (SRP), die ein Auffangbecken für die einstige NSDAP-Gefolgschaft vor allem aus Kreisen der Wehrmacht und der SS war. Sie wurde 1952 vom Bundesverfassungsgericht für verfassungswidrig erklärt und verboten. Danach floh er nach Syrien und Ägypten, wo er Sicherheitsberater von Präsident Gamal Abdel Nasser gewesen sein soll. Er kam zurück in die Bundesrepublik, hatte aber bald schon wieder erhebliche Schwierigkeiten mit der Justiz, so daß er 1962 erneut in den Orient flüchtete. Remer war als Maurer, Handelsvertreter und Kaufmann mit einer Orienthandelsgesellschaft tätig.

Remer trat eine Zeitlang nicht öffentlich auf. Er blieb aber all die Jahre aktiv. Noch am 1. April 1983 gründete er nach seiner Trennung vom »Freundeskreis Ulrich von Hutten« mit siebzig Mitstreitern in Eberbach am Neckar »Die Deutsche Freiheitsbewegung e. V.«, deren Ehrenvorsitzender er noch immer ist. In einem Brief an den damaligen Bundespräsidenten Richard von Weizsäcker schrieb er: »Über Jahre hinweg krochen Sie ganz speziellen Judenlügnern zu Kreuze, was viele anständig gebliebene Deutsche zum Erbrechen brachte.« Vor allem aber geht es Remer um die Leugnung der Massenvernichtung von Juden. Als Propagandainstrument gründete er 1985 die Zeitschrift *Der Bismarckdeutsche* als Organ von »Die Deutsche Freiheitsbewegung e. V.«, zunächst war Remer selbst Schriftleiter, dann half ihm der gebürtige Siebenbürger und Schweizer Ex-Pfarrer Gerd Zikeli. Später übernahm dann Georg Albert Bosse, Jahrgang 1927, Kriegsteilnehmer und später Geschäftsführer, die Redaktion. Inzwischen ist das Blatt umbenannt in *»Recht und Wahrheit«*. Zu den Autoren zählt auch Helmut Kamphausen, früher Mitarbeiter von Gerhard Löwenthals *ZDF-Magazin*. Er beklagt den Rückgang der wehrwilligen jungen Männer (Nr. 11/12 1993, S. 7f.).

Ein anderer Autor ist vielleicht kein großer Spender, dafür hat er einen zugkräftigen Namen: Dr. Albert K. Riester, Jahrgang 1916. Riester, der aus seiner vaterländischen Gesinnung nie einen Hehl gemacht hat, war Pressereferent im baden-württembergischen Innenministerium, dann 24 Jahre lang bis zu seiner Pensionierung Sicherheitsbevollmächtigter der Daimler-Benz AG, heute ist er noch Ehrenpräsident des Verbands für Sicherheit in der Wirtschaft in Baden-Württemberg. Von Riester stammen »Klassiker« des Werkschutzes wie das *Handbuch für die Werkschutz-Fachkraft, Der Leitfaden für den Ermittlungsdienst im Werkschutz* und der *Rechtskundliche Leitfaden für den Werkschutz*. Für die Lebenserinnerungen des Einzelgängers *Gegen den Strom – Das Leben eines streitbaren Bürgers,* die bei Universitas im rechten Verlagshaus Fleissner erschienen sind, wurde nicht nur in *Recht und Wahrheit* (*RuW* 3/4 1994, S. 38), dem von ehemaligen Wehrmachts- und SS-Kreisen bevorzugten Blatt, geworben, sondern auch im *Republikaner* (10/1987) und im *Deutschland-Magazin.* Dr. Riester, nach wie vor munter und relativ rüstig, bekennt sich erst auf seine alten Tage in politisch einschlägigen Zeitschriften, wie *Europa,* später *Zeitenwende* des rechtsradikalen »Nationaleuropäischen Jugendwerks e. V.« (4/1989, 3/1990, 1/1991, 3/1991) oder *Recht und Wahrheit* (5/6 1994). Vorher bevorzugte er den *Blick durch die Wirtschaft* der *Frankfurter Allgemeinen Zeitung* oder auch mal *Die Welt.* Die »Ewig-Gestrigen« gehören für ihn »heute in Wirklichkeit zum linken Spektrum« (*RuW* 3/4 1994, S. 21). Die »geduckte Haltung der Deutschen« ermuntere auch allerlei Desperados dazu, »die Deutschen unter Berufung auf ihre ›singuläre‹ Vergangenheit zu erpressen«. »Die ›selektive‹ Geschichtsschreibung der linken ›Volkspädagogen‹ wird nicht mehr widerstandslos hingenommen.« (S. 23) Und »angesichts der Erfahrungen mit der alliierten Kriegs- und Umerziehungspropaganda darf man bei ›runden‹ Zahlen wohl davon ausgehen, daß sie ›aufgerundet‹ sind«. Bekanntlich sei bisher für Auschwitz die Zahl von vier Millionen Opfern angegeben worden (S. 21).

Remer spricht diese Dinge deutlicher aus: »Auschwitz – Aus für die Gaskammern.« »Es gab keine Gaskammern. Es gab keinen Völkermord an Juden.« (*Remer-Depesche* 2/91, S. 1). In derselben Ausgabe kündigte Remer an:

»Ich arbeite derzeit mit Fachleuten an der Erstellung weiterer naturwissenschaftlicher Gutachten wider die Gaskammern. Die Lüge muß kippen. Deutschland muß frei werden. Millionen und Abermillionen Eindringlinge überfluten unser Land und ergreifen von unserer Väter Erde Besitz. Hinnehmen müssen wir den Verlust unseres Landes angeblich wegen Auschwitz. Um uns vor dem Untergang zu retten, müssen wir die Lüge zertrümmern.« (S. 4)

Jetzt sitzt Remer immer noch im sonnigen Süden, sein Freundeskreis kümmert sich um die Propaganda. Dabei hatte Remer ohnehin einen für betagte Herrschaften günstigen Wohnsitz, nämlich Bad Kissingen, Bayerns größtes Staatsbad. 1987/88 war Remer in die Kurstadt am Rande der Rhön gezogen, wo er sich aus sechs Heil- und Mineralwasserbrunnen stärken konnte.

Einer der wichtigsten Männer im Umkreis Remers ist Karl Philipp. Bei Szene-Insidern gilt er als Finanzier und Initiator der Veranstaltung »Wahrheit macht frei« mit ca. 700 Teilnehmern im Münchner Löwenbräukeller am 21. April 1990, die von denjenigen, die schon seit Jahrzehnten die Geschichte umschreiben wollen, als »Durchbruch des Revisionismus« bejubelt wurde. Buchenwald sei vor 1945 eine Sommerfrische im Vergleich zur Zeit nach 1945 gewesen, soll Philipp der Münchner *Abendzeitung* zufolge dem Saalpublikum zugerufen haben (*Abendzeitung* 23. 4. 1990). Karl Philipp fungiert als Remers juristischer Berater. Bei einem Gerichtsverfahren wegen Volksverhetzung und Aufstachelung zum Rassenhaß im März 1991 erbot sich Karl Philipp, als Verteidiger von Remer einzuspringen, weil dessen österreichischer Anwalt Dr. Herbert Schaller nicht zugelassen wurde (*Recht und Wahrheit* 5/6 1991, S. 8f.). Der Generalmajor a. D. hat sich mit seinen Äußerungen über Auschwitz oder die Männer des 20. Juli schon oft die Finger verbrannt. 1952 wurde er erstmals wegen Verunglimpfung deutscher Widerstandskämpfer zu einer Gefängnisstrafe verurteilt, weil er sie als Landesverräter beschimpft hatte. Dieses war nur ein Auftakt. Es folgten zahlreiche Gerichtsverfahren in den Perioden, in denen sich Remer in der Bundesrepublik aufhielt.

Karl Philipp wurde am 1. 7. 1989 zum stellvertretenden Vorsitzenden der von Remer gegründeten »Deutschen Freiheitsbewegung e. V.« gewählt und blieb es bis zum 4. 10. 1991. »Unternehmensberater« lautet seine Berufsbezeichnung im Registerauszug (VR 0537) des Amtsgerichts. Karl Philipp kommt wie der ebenfalls zum Unternehmensberater avancierte ehemalige Bankdirektor Klaus-Dieter Ludwig aus Darmstadt (vgl. Pomorin, Jürgen/Junge, Reinhard: *Vorwärts wir marschieren zurück,* Dortmund 1979, S. 97ff.). Dort war er schon Ende der siebziger Jahre politisch aktiv, vor allem in Positionen bei der NPD, 1980 war er hessischer Landesvorsitzender, und dann Vizechef der »Vereinigung Gesamtdeutsche Politik e. V.«, die das Zweimonatsblatt *Deutschland – Schrift für Neue Ordnung* herausbringt, in dem

Philipp heute noch publiziert. Über Hitler-Nachfolger Karl Dönitz schrieb er: »Es war unserem Volk nicht vergönnt, einen Mann mit der Moral, der Würde und der Ehre eines Admiral Dönitz als politischen Führer zu haben.«

»Karl Philipp Nachrichtenagenturleiter, Bad Reichenhall«, so stellt er sich selbst vor, gelegentlich wird er auch als »Frankfurter Journalist« bezeichnet. Bei einem »Pressedienst Karl Philipp« in Frankfurt am Main können Fotos zu der Pressekonferenz mit David Irving in London am 23. 6. 1989 angefordert werden. So steht es in einem Flugblatt des mittlerweile verbotenen »Freundeskreis Freiheit für Deutschland« von 1989. Die angegebene Telefaxnummer des Pressedienstes zum Bestellen der Londoner Irving-Fotos ist identisch mit der Fax-Nummer, die man über die Auskunft der Telekom erhält, wenn man nach der Generalvertretung für Europa einer Fluglinie fragt, nämlich der Fiji Air Ltd. Adressengleich mit der Anschrift des »Pressedienst Karl Philipp« sind die Solomon-Airlines und die Fiji Air. Im *Touristik Kontakt* 1994, dem Who's Who der Reisebranche, steht auf Seite 596 unter Fiji Air Ltd.: »Geschäftsleitung: Karl Philipp« und auf Seite 622 unter Solomon Airlines: »Direktor Europa: Karl Philipp«. Ende 1994 trug sich Philipp mit Umzugsgedanken. Er will sich ganz nach Bad Reichenhall zurückziehen.

Mit einer Pressekonferenz in London, die von Irving selbst am 23. Juni 1989 einberufen wurde, sollte eine weltumspannende Propagandakampagne zu angeblichen »Tatsachen um Auschwitz« eröffnet werden. Irving sagte dort vor der internationalen Presse: »Es gab weder in Auschwitz noch in Majdanek noch in Treblinka Gaskammern in den deutschen Konzentrationslagern. Es gab keine Massenvernichtungen durch Giftgas!« Dies seien Hirngespinste einer brillant gemachten Nachkriegspropaganda. Zwar waren viele Pressevertreter zu dieser Veranstaltung gekommen, doch die Berichte fielen eher dürftig aus. *dpa* hatte es beispielsweise abgelehnt, diese abstrusen Thesen auch noch zu verbreiten. Nicht so *Die Welt*, die hat Irvings Hirngespinste in einer 15-Zeilen-Meldung am 21. 6. 1989 schon vorab verbraten.

Mit großer Energie hatte sich Philipp für das Bekanntwerden der Pressekonferenz eingesetzt. Als »Pressekorrespondent« schrieb Karl Philipp fleißig Berichte in vielen einschlägigen Blättern, wie *Recht und Wahrheit* (7/8 1989), *Sieg* (7/1989) oder *Deutschland – Schrift für Neue Ordnung*, die das NS-Regime verherrlicht, und anderen.

Karl Philipp ist mit Ernst Günter Kögel, dem 1. Vorsitzenden der »Vereinigung Gesamtdeutsche Politik e. V.« (VGP), Verfasser der 70-Seiten-Broschüre *Wahrheit für Deutschland*. Darin wird ein Gerichtsverfahren gegen Kögel dokumentiert, das gegen ihn eröffnet worden war, weil er jene bei der Londoner Pressekonferenz von Irving am 23. 6. 1989 geäußerten Thesen übernommen habe, in Auschwitz, Majdanek und Treblinka habe es weder Gaskammern gegeben noch seien Massentötungen von Juden in diesen Lagern durch Giftgas erfolgt.

Philipp bewegt sich nicht nur beruflich auf internationalem Parkett, er wollte auch bei einem internationalen Revisionistentreffen mitmachen. Für den 29. Juni 1991 hatte die Nationalistische Front zu einer Bundesaktion »Schluß mit dem Holocaust« nach Roding in der Oberpfalz geladen. Dort sollte Philipp neben Pedro Varela, dem Chef der spanischen Cedade, dem Circulo español de amigos de Europa, Professor Robert Faurisson aus Frankreich, dem Rechtsanwalt Dr. Herbert Schaller aus Österreich, Florentine Rost von Tonningen aus den Niederlanden, genannt die »schwarze Witwe«, Kenneth Henrikson aus Finnland und Povl Heinrich Riis Knudsen aus Dänemark auftreten. Doch die Veranstaltung wurde verboten. Dennoch kamen laut *HNG-Nachrichten* 400 Kameraden. Rechtsanwalt Günther Herzogenrath-Amelung soll daraufhin Formulare zur Fahrtkostenerstattung verteilt haben, mit denen die braunen Touristen ihre Reisekosten als Schadenersatz vom Staat einklagen sollten. Auch dies eine Art der rückwirkenden Kostenbeschaffung (*HNG-Nachrichten* 6/7 1991, S. 18f.).

Wegen Volksverhetzung und Aufstachelung zum Rassenhaß wurde Remer von der Ersten Großen Strafkammer des Landgerichts Schweinfurt am 22. Oktober 1992 zu einer Haftstrafe von einem Jahr und zehn Monaten verurteilt. Am 16. November 1993 verwarf der Bundesgerichtshof den Revisionsantrag von Remers Anwalt Hajo Herrmann (vgl. Verfassungsschutzbericht des Landes Nordrhein-Westfalen über das Jahr 1993, S. 112). Das Gericht werde nun prüfen müssen, so die Zeitschrift *Recht und Wahrheit*, »ob des greisen Generals Gesundheitszustand die Schwernisse einer Haft zulassen«.

Gutachten gegen Auschwitz

Hajo Herrmann ist selbst ein Kämpe alter Schule. Er ist Träger des Eichenlaubs mit Schwertern zum Ritterkreuz des Eisernen Kreuzes, verliehen am 23. 1. 1944, war Inspekteur der deutschen Luftverteidigung, Hauptmann und Kommandeur der Gruppe II des Jagdgeschwaders 27. Dabei hat er so viel erlebt, daß er Stoff für das Buch *Bewegtes Leben. Kampf- und Jagdflieger 1935–1945* hatte, erschienen beim Universitas-Verlag, der zur Fleissner-Gruppe gehört.

Auch der Wiener Revisionist Dipl.-Ing. Walter Lüftl wurde von Rechtsanwalt Hajo Herrmann gebeten, ein technisches Gutachten zu den Umständen in Auschwitz, eine Befundaufnahme, zu erarbeiten. Lüftl verschickte einen Zwischenbericht unter dem Titel »Holocaust, Glaube und Fakten«. Der Baurat h. c. war gerichtlich beeideter Sachverständiger (*Code* 1/1991, Leserbrief von Lüftl S. 66) und als Präsident der Bundesingenieurskammer in Österreich oberster Repräsentant der rund 4000 Ziviltechniker des Landes. Als es 1991 um die Einführung des § 283a ins österreichische Strafgesetzbuch ging, wonach derjenige zu bestrafen sei, der die Tatsache leugne, daß in den deutschen Konzentrationslagern Millionen Menschen getötet worden seien, verfaßte der vielbeschäftigte Lüftl in seiner knappen Freizeit eine Schrift *Die neue Inquisition* (*Wirtschaftswoche* Nr. 11/12 vom 18. 3. 1992). Es ging dem forensisch geschulten, naturwissenschaftlichen Gutachter um Einflußnahme auf die öffentliche Auseinandersetzung, deshalb verschickte er seine Ausarbeitung an Politiker und andere Multiplikatoren. Dadurch war Herrmann auf den wackeren Österreicher aufmerksam geworden. Lüftl hatte aber auch in der Zeitschrift *Recht und Wahrheit* aus dem Remer-Umfeld veröffentlicht (11/12 1992, S. 8ff.).

Als Präsident der österreichischen Bundesingenieurskammer mußte Lüftl allerdings zurücktreten. Dafür machte er international Karriere unter den Revisionisten. Unter dem Titel *The Lüftl-Report* wurde sein »Gutachten« im *Journal for Historical Review* des IHR in Kalifornien veröffentlicht (Nr. 4/12 Winter 1992/93). Im Juni 1994 (15. 6. 1994) stellte die Staatsanwaltschaft Wien ein Strafverfahren wegen nationalsozialistischer Wiederbetätigung gegen Lüftl ein (*DGG* 1/1993, S. 13 und 3/1994, S. 44, *DÖW-Mitteilungen* 117). Jetzt wird er auch in bundesdeutschen rechtsextremen Zeitschriften gefeiert als Vorbild, »wie man auch gegen den Zeitgeist und seine Tabus mannhaft bestehen kann« (*Das freie Forum* 3/1994, 8f.), andere jubelten: »Lüftl gelang Durchbruch für Revisionismus«, »ein Meilenstein zur Durchsetzung der historischen Wahrheit über den Holocaust« (*Deutschland in Geschichte und Gegenwart* – *DGG* 3/1994, S. 44, aus dem Grabert-Verlag).

Walter Lüftl war zuvor schon in der Bundesrepublik als Autor in anderem Zusammenhang bekannt geworden, weil er nämlich mit Paul C. Martin (PCM) drei Bücher im Wirtschaftsverlag Langen-Müller/Herbig veröffentlicht hat.[2] Der Verlag gehört zum Haus von Herbert Fleissner. PCM, wie er sich selbst dezent bezeichnet: »Deutschlands profiliertester Wirtschaftspublizist«, macht allerorten Untergangssymptome wie Feminismus, Schamverlust und Promiskuität aus und schrieb u. a. Kolumnen in so renommierten ökonomischen Fachzeitschriften wie *Bild, Bild am Sonntag, Welt am Sonntag, Deutschland-Magazin, Playboy* oder *Penthouse,* bis er in der Redaktion der *Bild*-Zeitung gelandet ist. Lüftl und PCM traten auch als Gespann bei Seminaren auf, und sie verstanden sich prächtig, waren sie doch vom großen Crash gleichermaßen ganz fest überzeugt. PCM leitete aus dem »Lüftl-Theorem« sogleich das »Lüftlsche Grund-Axiom« ab: »Hat ein Staat Schulden und ist der Zuwachs der Staatsschulden höher als die Wachstumsrate des Sozialprodukts, tritt das Ende des Staates in endlicher Zeit ein.« (*Die Pleite*, S. 26) Dem Wachstum seines Schweizer Bankkontos dürften die stets vollbesetzten PCM-Seminare allemal gefrommt haben, hatten die Teilnehmer damals doch 570 Schweizer Franken zu berappen, die Tageseinnahme dürfte somit etwa bei 50 000 DM gelegen haben. Übrigens referierte der sonst so auf sein Einkommen bedachte PCM auch vor der rechten Düsseldorfer Herrenrunde, von der schon die Rede war. Nach Angaben des Veranstalters zahlt man dort keine Honorare. Aufsehen um diese Runde gab es zum ersten Mal, als Franz Schönhuber dort referierte. Paul C. Martin hatte auch eine gewisse Affinität zu den Republikanern, glaubt man Franz Schönhuber: »Was können wir Republikaner dafür, daß der Redakteur von ›Bild‹, Paul C. Martin, einmal Mitglied unserer Partei werden wollte?« schreibt Schönhuber in der Parteizeitung (3/1994). Martin, um Stellungnahme gebeten, teilt dagegen am 3. 3. 1995 mit: »Da sich ein solcher Mitglieder-Wille im nachhinein objektiv nur durch Beitritt manifestieren kann, teile ich mit: 1. Ich war nie Mitglied der Republikaner. 2. Ich habe nie Antrag auf Mitgliedschaft gestellt.«

Doppelt genäht hält besser, muß sich Rechtsanwalt Herrmann wohl gedacht haben, denn er bestellte auch bei dem Dipl.-Chemiker Germar Rudolf, der als Doktorand am Max-Planck-Institut in Stuttgart arbeitete, ein »Gutachten über die Bildung und Nachweisbarkeit von Cyanid-Verbindungen in den ›Gaskammern‹ von Auschwitz«. Ohne Wissen seiner Vorgesetzten benutzte Rudolf Briefbögen des MPI und beauftragte das Fresenius-Institut im hessischen Taunusstein, Gesteinsproben auf deren Gehalt an Cyanid zu untersuchen. Diese Mauerstückchen sollen angeblich aus Auschwitz stammen. Cyanidrückstände waren darin nicht vorhanden. Nach Expertenmeinung sei das allerdings auch kein Wunder, weil Blausäureverbindungen sehr schnell zerfallen, und zwar schon nach ein paar Wochen. Später nachweisbar sei Cyanid nur dann, wenn Gestein unter absoluten Konservierungsbedingungen, unter völligem Ausschluß von Luft, Feuchtigkeit und Bakterien, aufbewahrt wird, schrieb die *Süddeutsche Zeitung* am 29. 3. 1994. Insofern ist dieses sogenannte Gutachten des Herrn Rudolf (wie auch das »Gutachten« des Frederick A. Leuchter, der ebenfalls keine Cyanid-Spuren in den Mauern von Auschwitz I und II, Birkenau fand) gar kein Beweis – außer für die Methoden, mit denen Rechtsextremisten Geschichtsfälschung versuchen.

Dennoch steht für Unbelehrbare fest: »Das Gutachten kommt unwiderlegbar zu dem Schluß, daß die behaupteten Menschentötungs-Gaskammern von Auschwitz niemals mit Zyklon-B in Berührung gekommen sind.« Für das 120seitige »Gutachten« auf Hochglanzpapier wird u. a. in der NPD-Zeitung *Deutsche Stimme* geworben, zu beziehen über eine Londoner Adresse.

Der einverstandene Schwabe

»Wir haben 1991 Erfolge erzielt«, schreibt Remer in einem Jahresrückblick in seiner Zeitung *Remer-Depesche*, »wie wir sie uns in 45 Jahren vorher in den kühnsten Träumen nicht hätten vorstellen können ... Es ist mir gelungen, dank Ihres Einsatzes vor Ort, in insgesamt sechs größeren Wochenzeitungen ganzseitige Inserate gegen die Gaskammerlüge zu schalten ... Die Depesche wurde zum meistgelesenen Systemkritikum Deutschlands. Sie geht mittlerweile in großen Auflagen nach USA, Südamerika, Südafrika und wird selbst in Japan übersetzt. Zu uns gestoßen sind u. a. in großer Zahl Professoren, Ärzte, Rechtsanwälte und Unternehmer.« (*Remer-Depesche* Dez. 1991)

Die *Remer-Depesche* erscheint seit Juni 1991. Der bayerische Verfassungsschutzbericht 1993 registriert wegen der Aufmachung und journalistischen Gestaltung der Ausgabe 4/1993 »größere organisatorische Veränderungen« (S. 57): »Die erneut forcierte Revisionismus-Kampagne sowie die erstmals genannte hohe Auflagenzahl und der erweiterte Mitarbeiterkreis deuten auf bessere wirtschaftliche Möglichkeiten hin.« Genannt wurde in der *Remer-Depesche* eine Auflage von 200 000.

Einen tatkräftigen Unterstützer hat Remer in einem schwäbischen Fabrikanten gefunden. Hans Joachim Dill (Jahrgang 1917) ist laut Hoppenstedt – *Leitende Männer und Frauen der Wirtschaft,* Ausgabe 1993, Geschäftsführer der 1949 gegründeten Dill GmbH Papiere, Pappen, Packmittel in Leinfelden-Echterdingen. Die Firma machte 1991 einen Umsatz von 17,8 Millionen Mark.

Dill lebt in einer Villa in bester Hanglage in einem Stuttgarter Nobelviertel, gut gesichert mit Alarmanlage und Schäferhund. Er unterstützte Remer durch Geldspenden, forderte andere zu Spenden auf und sorgte dafür, daß das Leugnen des Holocaust in gedruckter Form massenhaft Verbreitung fand.

In einem Brief vom 5. Januar 1993 schrieb Dill zur damals jüngsten Ausgabe der *Remer-Depesche:* »Es fördert aber meine Absicht, im Bündnis mit Gesinnungsfreunden zur Verbreitung der Depesche weiterhin nach Kräften beizutragen, sogar mit neuem Schwung, der vielerorts oft eingeschlafen ist ... Jeder von uns, der einigermaßen in der Lage dazu ist, sollte sich noch einmal an Finanzierung und Verteilung energisch beteiligen. Mit meinem Nachbarn zusammen gab ich sofort eine erste Bestellung von 2000 Exemplaren in Auftrag.«

Im nationalen Lager ist der Fabrikant Dill kein Unbekannter. Gelegentlich findet sich sein Name unter Leserbriefen, Anzeigen und Unterschriftensammlungen. »Mit der Richtung Ihrer Zeitschrift bin ich einverstanden«, schrieb er dem Herausgeber von *Europa vorn,* dem Kölner Ratsherrn Manfred Rouhs, der von der NPD über die Republikaner zur »Deutschen Liga für Volk und Heimat« kam. »Kriegsschuldfrage und ›Auschwitz‹ waren die Knüppel, mit denen man unser Volk Jahrzehnte niederschlug und demütigte«, so fuhr Dill fort. »Die Vergangenheit gehört nicht restauriert, aber rehabilitiert, die Ehre des deutschen Volkes, seiner Führung und Wehrmacht in vollem Umfang wieder hergestellt.« (*Europa vorn* Nr. 11 Januar 1991, S. 22)

Hans-Joachim Dill steht ebenso wie sein enger Geschäfts- und Gesinnungsfreund Gerhard Hahn von der Knüppel GmbH aus Hannoversch Münden unter den rund 600 Erstunterzeichnern eines Aufrufs des »Freundeskreises Freiheit für Deutschland« (FFD). »Wir, die erstunterzeichnenden Deutschen, wollen die Erpressung des deutschen Volkes mit dem ›Holocaust‹ nicht mehr hinnehmen«, so beginnt der Text. Wissenschaftler im In- und Ausland würden die Existenz von Gaskammern in Konzentrationslagern des Dritten Reiches bezweifeln. Daher verlangen die Unterzeichner, »daß die Zahlungen für die ›Wiedergutmachung‹, die Frucht dieses gigantischen Betruges, sofort eingestellt werden und daß uns das bisher Gezahlte zurückgegeben wird«. Der Text erschien als Flugblatt Nr. 61 des FFD und im *Münchner Anzeiger* mit einer Auflage von ca. 100 000 Exemplaren. Der »Freundeskreis Freiheit für Deutschland« wurde Ende August 1993 vom nordrhein-westfälischen Innenminister verboten und sein Vermögen beschlagnahmt.

Der Name Dill taucht auch noch in einem anderen Papier auf, nämlich in einem Protokoll des schon erwähnten »Freundeskreises Ein Herz für Deutschland im Delegierten-Convent Europäischer Corporationen« vom 31. 1. 1993. Dieser Kreis arbeitete aufs engste mit der im Juli 1993 verbotenen Heimattreuen Vereinigung Deutschlands (HVD) und deren führendem Kopf Andreas Rossiar zusammen. Rossiar wurde auch noch am 8. Dezember 1994 als Referent in die Runde geladen. In dem genannten Protokoll werden als besondere Wunschkandidaten für den Sprecherrat Wolf Rösler von der Deutschen Volksversammlung, Karin Bächtle für HVD und Wolf Dünkel genannt. Und »als Mitglieder« unter anderem auch die Herren Rossiar und Dill.

Im Januar 1993 schlug eine Sonderermittlungsgruppe des Landeskriminalamts Baden-Württemberg zum ersten Mal bei Dill zu (*Stuttgarter Zeitung* 18. 5. 1993). Nach Zeitungsberichten beschlagnahmten die Beamten 1200 Exemplare eines antisemitischen Hetzblattes. Im Mai folgte eine zweite Hausdurchsuchung. In der Wohnung des Unternehmers wurde umfangreiches NS-Propagandamaterial, darunter auch zweitausend Ausgaben der *Remer-Depesche* und *Argumente gegen Auschwitz* gefunden. Beschlagnahmt wurden auch Geschäftsunterlagen über den Vertrieb der Remer-Zeitschrift sowie umfangreiche Korrespondenz mit Beziehern der Schriften. Das brachte Dill eine Anklage vor dem Amtsgericht Stuttgart ein, u. a. wegen Volksverhetzung. Remer-Schriften und anderes Material verteilte er in größerem Stil an einen Freundeskreis. Dabei bot er selbst das beste Beispiel eines Aktivisten. »Verteilen, verteilen, verteilen«, stachelte er seinen Freundeskreis nach Zeugenaussagen an, und gelegentlich habe er sich gefreut: »Die Vernetzung in Baden-Württemberg ist gelungen.«

Dill wurde zu einer Freiheitsstrafe von zehn Monaten auf Bewährung verurteilt. Als Bewährungsauflage mußte er 20 000 Mark an einen Verein für Behinderte zahlen. Der Vorsitzende Richter Norbert Winkelmann sprach von einem »selten deutlichen Zynismus gegenüber jüdischen Mitbürgern und deren erlittener Verfolgung« und sagte zum Angeklagten: »Sie identifizieren sich mit der nationalsozialistischen Rassenideologie.« Als Vertreiber der gedruckten »Auschwitz-Lüge« sieht ihn das Gericht nicht nur als Gehilfen, sondern als Täter an. Richter Winkelmann bestätigte auf Anfrage, Dill habe auch selbst einen Informationsdienst aufgebaut, um Gesinnungsgenossen zusammenzuführen. Das vorgefundene Adressenmaterial habe interessante Hintergründe ergeben hinsichtlich der Vernetzung von Leuten, die derselben politischen Auffassung sind. Auch nach der Gerichtsverhandlung macht Dill, wiewohl schon ein betagter Mann, weiter. Am 4. März 1994 schrieb er seinem Freundeskreis wieder. Dill beschwert sich in dem Schreiben über die Beschlagnahmung eines Briefes, »in dem ich mich zum Nationalsozialismus meiner Jugend bekannte, einer großartigen Symbiose aus Nationalismus und Sozialismus, und in der [dem] ich Hitler als einen der Großen der Zeit bezeichnete (gehört er

nicht etwa zu den Bewegern der Welt in diesem Jahrhundert?)«.
Dill schließt sein Rundschreiben, das er auch allen Mitarbeiterinnen und Mitarbeitern seiner Firma zukommen ließ, mit dem glühenden Appell: »Bleibt dem Revisionismus treu!«

Der revisionistische Aufruf, unter dem Hans-Joachim Dill steht, stützt sich unter anderem auf das »Gutachten des amerikanischen Gaskammer-Konstrukteurs Fred Leuchter in Zusammenarbeit mit den amerikanischen Alpha-Labors 1988«. Der Herausgeberkreis der *Remer-Depesche* sitzt laut Impressum in England, ebenso wie der »Freundeskreis Freiheit für General Remer«. Eine der Schaltzentralen der internationalen Revisionisten ist das Institute for Historical Review in Costa Mesa, Kalifornien. Englische Sprachkenntnisse sind also gefragt in Remers Umkreis. In der *Jungen Freiheit* erschien eine Anzeige, in der ein Übersetzer englischer Texte für Dokumente aus US-Archiven von einem »Historiker« gesucht wird (März 1991). Der Inserent war Hans-Joachim Dill, Leinfelden-Echterdingen, Postfach.

Der Holocaust-Leugner Germar Rudolf, der kürzlich geheiratet hat und jetzt Scheerer heißt, hatte Bettelbriefe verschickt, in denen Unternehmer aufgefordert werden, für die Finanzierung der Beschaffung von Kopien der in Moskauer Archiven lagernden Sterbebücher des KZ Auschwitz »in Ihrem Bekanntenkreis in äußerst diskreter Weise die nötigen Mittel, Summen über 10 000 Mark« zu beschaffen. Weiter heißt es in dem Brief: »Äußerste Diskretion ist angebracht. Darf Deutschland auf Sie zählen?« Dieser Ruf soll nicht ungehört verhallt sein. Hans-Joachim Dill streitet ab, gespendet zu haben.

Dill hat Scheerer sogar in seinem Betrieb eingestellt. Im April 1995 traf ein *Panorama*-Team Scheerer auf dem Hof der Firma Dill, als er gerade an der Zapfsäule seinen Wagen auftankte. Danach hat ihn die Firma in einem Fax, in dem sie sich bei einer Veröffentlichung juristische Schritte vorbehält, selbst als »Mitarbeiter« bezeichnet.

Der Holocaust-Leugner Germar Scheerer wurde übrigens am 23. Juni 1995 von der 17. Strafkammer des Stuttgarter Landgerichts wegen Volksverhetzung, Aufstachelung zum Rassenhaß und Verunglimpfung des Andenkens Verstorbener zu 14 Monaten Haft ohne Bewährung verurteilt. Nach Auffassung des Gerichts ist er ein »fanatischer Überzeugungstäter mit einer tiefen antisemitischen Einstellung«. Scheerer, der frühere Rudolf, der auch unter den Namen Ernst Gauss und Jakob Sprenger publizierte, habe mit »erheblicher krimineller Energie und größter Raffinesse eine mannigfaltige Verschleierungstaktik betrieben«.

Dill und Scheerer spielen noch in anderem Zusammenhang eine Rolle: Im März 1995 fand eine Hausdurchsuchung in Tübingen statt, wo der rechtsextreme Grabert-Verlag, der Hohenrain-Verlag und die GIE – German international Editions GmbH ihren Sitz haben. Bei Grabert ist nämlich ein Buch mit dem neutralen Titel *Grundlagen zur Zeitgeschichte* erschienen. Autor: Ernst Gauss, also Germar Scheerer. Und deswegen ermittelt die Staatsanwaltschaft Tübingen. 1100 Exemplare wurden beschlagnahmt. Just zum Zeitpunkt der Hausdurchsuchung fuhren vor dem Gebäude zwei Lkws der Firma Hans-Joachim Dill vor, voll beladen mit dem inkriminierten Machwerk.

Ein Verleger alter Schule

Literatur, in der das Dritte Reich verherrlicht, eine deutsche Kriegsschuld abgelehnt und die Vernichtung von Juden in Gaskammern geleugnet wird, gibt es schon lang. Eines der Standardwerke dieses Genres stammt von dem Nordamerikaner und »Vater des Revisionismus« David L. Hoggan. *Der erzwungene Krieg* erschien schon 1961 im Grabert-Verlag Tübingen. Damit habe der US-Historiker »die Nebel der Umerziehung« zerrissen. In der Tat hat Hoggan die Reinwaschung Hitlers bei den Rechtsradikalen in Schwung gebracht.

Als Ausländer ließ er sich medienwirksam präsentieren, obwohl die amerikanische Staatsbürgerschaft noch nicht gegen Neonazismus immunisiert. Im Mai 1964 machte Hoggan eine Deutschland-Tournee (vgl. Jenke, Manfred: *Die Nationale Rechte,* Berlin 1967, S. 193), bei der er einen mit 10 000 Mark dotierten Leopold-von-Ranke-Preis einer »Gesellschaft zur Förderung geschichtswissenschaftlicher Forschung« (von der sich die Leopold-von-Ranke-Gesellschaft energisch distanzierte), als erster Preisträger einen mit 5000 Mark dotierten Ulrich-von-Hutten-Preis der »Gesellschaft für freie Publizistik e. V.« und eine Auszeichnung »für geschichtliche Wahrheit« des »Deutschen Kulturwerks Europäischen Geistes e. V.« erhielt. Der Grabert-Verlag hat später sogar eine Hoggan-Stiftung eingerichtet. Das Buch ist zu einem Klassiker in der rechten Szene geworden. Bis 1993 hatte es 14 Auflagen. Übrigens wurde Hoggan 1964 »von deutschdenkenden Kreisen« eingeladen, nämlich vom Rhein-Ruhr-Club, wie der Solinger Hochbauunternehmer Günther Kissel, selbst ein rechtsgerichteter Mann, in seinen Lebenserinnerungen (S. 21) schreibt. Kissel nennt Hoggans Apologie des Dritten Reiches ein »epochales Werk«.

Jetzt wollen sich Rechtsextreme nicht mehr damit zufrieden geben, daß revisionistische Thesen in neonazistischen Zirkeln in Kneipenhinterzimmern verbreitet werden, jetzt wollen sie an die breite Öffentlichkeit. Und dafür geben finanzkräftige Hintermänner der sogenannten Auschwitz-Lüge auch Geld aus.

Das Monatsblatt der »Hilfsorganisation für nationale und politische Gefangene und deren Angehörige e. V.« (HNG), einer neonazistischen Sammelgruppe für braungesinnte Aktivisten diverser Organisationen von der NPD bis zur 1994 verbotenen Wiking-Jugend e. V., schreibt über diese Strategie einer öffentlichkeitswirksamen Aufbereitung:

»Die besseren, die aufrichtigen Deutschen, die unser Volk vor abscheulichen Lügen und Verleumdungen schützen wollen, waren bislang zum Schweigen verurteilt. Was immer über Auschwitz und andere Konzentrationslager enthüllt wurde, boykottierten die gleichgeschalteten Medien ... Für General Remer stand der Entschluß fest: ... Wir müssen in die sog. Normalpresse. Ansonsten drehen wir uns im Kreise, werden wir nicht ernst genommen. Nach vielen Versuchen, Gesprächen und Verhandlungen kam der Durchbruch. Mehrere Zeitungen signalisierten Bereitschaft, unser Anliegen zu veröffentlichen. Der General entschied sich bei der ersten Aktion für sogenannte Anzeigenblätter ... Am 30. April veröffentlichten der münchner anzeiger und der trabant anzeiger eine ganzseitige Anzeige mit der Überschrift: Auschwitz: Deutschland will endlich die Wahrheit! ... Dieser in Deutschland nach 1945 einmalige Mediendurchbruch geschah auf den Tag genau 46 Jahre nachdem der Führer und Reichskanzler aller Deutschen, Adolf Hitler, aus dem Leben schied ... Beide Zeitungen erreichten zusammen mehr als 200 000 Haushalte ... Der Lügentempel kommt zum Einsturz. General Remer, der sich noch einmal in diese große Befreiungsschlacht für unser Volk geworfen hat, setzte Zeichen. Standard und Tempo sind dem Mediengewerbe im Zusammenhang mit der Aufklärungsarbeit um Auschwitz nunmehr vorgegeben.« (*HNG* 6/1991, S. 19f.)

Verleger und verantwortlicher Redakteur der wöchentlich im Zehnerl-Post-Verlag in München Neuhausen von 1961 bis 1993 erschienenen kostenlosen Anzeigenblätter *Münchner Anzeiger* und *Trabantanzeiger* war Alfred Detscher. Der *Münchner Anzeiger* erschien im Großraum München mit Stadtteilausgaben und der *Trabantanzeiger* in den Landkreisen um München. Die Auflage schwankte von 1961 bis zum Schluß offenbar zwischen 30 000 und 100 000. In vielen Ausgaben wurden revisionistische Artikel, Anzeigen oder Leserbriefe veröffentlicht mit Aussagen wie: »Wir Revisionisten leugnen nicht die Existenz der Gaskammern. Wir widerlegen sie.« Oder: »daß die besagten Gebäude in Auschwitz, Birkenau und Majdanek aus technischen Gründen keine Gaskammern zur Tötung von Menschen gewesen sein könnten« (vgl. Bayerisches Landesamt für Verfassungsschutz: *Revisionismus in der Bundesrepublik Deutschland*, 2. ergänzte Auflage München Januar 1993, S. 42ff.). Detscher druckte auch in der Weihnachtsausgabe 1991 die Anzeige des (inzwischen verbotenen) Freundeskreises »Freiheit für Deutschland«, unter der sechshundert Unterzeichner, darunter auch Unternehmer wie Hans-Joachim Dill und Gerhard Hahn stehen.

Die *Remer-Depesche* (1/1992) feierte den »Ur-Bayer und Zeitungsverleger« als einen »der wenigen seiner Branche in Europa mit Mut und Charakterfestigkeit«. Der Zeitschrift *Nation* gilt Detscher als »ein Verleger der alten Schule«, der es gewagt habe, nicht nur laufend Presseberichte der NPD, sondern auch der *Remer-Depesche* zu drucken. Das neonazistische Kampfblatt *Revolte* schrieb: »Auf den Tag genau 46 Jahre nachdem der ehemalige Führer und Reichskanzler Adolf Hitler aus dem Leben schied, veröffentlichte der *Münchner Anzeiger* und der *Trabant Anzeiger* auf Veranlassung von General Remer eine ganzseitige Anzeige mit der Überschrift ›Auschwitz: Deutschland will endlich die Wahrheit!‹ sowie ein Interview mit Ahmed Rami, einem in Stockholm lebenden moslemischen Radiostationbetreiber, der den sog. ›Holocaust‹ an Juden leugnet«. (2/1991, S. 9) Detscher wurde wegen seiner Verdienste um den »Durchbruch der Wahrheit« zum Star der braunen Szene und dann zum Märtyrer in Berichten der Rechtsaußenpresse, angefangen von *Wehr Dich* bis zur *Deutschen Rundschau*.

Am 22. Juli 1992 wurde Detscher vom Amtsgericht München zu einer Freiheitsstrafe von einem Jahr auf Bewährung und einer Geldstrafe von zehntausend Mark verurteilt. Die Gründe: Volksverhetzung, Aufstachelung zum Rassenhaß, Verunglimpfung des Andenkens Verstorbener und Beleidigung. Der damals 71jährige kündigte noch während des Verfahrens an, er werde die Auflage künftig auf 100 000 erhöhen. Als Detscher in seinem *Münchner Anzeiger* am 5. 10. 1992 ein widerliches Gedicht gegen Asylbewerber veröffentlichte, wurde die Auflage beschlagnahmt. Im Zehnerl-Post-Verlag gab es in der Folge mehrere Hausdurchsuchungen. Detscher stellte dann seine Blätter ein.

Verteidiger des Zeitungsverlegers waren der schon bekannte Hajo Herrmann und der ebenfalls in einschlägigen Kreisen sehr geschätzte Münchner Rechtsanwalt Klaus Göbel, die beide auch David Irving in einem Verfahren im Mai 1992 in München vertraten. Sie forderten den schon erwähnten Germar Rudolf als Gutachter. Er wurde aber vom Gericht wegen mangelnder fachlicher Eignung abgelehnt.

Aus Remers Kameradenkreis tut jeder, was er eben kann. Darunter sind natürlich auch kleinere Geschäftsleute wie zum Beispiel der Lübecker Kaufmann Günter O., Jahrgang 1927. »Polizei und Staatsanwalt ist einer der größten Erfolge im Kampf gegen rechtsextremistisches Gedankengut gelungen«, meldeten die *Lübecker Nachrichten* am 2. Juni 1994. »Bei der Durchsuchung des Privat- und Mietshauses und der Geschäftsräume des Lübecker Kaufmannes Günter O. hat die Kripo fast 20 Pakete mit der *Remer-Depesche* sichergestellt.« Für die Kripo der Hansestadt war dies nach Angaben von Staatsanwalt Michael Böckenhauer »einer der größten Funde, die wir je hatten«. Das brisante Material, wovon »jede dieser Schriften den Tatbestand der Volksverhetzung erfüllt«, war in der Garagendurchfahrt des Hauses hinter einer dort aufgehängten Plane verborgen und füllte ganze Regale.

Dabei wurden kartonweise vier verschiedene Ausgaben der *Remer-Depesche* gefunden. Hinzu kamen Stapel von Werbematerialien und Bestellzetteln für Remers Verlag mit dessen Buch- und Videoangebot, darunter auch das sogenannte Rudolf-Gutachten. Kaufmann O. gab auch Inserate in Anzeigenblättern auf, in denen er weitere Informationen und Quellenmaterialien zum Beispiel zur Kriegsschuldfrage anbot. Allemal ergibt dies Aufschlüsse über die Art und Weise, wie Remers Produkte unters Volk gebracht werden sollen. Remer bot tausend Stück seiner Depeschen für Weiterverteiler für 250 Mark plus 12 Mark Versandkosten an und für 320 Mark inklusive Verteilung.

Der Elektrohändler O. war nicht nur in Sachen Remer aktiv. Er wurde 1982 auch als stellvertretender Vorsitzender des »Deutschen Rechtsschutzkreises e. V.« gewählt, jener rührigen Hilfsorganisation für in juristische Händel verstrickte Rechtsextremisten, und ist dies laut Registerauszug noch heute.

Ein großes Rädchen im DVU-Getriebe

»Sehr verehrter Freiheitlicher!« so wandte sich Dr. Gerhard Frey in der *National-Zeitung* kurz nach der Bundestagswahl 1994 an seine Anhänger. »Der Wahlkampf beginnt heute«, appelliert er an die Leser, und Frey wäre nicht Frey, würde nicht gleich auch eine Bitte um »eine größtmögliche Spende« folgen. »Sie bestimmen, wie sehr die DVU auch finanziell in der Lage ist, der Übermacht an Altparteien und Meinungsindustrie entgegenzutreten«. (*DNZ* 21. 10. 94, S. 3 und 28. 10. 94, S. 10)

Der DVU-Bundesvorstand hatte nämlich die Teilnahme an den Landtagswahlen in Bremen und Bremerhaven 1995 beschlossen. Prompt schickte ein O. Loewe aus Hannover mit seinem Leserbrief »eine erste Spende zur Unterstützung der großen Aufgabe« (*DNZ* 4. 11. 1994).

Mit den Wahlen in der Hansestadt gelang 1987 der DVU der parlamentarische Durchbruch. Zum ersten Mal konnte sie ein Mandat in einem Landesparlament erringen. (Die NPD hatte es allerdings von 1967 bis 1971 schon mal auf acht Abgeordnete gebracht.)

Hans Altermann, Jahrgang 1925, zog jedenfalls als erster Vertreter der »Deutschen Volksunion-Liste D«, einem Wahlbündnis aus DVU und NPD, 1987 in einen Landtag ein. Fast dreißig Jahre war er zur See gefahren, ein erfahrener Schiffsingenieur zwar, doch um Politik hatte er sich in seinem Leben wenig gekümmert. Erst im Ruhestand hat er auf dem falschen Dampfer angeheuert. 1986 war er Freys Volksunion beigetreten. Ein Jahr später schon wurde er Abgeordneter. Und 1988 hatte ihm Frey die Ehrenmitgliedschaft in der DVU wegen seiner »so großherzigen und beispielgebenden Hilfe für die deutsche Sache« angetragen. Vor der Wahl 1991 lobte ihn Freys Wochenzeitung als »mit Abstand fleißigsten Abgeordneten in der Bürgerschaft«. Doch die Liaison mit der Partei des Münchner Pressemoguls hielt nicht lange. Altermann saß dann als Fraktionsloser in der Bürgerschaft. Die DVU jetzt: »Sie führen wieder das Ihnen zukommende Dasein eines schweigenden Hinterbänklers.« In seiner Freizeit bemalt der frühere Seemann Schützenscheiben. Weil die Nationalen so zerstritten sind, zeichnete er seine Vision: einen großen Hut, der alle rechten Parteien einfängt. 1993 rief er dann die »Nationalkonservative Gruppe« (NK) mit anderen DVU-Abtrünnigen ins Leben.

In Bremen hat Gerhard Frey zwar nicht alle sogenannten patriotischen Kräfte eingefangen, dennoch ist ihm ein dicker Fisch ins Netz gegangen.

Die DVU-Liste D führte in Bremerhaven und Bremen einen sehr aufwendigen Wahlkampf, der sehr teuer war. Er soll von Frey angeblich mit zwei Millionen finanziert worden sein. 250 000 Mark kamen über die Rückerstattung wieder in die Parteikasse zurück. Er selbst müsse die DVU gegenwärtig mit 13 Millionen DM finanzieren und könne die Last der Aufwendungen bei Wahlschlachten nicht alleine tragen, schrieb Frey in Spendenaufrufen 1991. Auch ein Multimillionär kann also nicht pausenlos für Wahlkämpfe mit derart kostspieligem Versand von Massendrucksachen und Briefkastenwurfsendungen horrende Summen vorstrecken, zumal Frey beim Europawahlkampf 1989 eine herbe Enttäuschung hatte hinnehmen müssen. Er hatte zwar etliche Millionen in die Kampagne hineingebuttert, den Rahm aber hatte Franz Schönhuber, damals noch sein Erzrivale, abgeschöpft; die »Republikaner« zogen mit sechs Abgeordneten bei erheblich niedrigerem Wahlkampfbudget ins Europaparlament ein, die DVU-Liste D blieb außen vor. Dennoch wurde der mit 20 000 Mark dotierte »Andreas-Hofer-Preis«, der alljährlich bei der DVU-Großkundgebung in der Passauer Nibelungenhalle vergeben wird, am 10. März 1990 an die Wahlkampfmannschaft für die Organisation des Europawahlkampfs verliehen – auch wenn er für Frey ein Schlag ins Wasser war.

In solch schweren Stunden sind teure Freunde gut, insbesondere wenn sie auch noch in der Lage sind, die Parteikasse mit satten Spenden aufzufüllen. Der Unternehmer Siegfried Fritz Tandler ist ein solcher Freund. In der Bremer Partei gilt er als

Big Spender. Von Tandler kommen nicht nur aufbauende Finanz-spritzen, er mischt auch politisch kräftig bei der Volksunion mit als der eigentliche Boß der Schiedskommission. Wenn Tandlers Daumen sich nach unten senkt, dann ist der Parteiausschluß nicht mehr aufzuhalten, so erzählen Bremer Geschädigte.

Tandler hat zwei Bremer und zwei Hamburger Betriebsstätten. Es sind die Tandler Zahnrad- und Getriebefabrik GmbH & Co mit Werk 1 und Werk 2 in Bremen sowie Filialen in Hamburg. Das 300-Mann-Unternehmen ist mit Vertriebsniederlassungen in 17 Ländern auf vier Kontinenten vertreten, u. a. in den USA, Australien und Südafrika. Perfekte Antriebstechnik und elektro-nisch gesteuerte Feinabstimmung, auf diesem Gebiet ist die Bremer Zahnrad- und Getriebefabrik einer der führenden An-bieter in der Bundesrepublik. Überall, wo es um Präzision geht, sind Tandler-Getriebe geschätzt. Auf Geldscheinen zum Beispiel müssen Aufdruck und Schnitt zehntelmillimetergenau passen. Bei ihrer Herstellung werden hochpräzise Tandler-Getriebe eingesetzt. Tandler fertigt Zahnräder, Getriebeteile und Präzi-sionsteile zum Beispiel für die Flugzeugindustrie. Die Kund-schaft des High-Tech-Unternehmens kommt aber auch aus der graphischen und Verpackungsindustrie. Der Exportanteil be-trägt etwa ein Drittel. Der Umsatz macht rund 40 Millionen im Jahr aus.

Siegfried Tandler ist stolz auf die Produkte seiner Firma und auf seine hochqualifizierten Mitarbeiter. Weil solche Spezialisten auf dem Arbeitsmarkt kaum zu finden sind, schult das Unter-nehmen selbst seine neuen Mitarbeiter für die Fertigung. Auf höchste Präzision der Antriebstechnik und die hohe Qualifika-tion seiner Belegschaft führt Tandler seinen Erfolg zurück. Rund 300 Menschen sind in Werk 1 am Bremer Doventorsdeich und in Werk 2 in der Kornstraße beschäftigt. Einen Betriebsrat gibt es laut Auskunft der IG Metall in keinem der Tandlerwerke. Sie hält das Unternehmen für einen »Betrieb nach Gutsherren-art«, Gewerkschaftsmitglieder seien dort rar.

Stolz ist Tandler auch darauf, daß er bislang jeden bei ihm

ausgebildeten Lehrling übernommen hat. Von Entlassungen war in der Firma kaum die Rede, außer bei der Borgward-Pleite 1961, als der ganz große Kunde plötzlich ausfiel. »Wenn auch vielen der rauhe Ton einfällt«, so heißt es in der Jubiläumsschrift, »so erinnern sich alle auch an die fürsorglichen Seiten des Chefs.« Besonders belobigt vom Chef werden laut *Weser-Kurier* die Aussiedler unter den Mitarbeitern: »Fleißige tüchtige Leute« (*Weser-Kurier* 15. 11. 1988). Im Oktober 1994 hat Tandler das 45jährige Betriebsjubiläum und seinen achtzigsten Geburtstag gefeiert. Zur Unterhaltung traten ein Sudeten- und Erzgebirgschor, eine Volkstanzgruppe und ein Chor der Marinekameradschaft Vegesack auf. Gekommen war auch der frühere bayerische Staatsminister Franz Neubauer, der Sprecher der Sudetendeutschen Landsmannschaft. Neubauer überreichte Tandler die vom Bundesvorstand der Sudetendeutschen Landsmannschaft verliehene »Ehrenurkunde für Verdienste um den Aufbau der Wirtschaft«. Mit diesem auch vom bayerischen Wirtschaftsminister Otto Wiesheu unterschriebenen Dokument würdigte die Landsmannschaft die Lebensleistung des Jubilars, der in Reichenberg, heute Liberec, geboren wurde.

Den Herausgeber der Zeitschrift *Mut,* Bernhard Christian Wintzek, belehrte Tandler 1981 (Januar-Ausgabe S. 5): »Wir müssen in größeren Intervallen denken lernen und dabei die Substanz zu erhalten versuchen. Es ist genug davon da, wenn auch latent.«

Wintzek kandidierte 1972 für die NPD zum Bundestag, er war führend in der »Aktion Widerstand«, die mit Parolen wie »Brandt an die Wand«, »Fegt ihn weg, den roten Dreck« und »Hängt die Verräter« gegen die Verständigungspolitik mit dem Osten Front machte, und er ist Verfasser des Taschenbuchs *Unsere Väter waren keine Verbrecher. Wie es damals wirklich war* (*Mut*-Verlag, Asendorf 1975). Im Kapitel »Die Sechs-Millionen-Legende« schreibt Wintzek: »Wie lange sollen wir noch für eine ›Wiedergutmachung‹, die weder unser Problem noch unsere

Aufgabe ist, arbeiten und Steuern zahlen? Wie lange will man uns vor allem statt geschichtlicher Tatsachen weiterhin antideutsche Greuelmärchen auftischen?« Wintzeks Zeitschrift wurde 1979 von der Bundesprüfstelle für jugendgefährdende Schriften auf den Index gesetzt – wegen Rassenhetze und Rassendiskriminierung in Zusammenhang mit der Ausstrahlung der Holocaust-Fernsehserie (BPS-Entscheidung Nr. 2773 vom 7. 6. 1979).

Diesen Herrn Wintzek ermunterte Tandler damals, 1981, zum »Weitermachen«, denn »Sie sprechen mit Mut aus, was andere verschweigen. Bleiben Sie bewußt die Keimzelle für später wieder mögliche Aktivitäten ...« Damals hatte *Mut* um großzügige Spenden gebeten, damit immer mehr *Mut*-Hefte an »Zehntausende ausgewählter Adressen verschickt werden können« (2/1981, S. 22).

Bernhard Wintzek hat sich inzwischen geändert. Aus seinem damals in Verfassungsschutzberichten als rechtsextrem eingestuften Magazin ist ein wertkonservatives Erbauungsblatt geworden. Und Tandler? Tandler fördert nach Kräften die heute wieder möglichen Aktivitäten einer rechtsextremen Partei. 1981 hätte Tandler DVU-Wahlkämpfe nicht sponsern können, die DVU gab es nämlich nur als eingetragenen Verein, Partei ist sie erst 1987 geworden.

Als 1987 in Bremen die Haushalte mit Postwurfsendungen aus dem Hause Frey bombardiert wurden, da hat Gerda B. »diesen Kram« immer weggeschmissen. Schließlich hat sie doch mal in den Flugblättern gelesen. »Das Wort ›Wiedervereinigung‹ hat mich eingefangen«, sagt sie heute. Gerda B. ist in den fünfziger Jahren aus der DDR geflüchtet. Schließlich ist sie mit zu einer der alljährlichen DVU-Wallfahrten nach Passau gereist. Eine Zeitlang hat sie geglaubt, Frey sei »ein Patriot«. Gerda B. trat in die NPD ein und auch in die DVU. Bei der NPD war sie Pressereferentin und zuständig für soziale Fragen. »Mutter B.«, wie sie von ihren Schützlingen genannt wurde, betreute zeitweilig Drogenabhängige.

Mentor von Gerda B. war Karl-Heinz Vorsatz, NPD-Funktionär und Bürgerschaftsabgeordneter der DVU-Liste D. Als das Hauen und Stechen zwischen Fraktionsmitgliedern und anderen anfing und ausgerechnet der naßforsche Hans Weidenbach, ehemaliger Polizeivollzugsbeamter im Bundesgrenzschutz und NPD-Landesvorsitzender, seinem politischen Ziehvater Vorsatz in den Rücken fiel, weil Vorsatz »an zahlreichen von Etablierten organisierten Empfängen teilgenommen« und darüber hinaus »in aller Öffentlichkeit das gute Klima innerhalb der Bürgerschaft« (*Nordsee-Zeitung* 21. 7. 1992) hervorgehoben habe, da war für Gerda B. das Maß voll. Sie kritisierte lauthals politischen Stil und Doppelmoral im damaligen NPD-DVU-Bündnis.

Frau B. bekam ein Parteigerichtsverfahren. Tandler zeigt sich nicht nur großzügig, was das Auffüllen der Parteikasse anbelangt, auch wenn Räume gebraucht werden, findet die DVU bei Tandler eine Heimstatt (vgl. Dokument S. 376). Geladen wurde Frau B. nämlich ins Tandler-Werk, ins Besprechungszimmer im ersten Stock. Siegfried Tandler sei bei der Verhandlung der Schiedskommission tonangebend gewesen. »Der Tandler«, erinnert sich Gerda B., »läßt einen gar nicht zu Wort kommen, der diktiert einfach.« Wer's Geld gibt, hat das Sagen. Schließlich stammen von Tandler keine peanuts, »das sind schon Tausende«, sagt sie.

Über das Tagblatt hinaus

1990 wurde während der Kundgebung in der Nibelungenhalle der Verleger, Chefredakteur und Herausgeber des *Fehmarnschen Tageblattes* Henning Wolff als Stellvertreter von Gerhard Frey in den Bundesvorstand der Deutschen Volksunion gewählt. Wolff dürfte der einzige deutsche Tageszeitungsverleger sein, der Mitglied der DVU ist.[3]

In seiner 1856 gegründeten Zeitung förderte Wolff das rechte

Anliegen nach Kräften. So zitiert er in einem Kommentar vom 14. 9. 94 das neue Ullstein-Buch von Günter Rohrmoser *Der Ernstfall:* »Deutschland befindet sich an einem geschichtlichen Wendepunkt. Umkehr oder Niedergang – diese fatale Alternative ist das Gesetz, nach dem alle politischen, moralischen und kulturellen Kräfte um eine Neuorientierung unseres Landes ringen.« Einen Tag später feiert Wolff das Buch in einem Vierspalter.

Verleger Wolff hat auch seine eigenen, nicht ganz aktuellen Hauptstadtansichten: »Ein Symbol in der Stille – aber ein Meilenstein von Gesinnung, Traditionsbewußtsein, vaterländischer Treue: Der Gedenkstein ›Berlin‹ an der Doppeleiche in Burg. 395 km wird die Entfernung von der Insel in die Reichshauptstadt ausgewiesen unterhalb des Wappentieres Berliner Bär.« Reichshauptstadt – so heißt das bei Wolff in einer Bildunterschrift zu einem Foto, aufgenommen vom Chef (*Fehmarnsches Tageblatt* vom 15. 9. 1994).

Er schreibt selbst, wenn es gilt, rechte Bücher zu besprechen, saftige Kommentare abzulassen oder die Berechtigung der Wahlteilnahme von NPD-Kandidaten einzuschätzen. Für Ostpreußen greift Wolff sogar für ein anderes Blatt zur Feder und wird zum Autor für das *Ostpreußenblatt.* Wolff, Jahrgang 1929, ist seit 33 Jahren Mitglied der Landsmannschaft Ostpreußen. Für sein »national-geistiges Engagement« bekam er Anfang 1995 das Goldene Ehrenabzeichen der Landsmannschaft.

Auch für die Verbreitung von Publikationen aus dem Hause Frey tat das *Fehmarnsche Tageblatt* sein Bestes. So druckte es eine Würdigung des *Deutschen Kalenders 1994* als »Dokument deutscher Kulturgeschichte«: »Im FZ-Verlag ist zeitig zum Jahresende der neue deutsche Kalender 1994 erschienen – von Heimatfreunden und Bekennern zur reichen deutschen und europäischen Geschichte mit Spannung erwartet.

Der Kalender habe zugleich auch »lexikale Bedeutung für Kinder und Jugendliche aller Klassen und Schularten«. »Prägende Persönlichkeiten deutscher Geschichte, vom saloppen Zeitgeist unserer Gegenwart ignoriert, werden dem Deutschen mit Bekenntnis zu Wahrheit und Redlichkeit durch den Jahreskalender 1994 wieder gegenwärtig. Freiherr von Richthofen oder die prägende Pionierleistung Deutscher Raumfahrt als Eingang zu einem neuen Zeitalter im Verständnis des erweiterten Weltbildes.«

Der Kalender sei ein ideales Weihnachtsgeschenk und ein Symbol der Hoffnung für den Beschenkten zum neuen Jahr 1994 mit vielen guten Daten. Es folgt die Bestelladresse.

Seit November 1994 ist Wolff im Ruhestand. Seine Ehefrau ließ auf schriftliche Anfrage hin verlauten, das politische Engagement ihres Mannes ginge niemanden etwas an. Er sei nicht bei der DVU.

Des Stifters heimliche Spenden

In der November/Dezember-Ausgabe 1993 der Zeitschrift *Nation und Europa*, der ältesten rechtsextremen Monatszeitschrift in der Bundesrepublik, erschien unter der Rubrik »Von Menschen und Verbänden« ein Nachruf. Das ist nichts Besonderes, denn *NE* begeht viele Jubiläen oder Todestage von Schwestern und Brüdern im Geiste wie Mussolini-Befreier Otto Skorzeny, Hitlers Wunschsohn Leon Degrelle oder Hans Ulrich Rudel, dem bis in den Tod gesinnungstreuen Kampfflieger, Träger der höchsten Tapferkeitsauszeichnung der Wehrmacht, der nach 1945 nach Argentinien flüchtete, aber wieder zurückkam und einer der Propagandisten der Deutschen Volks-Union (DVU) wurde.

Der eben erwähnte Nachruf steht mitten unter anderen Nachrichten wie zum Beispiel zum 75. Geburtstag von Holle Grimm, der Tochter des Volk-ohne-Raum-Dichters Hans Grimm, die übrigens Gesellschafterin der *Nation Europa* GmbH ist, des Schweizer Bankiers und Goebbels-Nachlaßverwalters François Genoud[4], Jahrgang 1915, nach eigenem Bekunden »ein glühender Verehrer Hitlers« (*Die Welt* 9. 6. 1987), und des rechtsradikalen Verlegers und Geschäftemachers Dietmar Munier. Es handelt sich im großen und ganzen um eine Art Gesellschaftsnachrichten der rechten Szene, ihrer Sympathisanten und Zulieferer. Man kennt sich untereinander.

Während die meisten Personalien Leute betreffen, deren Namen nur völkisch gesinnten Insidern etwas sagen, die sonst aber kaum einer kennt, ist es bei dem erwähnten Nekrolog umgekehrt. Da geht es um einen Mann, der im öffentlichen Leben, vor allem aber in der Wirtschaft sehr bekannt ist. Um Dr. h. c. mult. Alfred Carl Toepfer, den größten Stifter Deutschlands, den Schöpfer eines milliardenschweren Firmenimperiums und Chef eines der größten Handelshäuser Europas.

Mit einem Staatsakt wurde des Todes des »großen Hanseaten und Europäers« gedacht. Alfred C. Toepfer war am 8. Oktober 1993 im 100. Lebensjahr gestorben. 600 Trauergäste aus Politik, Wirtschaft, Kultur und Konsularkorps waren im Festsaal des Hamburger Rathauses versammelt, von dessen Balkon die Europaflagge mit schwarzer Schärpe hing. Unter den illustren Trauernden waren Altbundeskanzler Helmut Schmidt, Verteidigungsminister Volker Rühe, der die Bundesregierung vertrat, der ehemalige Außenminister Hans Dietrich Genscher, Ex-Minister Karl Schiller, Bürgermeister a. D. Klaus von Dohnanyi, der britische Ex-Premierminister Sir Edward Heath und der ehemalige österreichische Bundespräsident Rudolf Kirchschläger. Neben dem schlichten Eichensarg standen junge Menschen in Finkenwerder und Scheeßeler Tracht.

Durch Härte zum Erfolg – so könnte man die Lebensgeschichte Alfred Toepfers überschreiben. Er war der Sohn eines reichen Hamburger Kaufmanns. Bis zum Kriegsausbruch gehörte er aktiv der Wandervogelbewegung an. Er war ein leidenschaftlicher Nationaler und machte mit beim legendären Treffen der freideutschen und bündischen Jugend 1913 auf dem Hohen Meißner in Nordhessen unter der Losung: »Deutsch ist die Jugend bis ins innerste Herz, frei halte sie sich in ihren Gemeinschaften von äußeren Bindungen und von innerem Gewissenszwang!« (Die bündische Jugend bezeichnete weder damals noch heute eine homogene Jugendkultur; bündisch nennen sich

Wandergruppen ebenso wie beispielsweise die militant neonazistische Wiking-Jugend e. V., die 1952 gegründet und Ende 1994 verboten wurde.) Die damalige Jugendbewegung, die sich ohne Schlips und Kragen gegen das steife Bürgertum wandte, Naturerlebnis gegen biergeschwängerte Wirtshausatmosphäre setzte und Abenteuer gegen Spießbürgertum, mündete nur zu bald in der ideologischen Verherrlichung der nationalen Vergangenheit und im Rückgriff auf vermeintliches germanisches Heldentum.

1914 meldete sich Toepfer freiwillig zum Kriegsdienst, war bis zum Schluß aktiv an der Ost- und Westfront dabei (dreimal verwundet) und half dann seit Januar 1919, als Angehöriger des Landesjägerkorps die »Ordnung in Deutschland wiederherzustellen«. Im gleichen Jahr gründete der Kaufmannsgehilfe eine eigene Firma – ohne Hilfe des schwerreichen Vaters. So hielt er es dann auch später mit seinen eigenen fünf Kindern, denen er eine Ausbildung mitgab »und sonst nichts«.

Toepfers Getreidehandelsfirma wuchs rasch zu einem der international bedeutsamsten Unternehmen in diesem Sektor, dazu kamen Kraftfutterwerke, Mühlenbetriebe, Eisenhandel und eine Schiffahrtsgesellschaft. Aus dem Getreidegeschäft wurde eines der erfolgreichsten Handelshäuser der Welt. Die Toepfer International Gruppe erreichte im Geschäftsjahr 1990/91 mit 766 Beschäftigten einen Weltumsatz von 8374 Millionen DM. Der Umsatz der Alfred C. Toepfer Verwaltungs-GmbH lag 1991/92 bei 455 Millionen DM.

Ein Gutteil seines Reichtums steckte Toepfer in die Förderung des Heimat- und Naturschutzgedankens, finanzierte eine Reihe von Jugendherbergen. Er schuf Stiftungen und Stipendien für Kunst, Kultur und Politik. Berühmt wurde Toepfer vor allem als Mäzen und Stifter. Am 7. Dezember 1931 gründete er die gemeinnützige Stiftung F.V.S. Toepfer konnte sich nie entscheiden, wem er den Vorzug geben sollte, Friedrich von Schiller oder Freiherr vom Stein. Daher heißt die Stiftung noch heute F.V.S. Sie ist die größte private Stiftung in der Bundesrepublik.

Ihr Gesamtvermögen wird auf rund 200 Mio. Mark geschätzt. Die Stiftung vergibt eine Vielzahl von Preisen (Herder-Preis, Shakespeare-Preis, Henrik-Steffens-Preis, Robert-Schuman-Preis, Rembrandt-Preis, Hansischer Goethepreis). Für Verdienste auf Spezialgebieten werden u. a. der Justus-von-Liebig-Preis, Leopold-Pfeil-Preis, Fritz-Schumacher-Preis, Van-Tienhoven-Preis, Vaden-Vondel-Preis, Freiherr-vom-Stein-Preis gestiftet. Seit 1986 wird der mit 10 000 DM dotierte Emmele-Johanna-Preis für alleinstehende, bedürftige Frauen mit mindestens drei Kindern zu Ehren von Toepfers 1985 verstorbener Frau verliehen.

Die Berliner *tageszeitung* befaßt sich mit dem Stiftungswerk Toepfers und hat herausgefunden, daß mehrere Repräsentanten und Preisträger der Stiftungen »Ende 1939/Anfang 1940 in die volkstumspolitischen Selektionsstäbe der Wehrmacht-Abwehr und des Sicherheitsdienstes der SS aufrückten«. Als Beispiele nennt die *taz* einen Preisträger von 1939, Walter Kuhn, der wenig später die »Ansiedlungsstäbe« des Reichskommissars für die Festigung deutschen Volkstums in den annektierten polnischen Westprovinzen mit seinen Gutachten bedient habe. Oder Hans Koch, der 1940/41 als Ukraine-Repräsentant des Oberkommandos der Wehrmacht an der Auslösung der Judenpogrome durch ukrainische Milizen in Lwow/Lemberg mitbeteiligt gewesen sei (*taz* 15. 10. 1993).

»Als einem der Begründer und tatkräftigsten Förderer der deutschen Naturschutzbewegung ist ihm vor allem der Schutz der Lüneburger Heide als Naturpark zu verdanken, die ohne ihn als Naturland wohl untergegangen wäre«, schreibt das rechtsextreme Blatt *Nation und Europa* zu Toepfers Umweltengagement. In fast jedem biographischen Artikel über Toepfer, den »König der Heide«, wird geschildert, daß er in Kniebundhosen durch die Lüneburger Heide stapfte und dabei fast automatisch mit der scharfen Spitze seines Wanderstocks die Papierfetzen am Wegesrand aufspießte.

»Das Geldverdienen gehörte zu seinem Beruf«, so lautet der

letzte Satz des Nachrufs in *Nation und Europa,* »das Dienen jedoch war seine Berufung.« Wie nun, so fragt man sich, hat Toepfer, der zeitweise einer der reichsten Männer der Bundesrepublik war, denn dem rechtsextremen Blatt aus Coburg gedient? Welcher Art sind die Beziehungen, die Toepfer mit der von einem ehemaligen SS-Hauptsturmführer gegründeten Postille verbinden?

Gegründet wurde die Monatszeitschrift *Nation Europa,* 1990 umbenannt in *Nation und Europa,* im Jahre 1950 von Arthur Ehrhardt, 1951 erschien das erste Heft. Der Name war zugleich auch Programm. Europa wurde nicht nur als das Abendland gesehen, sondern zuerst als »große einigende Idee der weißen Menschheit der Zukunft« (*Nation Europa* 6/1971, S. 12). Manfred Jenke schrieb schon 1967 über das Blatt: »Mit der schwindenden Anziehungskraft der rechtsextremen Organisationen nach 1955 wurde *Nation Europa* zu einem der wichtigsten Kristallisationspunkte der Meinungsformung auf diesem Gebiet«. (Jenke, Manfred: *Die Nationale Rechte,* Berlin 1967, S. 191) Und das ist bis heute so. *Nation Europa* wird quer durch alle Reihen der zerstrittenen extremen Rechten gelesen, vom ehemaligen SS-ler über Republikaner bis zu Nationalrevolutionären und Neurechten.[5] Gründer Arthur Ehrhardt, der sich selbst sowohl als hünenhafter Bauer wie intellektueller Schriftsteller fühlte, warnte vor einer Zerstörung Europas durch eine »biologisch-kulturelle Gefahr«, vor einem »Europa der Bankiers und der Gastarbeiter«.

Die Herren Toepfer und Ehrhardt hatten im Leben so manches gemeinsam: Ehrhardt wie Toepfer waren beide geprägt durch den Aufbruch der Jugendbewegung. Sie kamen aus der bündischen Jugend, beide waren 1913 beim Treffen am Hohen Meißner mit dabei, das von den Teilnehmern stets als unauslöschliches persönliches Erlebnis geschildert wird, das auf Jahrzehnte hinaus verband.[6] Und beide meldeten sich freiwillig zum Ersten Weltkrieg, in dem Toepfer dreimal, Ehrhardt sechsmal verwundet wurde. Beide waren beim Oberkommando der

Wehrmacht und bei der Abwehr. Beide sind ihr Leben lang geprägt geblieben durch die nationale Erweckung der Jugendbewegung und die soldatische Kameradschaft der Kriegsjahre. Sie fühlten sich den Idealen der Jugendbewegung bis ins hohe Alter verbunden. Beide bewahrten sich die Bodenhaftung und Vorliebe zur Landwirtschaft.[7]

Altbundeskanzler Helmut Schmidt hat Toepfer in seiner Trauerrede als einen Mann gewürdigt, der »sich um das Vaterland verdient gemacht« hat. Toepfer sei ein deutscher Patriot und Widerstandskämpfer gewesen. Nun hegt die Zeitschrift *Nation und Europa* nicht gerade besondere Sympathien für Gegner des Nationalsozialismus. Wie also kommt der Widerständler Toepfer in dieses Blatt?

Toepfer war im Dritten Reich in Ungnade gefallen, weil ihm Verbindungen zum »Widerstandskreis« des sogenannten Nationalbolschewisten Ernst Niekisch[8] angelastet wurden. Deshalb war Toepfer von Juni 1937 bis Mai 1938 in Haft. Niekisch war einer der radikalsten Nationalisten und Antiliberalen der Weimarer Zeit und darüber hinaus. Er gründete 1926 die Zeitschrift *Widerstand,* nach der sein »Widerstandskreis« benannt wurde, eine Gruppe mit eindeutig rechtsextremer Konzeption, wenngleich sie zeitweilig ein Zusammengehen mit der UdSSR gegen den »Westen« befürwortete. Diese »Widerstandsbewegung« rekrutierte ihre Anhänger zu großen Teilen aus den Freikorps und dem Bund Oberland. Niekisch war zweifelsohne ein Hitler-Gegner. Doch seine Schrift von 1932 *Hitler – ein deutsches Verhängnis,* die manche für ein »antifaschistisches« Buch halten, sah in Hitler ein Verhängnis, weil dieser »zu legalistisch« sei, »angekränkelt vom Pazifismus«, und auf die »Zerstörungsabsicht« verzichte. »In dieser Hinsicht hat Niekisch Hitler offenbar unterschätzt«, merkt Arno Klönne an (Klönne, Arno: *Zurück zur Nation? Kontroversen zu deutschen Fragen,* Köln 1984, S. 90). Klönne schreibt: »In seiner programmatischen Schrift *Politik des deutschen Widerstandes* (1932) beschwor Niekisch die ›germanische Substanz‹, die ›preußische Rasse‹, ›Blut und Boden‹, den

›totalen Staat‹, dem ›gewaltsam‹ Bahn gebrochen werden müsse. Das ›Erbe des Westens‹ auf deutschem Boden müsse ›in Feuer verbrannt und in Blut erstickt‹ werden. Eher solle ›die Welt zugrunde gehen, als daß sich das deutsche Volk freiwillig in seine Fesseln schicken werde‹; der ›kriegerische Wille des deutschen Menschen‹, sein ›gesundes, barbarisches Wesen‹ sollten nach Niekisch ›Liberalismus, Demokratismus, Humanität, Pazifismus und jede humanitär begründete Form von Sozialismus‹ hinwegräumen, der Staat sollte zur permanenten ›Kriegsorganisation‹ werden.« (S. 89f.)

Niekisch war damals ein Hitler-Gegner, aber ein um so konsequenterer Nationalsozialist. Vieles, was Niekisch gefordert hat, wurde von Hitler verwirklicht. Er war ein Wegbereiter des Dritten Reiches, dessen Opfer er schließlich selber wurde: Niekisch und siebzig seiner Anhänger kamen 1937 in Haft. Hauptsächlich wurde ihm seine Hitler-Kritik vorgeworfen. Niekisch hatte Hitler ja als »talentlos« und zu westlich eingestuft. Den Grund dafür wähnte Niekisch in Hitlers Blut, das ihn empfänglich gemacht habe für das »Gift« des »romanischen, katholischen Wesens«, das Niekisch haßte.

Mit Niekischs Verhaftung war es auch für Toepfer brenzlig geworden, denn Toepfer hatte Niekisch zahlreiche Auslandsreisen in den Jahren 1933–1936 finanziert (Sauermann, Uwe: *Ernst Niekisch. Zwischen allen Fronten,* mit Beiträgen von Armin Mohler, München 1980, S. 202). Während Niekisch am 22. 3. 1937 in Gestapohaft kam, wurde Toepfer im Juni abgeholt.

Ungeachtet der Haftzeit »meldete sich T. im September 1939 freiwillig zum Wehrdienst«, schreibt das Munzinger-Archiv. Toepfer kam zum Oberkommando der Wehrmacht, Amt Canaris. Auch Niekischs Mitangeklagter Karl Christoph Tröger meldete sich, um weiteren Schwierigkeiten zu entgehen, zur Wehrmacht und kam zur Abwehr (Sauermann, S. 204). Von Mai bis Juni 1940 war Toepfer in Holland eingesetzt, ab 1. Juli 1940 beim Oberbefehlshaber Paris. Auch zivil engagierte sich Toepfer für das Ausland, richtiger für das Deutschtum im Ausland.

241

»Unermüdlich war Toepfers Einsatz für den Naturschutzgedan-ken«, schreibt *Nation und Europa*, »aber auch die Grenz- und Auslandsdeutschen lagen ihm am Herzen.« Alfred C. Toepfer überließ vor 1945 dem »Volksbund für das Deutschtum im Ausland – Deutscher Schulverein e. V.« (VDA)[9] ein stattliches Haus als Sitz für dessen Kaderschmiede. Er stellte »aus seinem Besitz von Gut Kalkhorst in Mecklenburg das Herrenhaus als Schulungsheim dem VDA zur Verfügung und gab diesem Haus bis ins einzelne eine bedeutsame sinngemäße Ausstattung« (Jacobsen, Hans-Adolf: *Hans Steinacher*, Boppard am Rhein 1970, S. 349). Der VDA besorgte die Volkstumsarbeit jenseits der Grenzen. Er galt als Hitlers Fünfte Kolonne und nahm wegen der außenpolitischen Isolation des Dritten Reiches eine wichti-ge Rolle ein.

Toepfer war ein persönlicher Freund des Demokratie-Veräch-ters Ernst Jünger[10], der »dem Nationalsozialismus von Herzen den Sieg« wünschte, des Schriftstellers, der den Krieg als »Rausch der Kühnheit«, als Ekstase, als Zustand des Heiligen feierte und der angesichts des grausigen Kampfes in den Schüt-zengräben der Westfront schrieb: »Da reißt Begeisterung die Männlichkeit so über sich hinaus, daß das Blut kochend gegen die Adern springt«. Die Frontsoldaten des Ersten Weltkriegs, Toepfer und Jünger, kannten sich aus alten Tagen schon vom Niekisch-Kreis. Nach Jüngers Meinung mangelte es Hitler an Radikalität, dieser entwickle sich zu einem »Napoleon des allgemeinen Wahlrechts«. »Was Ernst Jünger dartut«, hatte Kurt Tucholsky 1930 geschrieben, »ist geistig dünn, unterernährt und um so mehr von gestern, als es sich von morgen zu sein gibt.«

1993 bekam Ernst Jünger als erster Literat den mit 50 000 Mark dotierten Robert-Schuman-Preis der Stiftung FVS, der für »mar-kante Verdienste um die europäische Einigung« verliehen wird. Der nach dem bedeutenden französischen Politiker benannte Preis wurde bislang an Jean Monnet, Leo Tindemans und Karl Carstens vergeben. Das literarische Mittlertum Jüngers gelte vor allem Frankreich und sei Ausdruck der Kraft, welche die Völker Europas verbinde. »Nun wird es aber auch einem sorgsamen Leser der Werke Jüngers schwerfallen, sich aus den diversen Büchern Zeugnisse eines Mittlertums zu erschließen«, kommentierte die *Süddeutsche Zeitung* vom 17. 3. 1993. Zumal Jünger noch 1982 in einem *Spiegel*-Interview mit Hitlers Sudetenland-Politik und dem Anschluß Österreichs »noch heute völlig d'accord« war (*Der Spiegel* 33/1982).[11]

Naturverbundenheit, die Liebe zur Scholle, nationales Pathos, Selbstzucht und Disziplin – das sind charakterliche Gemeinsamkeiten dieser Männer. Welchen Dienst Toepfer geleistet hat, um in den Spalten des rechtsextremen Blattes aus Coburg so ausführlich gewürdigt zu werden, wissen wir nicht.

Konkrete Angaben über Toepfers Dienste finden sich in einer neonazistischen Zeitschrift, die in Dänemark gemacht wird. »Wir trauern um folgende Leser der *Bauernschaft*«, heißt es dort in einer Todesanzeige, und dann steht dort Alfred Toepfer aus Hamburg unter biobraunen Verblichenen wie dem Bauern Harro Horn aus Elmshorn. »Wir werden Ihr Andenken in Ehren halten«, schließt die Anzeige.

Der Neonazikreis um die Zeitschrift *Bauernschaft* und Thies Christophersen, einen der maßgeblichen Leugner des Holocaust, wird in steter Regelmäßigkeit im Verfassungsschutzbericht gewürdigt. »Wir wollen das Bauerntum als Wertgruppe in der Gesellschaft herausstellen«, schreibt Christophersen über die Redaktionslinie, »nicht nur als Ernährer, sondern auch als Kulturträger«. (*Bauernschaft* 1/1989, S. 10) Dennoch wird in dem Blatt nicht über Ackerbau und Viehzucht berichtet, Hauptthema ist die Verherrlichung des Dritten Reiches, die sogenannte Kriegsschuldlüge und das Leugnen der Massenvergasungen in Auschwitz.

»Als Herausgeber der *Bauernschaft* und der *Kritik* sowie früher des *Deutschen Bauern* habe ich nie ein Blatt vor den Mund genommen«, belobigt sich Christophersen (*Die Auschwitz-Lüge*, 7. erweiterte Auflage, Lausanne o. J., S. 25). Er ist der Meinung,

243

»der Nationalsozialismus hätte ewigen Bestand gehabt, wenn seine Feinde ihn nicht zerstört hätten«. Heute müßten »wir« zu »einem gesunden nationalen Sozialismus zurückfinden«. Die Naturgesetze der Arterhaltung und Rangordnung müßten wieder anerkannt werden. »Arterhaltung: Das sind die Rassen- und Vererbungsgesetze. Rangordnung: Das ist das Führerprinzip.« Ein Volk, das diese Gesetze nicht anerkenne, werde zugrunde gehen. Die USA seien bereits »vernegert« (*Bauernschaft* 4/1990, S. 24). Von den Gaskammern sagt er: »Es hat sie gegeben, aber für die Vergasung von Läusen.« (*Bauernschaft* 4/1991, S. 39)

Anfang 1994 enthüllte Christophersen, woher seine Bewegung Geld bekam: »Herr Alfred Toepfer hat zu Beginn meiner Tätigkeit, als ich noch die Zeitschrift *Der Deutsche Bauer* herausgab, unsere Arbeit mit Spenden unterstützt. Auch hat er der ›Notgemeinschaft deutscher Bauern e. V.‹ Versammlungsräume kostenlos zur Verfügung gestellt. Nachdem die *Auschwitz-Lüge* in unserem Verlag herausgegeben wurde, hat er sich nicht mehr gemeldet.« (*Bauernschaft* 1/1994, S. 64)

Der Landwirt Thies Christophersen, der das »Bauerntum als Quell der nordischen Art« betrachtet, gehört schon seit den sechziger Jahren zu den braunen Aktivisten in der vordersten Front. Er war von Januar bis Dezember 1944 in Auschwitz beschäftigt (*Bauernschaft* April 1985); aus diesem Stoff schrieb er später seinen abstrusen Bericht »Die Auschwitz-Lüge«. Dieses Machwerk wurde 1978 gerichtlich eingezogen, erscheint aber dennoch in mehreren Sprachen und hat längst eine Auflage von über 100 000 erreicht. In der vorerst letzten Ausgabe der *Bauernschaft* 4/1994, die in den ersten Februartagen 1995 mit belgischem Absender und Kölner Poststempel verschickt wurde, bekennt Christophersen: »Ich weiß, daß ich mit meiner Schrift *Die Auschwitz-Lüge* einen Stein ins Rollen gebracht habe.« Er bereue es nicht.

1968 war Christophersen Landesvorsitzender der erwähnten »Notgemeinschaft Deutscher Bauern e. V.«, 1971 gründete er die »Bürger- und Bauerninitiative e. V.«, die eine Zeitlang auch steuerabzugsfähige Spendenquittungen ausstellte. Die nach Christophersens Angabe von Toepfer finanziell unterstützte »Notgemeinschaft Deutscher Bauern e. V.« war eine Landvolkbewegung mit Schwerpunkten an der Westküste von Schleswig-Holstein, in Ostfriesland und in einigen anderen niedersächsischen Landkreisen. Sie bildete sich 1961/62. Ihr Symbol war die schwarze Bauernfahne mit Pflug und Schwert. Im Jahre 1972 demonstrierte die Notgemeinschaft in Kassel auf der 5. Dokumenta »gegen den gesteuerten und gelenkten Kulturzerfall«, indem ein Fuder Mist als Protest »gegen die Diktatur der Unanständigkeit« und »entartete Kunst« abgeladen wurde. Es handelte sich um eine Gemeinschaftsaktion von Christophersen und seines Gesinnungsfreundes Manfred Roeder.

Der Kern dieser Notgemeinschaft war laut Onno Poppinga (*Bauern und Politik*, Ffm/Köln 1975) ein Aktionsausschuß aus ehemaligen Anhängern der (verbotenen) Sozialistischen Reichspartei bzw. Deutschen Reichspartei (S. 168ff.). Nach der Gründung der NPD 1964 kam es nach Poppinga zu einer engen Verbindung mit dieser Partei, einige Funktionäre hatten Posten in der NPD oder waren deren Kreistags- und Landtagsabgeordnete.

Einer dieser Funktionäre der von Toepfer geförderten Notgemeinschaft Deutscher Bauern wie auch einer der häufigen Autoren von Christophersens *Bauernschaft* war Peter Petersen. Er starb am 4. 7. 1989 in Arenholz. Petersen kam als zweiter Sohn einer Bauernfamilie mit acht Kindern zur Welt. Schon in den zwanziger Jahren war er bei der Landvolkbewegung, von der ein großer Teil ins Lager der NSDAP überwechselte. Petersen verfaßte für sie mehrere Kampfschriften wie *Die dritte Revolution* und *Unter der schwarzen Bauernfahne. Die Landvolkbewegung im Kampf für Deutschlands Befreiung* (unter dem Pseudonym Jürgen Schimmelreiter). Petersen galt als der Stifter der schwarzen Bauernfahne am 1. August 1929 in Neumünster, dem Symbol der Landvolkbewegung (Stoltenberg, Gerhard: *Politische Strömungen im schleswig-holsteinischen Landvolk 1918–33*, Düsseldorf 1962). Im Oktober 1931 ging Petersen zur NSDAP, dann wie viele andere vom Landvolk zur SS. Nach 1945 war er Präsident der Landesbauernkammer Schleswig-Holstein, schuf 1951 die Anbauernsiedlung zur Eingliederung vertriebener Bauern. Petersen organisierte sich in der Deutschen Partei und war dann 1967–1971 Landtagsabgeordneter der NPD. Bis kurz vor seinem Tod 1989 war er in der Bauernbewegung aktiv, schrieb Artikel für Christophersens *Bauernschaft* (»Erfreulich, daß unsere Gesellschaft selbst zu erkennen beginnt, daß sie faul und krank ist.« *Bauernschaft* 3/88, S. 9) und die *Deutsche Stimme* der NPD.

Aus einem programmatischen Aufsatz von Peter Petersen im Mitteilungsblatt der Notgemeinschaft, dem *Deutschen Bauern* (Nr. 4), geht das politische Verständnis dieser Bauernbewegung hervor: »Für uns ist das Bauerntum Staatsgedanke. Ein gesundes Bauerntum bildet schlechthin die Lebensgrundlage von Volk und Staat, nicht nur hinsichtlich der Ernährungssicherung in Krisenzeiten. Wehe, wenn des Volkes Wurzeln faulen! ... Verrat am Bauerntum ist letzten Endes Landesverrat.«

Thies Christophersen fungierte 1968 als Landesgeschäftsführer der Notgemeinschaft Deutscher Bauern e. V. Ihr Verbandsorgan *Deutscher Bauer* wurde dem rechtsextremen Presseverbund von Dr. Gerhard Frey eingegliedert. Bald stellten sich zwischen Christophersen und Frey Dissonanzen ein. Deshalb entschloß sich Christophersen dann, ein eigenes Blatt, *Die Bauernschaft*, herauszubringen (vgl. Backes, Uwe/Jesse, Eckhard: *Politischer Extremismus in der Bundesrepublik*, Bd. III, Köln 1989, S. 281).

Auch der Mitbegründer der Notgemeinschaft Deutscher Bauern, Harro Horn aus Elmshorn, dessen Name unter dem von Toepfer in der besagten Traueranzeige steht, gehörte bis zu seinem Tod am 12. 11. 1993 zum Kreis um Thies Christophersen. »Harro Horn war Kriegsteilnehmer und ist dem Grundsatz ›Meine Ehre heißt Treue‹ immer gefolgt«, so würdigte Christophersen seinen Mitstreiter mit dem SS-Grundsatz in einem Nachruf (*Bauernschaft* 1/94, S. 68).

Alfred Toepfer, der laut *Munzinger Archiv* eigentlich hatte Bauer werden wollen, war schon über Niekisch mit dessen Deutschem Landvolk-Kampfbund in Berührung gekommen. Wenn Christophersens Behauptung tatsächlich zutrifft, so läge in Toepfers Spendenpraxis eine Kontinuität von der Weimarer Zeit bis heute. Ob Toepfer nun ein Ausbund an Bescheidenheit war oder sich bei seinen nationalen Hilfsdiensten nur nicht in die Karten gucken lassen wollte und deshalb so dezent operierte, das mag der Leser beurteilen.[12]

Druck im rechten Spektrum

Der Bauernführer und Holocaust-Leugner Thies Christophersen hatte noch andere Helfer. Gedruckt wurde seine Zeitschrift bei einem Gesinnungsfreund im ostwestfälischen Preußisch Oldendorf. Die *Bauernschaft* erscheint regelmäßig viermal im Jahr mit ca. 72 Seiten und sechsfarbigem Umschlag auf Hochglanzpapier. Mal ziert das Titelblatt ein Aquarell von Adolf Hitler, mal ein Porträt von Hitler-Nachfolger Dönitz oder Hitler-Stellvertreter Rudolf Heß, mal reitet Odin durch die Lüfte oder der Landmann mäht das Korn. Die *Bauernschaft* erscheint jetzt im 25. Jahrgang, die Auflage beträgt mehrere Tausend, und der Einzelpreis des Heftes liegt bei sechs Mark.[13]

Kurz vor Weihnachten, am 8. Dezember 1993 beschlagnahmten Polizei und Staatsanwaltschaft die Dezembernummer der *Bauernschaft*, 3165 Exemplare – übrigens nicht mit sehr viel Erfolg. Verschickt wurde das Heft nämlich trotzdem, und zwar mit Poststempel aus Freiburg im Breisgau. Die anordnende Staatsanwaltschaft Flensburg hatte nur einen Teil der Auflage in die Finger bekommen, oder es wurde eilends nachgedruckt. Am 14. Dezember 1993 wurden Geschäftsräume in der Kleinstadt durchsucht und ein PC und Disketten sichergestellt, die anscheinend zur Herstellung der *Bauernschaft* benutzt worden waren. Der WDR berichtete am 27. Januar 1994 über die

Aktionen der Behörden und über ein Ermittlungsverfahren »gegen einen offenbar skrupellosen Unternehmer«. Daß sich mit rechten Pamphleten Geld verdienen läßt, kam dabei auch heraus. Das Geschäft mit der *Bauernschaft* machte die Firma Kölle-Druck.

Ob nun die Herstellung der *Bauernschaft* ein besonders lukratives Geschäft ist, mag dahingestellt sein. Kölle-Druck jedenfalls geht es wirtschaftlich gut. Das Unternehmen hat 35 Beschäftigte. Falls die Produktion der *Bauernschaft* eine Gefälligkeit unter Kameraden sein sollte, kann der Betriebsinhaber es sich leisten, denn er hat lohnendere Einnahmequellen. So soll Kölle auch größere Aufträge der Stadt Preußisch Oldendorf ausführen. Dennoch soll es nach Auskunft der IG Medien sogar Werbefilme geben, mit denen sich die Kölle-Druck speziell im rechten Spektrum anpreist. Mit Erfolg offenbar, denn zum Beispiel auch die rechtsextreme Kulturvereinigung »Gesellschaft für freie Publizistik e. V.« ließ dort jahrelang Kongreß-Protokolle drukken.

Geschäftsführer der Kölle Druck GmbH, Postfach 1180 in Preußisch Oldendorf (Kreis Minden), sind Erwin und sein Sohn Rainer Höke (*ABC der deutschen Wirtschaft* 1993/94). Unter demselben Postfach firmiert auch der Buchdienst Göttingen. Bis Anfang 1993 war dort auch der K. W. Schütz-Verlag untergebracht. Der Betrieb wurde 1951 vom Schwiegervater Erwin Hökes gegründet. Das Stammkapital beläuft sich auf 100 000 Mark, wobei neben Erwin Höke Alice, Dirk und Rainer Höke mit jeweils 10 000 Mark beteiligt sind. Der Umsatz stieg von 1992 auf 1993 von 4,28 auf 4,8 Millionen Mark.

Solange die Zeitung von Otto-Ernst Remer *Der Bismarck-Deutsche – Organ der Deutschen Freiheitsbewegung* (später *Recht und Wahrheit*) in Briefumschlägen (und nicht als Streifbandzeitung) verschickt wurde und so über den Poststempel der Ort sichtbar war, in dem die Sendungen aufgegeben wurden, kamen sie auch immer aus Preußisch Oldendorf. Lange Zeit erschienen im *Bismarck-Deutschen* regelmäßig Anzeigen des

K. W. Schütz-Verlages mit jenem Postfach. Höke hat auch den Schütz-Verlag bei seinem Stand auf der Frankfurter Buchmesse 1988 vertreten.

Der Buchdienst Göttingen, dessen Telefonnummer auch mit der von Kölle-Druck identisch ist, liefert jedes im Handel erhältliche Buch. »Bitte helfen auch Sie mit, durch Ihre Bestellung, die geschichtliche Wahrheit zu verbreiten, und geben Sie dieses Bücherverzeichnis weiter«, appelliert der Buchdienst an seine Kunden. Im Prospekt des Buchdienstes findet sich einschlägige Literatur, vor allem über die Waffen-SS, wie *Treu ihrem Volk. Das Selbstverständnis der Soldaten der Waffen-SS. Eine Auseinandersetzung mit zeitgeschichtlichen Mißdeutungen. Ein Selbstzeugnis ohne Pathos* (ca. DM 34,50), *Wie ein Fels im Meer,* Band I und II über die 3. SS-Panzer-Division »Totenkopf« (zusammen 133,50 DM) oder *Europäische Freiwillige,* eine Geschichte der 5. SS-Panzer-Division »Wiking« (46,50 DM). Aber auch Langspielplatten und Kassetten sind im Vertrieb, zum Beispiel *Soldatenlieder und militärische Hornsignale, Deutschland, Deutschland über alles* und *Lieder, die wir einst sangen,* 16 Volks- und Soldatenlieder, gesungen von der HIAG Minden (HIAG = Hilfsgemeinschaft auf Gegenseitigkeit der ehemaligen Angehörigen der Waffen-SS). Daneben finden sich historische Tondokumente zur Zeitgeschichte wie *Führer befiehl ...,* *Adolf Hitler: Wie gewinne ich eine Wahl?* oder *Europäischer Jugendkongreß 1942;* Preis pro Platte: 25 DM.

Vor allem aber bietet der Buchdienst die Erzeugnisse des K. W. Schütz-Verlages an. Über ihn heißt es im *ABC der deutschen Wirtschaft 1993/94* noch, obwohl der Schütz-Verlag jetzt eine Abteilung des *Nation-und-Europa*-Verlages ist: »Inhaber: Erwin Höke, gegründet 1948, Volksbank ..., eigener Vertrieb: Buchhandlung Heide Stöhr, ... A-1080 Wien, Export: Weltweit, Beschäftigte: 4, Produktion: Bücher zur Zeitgeschichte und Militaria«. Der Verlag setzte 1989 drei Millionen Mark um.

Der Gründer des Verlags ist ein Mann, der sich um die »nonkonformistische Nachkriegspublizistik« verdient gemacht hat, wie es in der Rubrik »Von Menschen und Verbänden« der Zeitschrift *Nation Europa* 10/1988, S. 62 heißt. Waldemar Schütz, geb. am 9. 10. 1913, hat den Plesse-Verlag als ersten Verlag, der die Geschichte aus revisionistischer Sicht darstellte, und die *Deutsche Wochen-Zeitung* gegründet. Damit bot er »der verfemten Kriegsgeneration, der revisionistischen Zeitgeschichtsschreibung und der nationalen Rechten einen Freiraum«. Schütz war selbst Ordensjunker und zuletzt bei der Waffen-SS im Rang eines Hauptsturmführers (Panzeroffizier mit fünfmaliger Verwundung). Acht Jahre lang saß er als Abgeordneter der Deutschen Reichspartei und der NPD im niedersächsischen Landtag. Später war Schütz Inhaber der Deutschen Verlagsgesellschaft und gönnte sich auf seine alten Tage die Erfüllung eines lang gehegten Planes, die Gründung des »Vereins für Kultur und Zeitgeschichte – Archiv der Zeit e. V.« mit einer zeitgeschichtlichen Dokumentensammlung im bayerischen Rosenheim. Daneben führte er aber auch Gruppen von Gleichgesinnten bei Reisen »an die bedeutenden Stätten unserer abendländischen Geschichte«. 1987 war er der Ansprechpartner der »Deutschen Reisen« in Freys FZ-Verlag nach Südwestafrika, Taiwan/National-China, Südafrika und Chile (*Deutscher Anzeiger* 28. 11. 86, 5. 12. 86), 1988 war er selbst Veranstalter mit den DVG-Reisen. Schütz verkündete auch »die Wahrheit über Südafrika« in der Passauer Nibelungenhalle am »unvergeßlichen Tag im Kreis unserer patriotischen Gesinnungsgemeinschaft« der Deutschen Volksunion 1986. Überhaupt gilt er im rechten Lager als »einer der besten Kenner des südlichen Afrika in der Bundesrepublik Deutschland«.

Das Verlagsprogramm läßt klar erkennen, um was es geht, nämlich um Rehabilitierung der Waffen-SS und Glorifizierung des Dritten Reiches – ein publizistisches Bollwerk gegen »Umerziehung und Siegerpropaganda«. Die Bundesprüfstelle indizierte etliche Bücher aus dem Schütz-Programm wie die Memoiren des ehemaligen SS-Generals Paul Hausser *Waffen-SS im Einsatz* (35 Mark), *Trotzdem* des ehemaligen Luftwaffenoberst Hans Ulrich Rudel (35 Mark) oder *Ein sonderlicher Haufen* über das SS-Sturmbataillon 500 von Ingo Petersson (28 Mark).

Ein Bestseller bei Schütz ist Otto Ernst Remers *Verschwörung und Verrat um Hitler. Urteil des Frontsoldaten* für 42 DM. Und eben jener 1994 in Spanien untergetauchte Remer wird im Verlagsprospekt als »Der hochausgezeichnete Frontoffizier des Zweiten Weltkrieges, Generalmajor Otto Ernst Remer, der als Kommandeur des Wachregiments in Berlin den Umsturzversuch des Widerstandes am 20. Juli 1944 auf Befehl seines obersten Kriegsherrn Adolf Hitler schon im Anfangsstadium unterband« vorgestellt.

Propaganda für das Vierte Reich

Die Zeitschrift hat nicht die Auflage von Hugenberg-Blättern, ihre Geldgeber sind keine Konzernbosse, sondern mittelständische Unternehmer und mehr oder weniger potente Einzelspender, und sie ruft auch nicht zur Wahl einer neo-nationalsozialistischen Partei auf; ihr Chefredakteur befürwortete vielmehr bei der Bundestagswahl 1994 einen »aktiven Wahlboykott« durch das nationale Lager. Dennoch geht es auch hier um die Beseitigung des derzeitigen politischen Systems in der Bundesrepublik Deutschland. Die Rede ist von den *Staatsbriefen*, die seit 1990 aus München eine Restitution des Reichsgedankens propagieren.[14] Und wer nicht so recht schlau daraus geworden ist, worauf sich der schleswig-holsteinische Verfassungsschützer Michael Wolf bezogen haben mag, als er im Januar 1995 von deutlichen Anzeichen für einen rechten Terrorismus sprach, der wird hier auf Erhellendes treffen. Ein Blick auf diese Publikation läßt Konturen eines Kartells aus Geld und rechter Intelligenz erkennen, das auch Gewalt als Mittel der Politik nicht ausschließt.

Diese *Staatsbriefe* sind eine kleine Zeitschrift, die ohne Apparat auskommt und mit ihren Lesern einen Kreis bildet. Sie sind ein Muster politischer Vermittlung, wie es in den frühen dreißiger Jahren vom *Tat*-Kreis um Hans Zehrer vorgemacht wurde. Von der *Tat* und Hans Zehrer[15] haben die *Staatsbriefe* so manche Impulse erhalten.

Man darf aus der geringen Auflage von ca. 1000 Exemplaren nicht auf eine mangelnde Resonanz und Bedeutung fehlschließen – manche Autoren der *Staatsbriefe* sind nicht ohne Einfluß. So hatte ein Mitarbeiter der noch jungen Zeitschrift 1990 offenbar Kontakt zu einer der einflußreichsten Unternehmerpersönlichkeiten in der Bundesrepublik, nämlich zu Prof. Dr. Hans Lutz Merkle, aufgenommen.

Merkle, am 1. Januar 1913 in Pforzheim geboren, war langjähriger Vorsitzender der Geschäftsführung der Robert Bosch GmbH in Stuttgart. Unter seiner Ägide wuchs der Umsatz des Elektrokonzerns von zwei auf vierzehn Milliarden Mark. 1988 wurde er zum Ehrenvorsitzenden der Bosch-Gruppe auf Lebenszeit ernannt. Merkle führte die Aufsichtsräte der Deutschen Bank und der Bosch-Siemens Hausgeräte GmbH. Er saß in den Aufsichtsgremien der Allianz Versicherung und der DLW, Aufsichtsratsmitglied war er bei der BASF in Ludwigshafen, bei der Hannoveraner Continental Gummiwerke, der Klöckner-Humboldt-Deutz, der Otto Wolff und der I. M. Voith GmbH, beim Volkswagenwerk und beim amerikanischen Auto-Zulieferer Borg Warner, und er war Beiratsmitglied der Chase Manhattan Bank.

Der Träger der Toepferschen Freiherr-vom-Stein-Medaille in Gold war seit je eine der Unternehmerpersönlichkeiten in der Grauzone von wirtschaftlicher und politischer Macht. Er gehörte dem Wirtschaftsrat der CDU e. V. an und war Mitbegründer und langjähriger Vorsitzender der »Gesellschaft zur Förderung der Wirtschaft Baden-Württembergs e. V.« (GFW), die jahrzehntelang als Spendenwaschanlage gedient hatte. Und er zählte zu den Wirtschaftsführern, die 1971 »nicht mehr länger schweigen konnten« und in aufsehenerregenden Großanzeigen schon ein Jahr vor den Bundestagswahlen 1972 und ein halbes Jahr vor dem Versuch, die Regierung Brandt/Scheel mit den Stimmen einiger abtrünniger Bundestagsabgeordneter zu stürzen, eine angebliche Sorge um die Arbeitsplätze und eine plötzlich bevorstehende Rezession hegten. Der Bosch-Chef, den Hans Filbinger 1973 zum Professor ernannte, kehrte aber 1979 der Union den Rücken. Im Zuge der baden-württembergischen Parteispendenaffäre wurde Merkle 1987 angeklagt. Die Anklagebank wäre ihm erspart geblieben, wenn er – wie andere Manager – einen Strafbefehl akzeptiert hätte. Dieses lehnte Merkle kategorisch ab. Das Verfahren endete 1990 mit einer Verwarnung. Er wurde zur Zahlung einer Geldauflage von 600 000 Mark verurteilt. Er hatte sich nicht gescheut, die Mitwirkung der begünstigten Politiker (die ihn während der Verhandlung weitgehend im Stich ließen) und die jahrelange Duldung der Spendenpraxis durch die Finanzbehörden vorzuführen.

Der prominente Wirtschaftsführer sollte nach Angaben der *Staatsbriefe* als Mitfinanzier des Blattes gewonnen werden. Doch Merkle habe sich nicht für die Zeitschrift stark machen wollen. Er habe nach Durchsicht einiger Hefte ein Engagement abgelehnt. Zwar stimme er den geschichtlichen Betrachtungen zu, teile jedoch nicht die aktuelle Zielsetzung. Es ginge nicht mehr um das Deutsche Reich, sondern nur noch um Europa (*Staatsbriefe* 1/1995, S. 41). Soweit die Behauptungen der *Staatsbriefe*. In einer Stellungnahme Merkles vom 7. Februar 1995 heißt es, an einen Vorgang der genannten Art »kann ich mich nicht erinnern; in meiner Ablage finde ich darüber nichts«.

Der Chefredakteur dieser preußischen Sendschreiben aus der bayerischen Hauptstadt, Hans Dietrich Sander ist kein aus braunen Zeiten übriggebliebener Winkelphilosoph, sondern ein Publizist, der die Lager gewechselt hat.[16] 1928 in Mecklenburg geboren, kam er nach dem Studium in den Kreis um Bertolt Brecht und arbeitete in Ost-Berlin als Dramaturg. 1958 floh Sander in den Westen und schrieb einige Jahre für die Tageszeitung *Die Welt*. Dort kam er unter die Fittiche eben jenes Hans Zehrer, der Ende der zwanziger Jahre in den Gesprächszirkeln der sogenannten Konservativen Revolution heimisch war und die Monatsschrift *Tat* herausbrachte, die Carl von Ossietzky in der *Weltbühne* 1932 so charakterisierte: »... hier wurde Hitler überhitlert und der Nationalsozialismus in eine moderne Bildungssprache übertragen ...« (zitiert nach Köhler, Otto: *Wir Schreibmaschinentäter. Journalisten unter Hitler – und danach*, Köln 1989, S. 233).

Sander widmete sich dann hauptsächlich seiner Promotion 1969 bei Hans-Joachim Schoeps. 1980 veröffentlichte der Renegat im Krefelder Sinus-Verlag, der viele neurechte Autoren protegiert, sein Buch *Der nationale Imperativ – Ideengänge und Werkstücke zur Wiederherstellung Deutschlands,* dem er in der zweiten Auflage »Propädeutische Überlegungen zum Vierten Reich« hinzufügte.

Seither gilt Sander unter seinesgleichen als fleischgewordener *furor teutonicus,* der wie kein anderer dem Reichsgedanken Bahn bricht. Zumal seit der »Zerfall der raumfremden Doppelhegemonie über Europa« (*Staatsbriefe,* 8/1990 S. 34) – gemeint ist eine amerikanisch-russische – im Zuge der deutschen Vereinigung der reichspatriotischen Idee neuen Raum öffne, wird Sander von anderen Reichsparteigängern als ein zweiter Moeller van den Bruck gesehen; jener schrieb 1923 sein Buch mit dem Titel »Das Dritte Reich«, Sander wurde seinen Fans seit seinem Buch von 1980 zum Künder eines Vierten.

Die damals rechtsextreme Jugendzeitschrift *Mut* druckte 1981 Sanders Empfehlung nach, die Gedenkstätten der Konzentrationslager abzutragen: »Überdies kann keinem Volk zugemutet werden, unausgesetzt vor die Schandmale seiner Geschichte gezerrt zu werden. Es ist deshalb vielleicht ein Akt politischer Klugheit, diese Gedenkstätten spurlos zu schleifen, bevor sich eines Tages der Volkszorn an ihnen vergreift.« (*Mut* 2/1981) Es dauerte nicht lange, da hatte dieser Vorschlag unverschämte Realität erfahren, wie die Schändungen etlicher Gedenkstätten zeigten. Es vergriff sich nicht das Volk an den Mahnmalen, sondern einige aufgeputschte Neonazis, denen eingeredet wurde, sie seien die Vollstrecker eines vermeintlichen Volkszorns. Und als der braun-brutale Mob im August 1992 in Rostock brandschatzte, da feierte Sander den Terror in seinen *Staatsbriefen* als »Revolutionsetüde« (*Staatsbriefe* 8/9 1992, S. 1 und 11/1992, S. 34). Die Morde an drei Mitgliedern der Familie Arslan galten ihm als »Zwischenfall von Mölln« (*Staatsbriefe* 12/1992).

Man könnte wohl über diesen reichs-propädeutischen Unsinn hinweggehen und bräuchte der kleinen Zeitschrift mit ihren pubertären Großmachtsträumen kaum Beachtung zu schenken, wenn diese Plädoyers für *Das Reich als politische Einheit der Deutschen* nicht häufig gerade vor jungen Leuten gehalten würden – denn in den *Staatsbriefen* gedruckte Texte hält der Chefredakteur häufig als Vorträge.[17] Und wenn Sander nicht gelegentlich unter dem Abglanz seiner Zeit bei der *Welt* auch bei Konservativen noch Gehör fände. Und wenn es nicht einen Kreis von Förderern gäbe, dessen Kopf ein niedersächsischer Industrieller ist. Die Leserin und der Leser mögen etwas Geduld haben, denn man sollte schon genau hinschauen, was für eine Zeitschrift es ist, die ein betuchter Unternehmer, von dem noch die Rede sein wird, protegiert.

Das Unternehmen *Staatsbriefe* begann im Sommer 1987 (vgl. Artikel *Braune Blätter* in *Die Zeit* 11. 5. 1990). Mit einer Gründungsanzeige wandte sich Sander an persönliche Bekannte. Als Leitlinie stellte er eine Politik vor, »von der die Hegemonie der raumfremden Mächte über Europa durch die Wiederherstellung des Deutschen Reiches aufgehoben werden soll«. Sander plädierte für die Wiedererlangung einer »Reichsfähigkeit«, »an deren Schwund das Dritte Reich zugrunde ging«. Hervorragende Gelehrte und Publizisten, »die zwischen der Scylla der öffentlichen Meinung und der Charybdis des nationalen Gettos kein Forum mehr haben«, stünden bereit.

Ein kleiner Freundeskreis begann mit der Suche nach 200 Deutschen, die eine einmalige Spende von je 1000 Mark leisten sollten. Es wurde ein Treuhandkonto eingerichtet, und der Rechtsanwalt Paul-Werner Beckmann aus Herford wurde zum Verwalter bestellt. Im Sommer 1988 waren aber erst 65 000 Mark zusammengekommen. Sander wollte erst starten, wenn die Summe auf dem Spendenkonto 100 000 Mark übersteigt.

Zwei der Gönner erlebten den Start des Blattes nicht mehr: Virginia Cysarz und Peter Petersen, der Schöpfer der schwarzen Bauernfahne, der bis zu seinem Tod 1989 für eine reaktionäre Bauernbewegung arbeitete und für die *Bauernschaft* des Holo- caust-Leugners Christophersen schrieb.

Kaum war die Berliner Mauer gefallen, war es dann soweit. Sander fühlte sich zum Herold des neu zu errichtenden Reiches berufen. Das erste Heft erschien 1990. Fünf Jahre später steht das Blatt finanziell immer noch nicht auf eigenen Füßen, sondern ist auf Zuwendungen einer treuen Spenderschar ange- wiesen, wie der Chefredakteur in einem Editorial Anfang 1995 einräumt.

Zu den »Mitarbeitern von der ersten Stunde«, wie sie Sander selbst in einem Werbeprospekt vorstellt, gehören:

– Günter Zehm, von 1977 bis 1989 stellvertretender Chefre- dakteur der Tageszeitung *Die Welt* und ehemals Ressortchef für »Kultur« und »Geistige Welt«, dann Lehrbeauftragter an der Universität Jena. Doch mit dem Abdruck von Artikeln aus Zehms Feder klappte es nicht so recht. Scheinbar nahm Zehm noch auf die juristischen Händel, die er damals mit seinem Verlag austrug, Rücksicht. Als Zehm nach der Wende Professor in Jena wurde, erschien seine Eröffnungsrede zum Colloquium »Unrecht und Aufarbeitung« an der Friedrich- Schiller-Universität in der Ausgabe 6/7 1992 der *Staatsbriefe*. Als Pankraz publizierte er dann wöchentlich im *Rheinischen Merkur.* Dort wetterte der Nothelfer gegen die Ächtung der rechtsradikalen Mordbrenner, die viele Politiker nach dem

Brandanschlag auf die Lübecker Synagoge gefordert hatten (*Rheinischer Merkur* Nr. 16/1994). Die arg ramponierten Republikaner zitierten die Kolumne dankbar in ihrer gleichnamigen Zeitung (Nr. 7/1994). Während Sander von »seinem Freund« Günter Zehm (*Staatsbriefe* 3/1990) spricht, sagt dieser inzwischen, Sander verlege »ein extrem rechtes Blatt in München«, er identifiziere sich nicht mit ihm. Seit Januar 1995 erscheinen die Pankraz-Kolumnen in der *Jungen Freiheit.*

– Armin Mohler, Vordenker der Neuen Rechten, weiland Sekretär von Ernst Jünger, später langjähriger Geschäftsführer der renommierten Carl-Friedrich-von-Siemens-Stiftung in München,

– Robert Hepp, Bevölkerungswissenschaftler in Osnabrück, der in seinen Klagen über den angeblich bevorstehenden Volkstod der Deutschen schon mal von der »Unterfruchtigkeit« der deutschen Frau spricht,

– Hans Hausberger, Kölner Unternehmensberater, Kuratoriumsvorsitzender der »Franz-Schönhuber-Stiftung« und Freund des Genius loci einer spendierfreudigen Herrenrunde in Düsseldorf, Prof. Carl Zimmerer,

– Günter Maschke, ein Konvertit. Ende der sechziger Jahre floh er »vor politischer Verfolgung« aus der Bundesrepublik nach Kuba. Inzwischen ist er zum Carl-Schmitt-Epigonen geworden (Hermann, Kai/Hundseder, Franziska: Wir wollen Eliten gewinnen, in: *Unheil über Deutschland. Fremdenhaß und Neofaschismus nach der Wiedervereinigung,* Hamburg 1993, 97ff.),

– der langjährige NPD-Funktionär Hans-Michael Fiedler, zu dessen fünfzigstem Geburtstag 1993 in der »Bildungsstätte Mitteldeutschland« (getragen vom gemeinnützigen »Förderverein Jugendbildung e. V.«) Sander anreiste und über »Demokratie, Staat und Nation« räsonierte,

– Karl-Heinz Kausch aus Hannoversch Münden, ehemaliger Direktor des Grotefend-Gymnasiums, der laut Gerichtsurteil

ein »durch die Verherrlichung Hitlers geprägtes tendenziö-
ses Geschichtsbild« verbreiten half. Kausch schrieb das Vorwort zu der fanatischen Verteidigungsschrift »Ein anderer
Hitler« von Hermann Giesler, des Führers persönlichem
Architekten, die 1977 vom Druffel-Verlag herausgebracht
wurde. Jetzt verbreitet er seine »Erziehungslehre« in den
Staatsbriefen und dichtet dort von »Lichtinseln« über »braunen Seen«.

Ein Geniestreich war Sander gelungen, indem er die vor allem
durch ihre Veröffentlichungen über den jüdischen Witz bekannte Publizistin Salcia Landmann für die ersten beiden
Jahrgänge der *Staatsbriefe* gewann. Landmann, die als Arbeitsge-
biete im *Who's who* das Ostjudentum, aber auch die »Selbstzer-
störung des freien Westens« angab, schrieb in Sanders Blatt von
einer »Clique heimgekehrter Kaffeehausliteraten«, die aus den
Judenmassakern ein Recht für sich herleitete, nunmehr der
»durch Kollektivscham verunsicherten und eingeschüchterten
arischen Umwelt Direktiven zu oktroyieren«, wen oder was sie
positiv zu werten oder zu beschimpfen habe (*Staatsbriefe* 4/1990,
S. 10).[18]
Zum Kollegium der *Staatsbriefe*-Autoren gesellt sich auch Helmut
Kamphausen, ehemaliger Mitarbeiter von Löwenthals *ZDF-Magazin,* der heute auch bei rechtsextremen Clubs anzutreffen ist.
So steht er auf der Liste der Teilnehmer des Lesertreffens 1993
der von Otto Ernst Remer gegründeten Zeitschrift *Recht und
Wahrheit* (*Recht und Wahrheit* 9/10 1993, S. 17) und diskutierte
bei der rechtsextremen »Deutsch-Europäischen Studiengesellschaft« mit (*Staatsbriefe* 6/7 1992, S. 39), als es ums Vierte Reich
ging. Sein Buch *Deutschlands Zerstückelung* brachte er 1988
ausgerechnet im einschlägig bekannten Arndt-Verlag von Dietmar Munier heraus. Gelegentlich schreibt Kamphausen auch in
der *Jungen Freiheit,* ständiger Mitarbeiter ist er beim *Ostpreußenblatt.* Dort lamentierte er darüber, daß sein früherer Chef
Gerhard Löwenthal nicht die Begrüßungsansprache zur Verlei-

hung des Freiheitspreises an Bundeskanzler Helmut Kohl bei der »Deutschland-Stiftung e. V.« im Juni 1994 halten durfte (*Ostpreußenblatt* 4. 6. 1994).

Nahezu in jeder Nummer der *Staatsbriefe* ist Reinhold Oberlercher anzutreffen. Gelegentlich tut er sich mit so ausgefallenen Vorschlägen wie einem Transitverbot für ausländische Lastkraftwagen hervor. Oberlercher hat sich vom 68er Ideologen des »Sozialistischen Deutschen Studentenbundes« (SDS), der Bücher über sozialistische Wirtschaftstheorie schrieb, zum »Nationalmarxisten« (wie er sich selbst nennt) entwickelt. Im *Rheinischen Merkur* (13. 1. 1989), einst Adenauers wöchentliche Lieblingslektüre, wird er unter seinem Autorenporträt als »Privatgelehrter in Hamburg« vorgestellt. »Oberlercher wurde Sozialhilfe-Empfänger in Hamburg«, schreibt dagegen sein reichstreuer Gesinnungsfreund Hans Dietrich Sander (*Staatsbriefe* 5/1994, S. 29). Kurzfristig mischte Oberlercher auch bei den Republikanern mit (*Staatsbriefe* 9/1993, S. 35). Die Liaison mit der Schönhuber-Truppe dauerte aber nur einen Herbst lang. Anfang 1993 verabschiedete sich der Hamburger Privatier schon wieder. Der Grund: Wegen seines »Entwurfs eines 100-Tage-Programms der nationalen Notstandsregierung in Deutschland« wurde der Parteiausschluß gefordert. Da nahm er seinen Hut und ging selber.

Reinhold Oberlercher schockiert gern. Mangels Resonanz im wissenschaftlichen oder politischen Mainstream schockt er das eigene Lager, dafür ist er bekannt. Oberlercher gilt als der richtige Mann, wenn die verstaubte alte Rechte durch frischen Wind aufgemöbelt werden soll. Der Verbal-Berserker wird von rechtslastigen Zirkeln jedweder Ausrichtung zu Vorträgen oder Gesprächsrunden geladen.[19] Ihm hört man mit neugieriger Aufmerksamkeit zu, die sich aus dem *thrill* des Renegaten ergibt.

Für die Wiederkehr der Reichsidee sorgt Oberlercher aber auch im relativ auflagenstarken *Ostpreußenblatt* (45 000 Exemplare). Dort publizierte er am 12. 9. 1992 seinen Aufsatz: »Die Republik wieder als Reich?« »Noch vor wenigen Monaten schien es undenkbar zu sein, daß jemals wieder der Begriff ›Reich‹ in der ernsthaften politischen Diskussion auftauchen könnte ... Das hat sich in letzter Zeit geändert«, freute sich daraufhin ein neu-rechtes Info-Blatt aus Hamburg (*DESG-inform* 10/1992).

Laut Verfassungsschutzbericht 1993 des Landes Schleswig-Holstein ist der Kern seiner »neonazistischen Überlegungen« eine »auf Zuspitzung der innenpolitischen Situation abzielende demagogische Kampagne, die Gewaltakte einkalkuliert« (S. 32). Das kommt besonders bei seiner »Strategieskizze zum 94er Feldzug« zum Ausdruck (*Staatsbriefe* 9/1993):

> »Das Szenarium der Machtergreifung, wie es in den lokalen Volksaufständen von Hoyerswerda und Rostock erstmals erschien, wird sich in jedem Heißen Herbst mit größerer Wucht wiederholen und viele unauffällige Nachahmer in Form unbewaffneter und gewaltfreier Bürgerrebellionen und bürgermeisterlicher Gehorsamsverweigerungen finden. Durch un- und bewaffnete Gemeinde- und Gau-Aufstände, durch lokale und regionale Notstandsbewältigung in Eigenmacht wird sich die Erneuerung von Volk und Staat der Deutschen vollziehen. Es geht nur von unten her. Werwölfe werden so manchen Fremdling, der sich zum Freier überhebt, und so manchen Systemling, der dem Deutschenhaß und dem Antigermanismus frönt, beiroden.«

Oberlerchers Szenario wurde innerhalb des sogenannten nationalen Lagers heiß diskutiert, warf er doch einen Brocken in den Ring, über den allenthalben bei Rechten Konsens besteht: »Die Generalmaßnahme der Entausländerung Deutschlands versteht sich von selbst, weil alle Notstände durch die Verausländerung Deutschlands herbeigeführt wurden.« Da ist er wieder, der Aufguß der alten Sündenbocktheorie, der den Beifall rechter Claqueure gewiß macht. So wurde Oberlerchers Vision einer nahenden »Sturmzeit« in vielen rechtsextremen Blättern gedruckt, manchmal mit leichten Veränderungen, wie zum Beispiel in *Europa vorn* (15. 9. 1993), in *Nordlichter* (August 1993), in *Nation und Europa* (10/1993) und in *Nation* (10–12/1993). Bezweifeln darf man allerdings, daß die Werwölfe das Wort »beiroden« kennen, aber sie werden schon spüren, daß das auf Ausrotten und Vernichten zielt.

Bescheiden sind die *Staatsbriefe* allenfalls in ihrer Aufmachung, was das Selbstbewußtsein anbelangt, so glaubt der Chefredakteur, daß »die geistige Führung in der Analyse der Gegenwart längst an diese Zeitschrift übergegangen« ist (4/1993). Die *Staatsbriefe* verstehen sich als Forum einer Elite, einer »neuen Kraft«, die das derzeitige politische System in der Bundesrepublik aus den Angeln heben will. Hinter dem Blatt steht keine bestimmte Partei, diese selbsternannte politische Elite streckt ihre Fühler in viele Richtungen aus. Einige Autoren sind parteilos, andere stehen den Republikanern, der NPD, der Deutschen Liga für Volk und Heimat oder anderen ultrarechten Sammlungsbewegungen nahe.

Einen organisatorischen Rahmen hat sich die Zeitschrift mit ihrer kleinen Klientel – es geht erklärtermaßen nicht um eine Massenbewegung – selbst geschaffen mit sogenannten Lesertreffen. Sie gehen klammheimlich über die Bühne, konspirativ kann man sie nennen, in der Regel wird nicht einmal die Stadt, in der man sich trifft, in der Zeitschrift genannt. Mitgeteilt wird nur, man habe sich »in einer westdeutschen Großstadt« getroffen und die dabei vorgetragenen Reden später noch »in mehreren Städten zu Gehör gebracht«. Über den Typus der nationalen Jugendlichen bei den *Staatsbriefe*-Tagungen schreibt Sander, er sehe diese Jugendlichen »politisch festgefügt« und »mit erweckungsbereiten Zügen«. »Sie lassen sich nicht verheizen in infiltrierbaren Organisationen. Ihre Zahl wächst in bedrohlicher Stille, bis sie ausreicht, um das System mit einem Ruck abzuschütteln.« (*Staatsbriefe* 7–8/1993, S. 2)

Systemveränderung auch mit bewaffneten Gauaufständen – darüber wird nicht nur in der Zeitschrift diskutiert, sondern auch bei den Lesertreffen –, Theoriedebatte über einen braunen Terrorismus. Verfassungsschützer Rolf Borrmann aus Düsseldorf betrachtet diese Lesertreffen mit Sorge, denn dort käme, so Borrmann, ein breites Spektrum von Rechtsextremisten hin, nicht nur Leser der *Staatsbriefe*. Dort treten auch führende Neonazis auf wie Christian Worch, der ehemalige Chef der inzwischen verbotenen Nationalen Liste, oder Vertreter der militant gewordenen Jungen Nationaldemokraten, der derzeit bedeutendsten rechtsextremistischen Jugendorganisation.

Was wird bei solchen Lesertreffen noch besprochen, worum geht es dabei? Unter dem Titel »Topographischer Anhang zur Strategieskizze« trägt Reinhold Oberlercher folgendes vor:

»I.

Das nationale Lager in Deutschland ist in existentiell bedrohter Lage. Im Zusammenspiel mit der sog. Antifa – ausländischen und lumpenproletarischen Schlägerbanden – macht das um seinen Fortbestand bangende westextremistische System der BRD den nationalen Deutschen die Versammlungsfreiheit streitig. Notwehrgruppen des nationalen Lagers sind daher die erste und nötigste Stufe von Organisationen des nationalen Lagers insgesamt, wofür die Einbeziehung der spontan-nationalen Jugendgruppen aus der Schicht der Handarbeiter geboten ist.

Als zweite Stufe der Organisation schlage ich vor, daß Persönlichkeiten des nationalen Lagers lokale Notstandsgruppen gründen. Diese Ortsgruppen sollen sich auf den nationalen Notstand in ihrer jeweiligen Gemeinde vorbereiten und dabei möglichst alle jene Gemeindebeamten, Honoratioren und Vereine einbeziehen, die das auf uns zukommende Notstandsszenarium schonungslos erkennen und realistisch sehen, daß im Ernstfall Bund und Länder handlungsunfähig und die Gemeinden auf sich selbst gestellt sein werden.

Als dritte und höchste Stufe der Organisation schlage ich ein reichsverschworenes Bündnis vor ... Die reichsdeutsche Verschwörung im nationalen Lager soll offen-verdeckt arbeiten und das deutsche Volk in seiner nationalen Lagergriffenheit zum Reich hinführen. Denn das Reich ist das offene Geheimnis, das hinter der Finalitätskrise der BRD steckt. Dieses Geheimnis ist bislang nur verraten und verkauft worden. Es harrt des Glaubens und der Offenbarung.

II.

Die Notwehr-Initiative des nationalen Lagers bildet sich schon allenthalben. – Der Aufbau von Ortsgruppen des Nationalen Notstands (NN-Gruppen) sollte jetzt ins Auge gefaßt werden. Er kann überall dort sofort in Angriff genommen werden, wo bereits Bürgerwehren, Mieterschutzgruppen oder privater Grenzschutz bestehen. Die Sache darf aber nicht rechts oder gar konservativ aufgezogen werden, sondern muß lokalpatriotisch und national, im ausgereiften Zustand dann reichsdeutsch und ortsbürgerrechtlich (gemäß Art. 4 (4) RVerfE, *Staatsbriefe* 1/92) verfaßt sein ...

Die lokalen Notstandsbewältigungsgruppen bilden sozusagen ›Eckige Tische‹, die nicht frommen Wünschen nachhängen, sondern harte Notwendigkeiten geistig vorbereiten und zu gegebener Stunde praktisch durchführen ...

Die lokalen NN-Gruppen sollten unbedingt Zahl und Art der Arbeitsplätze erfassen und veröffentlichen, die in ihrer Gemeinde durch Beendigung der Ausländerbeschäftigung deutschen Arbeitslosen angeboten werden können. Gleiches gilt für freizustellenden Wohnraum, für freiwerdende Subventionen ausländischer Kultur- und Vereinstätigkeit, für vermeidbare Müll- und Abwässermengen wie für freiwerdenden Raum des fließenden und ruhenden Verkehrs. Solche Tätigkeit sichert den NN-Gruppen die Zustimmung der deutschen Bevölkerung, macht sie zu einer politischen Leitungsalternative für eine Gemeindewehrverfassung aus Feuerwehr, Bürgerwehr, Fremdenwehr, Elendswehr, Wohnungswehr, Schmutzwehr und Schundwehr ...

III.

Das nationale Notstandsbündnis bedarf eines über seinen
näheren Zweck hinausgehenden politischen Rückgrates, auf
dem ein staatsphilosophischer Kopf sitzt, der einer Volksbewegung auf Gemeindebasis eine geschichtliche Marschrich-
tung verleiht. Dieser Kopf kann nur das Reich sein, und der
Neuanfang des Reiches ist das reichsbürgerliche Bündnis ...
Mit Verfolgung als nazistischer Verschwörer muß jeder
reichsdeutsche Eidgenosse rechnen. Die Zeit der Verfolgung
schafft die Märtyrer und Mythen des neuen Reiches ... Das
Dritte Reich kann man nur hinter sich lassen, nur in einem
ständig größer werdenden Abstand überwinden dergestalt,
daß an Grundsätzlichkeit und Radikalität jede politische
Maßnahme der NS-Regierung übertroffen werden muß ...
Das Vierte Reich ist nötig zur Überwindung des Dritten
Reiches ...«
(Vortrag Reinhold Oberlerchers bei einem Lesertreffen im
Sommer 1993, nachgedruckt in *Staatsbriefe* 2/1994, S. 3–5)

Sander kommentiert diese Vorschäge im Blatt: »Es werden
Waffen gesammelt, als bereite sich das Volk auf eine Wehrwolf-
zeit vor. Um so willkommener muß nun allen Reinhold Oberlerchers Systematisierung dieser Ansätze als eine Hegung des
wilden Treibens erscheinen.«
Ist das alles eigentlich nur lächerlich oder schon gefährlich? Stün-
de derartiges in einem Flugblatt einer neonazistischen Kleingruppe, wer würde es ernst nehmen? Von militanten Minizirkeln ist seit
Jahren bekannt, daß sie auf Eskalation warten und den Tag X vorbereiten. Diese Hetze Oberlerchers aber, die ganz nach einem
Aufruf zum Guerillakrieg nationaler »Notwehrgruppen« aus-
sieht, steht in einem Blatt, dessen Autoren und Leser vom rechten
Unionsrand bis zu militanten Neonazis reichen, von Pastor Günther Brückner etwa, ehemaliger Abgeordneter und Fraktionskol-
lege des sächsischen Justizministers Steffen Heitmann im Dresd-

ner Landtag, der sich mit Sander in der »enttäuschten Liebe zu Deutschland« trifft und nach wie vor an der Union festhält (*Staatsbriefe* 7–8/1994, S. 25 u. a.), bis zu Michael Kühnen (Vom Reichsmythos zum Vierten Reich 7/1990, NS-Verbot und Souveränität 10/1990, Grundlagen des Heidentums 8–9/1992, Selbstbestimmung und Lebensraum 9/1994) und Christian Worch, der zu den 94er Wahlen Empfehlungen abgibt (5/1994).

Kurz vor Weihnachten 1992 startete von Hannoversch Münden aus eine Mailingaktion – auf neutralem weißem Papier, ohne gedruckten Briefkopf. Absender: ein »Freundeskreis der ›Staatsbriefe‹«. Es handelte sich um einen Spendenaufruf. In diesem Brief steht:

> »Als Leser wissen Sie, daß die ›Staatsbriefe‹ in einzigartiger Weise Ideen und Konzepte zu den Grundfragen der zukünftigen staatlichen Existenz des deutschen Volkes entwickeln und fruchtbare Auseinandersetzungen führen, wie wir sie nirgends sonst finden … Die ›Staatsbriefe‹ wollen Kristallisationspunkt einer Elitebildung sein, die es schon zu verheißungsvollen Ansätzen gebracht hat …
> Mit der Ausrufung eines informellen Freundeskreises möchten wir die Existenz der ›Staatsbriefe‹ sichern. Wir bitten die Leser, die sich als Freunde der ›Staatsbriefe‹ empfinden, um regelmäßige Spenden per Dauerauftrag oder Banklastschriftverfahren … Sponsoren bitten wir um Rücksendung des anliegenden Revers.«

Das DIN-A5-Kuvert, in dem die Blätter steckten, war mit einem Frankierautomaten abgestempelt: »Knüppel Schutzprodukte und -technologien«. Die Firma Hermann Chr. Knüppel KG liegt in Hannoversch Münden, Ortsteil Volkmarshausen, und ist beim dortigen Amtsgericht ins Handelsregister eingetragen. 1919 ist sie gegründet worden. Heute hat sie laut *Handbuch der Großunternehmen* 150 Beschäftigte, ca. 50 Millionen Umsatz und fünf Niederlassungen. Knüppel exportiert weltweit. Geschäftsführender Gesellschafter ist der Kaufmann Gerhard Hahn, Jahrgang 1944. Und dieser Gerhard Hahn, Unternehmer aus Hannoversch Münden, verfaßte den Spendenaufruf vom 5. Dezember 1992 für die *Staatsbriefe*. Spenden erbittet er auf das schon bei der Gründung der Zeitschrift zur Sammlung des Startkapitals eingerichtete Treuhandkonto, das der Rechtsanwalt (Fachanwalt für Arbeitsrecht) und Notar Paul-Werner Beckmann in Herford verwaltet.

Gerhard Hahn ist ein vielbeschäftigter Mann. Als Mitinhaber und Geschäftsführer leitet er die Knüppel KG in Hannoversch Münden, einen Papiergroßhandel im hessischen Lauterbach mit rund zehn Millionen Mark Umsatz, einen Großhandel mit Verpackungsprodukten in Gotha mit 3,2 Millionen Umsatz, in Dresden mit sechs Millionen, in Bayreuth mit 3,7 Millionen Mark Jahresumsatz und noch eine Niederlassung in Mainz. Außerdem ist er Gesellschafter der Hermann Chr. Knüppel Betriebsführungsgesellschaft mbH, einer Holding in Hannoversch Münden. Die Knüppel KG ist ein expandierendes Unternehmen, vor allem im Bereich der Korrosionsschutzfolien. Die Knüppel KG ist auch Mitglied im Bundesverband des Deutschen Papiergroßhandels e. V. in Mülheim. Zu den Geschäftspartnern zählt zum Beispiel VW. So wurde es auf Anfrage von VW am 14. August 1995 bestätigt. Auch Sony Music Entertainement (Germany) GmbH gehörte zu den Auftraggebern. Sony teilte mit Datum vom 14. August 1995 mit, daß nach der Erstauflage dieses Buches »lediglich Mitte Juni 1995« noch ein Auftrag in Höhe von ca. 50 Mark an die Knüppel KG vergeben wurde. Zuvor ging es um ein fünfstelliges Auftragsvolumen. Es sei nicht mehr zutreffend, daß Sony Music noch zu den Großkunden von Knüppel zähle.

Hahn ist in Hannoversch Münden ein Mann mit Reputation. Er findet neben seiner Unternehmertätigkeit auch noch Zeit, jeden zweiten und vierten Montag im Monat bei einem einflußreichen Gremium mit Präsenzpflicht mitzumachen, im Lions-

266

Club nämlich. Dort ist er seit 1986 Mitglied. In dem 32köpfigen Honoratiorenverein versammelt sich die Elite der südnieder-sächsischen Kleinstadt. In dem streng geheimen Mitgliederver-zeichnis finden sich in der Drei-Flüsse-Stadt Unternehmer, hohe Beamte, ein Bundesrichter a.D. und Ärzte.

Der Lions-Club sieht sich als eine »Vereinigung im Dienste der Menschheit«. Zu den Zielen gehört, »die Grundsätze eines guten Staatswesens und guten Bürgersinn zu fördern«, »Tatkraft und vorbildliche Haltung in allen beruflichen, öffentlichen und persönlichen Bereichen zu entwickeln« und »einsatzfreudige Menschen zu bewegen, der Gemeinschaft zu dienen«.

Lions müßte sich eigentlich fragen, wie ein Unternehmer, der sich um das finanzielle Wohl eines Blattes sorgt, das für ein Viertes Reich eintritt und selbst bewaffnete Gauaufstände nicht ausschließt, zu den hehren Löwen-Grundsätzen paßt.

Seit neun Jahren ist Hahn beim Club. Aufgefallen in Han-noversch Münden war er politisch schon Jahre zuvor, im Zusam-menhang mit einem anderen reputierlichen Herrn, dem Ober-studiendirektor Dr. phil. Karl-Heinz Kausch (der heute wie Hahn – wen wundert's – zu den Autoren dieses Zentralorgans der Reichsdeutschen gehört). Dr. Kausch war damals Direktor des einzigen Gymnasiums und galt als ehrwürdige Autorität. Er stu-dierte Laienspiele ein, verfaßte Buchbesprechungen und Vor-worte. Daß seine Buchbesprechungen in der Verbandszeitschrift der »Hilfsgemeinschaft auf Gegenseitigkeit« (HIAG) der ehema-ligen Angehörigen der Waffen-SS erschienen und sein Vorwort nun just in einem Hitler verehrenden Buch plaziert war, das störte in Hannoversch Münden keinen. Peinlich wurde es erst, als 1978 die *Frankfurter Rundschau* – die es überregional bekannt machte – Details über das braune Unwesen an diesem Gymna-sium veröffentlichte. Neben Dr. Kausch gab es dort auch noch den Studienrat Heiner Luthardt, der Jugendliche mit Schriften etwa über die »Auschwitz-Lüge« oder zu der Frage »Warum werden wir Deutsche belogen?« versorgte. Dieser Lehrer enga-gierte sich in seiner Freizeit auch noch für einen Pfadfinderbund namens Zugvögel, der zu »Führerbesprechungen« lud. Zwei dieser Gruppenführer hatten enge Kontakte zu der berüchtigten »Wehrsportgruppe Hoffmann«. Nachzulesen in dem Buch *Sturmfest und erdverwachsen*, 1980 im Steidl-Verlag herausgekommen.

Die Stadt Hannoversch Münden, die in Zusammenhang mit dem Verfahren gegen Luthardt die Förderungswürdigkeit der Zugvögel in Frage gestellt hatte, wurde mit einer Resolution fast aller Zugvogel-Eltern an den Jugendwohlfahrtsausschuß dazu aufgefordert, die vorläufig eingezogenen Gruppenleiterausweise zu verlängern. Die Eltern zeigten sich mit Luthardts Jugendarbeit »sehr zufrieden« und sahen »keine Veranlassung, auf Grund des gegen ihn eingeleiteten Disziplinarverfahrens ihm unser Vertrauen zu entziehen«. Im zwölfköpfigen Elternvorstand der Zugvögel saß unter anderen Gerhard Hahn. In einer Postwurfsendung sprach er von einer »Verleumdungskampagne« gegen die Lehrer. Das *Göttinger Tagblatt* machte Hahn, »einem bei der CDU geschätzten und geachteten Mann«, in einem Artikel vom 8. Mai 1979 als Urheber dieses Flugblatts namhaft. Wörtlicher Text des Flugblatts: »Nunmehr hat die Bezirksregierung Dr. Kausch die Ausübung seines Amtes bis auf weiteres untersagt. Die Begründung dieses Verbotes ist alles andere als überzeugend ... Von einer Ermittlung gegen die Urheber der Verleumdungskampagne hat niemand etwas vernommen ... Sollte Dr. Kausch dem Grotefend-Gymnasium verlorengehen, weil sich seine noch anonymen Gegner durchsetzen, dann dürfte die Zukunft unserer Kinder dadurch erheblich geschädigt werden.« (vgl. Ekkehard Launer/Eckhart Pohl/Eckhard Stengel [Hg.] *Rechtsum zum Abitur, oder: Wie braun dürfen Lehrer sein?,* Göttingen 1979)

Seit sich Hahn damals für diese Lehrer aus dem Fenster gelehnt hat, ist er politisch in Hannoversch Münden kaum mehr in Erscheinung getreten.

Gerhard Hahn steht aber auch neben dem Namen von Thies Christophersen, dem marokkanischen Remer-Freund Ahmed

Rami oder dem des Gründers des »Weltbunds gegen Geschichtsfälschung« Carlus Baagoe unter den Erstunterzeichnern jener Anzeige »Wir verlangen die Wahrheit und unser Recht – für unser Volk«, die »die Erpressung des deutschen Volkes mit dem ›Holocaust‹ nicht mehr hinnehmen« wollen. Dieses Flugblatt stammte von dem inzwischen verbotenen »Freundeskreis Freiheit für Deutschland«.

Im Herbst 1992 war der Freundeskreis der *Staatsbriefe* informell zusammengetreten, um sich über den Spendenaufruf zu einigen, »der sich bewußt abheben sollte von den Gepflogenheiten berufsmäßiger Einstreicher, die, wenn sie Glück, das Zehnfache, wenn sie Pech haben, das Fünffache von dem einheimsen, was sie brauchen«.

Dieser Aufruf wurde an 450 Personen verschickt. Mit den Spenden konnte das Defizit der Zeitschrift von rund 20 000 Mark am Jahresende 1992 getilgt werden und die künftige Finanzierung sichergestellt werden, bis ein ausreichender Abonnentenstamm vorhanden sein wird. Nach eigenen Angaben ist die Zahl neuer Abonnements zu Beginn des vierten Jahrganges der Zeitschrift »dramatisch« angestiegen. In Heft 1/1993 schreibt der Herausgeber: »Seit November betragen die Neuzugänge zehn pro Woche.« Die *Staatsbriefe* wollen ja kein Massenblatt sein, sondern eine Elitenpostille. Insofern sind zehn Neue schon beachtlich. Wenn allerdings der Chefredakteur daraus folgert, es sähe so aus, als sei das deutsche Volk im Begriff zu erwachen, dann müssen seine Rechenkenntnisse doch noch feste schlummern.

Gerhard Hahn sponsert das Blatt nicht nur, er schreibt auch selbst für die *Staatsbriefe*. In seinen *Gedanken aus der Wirtschaft zum 2. Juli 1990* (dem Beginn der Wirtschafts- und Währungsunion mit der DDR) beklagt er den Werteverfall in der arbeitenden Bevölkerung:

»Die früher berühmte deutsche Wertarbeit beruhte auf menschlicher Erziehung und beruflicher und schulischer

Ausbildung. Beim Anpassungsprozeß an das inzwischen amerikanisierte Wirtschaftssystem der BRD kann auch in der DDR darauf nur noch eingeschränkt gezählt werden. Die erwerbstätige Bevölkerung sucht hüben wie drüben nicht im Beruf, sondern bei Tennis, Reiten, Reisen, Ski und Surfen Erfüllung und Kraftverzehr. Mit Geduld ist nicht zu rechnen, dafür sorgen schon heute die Profilierungsanstrengungen der zukünftigen Gewerkschaftsfunktionäre. Wenn in der BRD Vergleiche zur DDR gezogen werden, dann vertreten Vorstand bis zum kleinsten Arbeiter die Meinung, daß der hohe Lebensstandard Frucht ihrer Tüchtigkeit sei. In Wirklichkeit haben sie ein Erbe aufgezehrt, das an die folgenden Generationen nicht mehr weitergegeben werden kann: den über viele Generationen erworbenen Bildungsgrad großer Bevölkerungsteile, die Erziehung zu Gesinnungen wie Pflichtbewußtsein, Ordnungsliebe, Nächstenliebe, sozialer Einstellung. Die allmählich aussterbenden Träger dieser Ideale haben das Wirtschaftswunder erzeugt. Zukünftige Generationen werden auf diese Quellen nicht mehr zurückgreifen können ...«

Bei Hahn taucht auch der Anti-Amerikanismus der Neuen Rechten auf, der sich aber auch im Nationalsozialismus schon findet, wonach gegen eine vorgebliche Hegemonie der USA agitiert wird, die als Prototyp eines multiethnischen Einheitsstaates mit allgemeingültigen Menschenrechten (statt der von der Neuen Rechten rassistisch begründeten Ungleichheit) betrachtet werden: »Die Uniformen der amerikanischen Zivilisation werden uns schon bald gleichmachen ...«
Mit unverfrorenem Zynismus greift Hahn den bundesrepublikanischen Sozialstaat an: »Die Korrumpierung des Begriffes von der sozialen Gerechtigkeit hat in der BRD zu einem Alimentierungssystem geführt, das nicht Alten, Schwachen, Kranken und unverschuldet in Not Geratenen dient, sondern von den Faulsten, den Schiebern und Kriminellen ausgebeutet wird ...«

Die Masse der DDR-Bevölkerung hält Hahn 1990 für »desinformiert«. Presseberichte dienten der Bestätigung der einzuübenden neuen Schlagworte. Die Betreiber der Pressefreiheit würden »die liberale Wirtschaftsgesinnung« hüten. Welche Wirtschaftsgesinnung hätte Herr Hahn denn gern? Einen elitären Führerstaat? (*Staatsbriefe* 7/1990 S. 3f.)

In den *Staatsbriefen* Nr. 3/1994 wird Gerhard Hahn etwas deutlicher, welches diese heilsbringende Gesinnung war: Es war »die Ordnung, die in Deutschland bis Mitte dieses Jahrhunderts gültig war« (3/1994, S. 4).

In den *Staatsbriefen* 3/93 befaßt sich ein Anonymus unter dem Titel »Stellungnahme eines Industriellen« mit einem Entwurf Reinhold Oberlerchers für ein Notstandsprogramm, das eine nationale Regierung ins Werk setzen soll. Dieser Industrielle schreibt:

»... wie soll die sogenannte Machtergreifung der nationalen Notstandsregierung vor sich gehen? Durch Revolution? Dazu sehe ich weder die geistigen, noch sonstigen Voraussetzungen. Durch einen Staatsstreich? Dafür sehe ich um so weniger Möglichkeiten, als das sogenannte nationale Lager bis jetzt in den Gremien des Staates nirgendwo und schon gar nicht wirkungsvoll vertreten ist. Durch Militärputsch? Wenn weder Seeckt noch Schleicher mit der Reichswehr in kritischer und eventuell chancenreicher Situation einen Militärputsch gewagt haben, dann ist damit bei den heutigen Führungsverhältnissen und der Bundeswehr wohl kaum zu rechnen.

Bleibt schließlich noch die Möglichkeit, auf dem durch die Verfassung gewiesenen normalen Weg über Wahlen einen entsprechenden Einfluß zu gewinnen. Auch wenn man nicht besonders staatstreu zu diesem Staat ist, sehe ich vorerst nur diese Möglichkeit, auf die Dauer in eine einflußreiche Position zu kommen, die vielleicht Chancen eröffnet, um wesentliche Änderungen im Staatsgefüge durchzusetzen ...

Dafür erscheinen mir aber im nationalen Lager, um bei dieser Bezeichnung zu bleiben, die Voraussetzungen heute zwar stimmungsmäßig günstig, aber im übrigen wegen der Zersplitterung dieses Lagers nicht besser, vielleicht auch nicht schlechter als seit Jahren ...
Sollte sich das sogenannte nationale Lager auf eine Organisation verständigen und personell, d. h. bezüglich der Kandidaten, die 94er Wahl sehr gut vorbereiten – besonders hinsichtlich der Qualität und Unangreifbarkeit dieser Kandidaten! –, so bestünde wahrscheinlich die berechtigte Aussicht, bei der 94er zehn Prozent und wahrscheinlich mehr Stimmen zu bekommen. Das wäre dann die Basis für eine wirkungsvolle Opposition und die Chance für eine erfolgreiche Weiterentwicklung ...« (3/1993, S. 5f.)

Mit der Kritik an seinem Entwurf beschäftigt sich Reinhold Oberlercher. Nur die Replik an den Industriellen verfaßt der *Staatsbriefe*-Herausgeber selber. »Erlauchter Herr und Gönner«, antwortet Sander, »... ich darf Sie vorab zu der ausgezeichneten Idee beglückwünschen, bei der Erörterung des Notstandes an diesem Platz namentlich im Hintergrund zu bleiben.« Wie wahr, eine namentliche Erwähnung dieses Industriellen dürfte für seine Geschäftsbeziehungen sicher nicht förderlich sein. Von einem Staatsstreich oder Militärputsch hält auch Sander nicht viel, nicht ausschließen will er jedoch eine Revolution, »die zu ihrem Ausbruch gar nicht so sehr geistiger oder anderer Voraussetzungen bedarf als einer unhaltbaren Lage, aufreizender Vorfälle und einer Menge, die plötzlich mit gebenedeitem Ingrimm explodiert«. Mit anderen Worten: ist die Bevölkerung entsprechend aufgewiegelt, so halten die rechtsextremen Systemveränderer von den *Staatsbriefen* und ihre Hintermänner ihre Stunde für gekommen.
Gerhard Hahn steht mit seiner rechten Überzeugung in Hannoversch Münden nicht allein. Einen Aufruf für »eine freie, nur der historischen Wahrheit verpflichtete Zeitgeschichtsfor-

schung« des rechtsextremen »Deutschen Rechtsschutzkreises e. V.« von 1982 unterzeichneten auch die Hausfrau Gisela Hahn und der Oberstudienrat a. D. Ernst Hahn aus Hannoversch Münden. Eine Gisela Hahn, geb. Knüppel ist laut Handelsregistereintrag mit einer Einlage von 200 000 Mark Kommanditistin der Knüppel KG. Auch der *Staatsbriefe*-Autor Dr. Karl-Heinz Kausch, ebenfalls ein Lehrer a. D., kommt aus Hannoversch Münden. Dort war er Schulleiter des Grotefend-Gymnasiums, und nach den Buchautoren Jürgen Pomorin und Reinhard Junge Mitglied der Hilfsgemeinschaft auf Gegenseitigkeit der ehemaligen Waffen-SS (HIAG) und des Vereins für das Deutschtum im Ausland (VDA) (Pomorin, Jürgen/Junge, Reinhard: *Vorwärts, wir marschieren zurück. Die Neonazis Teil II,* Dortmund 1979, S. 182). Kausch, der die *Staatsbriefe* um allerlei Lyrisches und seine Erziehungslehren bereichert, mußte als Schulleiter seinen Hut nehmen, nachdem unter anderem bekannt wurde, daß er zu dem apologetischen Machwerk *Ein anderer Hitler* ein Vorwort beigesteuert hatte.

Der Hannoversch Mündener Ortsteil Volkmarshausen, wo die Firma Knüppel ihren Sitz hat, zieht immer wieder Neonazis an. Im Oktober 1993 wollten sich Anhänger der FAP unter Führung ihres Bundesvorsitzenden Friedhelm Busse zu einem Fackelzug formieren, um eine Totenfeier am Kriegerdenkmal abzuhalten. Die Polizei versperrte ihnen mit starken Kräften den Weg (*FR* und *FAZ* 25. 10. 1993). Es gibt auch eine Skinhead-Szene mit 20 bis 30 »Loiten« in Hannoversch Münden, die zeitweilig auch ein Polit-Zine herausbrachten, die *Mündener Depesche.* Bei einer Großrazzia wurde 1989 die rechtsextreme Wehrsportgruppe »Mündener Stahlhelmbund« ausgehoben. Bei zwanzig Hausdurchsuchungen wurden zahlreiche Waffen, Sprengstoff, Munition, militärische Ausrüstungsgegenstände und Propagandamaterial beschlagnahmt. Nach amtlichen Angaben gehörte zu der Wehrsportgruppe auch ein Bereitschaftspolizist, der einen Tag nach der Razzia vorläufig vom Dienst suspendiert wurde.

Mit dem »Gesamtdeutschen Arbeitskreis« (GAK) existiert in Hannoversch Münden ein Zusammenschluß von etwa 20 jungen Rechtsextremisten. Der GAK gilt als »Forum der rechten Bewegung« und Kontaktstelle zwischen Organisationen wie der FAP, der NPD und der DVU. Der Kreis will die Zersplitterung des rechten Lagers auf lokaler Ebene beheben. Bei den Kranzniederlegungen, Vortragsveranstaltungen und Sonnwendfeiern wird der einheitsstiftende Charakter dieser Sammlungsbewegung deutlich. Einige Mitglieder halten auch Verbindung zu dem 1992 nach Österreich abgeschobenen ehemaligen Landesvorsitzenden der FAP in Niedersachsen, Karl Polacek,[20] der nach eigener Angabe Personendaten von Linken, Journalisten oder Richtern zur »Feindabwehr« sammelte.

Bundesweit in die Schlagzeilen kam Hannoversch Münden, als die Inhaber der Firma Weser-Metall-Umformtechnik (WMU), Wilfried Lengert und Hermann Röver, im Spätherbst 1992 mit dem Wegzug ihres Unternehmens drohten, falls Asylbewerber in der Nachbarschaft ihrer Privathäuser einquartiert würden. Die WMU ist mit 150 Beschäftigten einer der größten Betriebe in Hannoversch Münden. Die beiden Unternehmer, deren Häuser im Ortsteil Volkmarshausen stehen, wähnten ihre Ruhe durch Asylbewerber gestört (z. B. *Hannoversche Allgemeine Zeitung* 17. 10. 1992).

6 Der braune Markt

Unternehmer mit rechtsextremer Überzeugung haben gemerkt, daß es eine Marktlücke gibt, daß eine Nachfrage nach speziellen Artikeln oder Dienstleistungsangeboten in der rechten Szene da ist und daß sich damit durchaus Geld verdienen läßt. Profitabel ist in erster Linie der Handel mit Musikaufnahmen und Spielfilmen aus der Zeit des Dritten Reiches und ein rechter Buchmarkt. Daneben gibt es findige Geschäftemacher, die selbst mehr oder weniger national gesinnt sind, aber eher aus Profitinteresse auf der braunen Welle mitschwimmen. Diese braunen Profiteure legen größten Wert auf Diskretion. Meistens kann man ihre Umsatzzahlen nicht über Wirtschaftsauskunfteien oder Firmenhandbücher erfahren. Sicher sind etliche dazu viel zu klein, manche sind wohl auch eher hobbymäßig betrieben oder Nebenerwerbsfirmen, andere wollen sich ganz bewußt nicht in die Karten sehen lassen.

Eine konsequente rechtsradikale Einstellung manifestiert sich auch kulturell, das heißt in allen Formen von Lebensäußerungen, vom Urlaub bis zum Musikgeschmack, vom Weihnachtsgeschenk bis zum Frakturschrift-Stempel, von der biologischen Ernährung bis zur Vorliebe für germanischen Honigwein oder Gebildbrote. Da sucht beispielsweise ein Kreis volkstreuer Männer und Frauen Gleichgesinnte zur Gründung einer vegetarischen Gaststätte. Diese rechte Lebensauffassung drückt sich auch symbolisch aus, in der Wohnungseinrichtung etwa. Da kann eine Hitler-Büste herumstehen, oder es gibt neuerdings auch eine nach keltischen Motiven gestaltete Wandbeleuchtung. Ein ehemaliger Gauführer der Wiking-Jugend Bayern aus

Neufraunhofen liefert zum Beispiel aus seiner Werkstatt »Kunstwerke und exklusive Wohnaccessoires«, mit angeboten per Anzeige auf den Werbezetteln eines neurechten Verlages aus Vilsbiburg. Deutsche Schnitzarbeiten – Wappenschilder, Orden, Ehrenzeichen, Runen, Lorbeer und Eichenlaub bietet ein Hersteller aus Krems an der Donau in »ehrlicher Handarbeit und brüderlichem Preis« an.

Die Musikvorliebe deutschgesinnter Zuhörer erschöpft sich nicht im Badenweiler, allmählich gibt es jüngere nationale Liedermacher, deren Tonträger-Verkaufszahlen steigen. Der rechte Geschmack ist keineswegs homogen, er kann mitunter sehr bizarre Formen annehmen. Eine Skinheadkapelle wird ihre neueste CD sicher nicht gerade in einem Blatt für ehemalige Waffen-SS-Angehörige annoncieren.

Rechte finanzieren sich untereinander, indem rechte Käufer ihren Bedarf bei rechten Verkäufern decken. Interessant ist aber, daß dieser Markt tatsächlich voll und ganz von rechten Firmen abgedeckt werden kann, und zwar nicht nur, wie man erwarten könnte, beispielsweise im Militariahandel, bei Armeewaren oder beim Versand von Reichskriegsflaggen (in stabiler, hißfähiger Ausführung, verstärkte Stangenseite mit Karabinerösen für DM 40 plus MwSt und vier Mark Versandkosten).

Dieser braune Markt ist anzutreffen in den Anzeigenspalten des rechten Blätterwaldes, in den Brettern rechter Mailboxen oder auf Werbezetteln bei Veranstaltungen. Es finden sich auch die skurrilsten Angebote vom Bundeswehr-Kübelwagen im Originalzustand für 3500 Mark bis zur kompletten Bunkeranlage mit eigener Strom- und Wasserversorgung und zwei Hektar Gelände 20 Kilometer südwestlich von Saarbrücken, über »Lebenskraft-Sexualkapseln auf Pflanzenbasis«, die müde Männer munter machen, bis zu Artikeln eines Vorsorgedienstes für »Krisen, Kriege und andere Katastrophen«.

»Perfekt und grazil« werden dem zahngeschädigten Leserkreis der *National-Zeitung* die Dritten angefertigt – »Implantate und

Schnarcher-Schienen nach neuesten Erkenntnissen« von einer Firma für Zahntechnik aus Celle.

Ein BUDEX – Bundesverband deutscher Existenzgründer inseriert im Mitteilungsblatt der Deutschen Liga für Volk und Heimat in Baden-Württemberg, *Blitz-Schlag*. Als Betätigungsfelder im Haupt- und Nebenberuf offeriert er z. B. »Alarmanlagen und Wachdienst, Vertriebsaufgaben und Heimarbeit«. Derselbe Inserent bietet sich in anderen Ausgaben des *Blitz-Schlags* auch als »Alleinunterhalter« an, der noch Termine frei hat.

»Gute Gesinnung – gute Arbeit«, so pries eine Spedition aus dem oberbayerischen St. Wolfgang ihre Transport- und Kurierdienste im In- und Ausland in der NPD-Zeitung *Deutsche Stimme* an. »Kameraden kaufen bei Kameraden!« mit diesem Imperativ wirbt ein Neu-Ulmer NPD-Mann für den Erwerb von Telefax- und Kopiergeräten, Schreibmaschinen, Anrufbeantwortern, Aktenvernichtern usw. in der NPD-Zeitung.

In einem anderen NPD-Blatt, der *Deutschen Zukunft*, bietet ein Handwerksbetrieb »mit ausschließlich deutschem Personal« aus Velbert Ausbildungsplätze zum Metallschleifer mit Übernahmegarantie. »Uns sind Vorbestrafte durch das System willkommen«, heißt es in der Anzeige der Firma Erle vom Juni 1995.

Damit die Nationalen den Anschluß nicht verlieren, bemüht sich eine Autofirma aus Köln-Dellbrück. »Telefonieren Sie heute am besten digital. Im D1-Netz der Telekom«, empfiehlt der Werbeprospekt. Bewegliche Funktelefone D1, D2 und C-Netz liefert sie bundesweit an die Leser der *Deutschen National-Zeitung*. Natürlich wird dort auch der Kfz-Einbau erledigt.

Versicherungen sind Vertrauenssache, deshalb sind Kameraden dazu besonders gut geeignet, mag sich mancher nationale Versicherungsagent gedacht haben. Außerdem kommt man dabei meist gut in der Gegend herum. Auch dies ist der Verbreitung der nationalen Sache dienlich. So verdiente sich ein Thüringer NPD-Funktionär als Vertreter einer großen Krankenkasse sein Geld. Ein Stuttgarter Versicherungsmakler, der ehemals Kreisvorsitzender der Freiheitlichen Volkspartei war, dann

mit der FAP liebäugelte und schließlich bei der Deutschen Liga
für Volk und Heimat landete, nannte sich in seinem Briefkopf
»Der nationaldeutsche Versicherungsmakler, der weder Ausländer noch Juden versichert – im Kampf für ein ausländerfreies
Deutschland«. »Heiden versichern sich bei Heiden« – so bietet
sich in der Heiden-Zeitschrift *Huginn & Muninn* der Vertreter
einer großen deutschen Versicherung aus der Nähe von Göppingen an. Er ist unter dem Namen »Freki« Schatzmeister der
Deutschgläubigen Gemeinschaft und u. a. Aktivist der Arbeitsgemeinschaft Naturreligiöser Stammesverbände, im Freundeskreis ein Herz für Deutschland und der Europa-Burschenschaft
Arminia Zürich zu Heidelberg.

Hitler läßt die Kassen klingeln

Musik

Das Geschäft mit Nazi-Originaltönen boomt – ob auf Platte,
Kassette oder CD. Diese Art der Kapitalvermehrung mit tönen-
der nationalsozialistischer Propaganda ist so lukrativ, daß inzwischen etliche Dutzend Vertriebsfirmen mit Tondokumenten
aus der Hitler-Zeit handeln. Als Marktführer gelten die Documentary Series aus Düsseldorf. Der braune Akustik-Höhepunkt
Hitler spricht in vier Teilen wurde gleich mit 40 000 Exemplaren
Startauflage produziert. Und wenn eine Platte oder CD durch
die Bundesprüfstelle für jugendgefährdende Schriften indiziert wird, so macht das meistens wenig aus, es wirkt häufig
eher wie ein Vitaminstoß: Der Handel kommt dadurch um so
mehr in Schwung. Für Neonazis ist das Etikett »jugendgefähr-
dend« eher ein Qualitätsausweis für harten Stoff. Zwar darf für
indizierte Produkte eigentlich nicht geworben werden, dafür
funktioniert die Mund-zu-Mund-Propaganda um so besser.
Rechtsextremisten erweisen sich aber auch als findig. Der
Nordwind-Verlag beispielsweise behilft sich mit folgendem

Trick: »K 74 XXXXXXXXXXXXXXXX Thies Christophersen 69 DM ...« und ergänzt dann: »Die mit XXXX markierten Titel sind indiziert. Es darf für sie keine Werbung gemacht werden. Sie sind aber noch lieferbar.«

Das florierende Geschäft mit den Tonzeugnissen der NS-Ära läuft unter dokumentarischem Deckmantel ab. Die kommentarlose Wiedergabe von Reden der Größen des Nazi-Regimes wie Himmler, Goebbels oder Robert Ley, von Wehrmachtsberichten oder Reportagen aus der Zeit des sogenannten tausendjährigen Reiches ist nämlich grundsätzlich nicht strafbar (BGH Urteil vom 23. 7. 1969, Az: 3 StR 326/68 in BGHSt 23, 64ff.). Strafbarkeit im Sinne des § 86 StGB wäre nur dann gegeben, wenn dieses Propagandamittel dazu *bestimmt* ist, gegen die freiheitlich-demokratische Grundordnung vorzugehen. Wer das Dritte Reich verherrlicht, indem er Dokumente aneinanderreiht, muß nicht mit einer Anklage wegen Verbreitens von Propagandamitteln verfassungswidriger Organisationen rechnen. Auch der Nachdruck beispielsweise von Hitlers *Mein Kampf* ohne Zusätze ist nicht strafbar.

Und so knallen Wehrmachtsstiefel aufeinander, der Badenweiler dröhnt, und das Triumphgeschrei beim Fackelzug zu Hitlers Machtergreifung begeistert wieder Neonazi-Fanclubs. »Lieder, die wir einst sangen«, ertönen neu, »Heia, Safari«, »Flamme empor«, »Und heute spielt die Marschmusik«. »So klang es damals. Lieder und Märsche im 3. Reich«, mit Texten versteht sich – so klingt es heute wieder: »Es führt eine Brücke nach Osten«, »Stuka vor« und »Wir kommen wieder«. Das Musikkorps der Leibstandarte SS Adolf Hitler spielt wieder auf, der Reichsmusikzug des Reichsarbeitsdienstes tritt wieder an, und das Musikkorps der Fliegerhorstkommandantur Berlin-Gatow oder das Blasorchester der 1. Marine-Artillerie-Abteilung präsentieren wieder Lieder und Märsche der Deutschen Wehrmacht – »In Treue allezeit«.

Vaterländische Gesänge und das SS-Lied »Wenn alle untreu werden« ertönen auf LP und CD. Der braune Song beschreibt die Weihe der SS-Rekruten »treu wie die deutschen Eichen« zu »Männertugend und Liebestod« und will »predigen und sprechen vom heil'gen, Deutschen Reich«. Der Text stammt von dem von der SS verehrten Sänger der Freiheitskriege Max von Schenkendorf (1783–1817), dessen Namen auch ein SS-Traditionsverband in den achtziger Jahren als Tarnung benutzte, um ungestört tagen zu können, nämlich als Max-von-Schenkendorf-Gesellschaft.

Doch nicht nur zackige Töne liegen auf der Musikschiene vor. Dr. Joseph Goebbels empfahl im März 1933 auf einer Intendantenkonferenz: »Nur keine Öde. Nur nicht die Gesinnung auf den Präsentierteller legen. Nur nicht glauben, man könne sich im Dienste der nationalsozialistischen Regierung am besten betätigen, wenn man Abend für Abend schmetternde Märsche ertönen läßt.« Und getreu der Goebbels-Empfehlung für die Ausweitung des Schlagerprogramms erklingen auch die Wunschkonzerte für die Wehrmacht aufs neue.

Auf der LP *Bürgerbräu 1938* hallt der »jährliche Rechenschaftsbericht des Führers an die Alten Kämpfer der NSDAP, verbunden mit der Gedenkfeier für die Gefallenen vom 9. November 1923« erneut durch den großdeutschen Äther. Das Parteiprogramm der NSDAP ist auf der Plattenhülle gleich mit abgedruckt. Angeboten wird die Langspielplatte in der Vierteljahreszeitschrift *Bauernschaft* (4/1993, S. 70). »Wie gewinne ich eine Wahl?«, darauf antworten Adolf Hitler und Joseph Goebbels beim nichtöffentlichen Wahlkongreß der NSDAP 1938 in Berlin, auf Platte gepreßt von Documentary Series.

Am meisten Erfahrung beim Vertrieb brauner O-Töne hat die Hocheder und Co. KG, weiland »Excelsior – Schallplatten Hocheder & Co.«. Sie wurde am 1. Oktober 1951 mit der »Witwe Alfred Hocheder, Else, geborene Brandt, Kauffrau, Düsseldorf« als Geschäftsführerin gegründet. So steht es im Handelsregistereintrag vom 7. 1. 1952. Die »Witwe Hermann Dame, Martha, geborene Will, ohne Beruf in Düsseldorf« war mit einer Einlage von damals stattlichen 10 000 Mark mit dabei. 1972 schied

Martha Dame durch Tod aus. Else Hocheder war nunmehr Alleininhaberin. Unter dem 4. Dezember 1972 traten als Kommanditisten der Kaufmann Gunther Kliewer aus Hilden und der Angestellte Heinz-Günther Schütte aus Wuppertal-Elberfeld mit je 10 000 Mark dazu. Die Firma heißt jetzt »E. Hocheder & Co. KG« und widmet sich dem Vertrieb von Schallplatten in- und ausländischen Ursprungs. Im Verfassungsschutzbericht des Jahres 1991 taucht der Versandhandel Hocheder und Co. KG unter den »organisationsunabhängigen Verlags- und Vertriebsdiensten« im Kapitel »rechtsextremistische Bestrebungen« auf. Wie in den Vorjahren auch, habe die Bundesprüfstelle wieder eine von Hocheder vertriebene Schallplatte indiziert, »weil diese die Ideologie des NS-Regimes aufzuwerten und zu rehabilitieren versuche und insbesondere den Nationalsozialismus als besonders erstrebenswert für die Jugend darstelle« (S. 120).

An die braune HiFi-Kundschaft gebracht werden die Produkte der Firma Hocheder über andere Versandhandelshäuser. Im Buchberater 1994/95 der Grabert-Versandbuchhandlung in Tübingen beispielsweise sind »Historische Tondokumente« von Hocheder aufgeführt – jetzt auch als CDs lieferbar. *Einigkeit und Recht und Freiheit* heißt eines dieser Tonwerke. Es handelt sich um Hitlers Rede vor dem Reichstag am 28. April 1939, die sogenannte »Fragebogenrede«. Sie wird umrahmt vom Marsch der Leibstandarte SS und der deutschen Nationalhymne – präsentiert auf zwei Langspielplatten, Preis pro LP 25 Mark (CD 35 Mark).

Nicht nur Hitler selbst, auch seine Paladine kommen zu Wort. *Aus dem Führerhauptquartier* lautet der Titel einer anderen Dokumentarplatte. »Originalaufnahmen von Wehrmachtsberichten, Reportagen von den Kriegsschauplätzen, Hitlerreden, die Stimmen von Goebbels, Pétain u. a. ergänzen den realistischen Gesamteindruck«, so verspricht der Werbetext. Die Langspielplatte *Die Waffen-SS* liefert Wehrmachts- und Propagandakompanie-Berichte, Lieder und eine Schilderung von SS-Oberst Otto Skorzeny, wie er am 13. 9. 1943 den Duce befreite.

Hier spricht Hans Fritzsche heißt eine Platte mit Propagandatexten von Hitlers Lautsprecher aus dessen Hörfunksendungen aus den Jahren 1939/1940. Auch die Sendung vom 29. 8. 1939 »über den polnischen Terror gegen deutsche Volksgenossen«, so der Werbetext der Firma Hocheder, gibt es auf der Platte. Hans Fritzsche, geboren am 21. 4. 1900 in Bochum, war Mitglied der Deutschnationalen Volkspartei und Schriftleiter der Telegrafenunion im Hugenberg-Konzern. Später wurde er Leiter der Rundfunkabteilung im »Reichsministerium für Volksaufklärung und Propaganda« und Generalbevollmächtigter für die politische Organisation des Großdeutschen Rundfunks.

Elitesoldaten gegen den Bolschewismus ist eine weitere Platte betitelt. »Zum opfervollen Einsatz der Waffen-SS und ihrer Freiwilligen-Verbände im Osten eine ausgewogene Mischung von Reden bzw. Frontberichten (u. v. a. Goebbels, Rosenberg, Jodl)[1] und Liedern bzw. Märschen (u. a. Von Finnland bis zum Schwarzen Meer, Reiht Euch ein)«, kündigt die Reklameschrift an – »eine Hörfolge von unglaublicher Dichte und Dramatik«.

Akustisches aus der Braunzone wird auch feilgeboten vom Buchdienst Nation Europa, vom Donnerversand, Dietmar Muniers Lesen & Schenken, MDV und vielen anderen.

Doch Töne vom rechten Kaliber stammen nicht mehr nur aus tausendjähriger Zeit. Längst gibt es Liedermacher wie Frank Rennicke, René Heizer oder Carl Hackenberger und Dutzende von Bands, die den rechten Ton in die aktuelle Musikszene bringen.

In der Kölner Zeitschrift *Europa vorn* erklärt Chefredakteur Manfred Rouhs aufgrund einer Leserkritik, warum das Blatt für sogenannte Oi-Musik von Skinheads wirbt. Sein Ziel sei es, die politische Theorie der Neuen Rechten der Mehrheit des Volkes »plausibel« (im Original »blausibel«) zu machen. Und die 16- bis 30jährigen seien nun mal mit Rock, Oi und Heavy Metal eher anzusprechen. »Hat der bis dahin mit einem Bein im Lager der Dekadenz und des Liberalismus stehende Jugendliche erst einmal an Bands, die patriotische Motive in ihren Texten verarbeiten, Gefallen gefunden, dann fragt er möglicherweise nach Mehr, nach dem Woher und Warum des Nationalismus. Das ist der Moment, in dem wir mit *Europa vorn* zuschlagen, ihm Inhalte und Kontakte bieten müssen.« (*Europa vorn* Spezial Nr. 6)

Das sind subtilere Methoden der Propaganda, Musik als Medium für ein präzises Briefing der georteten Zielgruppe. So haben Rechtsextreme ausgelotet, wie ihre Klientel langfristig zu beeinflussen ist – auch wenn eine tatsächliche Indoktrinierung nur teilweise gelingt. Die Gewalt ist nicht mehr nur eine Faust auf dem Rücken von Bomberjacken.

Die Nummer eins der nationalen Liedermacher und damit wohl auch der bestverdienendste ist Frank Rennicke aus Ehningen, »westlicher Teil des besetzten Rumpfdeutschlands«, wie es in einem Werbetext heißt. Wenn sein teutscher Bardensang ertönt, dann sind wackere Kriegskameraden ebenso hingerissen wie kahlrasierte Oi-Musik-Fans. Im nationalen Lager ist er ein Begriff: »Hörst Du auch lieber Frank Rennicke als Buschmusik?«, so beginnt die Kontaktanzeige eines »nationalen Deutschen«; er sucht »liebe junge Frau mit Sinn für Romantik, der auch der Kampf für ein besseres Deutschland nicht fremd ist« (*Europa vorn* 1. 2. 1995, S. 4).

Frank Rennicke kam früh in »nationale Kreise«, wie er selbst sagt, den Schliff erhielt er bei der inzwischen verbotenen Wiking-Jugend e. V. Verlobt hat er sich just am »20. Ostermond 1989«, Hitlers hundertstem Geburtstag. Den »Schlesischen Kulturpreis der Jugend« bekam er als 22jähriger 1987. »Nicht selten, in Zeiten der Not und Unterdrückung, ist das trotzig vorgetragene Lied Wegweiser in eine neue Zeit«, so schreibt er. Vier Musikkassetten dieses Lieblingsbarden aller Kameraden – vom Neonazi bis zu strammen Landsmannschaftlern – wurden 1994 auf den Index gesetzt. *Unterm Schutt der Zeit* und *An Deutschland* wurden laut Cover produziert beim HWP-Studio in Lehrte, Tontechnik von Heiko Walzel und Jochen Lenz vom Deutschland-Studio Stuttgart, das auch den NPD-Landesparteitag Baden-Württemberg 1991 aufgezeichnet hat. Acht MCs und CDs von Rennicke vertreibt zum Beispiel die Klosterhaus-Versandbuchhandlung in Wahlburg-Lippoldsberg für Preise zwischen 18 und 30 Mark, aber auch der Buchdienst Nation Europa, der Klartext-Verlag, Patria-Versand, Skull Records oder der Vertrieb Dieter Koch (»Nationalisten kaufen bei Nationalisten!« wirbt er in den *Dortmunder Stimmen* Nr. 4/1994) und viele andere haben Rennicke im Angebot.

> »Ob Breslau, Thorn und Danzig,
> ob Posen, Gleiwitz und Stettin.
> Ob Chemnitz, Bromberg und Leipzig,
> ob Bozen, Königsberg und Wien.
> Alle sind sie deutsche Städte
> und liegen in deutschem Land,
> geraubt durch Verbrecherräte,
> geschändet jeder deutsche Stand.«

Solche großdeutschen Töne stimmt Rennicke auf einer der inkriminierten Kassetten an, und im Refrain singt er vom wiedererstehenden Reich: »Deutschland, Deutschland über alles, und das Reich wird neu erstehn«. Diese Siegesgewißheit haben Ultrarechte – von den Grenzverschiebern in Vertriebenenverbänden bis zu den Lesergemeinschaften reichstreuer Postillen. Die Sehnsucht nach dem Reich ist die inhaltliche Klammer zwischen den Rechtsradikalen heute und den Altvorderen in den traditionellen Organisationen wie den Gemeinschaften der ehemaligen Waffen-SS.
Wenn Rennicke aufspielt, ist für die rechte Stimmung gesorgt, soviel ist gewiß. Er tritt bei unzähligen rechten und rechtsextremen Gruppen auf, ob beim ersten Kongreß zum Thema Vernetzung der neuen Rechten, organisiert von den Zeitschriften *Wir selbst, Junge Freiheit* und *Europa* in Koblenz 1990, beim »nationalen Grillfest« 1993, drei Wochen nach Solingen auf dem Weingut Finger in Worms-Pfeddersheim, bei der Ijzerbedevaart im belgi-

schen Diksmuide, bei der Wiking-Jugend (WJ) oder der NPD und in ostdeutschen Gauen, aber auch beim Bund der Vertriebenen in Wanne-Eickel am 20. 9. 1992 im Städtischen Saalbau. Auch dort gab er jenes Lied zum besten, und Herbert Hupka, ehemaliger Bundestagsabgeordneter und Bundesvorsitzender der Landsmannschaft Schlesien, saß schmunzelnd dabei. Erstmals in einheitlicher WJ-Kluft traten Mitglieder der Wiking-Jugend bei einem Vertriebenentreffen auf. Die »DJO – Deutsche Jugend in Europa« (früher »Deutsche Jugend des Ostens«), die auf der Bühne tanzen sollte, verlangte den Auszug der Wikinger. Der Veranstalter aber gab der WJ den Vorzug. Die DJO verließ unter Protest den Saal, die WJ durfte bleiben.

»Stark werden die Lieder Rennickes, wenn sie die Lebenswirklichkeit eines ›Rechten‹ beschreiben, die gesellschaftliche Isolation, den Haß ..., wenn Rennicke sich die Sorgen um unser Vaterland von der Seele singt oder wenn er an die Soldaten der deutschen Wehrmacht erinnert, die heute jeder geistig und körperlich Impotente meint beschimpfen zu können«, schreibt die rechte Zeitung *Junge Freiheit* über Rennicke. Bei vielen Liedern greife er die Vorstellung auf, daß nationales Denken das eigentlich moderne Denken sei, »weil es für eine vernünftige Gestaltung der Zukunft die einzige Möglichkeit ist«. Insofern solle man ihn in Aug und Ohr behalten, empfiehlt das Potsdamer Blatt (*JF* 2. 9. 1994) Im *Wikinger* der inzwischen verbotenen Wiking-Jugend werden die neuen Tonträger Rennickes so vorgestellt: »In einer Zeit staatlicher Willkür, Ignoranz und Verkommenheit mag ein Lied anklagen, fordern und aufrichten. Viele Liedermacher nehmen dieses für sich in Anspruch – kaum einer wird dabei jedoch auch der Liebe zur Heimat, seiner Geschichte und dem trotzigen JA einer ungebrochenen Jugend für eine lebenswerte Zukunft gerecht. Frank Rennicke möchte dieses aber mit seinen Tonträgern ...« Die Titel seiner Songs sprechen für sich: »Rote Ratten«, »Ihr mußtet marschieren – Deutsche Infanterie« oder »Damals im Mai – Rudolf Heß«.

Der Europa-vorn-Vertrieb bietet CDs von Bands wie zum Beispiel Endstufe, Kahlkopf, Commando Pernod, Kettenhund, Märtyrer, Noie Werte, Odins Erben, Rheinwacht, Störkraft, Toitonen und Ultima Thule, aber auch noch von den Böhsen Onkelz an. Musik dieses Schlages und die dumpfen Parolen von deutschem Ruhm und Proißens Gloria stehen nach wie vor hoch im Kurs, auch wenn sich Skins längst wieder die Haare wachsen lassen. Ihre Auffassung vom Leben wird in Texten dieser Gruppen transportiert. Eine rechte Jugendkultur definiert sich selbst: »Musik aus der Gosse, emanzenfeindlich, alkoholfreundlich« oder: »Die Wikinger sind wieder da; sie haben ihr Sturmsegel hochgezogen, um Europa von der Pest des Liberalismus und Marxismus zu befreien«, »Tätowiert, kahl & brutal«, »Oi-Sound aus der Hauptstadt, patriotisch, praktisch, gut: Vaterlandsliebe kann uns niemand verbieten!«

Diese rechte Jugendkultur verständigt sich untereinander über Fanzines, im Copyshop hergestellte Zeitschriften, die meistens unregelmäßig erscheinen und zum Selbstkostenpreis abgegeben werden. Diese Blättchen sind kein umsatzstarker Faktor, aber sie sind wichtig für die Vermarktung der Bands und für die Umsätze der einschlägigen Plattenproduzenten. Dutzende von Titeln sind auf dem Markt, insgesamt mit einer Auflage von über 10 000. Der Vertrieb läuft ausschließlich unter der Hand. Diese Untergrundzeitschriften stellen Bands vor und bringen Interviews mit den Musikidolen der Szene. Sie sind eine Mischung aus Kampfblatt und Szenenachrichten, Konzertterminen, Informationen über Bands und Helden wie Hitler-Stellvertreter Rudolf Heß. Andreas Voigt, der Macher des Magazins *Die Burg* der »Kreuzritter für Deutschland«, erklärte gegenüber *Panorama* seine ehrgeizigen Ziele: »Es ist ganz klar, es gibt tatsächlich 'ne geistige Elite, es gibt 'ne Renaissance der Rechten, auch unter Skinheads. Diese arbeitslosen, biertrinkenden Sonderschüler, die möchten vielleicht viele sehen, viele aus der sogenannten linken Seite, viele aus der Presse, weil es einfach vielleicht auch bestimmte Hemmungen und Ängste abbaut. Man hat nämlich Ängste, daß diese Personen, die bereit sind, mit – in Anführungsstrichen – ›Blut und Ehre‹ sich für ihr Land einzusetzen, womöglich auch noch diesen Geist dazu benutzen, ihr Land vielleicht eines Tages in ihrer Art zu übernehmen.«

Fanzines begleiten Skins selbst bis ins Gefängnis. Dort werden gefangene Kameraden gefeiert, wie zum Beispiel Josef S. von der Nationalistischen Front. Er hat vier Menschen umgebracht. In der Nacht vom 17. Dezember 1988 zündete er ein Wohnhaus in Schwandorf an. Jetzt gilt er Skinheads als Märtyrer. Er wird als Held gefeiert, weil er immer noch zu seiner nationalsozialistischen Gesinnung steht. Fanzines sorgen für Gefangene wie ihn, sie organisieren alles – vom Rechtsanwalt bis zum Abo von Szeneblättern.

Intime Anzeigen neben politischer Propaganda – das hält die Szene zusammen. Zum Beispiel:

»Uschi, 20 Jahre, echtes deutsches Mädel, möchte ebensolchen Skinhead kennenlernen, der nicht nur säuft und prügelt, sondern sich auch aktiv im politischen Kampf für unser Volk einsetzen will. Bierbäuche und Hohlroller können sich das Porto fürs nächste Bier sparen. Meine Hobbies sind: Skinheads, Kampfsport, Deutschland und Musik. Mein Spitzname: Blitzkrieg. Lieblingsgruppen: Springtoifel, Skrewdriver, Störkraft. Beruf: Kindergärtnerin. Bin 1,60 m groß, blonde Haare, blaue Augen und auch ansonsten nicht von schlechten Eltern. Was ich am meisten hasse: Ausländer, Linke, Demokröten. Zuschriften unter Nr. 614« (*Volkstreue* Nr. 3)

Nach langer Zeit der Tatenlosigkeit sind Verfassungsschutz, Polizei und Justiz am 15. 7. 1993 gegen Hersteller und Vertreiber von Skinhead-Zeitungen vorgegangen. Unter dem sinnigen Codewort »Druckstock« wurden in einer bundesweiten Aktion Fanzines beschlagnahmt.

Bekannteste, umsatzstärkste und härteste Kultband der Szene in Europa ist Skrewdriver mit dem Leadsänger Ian Stuart aus

Großbritannien. Die Band wurde im Frühjahr 1977 in Poulton-Le-Flyde in Lancashire, einem kleinen Ort bei Blackpool gegründet. Die Band arbeitete anfangs intensiv mit der nationalrevolutionären »British National Front« (NF) zusammen. In einem White Noise Club wurden rassistische englische Skinbands zusammengefaßt, um ihren Einfluß auf die englische Skinszene auszudehnen, wie es in einem Sonderbericht des Verfassungsschutzes über Skinheads heißt. Die Bands wurden finanziell unterstützt, sogenannte Gigs (Auftritte) und Plattenverträge gemanagt. 1985 trennte sich Stuart vom White Noise Club. Er gründete dann die Blood & Honour Bewegung und schuf so eine Plattform für die organisierte Verbreitung des White-Power-Gedankens. Die Texte predigen den Überlebenskampf der »weißen Rasse« gegen die Bedrohung durch eine multikulturelle Gesellschaft, angeblich provoziert von den »zionistischen Weltverschwörern«.

Am Wochenende vom 10. 7. 1993 trat Stuart ein letztes Mal auf, bei einem Konzert auf einem Grillplatz in der Nähe von Stuttgart. Sämtliche Zugangswege waren abgeriegelt. Wachposten patrouillierten ständig. Dem Fernsehmagazin *Panorama* gelang es trotzdem, Aufnahmen von dem Konzert zu machen: Sieg-Heil-Rufe und immer wieder Einschwören der Fans auf Vorbilder im Kampf, auf die Waffen-SS.

Tags darauf nannte Stuart, für viele selbst ein Idol, in einem Interview mit *Panorama* die Leitfigur beim Namen: »Ich glaube, daß die meisten Deutschen während des Zweiten Weltkrieges stolz auf Adolf Hitler waren. Wenn sie also stolz auf ihn sind, warum sollten sie plötzlich ihre Meinung ändern?« Als Zielgruppe gab Stuart »Weiße« an: »Wir singen für Weiße und versuchen, ihnen den Stolz auf die Rasse beizubringen.« (*Panorama* 15. 7. 1993)

Ian Stuart (Donaldson) verschied 1993 nach einem Verkehrsunfall. »Mit dem Engländer starb der aktivste nationalistische Liedermacher der Welt: Sänger und Gitarrist von ›Skrewdriver‹, Verfasser zahlreicher Balladen, Sänger von ›Klansmen‹ und

›White Diamond‹. Bereits in den 70er Jahren legte Ian Stuart mit ›Skrewdriver‹ den Grundstein für die Bildung einer nationalistischen Musikszene in Europa. Mehrere hundert Bands sind seither seinem Beispiel gefolgt, Musik für die Belange des eigenen Volkes und der europäischen (aber auch überseeischen) Völkergemeinschaft zu machen ... Als neuzeitlicher Heide erahnte Ian Stuart, daß er nicht eines natürlichen Todes sterben würde. Mehrere seiner Lieder zeugen davon. Wer seinen heidnischen Glauben teilt, der weiß jetzt: Ian Stuart Donaldson erwartet ihn in Walhall«, so wird der legendäre Skin in dem Blatt *Europa vorn* posthum gefeiert. Und in einer Todesanzeige im Hamburger *Index* steht: »In seinen Liedern sprach er aus, was viele Freiheitskämpfer in Europa dachten und fühlten. Sein Tod reißt eine schmerzende Wunde in unsere Reihen, doch sein Werk wird in seinen Liedern weiterbestehen. We see you in Valhalla!«

Der Verfassungsschutzbericht notiert über die englische Band: »Zwischen militanten neonationalsozialistischen Deutschen und ihren fremdenfeindlichen Gesinnungsgenossen im Ausland sind bislang nur gelegentlich gemeinsame Aktivitäten bekanntgeworden. Am augenfälligsten waren 1991 die spektakulären Auftritte der englischen Skinband ›Skrewdriver‹ im April mit 150 Skinheads in Stuttgart, im Juni mit 250 in Gerlingen bei Stuttgart und im September mit 300 in Kirkel bei St. Ingbert. Der für den 3. Oktober in Cottbus vorgesehene Auftritt vor 700 bereits eingetroffenen Skinheads konnte nicht stattfinden, weil fünf Mitglieder der Band wegen des Verdachts der gemeinschaftlichen Körperverletzung festgenommen worden waren.« (Verfassungsschutzbericht 1991, S. 121)

Zu den größten Produzenten und Versandfirmen gehört Skull Records der Gebrüder Schaffelhuber aus Bad Überkingen bzw. Geislingen. Im Katalog 1/1995 werden CDs und LPs angeboten wie:

- *Hail Victory* von Skrewdriver,
- *White Power Skins* der Gruppen Kraftschlag, Stuka, Brutale Haie, Kroizfoier, Triebtäter und Straw Dogs,
- *Axt & Schwert* der Gruppe Entwarnung, *Treffer Nr. 2* der Wuppertaler Helden. Die Band hat sich ja schon durch ihr Erstlingswerk *Klänge der Bewegung* einen Namen gemacht,
- *Ewig für dich kämpfen, Unsere Stunde* oder *Trinker Hits, Kampftrinkersongs* der Gruppe Bollwerk.

Skull vertreibt auch La Force est de retour aus Frankreich und Scheiben von Anti Decreto Legge oder der Kultband Peggior Amico aus Italien. Fürs rechte Outfit werden T-Shirts mit Parolen wie »Mir stinken die Linken«, »Rettet die Rasse« oder »Werwolf mit Mond« angeboten. Die Schaffelhubers suchen Oi-deutsche Rockgruppen, die für Skull produzieren wollen. Skull bezahlt alle Kosten (u. a. Tonstudio, Preßwerk, Cover-Druck) und bietet nach eigenen Angaben »weltweiten Vertrieb«.

Einen ganz anderen Musikgeschmack bedient ein Händler aus Baden-Württemberg. Deutsche Volksmusik, Schlager, Marschmusik, Klassik auf CD, LP und MC zu günstigen Preisen offeriert Andreas Gantner. Geliefert wird »nur in das Gebiet von Gesamtdeutschland«. »Bedenken Sie bitte auch, daß Sie mit jeder Bestellung bei Inserenten der nationalfreiheitlichen Wochenpresse auch Ihre *National-Zeitung/Deutsche Wochen-Zeitung* mit unterstützen«, schreibt er in seinem Angebot.

Rund zweitausend Titel offeriert Gantner – von Heino, Heintje und den Himmelblauen Alpensängern über Hoch- und Deutschmeisters Märsche, die Kastelruther Spatzen, die Wildekker Herzbuben, das Naabtalduo und die Zillertaler Schürzenjäger bis zu Klausjürgen Wussow mit Weihnachtlichen Liedern und Erzählungen. Wenn er seine Preisliste verschickt, weist Gantner darauf hin, daß er Mitglied der DVU ist »sowie Abonnent der *National-Zeitung* und der *Deutschen Wochen-Zeitung*«.

Das Geschäft mit den Skins machen nicht nur Tonträger-Versandfirmen. Auf Skinhead-Bedarf und Zusatzartikel von Hosenträgern

Unbekannte Renee, Meerane, Mitteldeutschland

Juli · July · Juillet · Luglio

Montag	Dienstag	Mittwoch	Donnerstag	Freitag	Samstag	Sonntag	Lundi	Mardi	Mercredi	Jeudi	Vendredi	Samedi	
				1	2	3	4	5	6	7	8	9	10
Monday	Tuesday	Wednesday	Thursday	Friday	Saturday	Sunday	Lunedì	Martes	Mercoledì	Giovedì	Venerdì	Sabato	
12	13	14	15	16	17	18	19	20	21	22	23	24	
Montag	Dienstag	Mittwoch	Donnerstag	Freitag	Samstag	Sonntag	Lundi	Mardi	Mercredi	Jeudi	Vendredi	Samedi	

Renee in Bomberjacke, Strapsen und Springerstiefeln

bis Springerstiefeln sind eine ganze Reihe von Firmen eingestellt. Einzigartig allerdings war der Renee-Fotokalender 1993 des Essener Fanzines *Ketzerblatt Frontal*, das von Andreas Zehnsdorf gemacht wurde. Der Kalender zeigte Models aus der braunen Szene, Fotos von Skingirls (Renees) beispielsweise in schwarzen Strapsen und Springerstiefeln.

Zurück zu den Hardcore-Aufnahmen aus dem Dritten Reich. Auf dieser NS-Welle schwimmen nicht nur akustische Produkte. In Ton und Bild funktioniert der Absatz auch.

Videos

Die Vermarktung des nationalsozialistischen Filmerbes läuft auf vollen Touren, insbesondere natürlich seit Videorecorder preisgünstig zu erstehen sind und so jeder in seinem Wohnzimmer die Filmereignisse des Dritten Reiches noch einmal Revue passieren lassen kann. Ob Hitler oder Himmler, Göring oder Goebbels – die alten Kameraden kommen wieder groß ins Bild. Video-Vertriebsfirmen schleusen immer mehr Aufnahmen aus der tausendjährigen Zeit auf Magnetbändern in die Heimkinos. Kriegstaumel und Jubelgeschrei im Dritten Reich feiern fröhliche Urständ – gut fünfzig Jahre später, ganz privat auf dem Fernseher in VHS-Qualität. *Deutsche Wehrmacht in Paris, Kampf um den Kanal, Hitler an der Ostfront* – deutsche Kriegswochenschauen aus der Zeit von 1939 bis 1945 flimmern wieder über die Bildschirme einer wachsenden Kundschaft. Original-Nazi-Propaganda kommt bequem mit modernen Mitteln ins Haus – auf Videokassetten.

Der Einkauf funktioniert problemlos. In den Anzeigenspalten rechter Zeitschriften und Zeitungen inserieren einschlägige Firmen. Die Angebotslisten werden auf Anfrage verschickt. Hier ein Textbeispiel für das Filmangebot »*Schicksalsjahre 1938/39. Großdeutschland 1938*, 44 min. DM 98« des Altmärker Filmarchivs in Hankensbüttel: »Einmarsch der Deutschen Wehrmacht in Österreich (12. 3. 38). Der Führer in Linz und in Wien.

Staatsakt in Wien. (Adolf Hitler spricht auf dem Heldenplatz.) Mussolini bekennt sich zu Großdeutschland. Die Rückkehr des Führers aus Wien nach Berlin (von Millionen umjubelt). Herzlicher Empfang der deutschen Soldaten in Österreich (besonders in der Steiermark und in Kärnten). Adolf Hitler spricht zum Jahrestag des Anschlusses Österreichs. Palästina-Konferenz in London. Amerika-Deutsche feiern im Madison-Square-Garden (Störversuche der Juden), es spricht Fritz Kuhn; der Jude Grünbaum überfällt Kuhn. Tag der deutschen Luftwaffe. Besetzung von Böhmen und Mähren durch die Deutsche Wehrmacht (15. 3. 39). Hitler in Prag. Rückkehr Hitlers nach Berlin (Ansprache Hermann) und Triumphzug zu Ehren des Führers in der Reichshauptstadt u. a.«

Bestellt wird meist über ein Postfach, bezahlt im voraus oder per Nachnahme. Gut ein Dutzend reiner Video-Vertriebsfirmen mit brauner Ware gibt es, zahlreiche Versandhandlungen haben auch eine Videoabteilung. Die Eröffnung eines solchen Vertriebs macht kaum Probleme. Solange der Kundenstamm noch klein ist, kann das Geschäft am Feierabend betrieben werden. So haben einige verurteilte rechtsextreme Straftäter nach der Haft einen solchen Versandhandel eröffnet. Einer der Verurteilten aus dem Bückeburger Terroristen-Prozeß wegen bewaffneten Diebstahls, räuberischer Erpressung, gefährlicher Körperverletzung u. a. machte eine solche Firma in Hamburg auf und inserierte dann in der *Deutschen National-Zeitung* (»Dokumentar- und alte Spielfilme in Super 8 und Video – Raritäten – für Sammler und zeitgeschichtlich Interessierte!«). Er hatte eine Haftstrafe von neun Jahren erhalten.[2]

Das Altmärker Filmarchiv vertreibt Propagandafilme wie *Deutschland erwache!* von 1933, *Blut und Boden – Grundlagen zum neuen Reich* von 1933 oder *Gottfried Feder spricht über Zinsknechtschaft*[3] von 1932.

Ebenfalls im Katalog verzeichnet sind die Filme *Der Ewige Jude* von 1942 und *Jud Süß* von 1940. Ebenso wie das benachbarte Wissenschaftliche Antiquariat in Dedelstorf-Oerrel bot das Altmärker Filmarchiv einen VHS-Video-Film über das Treiben des braun-brutalen Mobs in Rostock an: »Zum Thema ›Deutscher Volkszorn entlädt sich in Rostock‹ gibt es eine Video-Aufzeichnung junger deutscher Filmer. Der VHS-Videofilm trägt den Titel ›Rostock – die Wahrheit‹. Laufzeit ca. 60 Minuten, Preis DM 49«, so wurde der Film in *Recht und Wahrheit* angepriesen. Im Katalog des Altmärker Filmarchivs erfuhr man zusätzlich, daß es sich um einen »Dokumentarfilm des NHB«, der Studentenorganisation der NPD, handle.

Jeden Abend, sogar noch in den ersten Kriegsjahren, wenn es irgendwie einzurichten war, ließ sich Hitler einen Film zeigen. Er und sein Propagandist Goebbels waren fasziniert von dem neuen Medium. Und die Nazis haben auch sofort nach der Machtergreifung Film (und Rundfunk) in Beschlag genommen. Der Tonfilm, der gesprochenes Wort, Geräusche, Musik mit dem bewegten Bild verbindet, war noch neu. Akustisches und visuelles Erlebnis sind zu einer Synthese verknüpft und erzeugen damit ein fast magisches Wirklichkeitsbild, wie *Triumph des Willens* beispielhaft belegt. Mit enormem technischem Aufwand drehte Leni Riefenstahl diesen Film als rituelle Inszenierung einer Massenveranstaltung, ein mythisches Konzentrat. Das mythisierte Geschehen, die Zusammenführung und magische Berührung zwischen Führer und Gefolgschaft, wird für die Dauer festgehalten, als handle es sich um etwas Ewiges. Fritz Hippler, der damalige Reichsfilmintendant, wies früh darauf hin, daß der Film die breite Masse ganz erfasse, daß im Tonfilm ungeheure Möglichkeiten der Massenbeeinflussung lagen. Goebbels ließ sich nicht lange bitten. Er hatte die Zeichen der Zeit erkannt und sorgte für jede erdenkliche Förderung des deutschen Films.

»Es gibt zwei Arten, eine Revolution zu machen. Man kann einmal den Gegner so lange mit Maschinengewehren zusammenschießen, bis er die Überlegenheit dessen anerkennt, der im Besitz dieser Maschinengewehre ist. Dieses ist der einfachere Weg. Man kann aber auch durch eine Revolution des Geistes die

Nation umgestalten und damit den Gegner nicht vernichten, sondern gewinnen. Wir Nationalsozialisten sind diesen zweiten Weg gegangen und werden ihn auch weitergehen«, so schrieb Goebbels im Jahre 1933 über die Nutzung der neuen kommunikativen Medien Film und Rundfunk (zitiert nach *Tribüne* Nr. 97/1986). Auf die Suggestionskraft des Films während der NS-Zeit scheinen Videovertriebsfirmen auch heute noch zu setzen. Und die Vielzahl der Firmen, die mit historischem und aktuellem Material arbeiten, zeugt vom Grad der Resonanz beim Publikum. Neonazigruppen stimulieren sich mental und psychisch durch NS-Filme, ihr Nachwuchs bekommt Filme wie *Der Ewige Jude* als Pflichtprogramm gezeigt.

»Ein Erlebnis von ganz besonderer Art« verspricht die Hanseatische Film- und Tontechnik in Hamburg in ihrer Reihe »Sternstunden des deutschen Films« mit Titeln wie *Junge Adler* (1944), dem letzten großen nationalsozialistischen Jugendfilm, bis *Opfergang* unter der Regie von Veit Harlan. Daneben gibt es deutsche Kriegswochenschauen 1939–45 zum Preis von 79 Mark pro Kassette oder historische Filmdokumente von *Triumph des Willens* über den Reichsparteitag der NSDAP vom 4. bis 10. September 1934 in Nürnberg für 118 Mark oder *Ein deutscher Wunsch: Kolonien in Afrika* für 89 Mark, in dem das »harte Leben deutscher Frauen und Männer« in Deutsch-Südwest wieder lebendig wird.

Einen Sonderdienst Filmkunst hat die rechtsradikale Zeitschrift *Deutsche Gegenwart* eingerichtet. Ihre Leser können jeweils zwei VHS-Filme zum Preis von 29,50 Mark inklusive Versandkosten bestellen. Es handelt sich um Spielfilmklassiker, zum Beispiel vierzig Spielfilme des Jahres 1936.

Die Videofilmproduktion & Vertrieb Uhde NVFP in Adelebsen bei Göttingen inseriert beispielsweise im Vertriebenenblatt *Der Schlesier.* »In bester Bild- und Tonqualität« liefert NVFP »Orig. Deutsche Kriegswochenschauen sowie Dokumentar- und Spielfilme aus der Zeit 1930 bis 1945«. Visuell erneuert werden die Reichsparteitage von 1927 bis 1938 auf einer einzigen Kassette, der Jahrestag des Marsches auf die Feldherrnhalle in München vom 9. 11. 1923 mit einer Totenehrung im Beisein des Führers und den Spitzen der Partei und des Staates oder Mussolinis Besuch in Deutschland vom 25. bis 29. September 1937. Auch hier finden sich Kassenschlager wie *Hitler spricht, Der Weg der Leibstandarte SS Adolf Hitler* oder *Hitlers Geheimwaffen* im Programm. Uhde präsentiert aber auch ein Interview mit Generalmajor a. D. Otto Ernst Remer, als er noch nicht nach Spanien geflohen war, nämlich vom August 1990, geführt von Herrn Uhde selbst. Im Katalog heißt es: »Der Ritterkreuzträger (18. 5. 1943) und Eichenlaubträger (12. 11. 1943 als 325. Soldat) erzählt aus seinem Leben, berichtet über seine Kindheit und die Schulzeit, und man erfährt, wie es ihm in der Kriegszeit ergangen ist. Ca. 30 Minuten dauern die Ausführungen über seine Rolle während des Attentates am 20. 7. 1944 als Kommandeur des Wachregiments ›Großdeutschland‹.« Auf Wunsch werden auch Fotos (30 Mark) und Bildpostkarten mit Originalunterschrift von Remer (20 Mark) geliefert.

Uhde hat noch mehr im Angebot, auch »wertvolle Bronze-Repliken auf edlen Marmorsockeln« zwischen 105 und 465 Mark. Hindenburg zum Beispiel kostet in einer Höhe von 21,5 cm 215 Mark, die Totenmaske Friedrichs des Großen aus massiver Glockenbronze ist für 898 Mark zu haben und ein ostpreußischer Elch auf Bernsteinplatte für 696 Mark. Im Katalog werden auch Raritäten wie »Deutsche Gemälde in erstklassigen Reproduktionen (bis 1945)« und Blankwaffen (Samuraischwerter, Ninja-Commandoschwerter und Königsschwerter) als »einzigartige Reproduktionen aus 420/440er rostfreiem Edelstahl mit geschliffenen und gehärteten Klingen – das weltweit Beste auf diesem Gebiet« feilgeboten. Zu den Besonderheiten im Uhde-Angebot gehören auch Handfesseln, Polizei-Schlagstöcke, Knebelketten, Türöffner-Sets, Feuerzeugkameras, Wanzen-Aufspürgeräte, Telefonüberwachungsrecorder, Sichtsprays für Briefumschläge und Kampfdolche.

Eine ähnliche Angebotspalette präsentiert eine zweite Göttinger

Firma, die Silvia Durstewitz Videoproduktion & Vertrieb Militaria & Buchvertrieb Göttingen. Sie sucht ebenfalls in den Spalten des *Schlesiers,* aber auch in der *Jungen Freiheit* nach Kunden.

Der österreichische Neonazi Walter Ochensberger, der nach seiner durch den Obersten Gerichtshof in Wien erfolgten Verurteilung zu einer Freiheitsstrafe von zwei Jahren ohne Bewährung nach Spanien geflohen war und am 19. Februar 1993 in Kiel festgenommen wurde, bot »History Films« an. Hauptsächlich waren Kriegsfilme wie *Das deutsche Volk im Krieg, Stukas* über das legendäre Sturzkampfflugzeug des Zweiten Weltkrieges oder *Die deutschen Geheimwaffen im Einsatz* im Angebot. Es gab aber auch aktuelle Videos vom Ullrichsbergtreffen in Österreich, dem größten internationalen Kameradentreffen, das alljährlich stattfindet, vom Tscherkassy-Treffen 1990 oder von der Ehrenmalfeier in El Alamein mit den ehemaligen Angehörigen des Jagdgeschwaders 27 und ein Interview mit dem belgischen Altnazi Léon Degrelle, der exklusiv aus seinem Leben erzählt.

»Nostalgie in Videos« bietet die Firma Fleischmann-Film in Landshut an. Darunter versteht Eugen Fleischmann wohl seine Reihe »Deutsche Heimat« mit Titeln über die ehemaligen deutschen Ostgebiete, aber auch Filme über Kampfübungen der deutschen Wehrmacht, Waffen im Dritten Reich, eine Hitler-Jugend-Feier oder die Heimkehr Hitlers aus Frankreich. Die Firma bemüht sich offenbar besonders bei Vertriebenen um Kundschaft. Im *Schlesier* werden Volksbräuche im Jahr 1938, im *Ostpreußenblatt* Filme über Ostpreußen – Danzig – Königsberg im Jahr 1938 und in der *Deutschen National-Zeitung* Filme über Pommern, Ostpreußen und das Sudetenland angeboten, auch diese stets aus dem Jahr 1938. Laut *National-Zeitung* liefert Fleischmann auch »nationale patriotische deutsche Videos«. Die Firma wurde 1959 gegründet, 1987 – also vor Beginn des ganz großen Videogeschäfts – hatte Fleischmann-Film einen Umsatz von 600 000 Mark im Jahr.

Die Roger Vollstädt Filmproduktion und Vertrieb aus Bremerhaven inseriert in den Zeitungen von Gerhard Frey und in Vertriebenenblättern, aber auch in *Nation.* Sie offeriert vor allem die deutschen Spielfilmklassiker aus der bewußten Zeit, aber auch ein Bücherangebot, das Biographien bekannter Filmschauspieler neben *Führer und Reichskanzler Adolf Hitler* von David Irving, *Meine Kommandounternehmen* des Mussolini-Befreiers Otto Skorzeny oder *Mein Kriegstagebuch* von Hans-Ulrich Rudel versammelt.

In seiner braunen Postille *Eidgenoss* bietet der Schweizer Max Wahl »Eidgenoss-Videos« an. Es handelt sich um illegal kopierte Fernsehsendungen, die zusammengeschnitten wurden. Sechs Videos gibt es zum Preis von jeweils 20 Mark, darunter Material von ARD, ZDF und dem Schweizer Fernsehen DRS. Dieser Sender kündigte Ende Dezember 1994 eine Strafanzeige bei der Bezirksanwaltschaft Winterthur an. Der Jurist und Hitler-Fan Max Wahl aus dem Ottikon ist bei den Gerichten der Bundesrepublik schon ein alter Bekannter. Justizbehörden von Kiel, Stuttgart, Konstanz und München waren bereits mit ihm und seiner Zeitung *Eidgenoss* beschäftigt. Wahl leugnet jegliche Judenverfolgung während der Nazizeit und nennt die Pogrome eine »Lügenpropaganda bestimmter jüdischer Kreise«. Die »Auschwitz-Lüge« diene nur der »Versklavung des deutschen Volks«. Im Sommer 1994 verurteilte ihn ein Münchner Gericht wegen Volksverhetzung und weiterer im Zusammenhang mit der Verbreitung der Auschwitz-Lüge begangener Straftaten zu einer Geldstrafe und zu einem Jahr Haft auf Bewährung.

Filmisches für Skinheads vertreiben Nordland-Videos aus Bekkedorf. Zum Preis von 35 Mark pro Stück werden in Anzeigen Konzertvideos von Gruppen wie Störkraft, Radikahl, No Remorse, Endstufe, Dirlewanger oder von der Kultfigur Ian Stuart angeboten.

Ein »H & H Filmvertrieb« aus Essen inserierte in der Zeitschrift *Der Freiwillige* (6/89, S. 34) aus dem Kameradenkreis der ehemaligen Waffen-SS. Dort werden »Originalwochenschauen, Deutscher Osten, PK-Berichte und Kulturfilme« als Videos feilgeboten. »H & H« wirbt auch in vielen anderen Publikationen, dort allerdings weniger dezent, nämlich als Heitz & Höffkes mit identischer Adresse. Da Heitz & Höffkes gerne ein Verlag der salonfähigen Neuen Rechten sein möchte, will man das Geldverdienen mit den alten Kämpen der Waffen-SS wohl nicht zu öffentlich betreiben. Heitz & Höffkes umfaßt einen Verlag mit Buchhandlung, eine Werbeagentur und die Film- und Videoproduktion. Die Buchproduktion des Heitz & Höffkes Verlages läßt eine eindeutige politische Linie erkennen: Da gibt es *Meine Ehre heißt Treue. Von der Leibstandarte ins Landsberger Kriegsverbrechergefängnis* von Siegmund Oswald, ehemaliger Freiwilliger der Leibstandarte SS Adolf Hitler, *Heinrich Himmlers Burg. Bildchronik der SS-Schule Haus Wewelsburg* oder *Nachtrag* von Hitlers persönlichem Architekten Hermann Giesler, der bis in den Tod gesinnungstreu blieb und dem Ehrenpräsidium der neonazistischen »Notgemeinschaft für Volkstum und Kultur e. V.« angehörte. In der Verlagswerbung zu *Heinrich Himmlers Burg* heißt es: »Nie zuvor ist es gelungen, Himmlers Pläne und Absichten, die bereits aufgenommene wissenschaftlich-weltanschauliche Arbeit, die Zusammenkünfte der ranghöchsten SS-Führer und das Leben auf der Burg so anschaulich darzustellen und dokumentarisch zu belegen.« Heitz & Höffkes produzierte auch eine Tonkassette *Wir wollten gewinnen – vom Schüler zum Flieger mit Heinz Gomann.* »H. Gomann, langjähriger Syndikus beim *Spiegel*-Verlag und ehemaliger CDU-Abgeordneter in Berlin, schildert seine Jugendjahre. Geprägt vom ›Wandervogel‹ meldete er sich kriegsfreiwillig und wurde Jagdflieger im Westen.« So heißt es im Begleittext. Und in der Werbung findet sich der Satz: Gomanns Erinnerungen »zeigen, daß das heute vielfach vorhandene Bild des Lebens im NS-Staat korrekturbedürftig ist«. Gomann beginnt das Interview mit einem Zitat von Prof. Zimmerer, nämlich die Einheitsmeinung über das Dritte Reich sei weltweit grotesk. Die Kassette endet mit dem Satz: »Und damit war der Krieg beendet, obwohl der Kampf weiterging.« Im Handbuch des Abgeordnetenhauses von Berlin erfährt man über Gomann: »Geb. am 1. Juli 1920 in Berlin. Verheiratet, zwei Kinder. 1940 Abitur in Berlin. 1940 bis 1945 Jagdflieger bei der

Luftwaffe. Seit November 1945 Jurastudium in Göttingen und Hamburg. Nach Beendigung des Studiums fünf Jahre Syndikus zweier Presseverlage in Hamburg. Seit 1958 selbständiger Kaufmann in der Reisebürobranche. Mitglied der CDU seit 1968. Seit März 1971 Mitglied des Abgeordnetenhauses von Berlin.« Vier Jahre lang war Gomann Abgeordneter. Heute lebe er auf einer Farm in Irland, heißt es auf der Kassette. In der *Jungen Freiheit* tauchte 1991 ein Heinz Gomann aus dem österreichischen Lienz auf.

Der Verlag startete auch eine Werbeaktion für die Tageszeitung *Die Welt*. Unter dem Briefkopf von Heitz und Höffkes heißt es:

»Sehr geehrte Damen und Herren, liebe Freunde, ...
DIE WELT ist eine Zeitung, die sich nicht mit Sonntagsreden zufriedengibt. Sie bezieht klare Position, bietet scharfe Analysen und engagierte Kommentare. DIE WELT möchte das Bewahrenswerte bewahrt und das Entwicklungswerte entwickelt sehen.

Politisch spannt sich ihr Horizont bis weit in das Spektrum, das heute viele, die sich mit Betrachtungen der ›Mitte‹ zufriedengeben, übersehen. Nicht von ungefähr beleuchtete sie deshalb den sogenannten Historiker-Streit und bestimmte historische – und gern verschwiegene – Kapitel der deutschen Geschichte besonders intensiv.

Eine Zeitung, die dort besonders aufmerksam analysiert, wo andere sich in Klischees flüchten oder das Nachdenken einstellen, verdient eine noch breitere Leserschaft. Deswegen haben wir uns entschieden, Ihnen die Gelegenheit zu geben, mit beiliegender Antwortkarte DIE WELT für einige Zeit kostenlos und unverbindlich anzufordern.

Senden Sie uns bei Interesse einfach die Antwortkarte ausgefüllt zurück. Sie haben dann die Möglichkeit zu prüfen, ob

Sie unserem Urteil beipflichten. Wir denken auch, daß mehr Bezieher aus unserem Kreis DIE WELT bestärken, weiterhin an ihrer klaren pointierten Linie festzuhalten.«

Die drei Herren, die auf dem Heitz & Höffkes-Briefpapier diese Unterstützungsaktion für *Die Welt* unterzeichneten, sind

- Heinz Mahncke, der von der Hitler-Jugend zur Waffen-SS kam, machte zeitweilig bei den Republikanern mit, verfaßte ein Flugblatt für den inzwischen verbotenen Freundeskreis Freiheit für Deutschland, war Sprecher der »Freien Wähler-initiative für politische Sauberkeit« und schrieb für Zeitschriften wie *Leitheft, Bauernschaft* und *Nation Europa.*
- Karl Höffkes, Verfasser des Buches *Hitlers politische Generale* über die Gauleiter des Dritten Reiches, das im rechtsextremen Grabert-Verlag erschienen ist,[4]
- und Dr. Werner Haverbeck vom Collegium Humanum e. V. und vom Weltbund zum Schutz des Lebens e. V. aus Vlotho. Von ihm bot die Herzog-Heinrich-Buchhandlung in München auf ihrer Audioliste A die Tonkassette *Heimat und Volkstum – Das grüne Element unseres volkstreuen Denkens* (90 min.) für 20 Mark an.

Auf der Videoliste A der von dem Neonazi Ewald Althans gegründeten Herzog-Heinrich-Buchhandlung werden vorwiegend aktuelle Produktionen über die Bewegung unters braune Volk gebracht. Einige Beispiele: *Protestmarsch für Rainer Sonntag* (ca. 80 min., 35 Mark), *Heldengedenken – 17. Nov. Halbe* (ca. 90 min., 35 Mark), *Zündel und Irving* in München 1992 (ca. 150 min., 50 Mark). »Die Filme verstoßen nicht gegen bestehende Gesetze der BRD und dienen – soweit themenbezogen – weder der Leugnung des Holocaustes noch der Verherrlichung des Nationalsozialismus«, heißt es im Werbetext, »sie sollen jedoch einen besseren und bequemen Einblick in die Arbeit ›unseres politischen Denkens‹ geben.« In einer Zeit, in der immer weniger Bücher gelesen werden, sei mit dem Video ein schnelles und informatives Medium geschaffen worden. Ältere Menschen könnten sich zu Hause an »unseren Aktivitäten« beteiligen, Außenstehende könnten zum Anschauen gebracht werden, obwohl sie nie auf eine Veranstaltung gehen würden.

Althans hatte in der Münchner Herzog-Heinrich-Straße die deutsche Filiale des Ernst Zündel-Vertriebs eröffnet, ein Ladengeschäft mit Büro dahinter. Dort erwirtschaftete er nach eigener Angabe einen Jahresumsatz von 600 000 Mark, obwohl die »ständigen Drangsalien und Razzien der Polizei« geschäftsschädigend gewirkt hätten.

Auch Rechtsextremisten älteren Jahrgangs nutzen Videos als Medium zur Verbreitung ihrer Auffassungen. Thies Christophersen gab in seiner Zeitschrift *Die Bauernschaft* die Gründung einer Videogesellschaft bekannt. 1992 vermeldete er: »Wir haben die Produktion nun in eigene Hände genommen. Es sollen vor allem Video-Filme von Sendungen aus dem Fernsehen von uns kommentiert werden. Als nächster Film erscheint bei uns ein Kommentar über eine Sendung vom österreichischen Fernsehen mit Rechtsanwalt Schaller in einer Gesprächsrunde mit Widersachern. Wir können das sagen, was Herr Schaller nicht sagen kann oder darf ...« Mitglieder der Videogesellschaft bekommen die Filme mit einem Rabatt von 40 Prozent (*Bauernschaft* Sept. 1992).

In der *Bauernschaft* (4/1994) ist ein Inserat abgedruckt, in dem eine V. Directori Publ., mit Postfachadresse in 21505 Glinde das Video *Staatsfeind Nr. 1* über Thies Christophersen anbietet. Die Firma Vincente Directori Publications hat nach eigenen Angaben »nicht in einer Ausgabe der *Bauernschaft* eine Anzeige aufgegeben«. Allerdings hat die Firma tatsächlich »Thies Christophersen interviewt, woraus das Video *Staatsfeind Nr. 1* entstanden ist«. Das Unternehmen hat, wie es über Anwälte wissen ließ, »darüber hinaus ... keine Beziehungen irgendwelcher Art zu Thies Christophersen«. Auch der Nordwind-Vertrieb in Flensburg bietet eine ganze Reihe neuer Videoproduktionen mit und über Thies Christophersen an.

Zu den besonders rührigen Firmen gehört die 1989 gegründete Patria Versand GmbH in Landshut des ehemaligen oberbayerischen Bezirksvorsitzenden der Republikaner Franz Glasauer, Jahrgang 1947. Die Firma gibt neben An- und Verkauf von Waren aller Art auch Filmverleih, Filmherstellung und Film- und Fernsehproduktion als Geschäftsbereiche an. Der Umsatz liegt bei 900 000 Mark jährlich. Glasauer war neben dem früheren Schönhuber-Vertrauten Harald Neubauer Geschäftsführer der RVG Verlags- und Vertriebsgesellschaft mbH, die am 13. August 1988 im Münchner Löwenbräukeller tagte und damals laut Parteizeitung *Der Republikaner* »Teilnehmer aus der ganzen Bundesrepublik zusammenführen« konnte, so daß das Stammkapital bei 115 000 Mark lag. Geraume Zeit später wurde Glasauer zum Schönhuber-Gegner. »Ich war schon Patriot«, rief er am 19. 1. 1991 aus, »da hat der Herr noch für ein kommunistisches Schmierenblatt geschrieben. Jetzt geht ihm der Hintern auf Grundeis.« Jeder der damals im Saal einer Münchner Gaststätte am Waldfriedhof Anwesenden hat gewußt, wer dieser unsägliche Herr ist. Franz Schönhuber, einst republikanischer Senkrechtstarter, hatte sich mit Profilierungssucht und Selbstherrlichkeit so viele Gegner innerhalb des eigenen Lagers herangezogen, daß diese jetzt entschlossener denn je den Willen zum rechten Sammelwerk aufbrachten. »Vereint marschieren, vereint siegen«, hieß die neue Parole. Deshalb gründete man die Deutsche Allianz, später umbenannt in Deutsche Liga für Volk und Heimat.

»Alles für Aktive« liefert die Patria-Versand GmbH. Diesen »Aktiven« werden Springerstiefel, Knobelbecher, NVA-Filzschaftstiefel, Stahlhelme Typ Zweiter Weltkrieg, gebraucht, aber ohne Hoheitszeichen, für 65 Mark angeboten. Der NVA-Stahlhelm kostet 18 Mark, ferner gibt es Armeekleidung von Bundeswehr und NVA, zum Beispiel eine NVA-Uniformhose aus grauem Tuch für 14,80 Mark.

Die Angebotspalette der Versandhandlungen ist vielfältig. Der »MDV-Verlag – Verlag – Druck – Versand Groß- und Einzelhandel« in Sibbesse mit Bankkonto bei der Volksbank in Heinde-Sehlem übernimmt auch Verlagsarbeiten und Druckaufträge. MDV stellt Buttons und T-Hemden her, übernimmt die graphische Texterstellung und die Produktion von Ton- und Bildträgern, vertreibt »Heimat-Landkarten« (Ostpreußen, Westpreußen, Schlesien und Deutsches Reich), Ahnentafeln und Schmuck (die Irminsul in Silber für 39 Mark als Anstecknadel), Musikkassetten von Frank Rennicke und Traditionsmärsche, Plakate oder Reliefs von Arno Breker – »einem der größten Künstler des 20. Jahrhunderts« – für 25 Mark. MDV verkauft auch Skulpturen, zum Beispiel Marocco Royal, ein Pferd in Bronze, 45 cm hoch für 25 000 DM, oder Majeste für 38 000 Mark, die Skulptur Junger Mann, 50,5 cm hoch, für 7500 Mark.

Der MDV-Verlag gibt seit 1. Dezember 1994 eine eigene Zeitung mit dem Titel *Aufbruch* heraus. Der Herausgeber und Geschäftsführer der Firma ist Oliver Bode, geboren am 9. 11. 1966. Er stellt sich im *Aufbruch* selbst vor: »Herausgeber und Redakteur des deutschsprachigen *Aufbruch*. Vorbereitung des internationalen Medienblattes *MP-News* (Media & Publicity News) in mehreren Sprachen. Im Dezember 1994 Dezentralisierung der Unternehmensstruktur und Einstieg in die Medien.« Die Unternehmensgründung datiert er auf den 9. 11. 1991. Verschickt wird die Zeitung aus dem tschechischen Liberec, frankiert mit dem Freistempler einer Firma mit Büros in Liberec und Prag. Die Auflage beträgt laut Impressum 10 000 Exemplare.

Das Buchangebot, überschrieben mit »In Zukunft neues Denken – neue Wege«, ist bemerkenswert. Seit 1992 bestehen deutliche Anzeichen für einen im Entstehen begriffenen neuen rechten Terrorismus. Im militanten neonazistischen Bereich gibt es derzeit einen Trend zur Selbstauflösung von Organisationen. »Jeder macht mit, keiner ist verantwortlich«, »organisieren ohne Organisation«, lautet die neue Devise. Es sind systematische Versuche erkennbar, neue Formen organisationsübergreifender Zusammenarbeit und autonomer Strukturen zu entwickeln. So sollen Verbote durch die Behörden vermieden werden. Diese Umstrukturierung wurde auch von der »Freiheitlichen deutschen Arbeiterpartei« (FAP) vorangetrieben, die Ende Februar 1995 vom Bundesinnenminister verboten wurde. Im Mai 1994 hatte sie ihre Kreisverbände aufgelöst, damit keine Strukturen und verantwortlichen Funktionäre mehr erkennbar sind. Die bisher aktivste Phase des rechtsextremistischen Terrorismus in der Bundesrepublik hatte 1977 begonnen und dauerte bis etwa 1982. Höhepunkt war der Anschlag auf das Münchner Oktoberfest am 26. 9. 1980 gewesen, bei dem 13 Personen starben und 215 verletzt wurden.

Durch staatliche Repressionsmaßnahmen wie Verbote und Hausdurchsuchungen wird dieser Trend zur Militanz möglicherweise verstärkt. Manche Neonazis sehen nur noch im bewaffneten Kampf eine Perspektive. Neu sind insbesondere die kommunikativen Möglichkeiten durch elektronische Vernetzung, die von Rechtsextremisten voll ausgeschöpft werden und die einen neuen Konspirationsgrad eröffnen.

Es sind Anzeichen für ein Wiederaufleben eines organisierten und systematisch geplanten rechtsextremen Terrorismus zu beobachten. Einen ernst zu nehmenden Hinweis auf eine solche Entwicklung gab der Hamburger Rechtsextremist und Jurist Jürgen Rieger in einem Interview des Fernsehmagazins *Panorama* vom 13. Januar 1993: »Wenn diese Verbote (gegen die Nationalistische Front, Deutsche Alternative oder Nationale Offensive) tatsächlich durchgehen sollten, kriegen wir eine rechte RAF, da können Sie sicher sein. Wenn die ersten Reporter und Richter umgelegt worden sind, dann wissen Sie, es geht los! Nicht die Großen, wie der Präsident des Verfassungsgerichts, sondern Reporter, Richter, Polizisten. Diese Gruppierungen sind dann dran« (zitiert nach: Verfassungsschutzbericht Hamburg 1993, S. 60).

Bei MDV sind entsprechende Ausbildungsbücher erhältlich:

Werwolf – Winke für Jagdeinheiten: »Bei diesem Buch handelt es sich um einen Nachdruck aus dem Jahre 1945«, so steht es in der Werbung. Das Buch war als Ausbildungsgrundlage der Werwolf-Kommandos konzipiert, die Ende 1944 organisiert wurden, um durch Terrorakte eine wirkungsvolle militärische Besatzung zu verhindern. »Dem Interessierten werden die bis heute nahezu unverändert gültigen Grundregeln der Partisanenkriegführung aufgezeigt ...« (Preis: 16 Mark).

Auch fünf Bände *Gefechtstechnik von der Logistik bis Kampfstrategien*, »ein komplettes Ausbildungswerk«, kann man bei MDV erstehen, Preis pro Band zwischen 20 und 35 Mark.

Militärischer Nahkampf heißt ein anderes Buch dieser Art, eine »Zusammenstellung der wesentlichen Grundübungen des militärischen Nahkampfes wie Schläge, Tritte, Messerabwehr, Befreiungsgriffe usw. Diese detaillierte Anleitung in Wort und Bild ist für jedermann leicht erlernbar ...« – erhältlich für 23 Mark.

Aus dem weiteren Angebot von MDV seien noch ein paar Titel zitiert:

– *Rassenkunde des jüdischen Volkes* für 45 Mark,
– *Rassenkunde* als Schülerheft für den Biologieunterreicht in Volksschulen für 4,80 Mark,
– *Das Weib und seine Bestimmung* für 22,50 Mark,
– *Frömmigkeit nordischer Artung* für 15,90 Mark.
– *Gattenwahl zu ehelichem Glück und erblicher Ertüchtigung* des NS-Rassenforschers Hans F. K. Günther als Faksimile der Ausgabe von 1941, ein Buch, das von »den Gedanken der Vererbung, Auslese und Aufartung (Mehrung der höherwertigen Anlagen)« geleitet wird; unwillkürlich fällt einem dabei der im Dritten Reich scherzhaft gebrauchte Ausdruck »aufnorden« ein, der germanische Wasserstoffblondinen bezeichnete,
– *Weihnachten im Lichte der Rasseerkenntnis* von Erich und Matthilde Ludendorff als Faksimile für fünf Mark.
– *Die Stimme der Ahnen* von Wulf Sörensen wird als »ein gut

geeignetes Geschenkbüchlein für die deutsche Jugend als Anstoß zur geistigen Befreiung von orientalisch-semitischen Religionen, welche uns in artfremdem Bann halten« deklariert. Es handelt sich um ein Faksimile für 12,80 Mark.

Daneben sind Titel wie der Bestseller *Mäxchen Treuherz* im Programm, diese Anleitung zum Austricksen des Rechtsstaates aus der Feder einer Hamburger Rechtsanwältin.

MDV versucht junge wie alte Kameraden anzusprechen und inseriert in Fanzines für Skinheads und häufig auch in der Zeitschrift *Recht und Wahrheit,* die einen eher älteren Kameradenkreis anspricht. Es wird ja auch Nützliches für den Hausgebrauch wie *Omas Hausapotheke* angeboten.

Erster »Nationaler Puzzle-Vertrieb« nennt sich die Mjölnir Versand & Verlag GmbH im westfälischen Herten. Die Firma mit einem Stammkapital von 50 000 Mark wurde erst im Oktober 1993 im Handelsregister eingetragen. Sie nennt sich nach dem Hammer Thors, Odins Sohn in der nordischen Sage. Geschäftsführer sind der Kraftfahrer Frank-Michael Maaß und der Student Frank Reber. Die Besonderheit des Angebots sind mehrfarbige Puzzles, wie zum Beispiel

- *Ritterkreuzträger der Leibstandarte SS Adolf Hitler* nach einem Gemälde des Malers und Bildhauers Ernst J. Krause in 256 Teilen für 16 Mark,
- Ausschnitt aus einem Werbeplakat der ehemaligen deutschen Fallschirmtruppe in 64 Teilen für 10 Mark,
- *STUKAs im Sturzflug* in 112 Teilen für 12,50 Mark,
- *Kradmelder* in 112 Teilen für 12,50 Mark.

Daneben gibt es bei Mjölnir Klassiker wie *Rudolf Heß spricht zu uns!* »herausgegeben vom Völkischen Bund, jahrelang beschlagnahmt, jetzt wieder lieferbar! für 6 Mark« oder das Buch *Sprengfallen,* das für all jene gedacht ist, die »aufgrund ihrer Tätigkeit mit Sprengfallen in Berührung kommen können«.

Das Buch erläutert den Bau von Sprengfallen und wie man sie erkennen kann. Es kostet 34 Mark.

Mjölnir ist mehr bei jungen Neonazis bekannt. Dennoch findet sich auch Konventionelles der Altvorderen wie *Ein »Nazi« in Argentinien* des ehemaligen Goebbels-Adjutanten Wilfred von Oven, der seit 1951 am Rio de la Plata lebt und für das Hamburger Nachrichtenmagazin *Der Spiegel* als Auslandskorrespondent tätig war. Aber auch »Interessantes/Brauchbares von der ›anderen Feldpost-Nummer‹« wird angeboten, wie Literatur über Geheimdienste, Polizeipsychologen und juristische Tips.

Auch »Ausrüstungsgegenstände und Bekleidung für den Abenteuersport« von der Bundeswehr-Panzerkombi bis zum Gebirgsrucksack oder bis zu Sturmfeuerzeugen mit Windschutz sind in Herten zu haben. »Nur gegen Altersnachweis« werden u. a. neue Bundeswehrbajonette, englische Kommandodolche oder Kampfmesser mit Lederscheide von Mjölnir abgegeben, aber auch Selbstschutzwaffen wie das Modell Parabellum 8mm Knallgas für 240 Mark oder das Modell Amazone für 120 Mark. Daß auch die Musikkassetten von Frank Rennicke vertrieben werden, zeigt eher, in welchem Umfeld dieser Liedermacher der Wiking-Jugend, die sich gelegentlich einfach in der Pfadfindertradition sah, auch verehrt wird.

Bücher, Musik und Videos hat »Werner Symanek Verlag + Agentur« (VAWS) im Angebot. Er selbst nennt seinen Versandkatalog in Anzeigen »undogmatisch, antiimperialistisch, nichtregierungstreu« (*Deutsche Zukunft* 1994). Für zwei Bücher des ehemaligen Goebbels-Adjutanten Wilfred von Oven und andere wirbt VAWS auf einer halbseitigen Anzeige im *Ostpreußenblatt* vom 4. März 1995. Symanek bietet Tonkassetten zur Zeitgeschichte an: David Irving über NS-Größen wie Göring, Goebbels und Rudolf Heß, Vorträge von Hellmut Diwald bei der Burschenschaft Danubia oder beim Bund der Vertriebenen in Hessen zur aktuellen Lage nach der Vereinigung und eine Aufnahme *Reden in bewegten Zeiten: Deutschland 1919–1949*. Zu Wort kommen unter anderem: »Wilhelm II, Gustav Stresemann, Joseph Goebbels, Adolf Hitler, Julius Streicher, Robert Ley, Heinrich Himmler, Wilhelm Pieck, Ernst Reuter, Kurt Schumacher, Konrad Adenauer«. Bei Symanek gibt es auch Kabarett-MCs (»nichts für Mucker, Spießer und Humorlose«). Es handelt sich um Aufnahmen mit Gerd Knabe und Peppi Kausch.

Unter der Überschrift »Verlagseigenes Erzeugnis (Techno-Musik)« gibt es TVC 15, »gewidmet Dr. Fritz Todt, dessen Herz auf der Seite des Schaffenden stand und erfüllt war vom Glauben an die Technik und der Liebe zur Natur«. »Ohne Zweifel vereinte Dr. Todt in seiner Hand eine genügend große Macht, um alle die in Angst zu versetzen, die heute noch als unsere Führer Mensch und Natur ausbeuten.« Symaneks Vertrieb ist wohl der einzige seiner Art, der Dark-Wave-Musik im Programm hat – mit einer »Warnung: Bei diesem Angebot handelt es sich um Untergrund-Musik. Nichts für schwache Nerven!«

Aus Solidarität mit Friedhelm Kathagen, der nach einer Hausdurchsuchung im Bergischen untergetaucht war, dann aber doch inhaftiert worden ist, übernahm Symanek die Bücher des Architekten Heinz Roth, die unter Neonazis hoch im Kurs stehen, weil sie angeblich »das wirkliche Leben im Dritten Reich« beschreiben.

Symanek vertreibt auch einen Roman von Hans-Ernst Raack: *Das ehrenwerte Ziel*. Dieses Opus kündigt er so an: »Eine spannende Lektüre von Abenteuer, Sex, dunkler Verschwörung und gerechter Vergeltung.« Die Berichte über Arabien, Afrika und Spanien seien autobiographisch, schreibt der Verlag. Der Autor betreibt einen »Deutschen Handwerker-Service« an der Costa del Sol in Südspanien. »Komplette Renovierungen, Neu-, An-, Umbauten, Vermittlung von Fincas und Häusern mit fachkundiger Beratung« bietet der Tischlermeister und Bauleiter Raack in der *Jungen Freiheit* (10/94) an. »Renovierungen und Reparaturen, Hausbetreuung und Vermietung, Seniorenpflege und Babysitting« gehören laut Anzeige in *Nation Europa* (8/88) zu seinen Leistungen. Er bietet auch eine Beteiligung bei einer

Fischzucht in Andalusien mit 20% garantierter Rendite jährlich *(Blitzschlag)*. In seinem Roman, 1994 erschienen, geht es rasch zur Sache: »Ihre Hand glitt in seinen Schoß, fand seine Erregung und zerrte auffordernd am Stoff seiner Hose. Er zog den Reißverschluß herunter und führte ihre Hand. Warm und hart lag der Schaft in ihrer Hand ...« »Nigeria beispielsweise ist ein einziges großes Dreckloch. In meinen zwei Jahren dort traf ich nur drei oder vier Einheimische, mit denen ich mich an einen Tisch setzen würde. Am schlechtesten zu ertragen sind Neger auf hohen Posten – bauernschlau – aber sonst dumm wie Bohnenstroh und arrogant.« Geld läßt sich offenbar auch mit einem rassistischen Porno machen.

Auch Symanek bietet deutsche Spielfilmklassiker an, Dokumentarfilme, eine Reihe »Geheimkommandos im Zweiten Weltkrieg« oder *Stadtansichten von Breslau bis Dresden* und *Bilder aus Berlin* – aus der »Reichshauptstadt der Vorkriegszeit«. Außerdem liefert er auch den Film *Beruf Neonazi* für 240 Mark: »Ewald Althans aus München – bekannt durch seine Auftritte in Sachen Vernichtungslager. Ernst Zündel gilt als der heimliche Chef der NS-Szene und hat beinahe in jedem europäischen Land ein funktionierendes NS-Netz aufgebaut. Der Film gibt Einblick in die Arbeiten dieser beiden Akteure«, schreibt Symanek im Werbetext. Symanek verkauft aber auch beispielsweise *Christiane F. – wir Kinder vom Bahnhof Zoo* für 39,95 Mark.

Daneben bietet Symaneks VAWS noch einen weiteren Service: »Warum machen wir nicht Ihre Drucksachen? Buch-, Geschäftspost-, Zeitungs-, Werbeanzeigen- und Covergestaltungen, DTP-Lohnbelichtungen, Bildbearbeitungen, Texterfassungen und vieles mehr.« Und man kann auch alle gemeldeten Fernsprechteilnehmer (über 30 Millionen) auf drei Disketten für 499 Mark erwerben und dann jeden Teilnehmer ohne Ortsangabe suchen.

Unter dem Postfach der Agentur Symanek in Bingen sind auch die *Unabhängigen Nachrichten,* die laut Verfassungsschutzbericht NRW 1993 monatlich mit einer Auflage von ca. 10 000 Exemplaren erscheinen, erreichbar. »Waren die Hauptthemen der

310

rechtsextremistischen Agitation in den Vorjahren die Leugnung des Holocaust und der deutschen Kriegsschuld, so steht in letzter Zeit eine aggressive und rassistisch motivierte Propaganda gegen Asylbewerber und Ausländer im Vordergrund« (Verfassungsschutzbericht des Landes Nordrhein-Westfalen über das Jahr 1993, S. 87). Das Blatt hatte auf dem Titel gewarnt: »Die große Gefahr im neuen Jahr: Die totale Meinungs-Diktatur der Wortpolizei« (1/1995). Die Gedenktage des Jahres 1995 werden als »verlangte Scham- und Bußrituale« interpretiert. Am 31. 1. 1995 haben Polizei und Staatsanwaltschaft die Geschäftsräume im Rahmen eines Ermittlungsverfahrens durchsucht und die Zeitschrift sichergestellt. (*General-Anzeiger Bonn* 1. 2. 1995, *Unabhängige Nachrichten* 2/1995, S. 11)

Auch der Donner-Versand in Lüdenscheid war von der Durchsuchungsaktion unter dem Codewort Druckstock am 15. Juli 1993 betroffen. Die Firma hat die Rechtsform einer Gesellschaft des bürgerlichen Rechts (GbR) und wird von zwei ehemaligen Funktionären der verbotenen Nationalistischen Front geführt. Der Donner-Versand, der auch eine Dependance in Berlin zu haben scheint, geht man nach dem Poststempel, vertreibt Bücher wie *Biologische Grundlagen deutscher Politik* des Hamburger Rechtsanwalts Jürgen Rieger, Armin Mohlers *Liberalenbeschimpfung* oder Manfred Müllers Buch über der NS-Agitator W. Börger mit dem Nachwort »des bekannten deutschen Industriellen Paul Kleinewefers«. Im Angebot waren auch die Schulungshefte des Revolte-Verlags wie *Kaderprinzip* oder *So arbeitet der Verfassungsschutz* oder Videos von FAP-Aktionen 1991, Heldengedenkfeiern oder Parteitagen der inzwischen verbotenen Deutschen Alternative. Das Tonträger-Angebot geht von den traditionellen Märschen und natürlich Frank Rennicke über irische Musik und Klassik bis zu Vorträgen David Irvings oder Heinz Gomanns, »langjähriger Syndikus beim Constanze- und Spiegel-Verlag und ehemaliger CDU-Abgeordneter in Berlin«, der aufzeigt, daß das heutige Bild vom Dritten Reich »korrekturbedürftig« sei – wie es so harmlos heißt.

Etliche Versandhäuser haben sich eher auf Geschenkartikel spezialisiert, wie zum Beispiel die Condo Verlag GmbH oder die Olympic GmbH, beide in Emmelshausen, deren Angebotspalette vom nationalen Hutanstecker bis zum Porträt Hans Ulrich Rudels in Öl reicht, oder der Udowenko Geschenkservice in Lüneburg. »Man zeigt wieder Flagge!« – so sieht der Barth-Versand in Nürnberg die Zeitläufte und bietet Reichskriegsflaggen mit Hißband und Hißkordel an. Der Barth Buch- und Geschenkartikelversand verschickt seine Kataloge mit der Freistempelmaschine des Buchdienstes Südtirol – Versandbuchhandlung. Das Angebot von Barth trifft einen ganz anderen rechten Geschmack. Neben lustig gemeinten Artikeln wie emaillierten »Gagschildern« – zum Beispiel »Theke« mit richtungweisendem Händchen von 139 Mark an aufwärts – gibt es Länderfahnen von Mitteldeutschland mit Wappen für 52 Mark, Bismarck- (»Gründer des Reiches«) oder Hindenburg-Büsten, Rüstungsteile oder »Exkalibur – das Schwert von König Arthur« für 390 Mark, Wikingerschwerter oder -dolche und sogar chinesische Gesundheitskugeln, die in einer Hand gehalten und mit den Fingern umhergedreht werden.

Vorposten für neonazistische Geschäftemacher jenseits der Grenze

Dänemarks Justizminister Erling Olsen hatte 1994 erklärt, Dänemark dürfe nicht zu einer »Freistatt« deutscher Neonazis werden, von der aus nationalsozialistisches Propagandamaterial nach Deutschland geschleust werde. Doch soweit ist es schon längst. Viele Jahre lebte Thies Christophersen im dänischen Kollund, etwa Anfang 1995 hat er sich zu einem Gesinnungskameraden auf Fünen zurückgezogen.

Christophersens Haus war Anlaufstelle für viele deutsche Neonazis. Sie fanden erst einmal ein paar Tage bei ihm Unterschlupf, dann konnten sie weitersehen. Meinolf Schönborn beispielsweise, Versandhändler und ehemaliger Vorsitzender der verbotenen Nationalistischen Front (NF), hatte im Mai 1994 im süddänischen Kvaers – einem Dorf mit vierhundert Einwohnern unweit der deutsch-dänischen Grenze, ein Haus erworben. Richtiger gesagt, er stand hinter der Anteilgesellschaft, die über einen dänischen Handlanger für 80 000 Mark in bar das gelbgetünchte Haus in der Kvaersgade erworben hatte (*Kölner Stadtanzeiger* 8. 9. 94).

Die Dorfbewohner hatten hinter der Gesellschaft einen Spielzeugfabrikanten vermutet und sich gefreut, daß es neue Arbeitsplätze geben werde. Bis sie schließlich erfuhren, daß sich hinter dem Unternehmen Meinolf Schönborn verbarg, der Chef der in der Bundesrepublik verbotenen Nationalistischen Front, und daß statt der angeblichen Fertigungsstätte für Qualitätsspielzeug eine Druckerei entstand, um von dort aus deutsche Strafgesetzbestimmungen umgehen zu können. Das Haus wurde mit einem zwei Meter hohen Stacheldrahtzaun gesichert; die Fenster wurden mit Brettern vernagelt. Auf einer Bürgerversammlung hatten die Bauern von Kvaers von der dänischen Regierung eine Verschärfung der Bestimmungen gefordert, weil es nicht angehen könne, daß deutsche Neonazis, die mit dem Gesetz in Konflikt kommen, einfach ein paar Kilometer weiter nach Norden ziehen und dann unbehelligt Propaganda treiben können. Dann hielten die Bewohner von Kvaers eine Protestkundgebung vor Schönborns Haus ab, bis Schönborn und seine Gesinnungsgenossen schließlich aufgaben, ihre Druckereiausrüstung und den sonstigen Kram einpackten und abzogen. Das Haus werde wieder verkauft, stand auf Flugblättern. Vorausgegangen war eine nächtliche Straßenschlacht: Die Neonazis hatten nach Presseberichten Steine auf die Kundgebungsteilnehmer geworfen und diese hatten zurückgeworfen.

Am 21. November 1994 war Schönborn wegen Fluchtgefahr hinter Gitter gewandert. Doch schon am Nikolaustag kam er wieder auf freien Fuß – lediglich mit der Auflage, sich regelmäßig zu melden und Fahrten ins Ausland zu unterlassen. Zwar hatte Schönborn deutlich erklärt, seine Aktivitäten ins Ausland verlagern zu wollen, doch das scheint das Dortmunder Gericht nicht beeindruckt zu haben. Im Juni 1994 hatte die Dortmunder Staatsanwaltschaft Anklage erhoben. Schönborn steht im Verdacht, auch nach dem Verbot der Nationalistischen Front den organisatorischen Zusammenhalt der rechtsextremen Vereinigung aufrechterhalten zu haben. Das Landgericht hatte dann Haftbefehl erlassen, der im November vollstreckt worden war. Schönborn wird von dem Rechtsextremisten und Anwalt Jürgen Rieger aus Hamburg verteidigt.

Auch Schönborn verdient sein Geld über einen Versandhandel. Er bietet »Nationalistische Artikel, Fahnen, Bücher, Musikkassetten, Modellbausätze, Videofilme usw. Katalog telefonisch anfordern 0171 ...« (*Bauernschaft* September 1994). Verkauft wird von ihm zum Beispiel »die geschmackvolle Wandkachelserie – Naturholz umrahmt« mit Konterfeis von Götz von Berlichingen, Ulrich von Hutten, Friedrich II. (»als das Reich am größten war«) oder aber schlicht mit einem Soldaten und dem Spruch »Alles für Deutschland«, Stückpreis: 79 Mark.

Die Geschäfte scheinen gut zu gehen, denn Schönborn suchte Mitarbeiter und auch einen ausgebildeten Rechtsanwaltsgehilfen oder eine -gehilfin. »Gute Bezahlung wird garantiert«, schrieb der Chef, »erwartet wird eine hohe Einsatzbereitschaft und ein uneingeschränktes Bekenntnis zum deutschen Volk!«

Inzwischen inseriert Schönborn in der *Bauernschaft* ohne Namensnennung oder Firmenbezeichnung, lediglich mit Bestelltelefonnummer. Ebenfalls nur über eine Funktelefonnummer offeriert seit Anfang 1995 ein »Verlag und Versand« ohne nähere Namensbezeichnung diverse Artikel in dem rechtsextremen Blatt *Recht und Wahrheit* aus Wolfsburg. Es handelt sich um Modellbausätze 1939 bis 1945, Videofilme, Thorshämmer, Bücher, Flaggen und anderes mehr. Dieselbe Rufnummer taucht in der *Bauernschaft* ebenfalls Anfang 1995 in einer Anzeige einer Firma namens Haithabu auf. Sie ist erreichbar über ein Postfach im dänischen Padborg. Die Telefonnummer gehört zum Funktelefon von Meinolf Schönborn. Offenbar hat er jetzt in Padborg ein neues Domizil gefunden.

Im dänischen Krusa sitzt ein weiterer Versand: Ultima Thule. Dieser beginnt seinen Katalog so: »Auf den folgenden Seiten findet ihr alles, was das Herz erfreut (und den un-freiesten Staat, den wir je auf Deutschem Boden hatten, zur Verzweiflung bringt). Möglich ist dieses totale Angebot nur, weil wir im Ausland sitzen, wo es keine §§ 86/86a/130 etc. gibt, und somit auch keine Maulkörbe und Verbote ... Trotzdem gibt's einige Spielregeln zu beachten: Am besten ihr fügt eurer Bestellung Bargeld bei und schickt das Ganze per Einschreiben an uns. So kann der Schmutz weder Belege finden – noch Konten sperren ... Ihr dürft laut Gesetz alles 1x vorrätig haben – und zwar zu Sammlerzwecken. Unsere Lieferungen sind immer zollfrei und in neutraler Verpackung, so daß auch der ›Nachbar‹ nichts merkt.«

Ultima Thule gibt Rabatte, wenn Kameradschaften Sammelbestellungen machen. Ab einem Bestellwert von 150 Mark gibt es gratis eine Flasche Ultima Thule Met, »der Bölkstoff der Götter«.

Ultima Thule bietet, wie nach dem Vorwort im Katalog kaum anders zu erwarten, harten Stoff an, einen Waffenkatalog zum Beispiel mit »Kontakt- und Bestelladressen von über 100 Firmen – weltweit«, Bücher wie *Wie kam der Jude zum Geld?* von Johann von Leers, *Die Schutzstaffel als antibolschewistische Kampforganisation* von Heinrich Himmler, das *SS-Liederbuch* oder *Der Untermensch – Großer Bildband,* herausgegeben vom SS-Hauptamt. Zu haben sind auch das NSDAP-Parteiabzeichen, SS-Totenkopf-Anhänger oder SA-Nadeln. In der Bundesrepublik nicht freigegebene Hetzfilme wie *Jüd Süß, Der Ewige Jude* oder der SA-Film *Hans Westmar* über Horst Wessel und die Berliner SA von 1934 werden als »professionelle Kopien« zum »Volkspreis« von 79 Mark angeboten. Daneben gibt es Hitler-Plakate, Hakenkreuzfahnen oder -armbinden, Schmuck wie die SS-Leistungsrune und Tonträger.

Von der Wiege bis zur Bahre

Auch bei Herzensangelegenheiten sind Kameraden und Kameradinnen nicht auf konventionelle Angebote angewiesen. Nationalgesinnte Firmen drängen auf den Markt, selbst in so delikaten Dingen wie der Partnervermittlung. Wenn Nationale einsam sind, dann können sie sich zwecks Eheanbahnung an gesinnungsverwandte Institute wenden, oder sie helfen einander über Kontaktanzeigen in einschlägigen Zeitschriften. Eine »Lotte« aus Berlin vermittelt beispielsweise »zwei nationale Mädels« – was immer auch »vermitteln« in diesem Fall bedeuten mag – in der Zeitschrift *Nation*.

> »Ich, 26 Jahre, 1,68 m, suche nationaldenkende Weiblichkeit. Sie sollte etwas mit der NS-Vergangenheit vertraut sein ... Treu muß sie sein zu mir und zum Vaterland.« (*Bauernschaft* September 1992)

In dem Heidenblatt *Huginn & Muninn* inseriert der Initiator der »Notgemeinschaft Nordischer Menschen« aus Regen in Niederbayern: »Welche blonde Germanin mit blauen Augen hätte Freude daran, mit mir 34/89/189, Heide mit sonnigen Idealen, inmitten der Natur (Landwirtschaft und Gartengestaltung) eine harmonische Familie zu gründen?« (*Huginn & Muninn* 2 Wonnemond 1994, S. 15)

> »Angehender Arzt, 27/183, NR, nationalges., vielseitig interessiert, bes. Reisen, möchte intell. Partnerin kennenlernen; Bild wäre nett, nicht Bedingung ...« (*Deutsche National-Zeitung*, 24. 2. 1995)

Im elsässischen Metzeral residiert der Iduna Partnervermittlungskreis, das Postscheckkonto ist in Karlsruhe. Benannt ist das Institut nach der Fruchtbarkeitsgöttin in der nordischen Sage, der Hüterin der goldenen Äpfel, die ewige Jugend verleihen.

Die Agentur offerierte ihre diskreten Dienste beispielsweise in der Zeitschrift *Nation Europa.* »Deutschgesinnte Menschen in allen Teilen der Welt auf der Suche nach einem/r Lebensgefährten/in« sollen sich an Iduna wenden. Vermittelt werden inzwischen nur noch ältere Herrschaften, weil sich bei den Jüngeren die Umerziehung allzu deutlich mache.

Die Agenturchefin war Vortragsrednerin bei den Offenhausener Kulturtagen 1994 und beim Kulturwerk Elsaß-Lothringen. Dieses Kulturwerk fordert die »Anerkennung der Elsässer als deutscher Volksstamm«, die Möglichkeit des »Militärdienstes in einem bundesdeutschen Verband« und die Entfernung aller »deutschfeindlichen Denkmäler« und Straßenbenennungen nach Generälen aus der Zeit der deutsch-französischen Erbfeindschaft. Bei Treffen des Kulturwerks waren auch die terroristischen Schwarzen Wölfe um den Schnapsbrenner Pierre Rieffel eingeladen.

Im Allgäu hat eine völkische Eheanbahnung und Lebensberatung mit dem sinnigen Namen »Nornenglück« ihren Sitz. Dort werden Lebensgefährten völkischer Grundauffassung vermittelt. Die Betreiber arbeiten mit Partnervergleich auf astrologischer Grundlage. Nach eigenem Bekunden konnten sie so die Trennungs- und Krisenschicksale geschiedener nationaler Ehen prognostizieren. »Dem Suchenden werden somit manche Enttäuschungen erspart«, schreiben sie, »da wir nur harmonisierende Personen einander zuführen«. Die Interessenten werden aufs Land eingeladen, um »sich in gelöster Atmosphäre zu entspannen, zu erholen, um so innerliche Bereitschaft zu zeigen«. »Äußerst preisgünstiger und alle Gruppen übergreifender Kameradendienst.« Nornenglück inserierte in einschlägigen Zeitschriften wie dem österreichischen *Sieg* und dem Schweizer *Eidgenoss.* Schicksalsgöttin spielt ein seit Anfang 1986 verheiratetes Ehepaar. Der Chef, Jahrgang 1950, war früher Funktionär der Wiking-Jugend, Kontaktmann des österreichischen Neonazis Walter Ochensberger und schrieb für das rechtsextreme Mitteilungsblatt *Unabhängige Nachrichten.*

Damit rechte Herzen zueinander finden, war schon Ende der siebziger Jahre ein nationaler Partnerkreis aktiv. »Sind Sie einsam und allein? Suchen Sie die traute Zweisamkeit?« fragte die Eheanbahnung Sauerland – Deutscher Partnerkreis aus Menden in ihren Anzeigen in dem Monatsblatt *Nation Europa*. »Wir suchen aus diesem Leserkreis noch 500 einsame Menschen, die nicht länger allein sein wollen. Unser adäquater Partnerkreis wird auch Sie voll überzeugen. Wir führen schnell und gezielt zusammen.«

Es gibt aber nicht nur einen braungefärbten Heiratsmarkt. Gesinnungstreue Kameradinnen und Kameraden sollen auch ihren Lebensabend unter sich verbringen können. In der Zeitschrift *Recht und Wahrheit* beispielsweise, die eher ältere Semester anspricht, war 1993 über Monate ein Inserat für ein ganz besonderes Altersheim geschaltet. »Senioren-Wohnsitz für völkische Deutsche! In wunderschöner, gepflegter Parkanlage direkt an der Ostsee (Ostseebad Rettin/Neustadt) mit über 20 Wohneinheiten und ebenso vielen Hotelzimmern, Vortrags- und Festräumen, überdies mit großem Freisitz und Parkplatz, 6000 qm für Gartenbau, ist ein zentraler Treff und Wohnsitz für völkische Deutsche entstanden. Diese herrliche Anlage steht dem vorgenannten Personenkreis ab sofort zur Verfügung ...«

Die Besitzer, ein gesinnungstreues Ehepaar der sogenannten Erlebnisgeneration, haben über ihren Tod hinaus mit notarieller Willenserklärung schriftlich festgelegt: »Der Hauptteil unseres Besitzes Seehof soll in der heute begonnenen Form ›Seniorenheim mit Pflegestation‹ für nichtchristliche, völkische Deutsche als Altersruhesitz in allen Teilen als Einheit wirtschaftlich zusammenbleiben, da nur aus dieser Sicht sich pekuniär eine Grundlage für eine Gesamterhaltung darstellen läßt.« Die Anlage gehe nach dem Ableben des Besitzerehepaares in eine Stiftung/Schenkung über. Schon heute stehe fest, daß die Verwaltung bzw. Treuhandschaft nur solchen Personen übertragen werde, »die sich nachweislich für die deutsch-völkische Sache einsetzen«.

Wenn Heiden oder Rechtsextreme »nach Walhall eingehen« oder »zur großen Armee abberufen werden«, dann gibt es auch dafür kameradschaftlichen Beistand. »Totenehrung anstatt Gottesdienst« empfiehlt Trauersprecher Gerd Rothe (»Persönlich, volksverbunden, heidnisch«) in Anzeigen in germanischen oder rechtsextremen Zeitschriften wie *Huginn & Muninn* der »Arbeitsgemeinschaft naturreligiöser Stammesverbände Europas« (ANSE), *Nation*, dem NPD-Organ *Deutsche Stimme* oder *Nation und Europa*, der ältesten rechtsextremen Monatszeitschrift in der Bundesrepublik. Aber auch eine Tageszeitung und ein Wochenblatt berichteten über Rothe, der mit seiner Art von Trauerfeiern eine Marktlücke entdeckt hat, allerdings ohne darauf hinzuweisen, daß Rothe sich auch in rechtsextremen Zeitschriften seine Klientel sucht. »Mein Anliegen ist es, auch Menschen, die nicht konfessionell gebunden sind, ein ehrenvolles Begräbnis zu ermöglichen«, erzählte Rothe dem *Vlothoer Anzeiger.*

Rothe, der über »Fernsprecher« und »Fernbild« erreichbar ist, bietet Feierausarbeitung zu Lebzeiten an. Dazu kommt er an jedem Ort Deutschlands ins Haus, »auch vor dem Ableben«. Werbung und Briefkopf sind in Frakturschrift gehalten, den Monat beim Datum gibt er germanisch an, also zum Beispiel als »Hornung«, »Neblung« oder »Scheiding«. Seine Anzeigen in braunen Blättern garniert er stilgerecht mit Runenzeichen. Gelegentlich sind auch die Enkelkinder Heimgard, Irmlind und Bernhelm mit Flötenspiel oder Kerzenlöschen beteiligt.

Unter der Überschrift »Wenn der Pastor nicht erwünscht ist, spricht Gerd Rothe die letzten Worte« berichtete der *Vlothoer Anzeiger* 1992 über die Dienstleistungen des Trauersprechers. Die Kunden Rothes kämen meistens aus höheren Gesellschaftsschichten. »Leute, die ein höheres Einkommen haben, machen sich mehr Gedanken über diese Dinge. Die einfachen Menschen sind stärker an die Tradition gebunden«, so wird Rothe zitiert. Er sei gelernter Großhandelskaufmann, habe als Freizeitberater in einer Bad Oeynhausener Kurklinik gearbeitet, bis er schließlich hauptamtlicher Trauersprecher geworden sei. Im *Rheiner Volksblatt* vom 15. Juli 1994 kann man lesen, daß der 45jährige Rothe selbst Vater von sieben Kindern ist und die Kirche 1977 verlassen habe. Er bezeichne sich als überzeugten Heiden. Im Monat führe er etwa fünfzehn Trauerfeiern durch.

Die Preise für Rothes Dienste liegen bei etwa 50 Mark Stundenlohn plus Mehrwertsteuer und Fahrtspesen für Hausbesuche zur Vorbereitung. Das Honorar für die Trauerfeier richtet sich nach Umfang und Ausstattung. Sonderwünsche wie musikalische Umrahmung kosten extra.

Rothe ist nicht der einzige Germanenbestatter. Totenehrungen, »persönlich, volksverbunden, heidnisch, ganz nach Wunsch« führt auch Werner Greitschus aus Wunstorf durch (*Huginn & Muninn* Hornung 1992), der sonst einen Preußischen Investment Club (»Wir kaufen Ihre Grundstücksrechte in Ostpreußen!!!«) vertritt.

Weine und Spirituosen

Franz-Dieter Schlagkamp, Bürgermeister der 700-Seelen-Gemeinde Senheim an der Mosel, kam Anfang 1993 in die Schlagzeilen. Das damalige CDU-Mitglied hatte an den Vorsitzenden des Zentralrats der Juden in Deutschland geschrieben, wenn man all die Milliarden Mark bedenke, die der junge, hart arbeitende deutsche Steuerzahler aufbringe, um an das jüdische Volk Reparationen zu bezahlen, »dann bin ich froh, daß ich als Bürgermeister ... keinen jüdischen Mitbürger habe, der den täglichen Dorffrieden mit seinen Reizstacheln stört.« Schlagkamp mußte am 25. Januar 1993 zurücktreten, nachdem ihn der rheinland-pfälzische Innenminister dazu aufgefordert hatte. Schlagkamps Bürgermeisterstuhl war fast noch warm, da erschienen schon Anzeigen mit folgendem Text: »Solidarität kann mit Weinbestellung unter Beweis gestellt werden: Franz Dieter Schlagkamp Weingut ...«. Gedruckt wurden diese Inserate in dem Hetzblatt *Bauernschaft* des nach Dänemark geflohenen Thies Christophersen, der »unserem herrlichen Großdeutschen Reich« nachweint.

Politisch stark engagiert sich Weinbauer Ewald Clüsserath-Wey, Jahrgang 1929, von der Mosel. »Fragwürdige Billigweine aus aller Herren Länder überschwemmen den hiesigen Markt ...«, schrieb er im *Republikaner,* wo er auch seine Weine feilbot. »Kauf deutschen Wein zuerst! Trink deutschen Wein zuerst!«, so inserierte die Winzerfamilie Clüsserath-Wey in einem anderen rechtsextremen Pamphlet, im *Badischen Landboten,* einem Szeneblättchen von der ganz unappetitlichen Sorte. Der Weinbauer von der Mosel ist auch ein Mann der Tat. So freute er sich offenbar nicht nur über seinen nationalgesinnten Kundenkreis, sondern er trat auch selbst an für die Republikaner bei der Europawahl 1989.

»Ein berühmter Fabrikant weithin geschätzter Spirituosen«, so nennt der rechtsextreme Münchner Verleger Gerhard Frey den Schnapsproduzenten Pierre Rieffel in seinem Lexikon *Prominente ohne Maske.* Seine Destillerie Artisanale in Saint-Martin, Villé, produziert Eaux de vie, Liköre, Eierliköre und Trüffeln. Im Oktober 1994 bot Rieffel in der *Deutschen National-Zeitung* drei Flaschen elsässische Eierliköre für 75 Mark an.

In dem Nürnberger Blatt *Denk mit* (5/6 1991, S. 142f.), dessen Auflage der bayerische Verfassungsschutzbericht 1993 mit rund 1000 Exemplaren angibt, war folgende Anzeige Rieffels zu lesen: »Der ›Schwarzen Wölfe‹ Eierlikör«: »Wir, die ›Schwarzen Wölfe‹ waren eine Widerstandsgruppe von drei Elsässern, die gegen die Unterdrückung der deutschen Muttersprache durch den französischen Zentralismus protestierten. Durch VERRAT ist es der französischen Polizei gelungen, uns am 14. Oktober 1981 zu verhaften. Wir hatten ein zehn Meter hohes Lothringerkreuz aus Beton, das auf dem Staufen in der Nähe von Thann zu Ehren der Resistance errichtet worden war, ebenso gesprengt wie das Turenne-Denkmal, das in Türkheim die historischen Kriegsverbrechen des Louis XIV Marechals Turenne verherrlicht. Im Mai 1976 hatten wir auf das Museum des früheren Konzentrationslagers Struthof einen Anschlag verübt, das total abbrannte. Das nationalsozialistische KL wurde nach der sogenannten Befreiung von Frankreich weiterbetrieben. Es dient heute als Gedenkstätte, in der deutschfeindliche Ressentiments haßerfüllt kultiviert werden ... Heute produziere und vertreibe ich original elsässische Eierliköre, verfeinert mit Kirsch, Gewürztraminer oder Himbeergeist, hergestellt nach eigenem Rezept, naturrein aus frischen Eiern, ohne jegliche Färbung und chemischen Zusatz.«

In der Zeitschrift *Unser Europa* aus dem Kühnen-Umfeld, die nach dem Verbot seiner ANS/NA im Dezember 1983 erschien, wird Rieffel als Herausgeber des »Kampfblattes für Muttersprache und Heimatrecht« gefeiert, der den »Kampf um das Deutschtum im Elsaß inzwischen mit legalen Mitteln führe«. Bei einer von Rieffel mitorganisierten Kundgebung in Sasbach bei Achern »befanden sich auch Generalmajor Remer und Mitglieder unserer Gesinnungsgemeinschaft, die ihre Solidarität mit dem kämpfenden Grenzlanddeutschtum bekunden wollten« (Sept. 1984, S. 13).

Auch in der Zeitschrift *Nation* suchte der Separatist nach Kundschaft. Dort inserierte Rieffel so: »Ein gutes Tröpfchen fördert nicht nur die Verdauung nach einem üppigen Mahl. Es hilft auch über die allabendliche Betroffenheit nach der ›Tagesschau‹ hinweg ...« Auch hier fehlt nicht der Hinweis auf sein politisches Märtyrertum: »Der Hersteller dieser Köstlichkeiten ist ein Opfer der französischen Besetzung des Elsaß ...«

Und in der *Bauernschaft* (3/1990) des Thies Christophersen stellte sich Rieffel in einer Anzeige ebenfalls mit Verweis auf seine Aktivitäten dar: »Nach langen Jahren politischer Verfolgung und Kerker (1981–83) ist es mir gelungen, meine im Kampf für die Erhaltung der deutschen Muttersprache im Elsaß verlorene Existenz mit Mühe wieder aufzubauen. Ich produziere seit 1988 original elsässische Kirsch-, Himbeer-, Williams-, Mirabellen-, Eierliköre ...« Rieffel war zu drei Jahren Haft verurteilt, aber nach 19 Monaten entlassen worden.

Das Weingut Finger in Worms-Pfeddersheim zeigte seine nationale Verbundenheit, indem dort zeitweilig jeden letzten Mittwoch im Monat eine »rechte Runde« mit Mitgliedern und Sympathisanten der NPD tagte. 1993 stellte Besitzer Wilfried Finger, der früher selbst der NPD angehörte, seinen Hof für eine nationale Sonnwendfeier zur Verfügung. Zweihundert Rechtsextreme hatten sich auf dem Gut in dem pfälzischen Weinort angesagt. Es war das erste große Neonazi-Treffen nach der Mordnacht in Solingen. Verboten war der als Grillfest deklarierte Aufmarsch nicht, denn er fand ja auf einem Privatgelände statt. Statt Verbot gab es Polizeischutz. Auch die Straße vor dem Weingut gehörte den Neonazis, sie wurde von der Polizei hermetisch abgeriegelt. Besonders brisant war die braune Jubelfeier, weil dreihundert Meter weiter eine türkische Hochzeit gefeiert wurde. Viele Hochzeitsgäste kamen erst gar nicht, weil sie Angst hatten. Sie fühlten sich von der Polizei nicht ausreichend geschützt, hatten kein Vertrauen in die Sicherheitskräfte mehr.

Am Anfang und am Ende der für die Neonazis freigehaltenen Straße sammelten sich an den Polizeiabsperrungen Demonstranten, einige Autonome und viele Menschen, die nicht verstehen konnten, wieso drei Wochen nach den fünf Morden in Solingen Rechtsextreme ungehindert feiern konnten. Unter den Angereisten waren Manfred Huck, Heidelberg, von der Aktionsfront Nationaler Kameraden, Michael Petri, Mainz, Skinhead Hehli aus Ludwigshafen und als Stimmungsmotor Frank Rennicke, der braune Barde. Tonangebend war neben Huck der NPD-Mann Rüdiger Werner, dessen Mutter telefonisch verspäteten Gästen den Weg wies. Mobilisiert worden war die Szene schon Tage vorher auch über das Nationale Info-Telefon in Mainz.

Nach Mitternacht wurden die Neonazis einzeln oder in kleinen Gruppen von der Polizei aus dem Weingut ausgeschleust und zu ihren Fahrzeugen gebracht. Man wollte vermeiden, daß die Rechtsextremen von Autonomen angegriffen würden. Das Auto eines Frankfurters war demoliert worden.

Wenn Rechte eine Reise tun, dann können sie mit gleichgesinnten Reiseveranstaltern etwas erleben. Auch im Tourismusbereich haben sich Reiseunternehmen etabliert, die auf die Wünsche einer einschlägigen Klientel spezialisiert sind. Frank Golkowski beispielsweise, aus Niedersachsen stammender Landesvorsitzender der Thüringer NPD, vermittelt via Anzeige in der NPD-Zeitung »Urlaub bei Kameraden in Kroatien«, nämlich ein Appartment für vier bis fünf Personen für 50 Mark (*Deutsche Stimme* 10/11 1994). Aber auch der Bundesvorsitzende der NPD Günter Deckert ist bereits seit 1989 in der Reisebranche heimisch. Er ist als Reiseleiter tätig und organisiert Sprachferien und Kulturreisen. Die »*Nation-Europa*-Reisen mit Gleichgesinnten« führte er 1987 ins Südliche Afrika und in die Provence. Für die Türmer-Kulturreisen leitete er eine Gruppe nach Südamerika, aber auch beispielsweise eine Tour nach Irland, »Kelteninsel im Atlantik«. Schließlich übernahm er selbst über eine Agentur die Reiseveranstaltung. Aktivferien für junge Leute im Alter von 13 bis 18 Jahren bot er in Frankreich und England an. Seine Germania-Reise-Agentur führte nach Griechenland, Siebenbürgen oder in die Steiermark.

Daneben gibt es eine Vielzahl weiterer Angebote: Richard Miosga, zeitweilig stellvertretender Fraktionsvorsitzender der Republikaner im Berliner Abgeordnetenhaus, vermittelt Ferienhäuser in Florida. Als »treudeutsches Haus« empfiehlt sich eine Appartmentvermietung namens Haus Delphin im Nordsee-Heilbad Büsum per Anzeige in der *Deutschen National-Zeitung* (24. 2. 1995). Die Hotel-Pension Haus Katrin in Bad Mitterndorf im Steirischen Salzkammergut gibt Ermäßigungen für ehemalige Truppenangehörige (*Leitheft* 20/1989). Seine Inserate schmückt der Inhaber mit dem Abzeichen der 18. SS-Freiwilligenpanzergrenadier-Division »Horst Wessel«. »Urlaub beim Kameraden« bietet die Pension Blankenhof im Bayerischen Wald an. Die Anzeige in einem Mitteilungsblatt aus dem Kameradenkreis der ehemaligen Waffen-SS ist mit dem Hinweis versehen »hier wird noch deutsch gesprochen« (*Leitheft* 23/24 1989).

Die Türmer-Kulturreisen aus Berg am Starnberger See haben seit Jahren Erfahrungen mit rechten Reisegruppen. Das Unternehmen wird ebenso wie die Verlagsgemeinschaft Berg, in der früher unabhängige Verlage wie Türmer zusammengeschlossen sind, von Dr. Gert Sudholt, dem ehemaligen Vorsitzenden der rechtsextremen Kulturgemeinschaft »Gesellschaft für freie Publizistik«, geleitet. Sudholt war am 14. Juli 1993 verhaftet worden und saß elf Wochen in Landsberg ein. Die Haft nutzte er für umfangreiche Tagebuchaufzeichnungen auf historischer Spurensuche, die er in einem Buch verwertete – schließlich saß in Landsberg auch Adolf Hitler ein. Der bayerische Verfassungsschutzbericht zählte auch 1993 die Verlagsgemeinschaft Berg zu den »erwähnenswerten rechtsextremistischen Verlagen«.

»Auf den Spuren der Schutztruppe im ehemaligen Deutsch-Ostafrika« gehört zu den ausgefalleneren Angeboten der Türmer-Kulturreisen. »Wir folgen deutschem Pioniergeist nach 1890, sehen noch immer beachtliche Reste der ehemaligen deutschen Kolonialherrschaft. Wir erinnern an die großartigen militärischen Leistungen des General Lettow-Vorbeck und werden von der Vielfalt der Insel Sansibar fasziniert«, so verspricht der Prospekt. Die zweiwöchige Flugreise 1995 kostet 5680 Mark. Bei einer Studienfahrt nach Ostpreußen und Litauen werden auch rußlanddeutsche Siedler besucht. Der Weg führt wie bei den Bernsteinreisen Dietmar Muniers nach Gilge. »Ein kleiner Abstecher bringt uns schließlich zu dem Ort, wo bis 1918 preußische Soldaten in dem kleinen Ort Nimmersatt den nördlichsten Punkt der Reichsgrenze bewachten.« Wenn solche Reiseziele nicht die Herzen reichstreuer Heimwehtouristen höher schlagen lassen! »Auf der Rückfahrt über die Kurische Nehrung sehen wir mit Glück vielleicht Elche und Wölfe« – was will man mehr.

Reisen zu den Stätten des Zweiten Weltkriegs im Osten sind in jüngster Zeit in Mode gekommen. Die Türmer-Kulturreisen haben im Juni 1995 eine solche Fahrt an jene Orte auf der Krim und in der Ukraine im Programm, »die in den Entscheidungen des 2. Weltkrieges von herausragender Bedeutung waren«, wie beispielsweise Tscherkassy.

Die Veteranen-Reisen aus dem westfälischen Halle sind eine ganz spezielle Agentur. Sie wenden sich an »liebe Freunde und Kameraden«. »Meldekopf« steht oben auf den Briefen. Die Pauschalreise »Steppendörfer und Zarenschlösser« mit Direktflug von Frankfurt nach Simferopol auf der Krim führt am dritten Reisetag zu einer Gedenkfeier zum ehemaligen Ehrenhain der 5. SS-Panzer-Division Wiking nach Uspenskaja in der Ukraine. Fahrten in Bunkerstellungen des Jahres 1941/42 am Mius werden auf Wunsch veranstaltet. »Kameraden!« heißt es im Prospekt, die Reisen 1993 hätten Erlebnisse gebracht, »die wir bis an das Ende unserer Tage nicht vergessen werden«. Viele hätten davon gehört und wollten jetzt mitmachen. »Auch Kameraden des Heeres, unsere damaligen Waffenbrüder und Angehörige von Gefallenen, die in Uspenskaja begraben liegen«, hätten sich angemeldet. Daher werde die Reise wiederholt. »Haltet also das Pulver trocken! ... Es grüßen Euch in treuer Verbundenheit die Wikinger und Reiseleiter Ehrhard und Siegfried.« Fünf solcher Gruppenreisen wurden im Mai und Juni 1994 angeboten.

Im *Leitheft* des Kameradenkreises der ehemaligen Waffen-SS berichtet ein Heinz Keith, Oberstleutnant a. D., der »im vergangenen Jahr nach 36 Dienstjahren in der Bundeswehr in den Ruhestand trat«, voller Begeisterung über seine Teilnahme an einer Reise von ehemaligen Angehörigen der 5. SS-Panzer-Division Wiking nach Uspenskaja und freute sich besonders über die »kameradschaftliche Aufnahme« beim Zusammentreffen mit der Reisegruppe der Waffen-SS-Veteranen.

Zwei weitere Gruppen der Veteranen-Reisen wurden für die Reise »Kursker Schlacht« zusammengestellt. Kursk war der Ort der größten Panzerschlacht des Zweiten Weltkriegs. Zwei andere Gruppen fuhren nach St. Petersburg und unternahmen »sechs

Busfahrten in Gebiete, wo wir einst waren«. Da in Zusammenarbeit mit dem russischen Büro Intourist 1993 schon zwölf Reisen korrekt und mit großem Erfolg durchgeführt worden seien, nütze man jetzt auch die Kontakte zu Intourist für andere Reiseziele. »Auf diesem Weg fragt uns niemand nach unserer Feldpostnummer«, mit anderen Worten: Die ehemaligen Waffen-SS-Kameraden reisen diskret. Im August 1995 starten die Veteranen-Reisen »zur Krönung aller unserer Reisen zu der Kreuzfahrt Wolga–Don–Stalingrad mit dem schwimmenden Hotel«. Besonders freue man sich auf jüngere Teilnehmer, »die zusammen mit uns auf Spurensuche gehen wollen«. Das erste Schiff war schnell ausgebucht, ein zweites wurde bereits gechartert. Für die Wolga-Don-Stalingrad-Kreuzfahrt wurde auch dezent mit Anfragen über die Redaktion in dem Kampfblatt wackrer Kämpen *Recht und Wahrheit* (Januar/Februar 1995, S. 34) geworben. Der Preis liegt zwischen 3162 und 1623 Mark pro Person.

»Deutsche macht Halt oder mal Urlaub im Stützpunkt Moselhaus«, oder: »Kameraden, geht mal vor Anker«, so inseriert Herbert Gehle für seine Gaststätte mit maritimem Charakter und Blick auf Burg Bischofstein seit Jahren in einschlägigen Zeitschriften wie *Nation und Europa* oder *Recht und Wahrheit*, einem Blatt, das bevorzugt in Kreisen der ehemaligen Wehrmacht und der Waffen-SS gelesen wird. Der Wirt preist sein Haus als »geeignet für Kameradentreffen« und verspricht »schöne Stunden unter Gleichgesinnten!«. Die Pension mit Restaurant liegt in der 800-Einwohner-Gemeinde Burgen an der Untermosel.

Gehle, im Zweiten Weltkrieg bei einer U-Boot-Besatzung, ist nach Burgen zugezogen. Der kleine Ort eignet sich in der Tat gut für öffentlichkeitsscheue Vereine, die bei Zusammenkünften auf Tauchstation gehen wollen. Seit Jahren schon finden ungestört Veteranentreffen in Gehles Gasthaus statt, soviel ist den Nachbarn bekannt. Von der besonderen Diskretion des Ortes, die sich in Kameradenkreisen herumgesprochen hat, hörte auch Friedhelm Busse, letzter Vorsitzender der Freiheitlichen deutschen Arbeiterpartei, die am 24. Februar 1995 vom Bundesinnenminister verboten wurde. Seinen 65. Geburtstag im Februar 1994 wollte Busse im trauten Kameradenkreis bei Gehle feiern, nachdem eine Geburtstagsparty in Mainz verboten worden war. Doch die Polizei bekam Wind von der Umleitung, sie kontrollierte auf den Zufahrtsstraßen zahlreiche Fahrzeuge. Dabei, so bestätigte die Koblenzer Staatsanwaltschaft, wurden ein Emailschild mit Hakenkreuz und Reichsadler und Propagandaschriften der FAP sichergestellt. Nach Jahren unbehelligter Treffen der braunen Szene ist es jetzt mit dem Insidertip womöglich vorbei, denn durch Busses braune Party ist die Öffentlichkeit aufmerksam geworden, und Burgen an der Untermosel hat in Rheinland-Pfalz schon eine zweifelhafte Berühmtheit bekommen.

Wählt man eine Rufnummer mit der Vorwahl 08054, so meldet sich ein Maleratelier am Chiemsee. Die Nummer ist ausgesprochen vielseitig. In der *Deutschen Stimme,* dem NPD-Organ, und der *Deutschen National-Zeitung* wurden unter ihr »Schöne Ferien für ältere Kameradinnen/Kameraden bei Gleichgesinnten« angeboten. Unter der Rubrik »Kunst« offerierte aber auch ein »etablierter Münchner Maler (Kamerad alter Schule)« seine Dienste unter ebendieser Nummer.

Schmuck

Anneliese Remer, die Ehegattin des Generals a. D. Otto Ernst Remer, trägt eine schwere Silberbrosche auf der Brust. Vier Pferdeköpfe in Hakenkreuzform. Sie gelten als Symbol des Lebens. Liebhaber derartigen Schmucks werden von einer Reihe diskreter Firmen beliefert.

»Midgart, das ist der Garten in der Mitte, die verstofflichte Welt der Menschen zwischen Asgard, der Welt der Götter, und Utgard, der Unterwelt. Midgart ist aber auch das alte, in Frieden geeinte vorchristliche Europa zwischen dem eisigen Frost des

Nordens und der verzehrenden Glut des Südens«, so heißt es im Werbetext einer Goldschmiede aus Wien. »Möge auch dieser Midgartschmuck mit der Götter Heil und Segen dazu beitragen, daß unser Midgart wieder wirklich Garten wird.« Angeboten werden Thorshämmer mal mit Wolfsangel, mal mit Heilsknoten oder Wolfskopf zwischen 78 und 155 Mark in Silber, die Irminsul, »uraltes Sinnzeichen für den Lebens- und Weltenbaum, zugleich einendes Symbol der Neuheiden Midgarts und Europas« für 155 Mark in Silber, eine kleine Wildsau, »Symbol für Kraft, Klugheit, Ausdauer, Fruchtbarkeit, Heil und Glück«, für 120 Mark in Silber, eine Pferdekopf-Swastika für 172 Mark, eine Sonnenrad-Swastika für 78 Mark oder eine Schwanenhals-Swastika für 120 Mark sowie ein Keltenkreuz für 155 Mark in Silber oder 78 Mark in Messing oder Bronze.

Uhren und Goldwaren aller Art direkt aus der Goldstadt Pforzheim bot in der *National-Zeitung* die Firma Stemmler GmbH Keltern an. Daß es sich dabei um Kamerad Helmut Stemmler von der 3. Kompanie AA 5 handelt, erfährt man, weil Stemmler auch im *Freiwilligen* (6/89), dem Organ der ehemaligen Angehörigen der Waffen-SS, inserierte.

»Artgemäßen Schmuck im altgermanischen Stil« vertreibt Goldschmied Berthold Peichl aus Nordenham. »Für alle Kameraden« liefert er Zeichen der ehemaligen Divisionen, Schlangenringe, Panzerringe, Totenkopfringe in verschiedenen Ausführungen in Gold oder Silber – ganz nach Wunsch. Auch er spricht seinen Kundenkreis im *Freiwilligen* an.

Der Goldschmied Berthold Peichl dürfte der einzige in der ganzen Bundesrepublik sein, der seinem Katalog einen derartigen Text voranstellt: »Kataloginhaber und andere Besteller versichern mit der Bestellung, daß sie den Katalog und die darin enthaltenen zeitgeschichtlichen und militärhistorischen Gegenstände aus der Zeit von 1933–1945 nur zu Zwecken der staatsbürgerlichen Aufklärung, der Abwehr verfassungsfeindlicher und verfassungswidriger Bestrebungen, der wissenschaftlichen und kunsthistorischen Forschung, insbesondere der Ergänzung von

Sammlungen, der Aufklärung oder der Berichterstattung über die Vorgänge des Zeitgeschehens oder der militärhistorischen und uniformkundlichen Forschung erwerben (§ 86a StGB)«.

Peichls »artgemäßer Schmuck im altgermanischen Stil« sind allerlei Fibeln mit Hakenkreuzen, Schmuckscheiben, Anhänger und Broschen. Für Damen hält er eine Pferdekopf- oder Schwanenhals-Swastika in Gold für 1130 Mark bzw. 882 Mark, einen Anhänger »Reichsadler mit Wolfsangel« oder mit Runeninschrift »Meine Ehre heißt Treue«, dem Wahlspruch der SS, bereit.

Taktische Zeichen aller 38 Divisionen gibt es als Anstecknadeln in Gold für 130 Mark, als Anhänger, 20 mm groß, mit Kette in Silber für 75 Mark oder in Gold (ohne Kette) für 295 Mark, als Manschettenknöpfe in Silber 140 Mark, in Gold 875 Mark, oder als Krawattenhalter, wobei das Divisionszeichen am Kettchen vor dem Schlips hängt.

Die Symbole mancher Divisionen gibt es auch in anderen Formen, zum Beispiel Anhänger mit dem Abzeichen der LAH 1. SS-Panzer-Division »Leibstandarte SS Adolf Hitler« (»sehr beliebt«) in Silber für 140 Mark. Peichl fertigt auch Autoschlüsselanhänger mit dem Zeichen der 3. SS-Panzer-Division »Totenkopf« oder der LAH.

An ehemalige »Angehörige unserer Truppe« wird ohne Nachnahme geliefert, bei anderen nur gegen Nachnahme. Berthold Peichl war bei der 17. Panzergrenadierdivision »Götz von Berlichingen«, die seit 1943 bis zur Kapitulation 1945 bestand. »Tragen Sie diese Arbeiten mit Stolz und als Zeichen der Hoffnung auf eine bessere Zukunft. Dieses Urgestein des Schönen kommt aus einer Zeit hoher sittlicher Gesinnung. Verschenken Sie diesen kerndeutschen Schmuck an unsere Jugend ...«, empfiehlt er seinen Kunden. Daneben ist ein Wandteppich mit einer Irminsul vor einem Hintergrund mit Reichsadlern, Hakenkreuzen, SS-Runen und dem Spruch »Kein Volk lebt länger als die Dokumente seiner Kultur!« abgebildet.

Eine Goldschmiedewerkstatt Emanuel inseriert in der *Deutschen National-Zeitung*. Angeboten werden sämtliche Reparaturen und

Neuanfertigungen. Goldschmiedemeister Emanuel arbeitet nach »guter, alter deutscher Handwerkskunst«. Der Inhaber ist im Banat geboren, kam 1982 in die Bundesrepublik und kandidierte 1989 auf der Liste der Deutschen Volksunion (DVU) zur Europawahl. Jetzt sucht er sich Kunden unter Gesinnungskameraden.

Wappen aus Abachiholz, handgefräst, brandbemalt, mehrfach lackiert und lasiert, jedes Stück hundertprozentige Handarbeit, 19–26 cm liefert die Kunsthandwerkstätte Willibald und R. Harrer in der Eifel. Gemeint sind Heereswappen, zum Beispiel von der 10. Panzerdivision, und zu finden war das Angebot im *Leitheft* des Kameradenkreises der ehemaligen Waffen-SS. Man kann aber auch ein Bildnis von Rudolf Heß in Kupfer oder Zinn bei dem »Kameraden Harrer« beziehen. Außerdem liefert er auf Bestellung Aquarelle, Ölgemälde, Federzeichnungen, Urkunden usw. Harrer hat sich als freischaffender Künstler niedergelassen (*Bauernschaft* Mai 87). Wegen nationalsozialistischer Wiederbetätigung hatte er knapp vier Jahre Haft in Österreich verbüßt.

Porzellan

»Mit Kunsthandwerk das nationale Anliegen bewußtmachen« will die Firma Germania Porzellankunst, Dieter Lehner aus Utting am Ammersee. »Gilt es doch, dem nationalen Bewußtsein mit künstlerischen Mitteln Ausdruck zu verleihen.« – »Traditionsmotive auf wertvollen Porzellantellern und Krügen 1. bei über 800 Grad unvergänglich eingebrannt 2. Jedes einzelne Stück von Hand koloriert 3. Widmungen auf Wunsch 4. Sonderanfertigungen und Kleinserien nach Angabe. Mitteldeutsche erhalten 20% Sonderrabatt«, heißt es in einer Anzeige in *Nation Europa* (1/1991). Ein Teller »Deutschland Einig Vaterland« mit schwarz-rot-goldenem Rand kostet 90 Mark, ein Deutschland-Wandteller, schwarz-weiß-rot gerandet, ebenfalls. Mit seinen Porzellantellern zum Tag der deutschen Einheit kam Firmenchef Dieter Lehner sogar in die *Bild*-Zeitung, und zwar mit Foto. »Zum großen Tag der Deutschen etwas Besonderes schaffen, das ist seit Wochen mein Traum«, so zitiert ihn das Blatt. Er habe den Traum verwirklicht. Seine Gedenkteller würden von Hand hergestellt und an Privatkunden verkauft (*Bild* 27. 9. 1990).

»Ich fühle mich insbesondere den Opfern und Leistungen der Soldaten des II. Weltkrieges verpflichtet und widme vor allem ihnen meine kunsthandwerklichen Möglichkeiten. Dabei verwende ich nicht nur Materialien und Arbeitstechniken früherer Zeiten, sondern folge auch dem Selbstverständnis überlieferter Wertvorstellungen«, schreibt Lehner in seinem farbigen Werbeprospekt, was immer das heißen mag.

1988 wurde in den rechtsextremen *Deutschen Monatsheften* aus dem Türmer-Verlag eine Kollektion handbemalter Militaria-Sammelteller vorgestellt, beginnend mit einem Exemplar »1813–1988 Stiftung des Eisernen Kreuzes«. Über den patriotischen Kunsthandwerker, der die Sammlerobjekte bemalt und bei über 800 Grad einbrennt, hieß es: »Dieser Teller wird von einem namhaften Porzellanmaler ausgeführt, der für verschiedene Protokollabteilungen, Ministerien und Dienststellen der NATO tätig ist.«

Beratung in allen wirtschaftlichen und juristischen Fragen

Seit seiner vorzeitigen Pensionierung kann sich der versierte Bankdirektor Klaus Dieter Ludwig ganz seinem privaten Gewinnstreben widmen. Der Diplomvolkswirt, Jahrgang 1934, nennt sich jetzt Unternehmensberater und hat mit Freifrau Sigrun von Schlichting, Jahrgang 1940, die KEL Unternehmensberatungs GmbH, früher Darmstadt, jetzt Münsing beim Starnberger See, gegründet. Der Gesellschaftsvertrag datiert vom 27. Juni 1986. Die beiden Vertragspartner verbindet mehr als nur Geschäftssinn. Beide engagieren sich für die Arbeitsgemeinschaft naturreligiöser Stammesverbände Europas (ANSE). Die Unternehmensberatung inseriert unter dem Stichwort »Heiden beraten Heiden« in *Huginn & Muninn*. In *Huginn & Muninn* also gibt sie als Tätigkeitsbereiche folgendes an: Vermögensangelegenheiten, Entschuldungen, Inkassogeschäfte, Anlagen, Immobilien, Unternehmensberatung, Beteiligungen, Vorträge über wirtschaftliche Angelegenheiten, Hilfestellung bei finanziellen Sorgen und Problemen. Aber auch in dem rechtsextremen Blatt *Nation* bietet die KEL-Unternehmensberatungs GmbH ihre Dienste an. Prozeßbevollmächtigte der GmbH ist die Hamburger Rechtsanwältin Gisa Pahl, die unter dem Pseudonym Gisela Sedelmeier ein juristisches Handbuch für die braune Szene mit dem harmlos klingenden Titel *Mäxchen Treuherz* schrieb und bis 1993 Mitglied bei den Republikanern war.

»Ein Dorf ist in Aufruhr. Seit das Fernsehen ein Mehrfamilienhaus an der Münsinger Hauptstraße bundesweit ins Bild gerückt hat, sind zwei Namen Tagesgespräch: Klaus Dieter Ludwig und Sigrun von Schlichting. Der ehemalige Bankdirektor und die keltische Priesterin haben ein braunes Netz gestrickt, dessen Fäden die gesamte Republik ziehen«, schrieb der *Isar-Loisach-Bote* aus dem Hause des *Münchner Merkur* nach einem Bericht des Fernsehmagazins *Panorama* im Januar 1994 über das Deutsche Rechtsbüro, das zunächst in Hamburg ansässig war, dessen aktuelle Spur aber eben auch in das idyllische 1800-Seelen-Dorf Münsing führte, wo das Rechtsbüro über ein Postfach erreichbar ist, das Ludwig gehört. Die *Süddeutsche Zeitung* reimte: »Die Freifrau und der Ex-Bankier: gemeinsam für die völkische Idee« und widmete dem Paar eine ganze Seite unter der Überschrift »Wotans Erben spinnen sich ein braunes Netz«.

Das Deutsche Rechtsbüro ist eine einzigartige Einrichtung. Es hat sich zur Aufgabe gemacht, die rechtsextreme Szene mit juristischen Tips und Ratschlägen zu versorgen. »Wir helfen Ihnen durch

– die Zusendung von Urteilen aus unserem Urteilsarchiv …
– die Benennung von Rechtsanwälten in Ihrer Nähe,
– die Vermittlung von Rechtsanwälten für die Überprüfung der Strafbarkeit von Druckwerken und für sonstige Rechtsauskünfte,

– die Durchführung von juristischen Schulungen in Norddeutschland.«

Per Computer-Mailbox ist das Rechtsbüro mit einem eigenen Brett erreichbar und liefert Rechtsberatung für den braunen Alltag, bei Hausdurchsuchungen, Beleidigung oder Leugnen der Judenvernichtung im Dritten Reich usw. Geworben wurde für das Rechtsbüro quer durch den rechten Blätterwald, von den Nachrichten der »Hilfsorganisation für nationale und politische Gefangene« über *Nation und Europa* bis hin zum Vertriebenenblatt *Der Schlesier.*

Unter der Münsinger Postfachanschrift der KEL-Unternehmensberatung des Klaus Dieter Ludwig ist auch eine »Midgart-Stelle« und ein »Chlodwig« zu erreichen. Bei dieser Stelle sollten sich Gruppen »aus allen Gauen Midgarts« anmelden, wenn sie zum Erdmutterfest des Armanenordens wollten. Der Orden hatte das Fest der Leinernte 1994 nach Polen verlegt, und zwar nach Kamieniec auf Schloß Kamenz auf dem »heiligen Hertha-Berg«. Bei dieser Midgart-Stelle sind auch Götterfiguren oder Kultgegenstände erhältlich. Unter derselben Postfachnummer firmiert auch die Gesellschaft für den Wiederaufbau osteuropäischer Kultur e. V. mit Konto bei der Volksbank Wolfratshausen, die steuerabzugsfähige Quittungen ausstellen darf.

Klaus Dieter Ludwig wurde in Düsseldorf geboren und lebte, so schreibt er im Klappentext eines seiner Bücher, »infolge des Berufes seines Vaters in zahlreichen Orten«. Während seiner Studentenjahre in Hessen war er Mitglied und zeitweise auch Bundesvorsitzender des Bundes Nationaler Studenten (BNS), der 1961 verboten wurde. Dieser BNS war dem Kameradschaftsring Nationaler Jugendverbände (KNJ) angeschlossen, bei dem auch die Wiking-Jugend, die Reichsjugend und der Jugendbund Adler tätig waren. Ludwig fungierte 1959 als stellvertretender Bundesvorsitzender. Ludwig schreibt auch seit langem in der Zeitschrift *Nation Europa,* jetzt *Nation und Europa – Deutsche Monatshefte zur Europäischen Neuordnung,* seines langjährigen Freundes Peter Dehoust die »Nachrichten von der Überfremdungsfront«, und zwar unter dem Pseudonym Klaus Hügel. In der Hügelstraße in Darmstadt liegt die Zentrale der Darmstädter Volksbanken, dort war Ludwig seit 1971 beschäftigt, wurde Bankdirektor und auch Vorstandsmitglied. Im Mai 1986 schied er freiwillig aus dem Vorstand aus. Den Abschied hat ihm angeblich eine großzügige Abfindung erleichtert. Wie dem auch sei, dennoch ist Ludwig der Volksbank noch so gewogen, daß er bei der Raiffeisenbank Wolfratshausen ein »Sonderkonto DL Klaus Dieter Ludwig« unterhält. DL heißt Deutsche Liga für Volk und Heimat.

Klaus Dieter Ludwig findet sich unter einer Ammerländer Adresse auch in der Gesellschafterliste 1993 der Nation Europa Verlag GmbH mit dem eher bescheidenen Betrag von 3000 Mark. Bei der Jahresmitgliederversammlung 1993 der rechtsextremen Gesellschaft für Publizistik e. V. wurde Ludwig als Beisitzer im Vorstand bestätigt. Er führt auch die Redaktion des neurechten Blattes *DESG-inform* der Deutsch-Europäischen Studiengesellschaft in Hamburg.

Damit noch nicht genug, Klaus Dieter Ludwig ist auch Kassierer des Hilfskomitees für die Kinder Osteuropas e. V. mit Sitz in Bad Tölz. Vorsitzende ist Sigrun Freifrau von Schlichting, Mythologin in Ammerland. Der Verein besteht seit 1990. Offenbar geht man dort mit netten Summen um, denn laut Satzung bedürfen nur Überweisungen von über 8000 Mark der Unterschrift des Kassierers und eines weiteren Vorstandsmitglieds. Zweiter Vorsitzender ist ein Heinrich-Jörn Schönlaub, der weiter unten noch eine Rolle spielen wird.

Ludwigs Geschäftspartnerin Sigrun von Schlichting hält Runen-Wochenendlehrgänge für Einsteiger zu Preisen von 240 bis 320 Mark pro Person ab. Unter derselben Ammerländer Adresse wie Sigrun von Schlichting firmiert auch eine Gemeinschaft zur Erhaltung der Burgen (GEB) e. V. und Burgengemeinschaft. Auf den Überweisungsformularen steht GEB e. V. Münsing. Sie ist beim Amtsgericht der Stadt München im Vereinsregister unter der Nr. 9299 eingetragen und beim Finanzamt für Körperschaften/München unter der Nr. 843/30528 als gemeinnützig und besonders förderungswürdig anerkannt. Dem Vereinsblatt *Burgnachrichten* liegen Flugblätter für die Runen-Lehrgänge von Sigrun von Schlichting bei. Den *Burgnachrichten* kann man entnehmen, daß der Verein Burgen kaufen will. »Nachdem der Kommunismus im Osten zerfiel, konnte er auch seinen agitatorischen Unterstützungen nicht mehr nachkommen.« Deshalb wollte die GEB die Burg Wahrberg erwerben. Dies war jedoch nicht möglich, so wird berichtet, weil der Chemiefabrikant Pornbusch die Burg in Mietwohnungseinheiten umwandeln wolle. *Chlodwig* schreibt von einer Burgenfahrt in die Oberpfalz. Dabei ging es offenbar darum, Stätten für Kulthandlungen ausfindig zu machen: Die Burg von Parsberg, der markante Berg der Burg Staufen, die Burg Laaber, »das alles sind Orte, an denen man sich gut eine religiöse Kultstätte vorstellen kann« (1992, S. 6). Die GEB berichtet auch von ihren Werkstätten bzw. einem handwerklichen Netzwerk mit einer Schneiderei, Handweberei, Schnitzwerkstatt und Steinmetzen. Auch Schmuck und Waffen würden hergestellt. Die Burg-Werkstätten wünschen dann viel Spaß an der neuen heimischen Midgart-Kultur.

Zu den schillerndsten Projekten im braunen Spektrum gehört das Unternehmen Germania mit seinen Nachfolgern im oberschwäbischen Stoffen. Gegründet wurde es von Heinrich-Jörn Schönlaub aus dem schon erwähnten gemeinnützigen Hilfskomitee für die Kinder Osteuropas e. V. Laut Anzeigen in nationalen Postillen verkauft das Unternehmen »Maschinen und Rechner«. »Wir beraten und beliefern Sie auf Wunsch«, heißt es im Text, »Computer, Software, Kopiergeräte, Drucker, Druckereimaschinen, Büromaschinen und Taschenrechner«. In einem anderen Inserat bietet die Firma jedoch »Wehr- und Sportbestände« an und spezifiziert: »Fordern Sie unsere Angebotsliste an über Stiefel, Kleidung, Rucksäcke, Schlafsäcke, Stahlhelme, Blankwaffen, Armbrüste, ABC-Schutzausrüstung, Zelte usw. sowie Sportbekleidung, Boxsäcke, Schutzausrüstung, Kampfkleidung usw.« Computer und Kampfausrüstung, das liegt ganz im Trend der aktuellen Bedarfslage neonazistischer Kader.

Das Unternehmen wurde umbenannt von Germania in »Lebensquell«. Der vollständige Firmenname lautete dann Heinrich-Jörn Schönlaub & Karsten Kube GbR. Verlag – Gestaltung / Handel und Versand. Diese Firma ist sogar so vielseitig, daß sie auch den Druck von Geschäftspapieren, Visitenkarten, Urkunden, Flugzetteln, Vereinszeitungen oder Buchherstellung anbietet.

Inseraten des Unternehmens Lebensquell kann man zum Beispiel in der neonazistischen Zeitschrift *Bauernschaft* begegnen. Auf Zuschriften antwortete die Firma unter der Grußformel »mit teutschem Heil«.

An dieselbe Anschrift hatten sich auch Besteller einer Zeitschrift *Lebensborn – Bote des Heimdallzeitalters* zu wenden. Die Publikation versteht sich als »heidnisches Mitteilungsblatt für artgerechten Glauben und Weltanschauung, sowie das Bekenntnis für Natur, Volk und Heimatland!«

Unter derselben Anschrift wie das Unternehmen Germania, das Unternehmen Lebensquell und der *Lebensborn* firmiert auch ein »Siedlungsunternehmen – Lebensquell e. V.«, als Verein eingetragen am 18. 1. 1993 unter der Nummer 455 beim zuständigen Amtsgericht mit Bankkonto bei der Raiffeisenbank Lech. Erster Vereinsvorsitzender war Heinrich-Jörn Schönlaub, Verleger, seine Stellvertreterin die Hausfrau Susanne Morgaine Schönlaub und Kassenwart der Unternehmer Karsten Gunter Kube.

In einem Werbeblatt beschreibt sich das Projekt so: »Die Siedlungsunternehmung Lebensquell e. V. hat sich gegründet, um seinen Mitgliedern eine Lebenshilfestellung zu geben. Deshalb setzt sich der Verein zur Verwirklichung folgender Ziele ein:

1. Der Wohnungsnot entgegenzutreten durch Schaffung eigener!
2. Siedeln in ländlichen Eigenheimen und Mietwohnungen!

3. Aufbau einer Bürgergemeinschaft durch Gemeindegründungen!
4. Arbeitsplätze in der nächsten Umgebung zu schaffen!
5. Kinderbetreuung durchzuführen und ältere Menschen einzugliedern!
6. Selbständiges Arbeiten und Handeln zu fördern!
7. Weitmöglichste natürliche Selbstversorgung anzustreben!
8. Abendländische Kultur, Sitte und Gebräuche zu pflegen!
9. Einführung einer familiennahen Gemeindeordnung durchzusetzen!
10. und vieles mehr!«

»Wir sammeln Gelder durch Mitgliedsbeiträge, Förderbeiträge, Spenden, Schenkungen, Vererbungen, Einlagen und Darlehen!« hieß es weiter. »Der Verein sollte möglichst nicht von geistesfremden Widersachern unterwandert werden können.«
Inzwischen sind Susanne Morgaine Schönlaub erste und Michaela Kube zweite Vorsitzende. Über Beträge bis zu 10 000 Mark dürfen sie laut Satzung jeweils allein verfügen. Karsten Gunter Kube ist Kassenwart geblieben. Michaela Kube, früher Pforzheim, betreute etwa seit 1991 die einsitzenden Kameraden der neonazistischen Hilfsorganisation für nationale und politische Gefangene e. V. (HNG) als Gebietsbeauftragte Karlsruhe/Stuttgart.
Das Siedlungsunternehmen Lebensquell e. V. mit Karsten Kube zeichnet im »Hornung« 1995 verantwortlich für ein Flugblatt zur angeblich gefährdeten Religionsfreiheit in Deutschland. Gegenwärtig werde im deutschsprachigen Raum von staatlicher, kirchlicher und linker Seite sowie von den Massenmedien ein Großangriff auf die Religionsfreiheit durchgeführt. Dieser Angriff richte sich gegen Anhänger der heimischen Naturreligion. Diese würden »künstlich in Beziehung gesetzt mit politisch verfolgbaren Parteien und Gruppierungen«.
Das Vermögen des Vereins geht im Falle der Vereinsauflösung an einen anderen eingetragenen Verein, nämlich die Arbeitsge-

meinschaft Naturreligiöser Stammesverbände Europas, deren Sitz in der Satzung von Lebensquell wiederum als die bekannte Adresse in Münsing angegeben wird. Dort ist der Sitz der KEL-Unternehmensberatung. Die Telefonnummer der Siedlungsunternehmung Lebensquell e. V. bzw. des Unternehmens Germania dient auch, das ist jetzt kaum noch verwunderlich, als Anmeldestelle für eine Sommersonnwendfeier 1993 »der Stämme der Alemannen, Baiuwaren, Franken, Helvetier, Karner, Kelten, Markomannen, Noriker, Sueben, Taurisker, Thüringer, Vindeliker und Wenden«.

Im »Julmond« 1993 (Dezember) begrüßt der ehemalige erste Vorsitzende des Siedlungsunternehmens Lebensquell e. V. Heinrich-Jörn Schönlaub unter dem Briefkopf eines »Freundeskreis Wulf Sörensen für Natur, Volk und Heimatland!« seine Leser mit: »Heil Euch, Kameradinnen und Kameraden!« Der Freundeskreis sei »in der heutigen Notzeit« nur noch ein »Gesinnungsbündnis«. Der Kampf gehe weiter, nur mit anderen Mitteln. Briefe sollten an ein Postfach in Landsberg am Lech geschickt werden, nicht an die »Quellenstraße«. Inzwischen war die Nationalistische Front verboten worden. Deren Stammsitz war in der Detmolder Quellenstraße. Das dortige Zentrum existiert noch und wird auch noch von Kameraden bewohnt.

Heinrich-Jörn Schönlaub ist, wie schon erwähnt, auch 2. Vorsitzender des »Hilfskomitees für die Kinder Osteuropas«, dessen erste Vorsitzende Sigrun Freifrau von Schlichting ist. Kassenwart und vorläufiger Geschäftsführer ist laut Protokoll der Mitgliederversammlung vom 7. 12. 1990 in Darmstadt Klaus Dieter Ludwig. Ludwig, der Geschäftsführer der Firma KEL-Unternehmensberatung, war auch als Nicht-Mitglied in beratender Funktion bei der Mitgliederversammlung vom 20. 5. 1992 des Siedlungsunternehmens Lebensquell e. V. anwesend, denn man hatte Satzungsprobleme, und da kennt sich Unternehmensberater Ludwig offenbar gut aus.

Schon vorher, am 15. 4. 1991, hatte der Verein in Ammerland eine Satzungsänderung beschlossen, wonach der Vereinszweck darin besteht, »mit Hilfe von Geld und Sachzuwendungen die materielle Lage der Kinder in den osteuropäischen Ländern zu mildern, ihre Erziehung zu fördern und den Eltern Hilfe zur Selbsthilfe zu geben. Die Verwirklichung des Satzungszwecks geschieht insbesondere durch die Unterstützung von gemeinnützig tätigen Institutionen (Kindergärten, Schulen) in den neuen Bundesländern.« Laut Satzung verfolgt der Verein ausschließlich und unmittelbar gemeinnützige Zwecke.

Anhang

Anmerkungen

Vorwort

1 Brüning-Nachfolger Franz von Papen, geb. 1879, ein ehemaliger
Major, war Vertreter des rechten Flügels der Zentrumspartei im
Reichstag. Er stammte aus münsterländischem Uradel, war Schwie-
gersohn des saarländischen Keramikkonzernherrn von Boch (Ville-
roy & Boch) und Mitglied des ebenso feudalen wie reaktionären
Herren-Clubs in Berlin. Er wurde am 1. 6. 1932 überraschend zum
Kanzler ernannt und hob das Verbot der SA auf. Später war er
Vizekanzler und dann Botschafter in Wien und Ankara.
Hauptmann Waldemar Pabst von der Gardekavallerie-Schützendivi-
sion leitete das Kommando zur Ermordung von Rosa Luxemburg
und Karl Liebknecht am 15. Januar 1919. Er wurde daraufhin zum
Major befördert. Der enge Freund der Generale von Lüttwitz und
Ludendorff sowie des Freikorps-Führers Franz von Stephani war
beim Kapp-Putsch Bevollmächtigter der Hochverräter, der mit der
Regierung verhandelte. Dann setzte er sich nach Österreich ab und
half beim Aufbau der berüchtigten paramilitärischen Kampfgrup-
pen, der Heimwehren unter Prinz Rüdiger von Starhemberg. Pabst
war ultrarechter Hitler-Gegner. Er floh vor dem Juli 1944 ins Ausland und tauchte 1951 als Repräsentant der Schweizer Rüstungsfir-
ma Oerlikon wieder auf. Seine Geschäfte sollen vor allem dem
Untergrundapparat der SS-Hilfsorganisation Bruderschaft gedient
haben (vgl. Tauber, Kurt Philipp: *Beyond Eagle and Swastika*, Band 1,
Middletown 1967, S. 241). Am 5. und 6. Juni 1951 soll sich Pabst mit
einem Freund des früheren SA- und Schwarze-Front-Führers Walter Stennes (*Deutscher Informationsdienst* 16. 11. 1952, zitiert nach
Tauber, Band II, S. 1110) und mit dem nationalrevolutionären
Hitler-Gegner August Heinrichsbauer getroffen haben, der schon in
der Weimarer Zeit erfolgreich Geld für die Bewegung aufgetrieben

hatte und von dem dies wieder erwartet wurde. Nach seinen zwölf Jahren als Militärberater von Tschiang Kai-schek war Stennes Funktionär der kurzfristig existierenden Deutsch Sozialen Partei (DSP).

2 Willms war ein Hochschullehrer ganz vom rechten Geschmack. »Das Bild des Grauens«, so Willms, »das die rassistische Verfolgungspraxis der Nationalsozialisten in der Beurteilung der Sieger angenommen hatte, wirkte dahin, das Selbstbewußtsein der Deutschen im Ganzen nachhaltig zu erschüttern.« Man muß diesen Satz zweimal lesen, denn es ist schier unglaublich, was hier ein Hochschullehrer schrieb. Es bedarf schon einer beispiellosen Unverfrorenheit, die Greuel der Nazis quasi als Ansichtssache darzustellen, als seien Konzentrationslager lediglich aus Siegerperspektive furchtbar gewesen.

3 Ende 1992 wollte das Druckhaus Waiblingen (bei Stuttgart), wo die NPD-Zeitung fast zwei Jahrzehnte gedruckt worden war, plötzlich nicht mehr. Helfer aus der Not war NPD-Pressesprecher Karl-Heinz Sendbühler, der auch für die Zeitschrift *Nation* arbeitete, die schon länger in Litauen gedruckt wurde. So fand die NPD eine Ausweichdruckerei. Die Nummer 1/1993 wurde bei der ehemaligen Staatsdruckerei hergestellt. Dann wurde bei einer anderen Druckerei in Kaunas gedruckt.

4 Helmut Sündermann, geboren am 19. 2. 1911 in München, NSDAP-Mitglied seit 1930, Mitgliedsnummer 257 492, war seit August 1931 bei der SS, Nr. 16 296, SS-Obersturmführer, Stabsleiter des Reichspressechefs der NSDAP, Dr. Otto Dietrich. Bei Kriegsende war Sündermann stellvertretender Reichspressechef. In den fünfziger Jahren nahm er seine politisch-publizistische Tätigkeit in Verbindung mit dem Druffel-Verlag wieder auf. Dr. Gert Sudholt, der Chef des Verlagsimperiums VGB, das u. a. die Verlage Druffel und Türmer vereinigt, ist sein Stiefsohn.

1. Parteien und Stiftungen

1 Im »Landesspiegel« der NPD in NRW *Deutsche Zukunft* geben auch größere Firmen Anzeigen auf. Zu den häufigen Inserenten der *Deutschen Zukunft* gehört die Firma SL Asbestentsorgung GmbH in Meerbusch. Das erst 1992 gegründete Unternehmen, das Geräte entwickelt und verkauft, mit denen asbestverseuchte Bauten entsorgt werden können, hat 1993 bereits 2 Millionen DM Umsatz gemacht. Eigentümer ist Stefan Loll aus Meerbusch. Mit regelmäßigen Anzei-

gen ist auch die Baubetreuungs- und Verwaltungs GmbH in Oberhausen vertreten.

Der NPD-Landesverband Nordrhein-Westfalen hat sein Domizil in der Günnigfelder Straße in Bochum, dem Firmensitz des Toiletten- und Waschwagen-Verleihs TOHEIBO, Bochum und Lüdinghausen, Inhaber: Heinz Heilmann, ein streitbarer Nationaldemokrat, der schon 1970 bei der Aktion W mit dabei war, als Tausende Rechtsradikale unter der Parole »Brandt an die Wand« und »Hängt die Verräter« in Würzburg gegen die neue Ostpolitik demonstrierten. Wer bei der Deutschen Kampfsport-Initiative, einem »Zusammenschluß von patriotisch denkenden Kampfsportlern«, mitmachen wollte, der sollte sich unter derselben Anschrift melden.

2 Christophersen hatte schon gelegentlich Schwierigkeiten mit Banken. So hat die Postbank sein Konto gekündigt (*Bauernschaft* 1/94, S. 7). Jetzt läßt Christophersen auf ein Konto bei der Sparkasse Schleswig/Flensburg überweisen.

Brief der Postbank:

»Auflösung Ihres Girokontos
Nr. 2085 57-204 und 1881 84-202 aus wichtigem Grund
Sehr geehrter Herr Christophersen, die oben bezeichneten Konten sind aus wichtigem Grund gemäß Nr. 9 Abs. 2 AGB Postbank gekündigt.
Das Konto 2085 57-204 und 1881 84-202, Nordwind Versand- und Verlagsbuchhandlung des Kritik-Verlags Thies Christophersen ... wurde im Dezember 1993 von der Staatsanwaltschaft beschlagnahmt.
Ziel der Bestrebung des Thies Christophersen ist eine Rehabilitierung des Naziregimes u. a. durch die Revision der sogenannten Auschwitz-Lüge. Gleichzeitig wird ein unverhohlener Antisemitismus gepflegt. Die Nazizeit wird als Deutschlands große Zeit verherrlicht. Entsprechend ist auch das Buchangebot des Nordwind-Verlages, das daneben auch Hakenkreuzfahnen, SS-Runen-Anstecker und ähnliche Kennzeichen verfassungswidriger Organisationen vertreibt. Vertreter der legitimen Regierung Deutschlands werden verunglimpft. Diese publizistische Tätigkeit erfüllt verschiedene Strafbestände. Der Postbank als öffentlicher Einrichtung ist es nicht zuzumuten, zu solchen Aktivitäten durch die Führung eines Girokontos Unterstützung zu leisten. Dies gilt auch bei Abwägung der Interessen der Postbank mit denen des Konto-

inhabers. Das Strafrecht, das auch die Beihilfe unter Strafe stellt, setzt eine absolute Grenze für die Zumutbarkeit. Darüber hinaus ist auf seiten der Postbank nicht nur deren eigenes Interesse zu berücksichtigen, sondern, wie § 8 Abs. 2 PostG erweist, auch das öffentliche Interesse. Das öffentliche Interesse ist verletzt, wenn Publikationen mit strafbarem Inhalt in Verkehr gebracht werden und die Perpetuierung dieses Zustandes dadurch ermöglicht wird, daß über das Postbank Girokonto Geld zu dem Urheber fließt. Wir werden das Postbank Girokonto Nr. 2085 57-204 und Nr. 1881 84-202 deshalb mit sofortiger Wirkung auflösen.

Hochachtungsvoll Meuser   Kontoführung 1«

3 Althans kam im November 1993 bundesweit in die Schlagzeilen, als der von den Ländern Hessen, Mecklenburg-Vorpommern, Brandenburg und Hamburg mit öffentlichen Mitteln geförderte Film *Beruf Neonazi* in die Kinos gelangte. Der Regisseur Wilfried Bonengel porträtiert in dem Film Althans und läßt ihn ausgiebig zu Wort kommen. Besonderen Anstoß erregten Äußerungen von Althans zur »Lüge von der Judenvernichtung in den Konzentrationslagern«. Die Staatsanwaltschaft beim Landgericht Frankfurt hat daher am 9. 12. 1993 ein Ermittlungsverfahren wegen Verdacht eines Vergehens nach §§ 185 (Beleidigung), 189 (Verunglimpfung Verstorbener), 130 (Volksverhetzung) und 86a (Verwenden von Kennzeichen einer verfassungswidrigen Organisation) Strafgesetzbuch eingeleitet.

4 Im Informationsbrief für fördernde Mitglieder und Spender des als gemeinnützig anerkannten NDNV heißt es beispielsweise: »Heute richten sich die Proteste noch gegen die Geßlerhüte in Gestalt von Asylantenheimen und den sonstigen Erscheinungen der kriminellen Subkultur, die das Bonner Regime zuläßt und fördert, morgen könnten sich die Proteste und mehr gegen die richten, die diese Geßlerhüte aufgestellt haben, man wird Schuldige benennen und den Richtblock fordern. Dann würden schwere Unruhen die BRD und ihr Herrschaftssystem ins Taumeln bringen.« (*Neue Deutsche Blätter* Oktober 1992, S. 7) Geführt wird der Verein von dem Sicherheitsexperten Dr. Harald Rüddenklau, bis 1981 Referent für Deutschlandpolitik in der damals von Helmut Kohl geführten CDU/CSU-Bundestagsfraktion.

5 Nagels, 1993 zum Oberstabsarzt bei der Bundeswehr (Fallschirmjägerbataillon 272 in Wildeshausen) befördert, ist Kreisvorsitzender der Republikaner in Hünxe und auch gelegentlich Autor der Zeit-

schrift *Staatsbriefe*. Ihm wollte der Landesvorsitzende der Republikaner von NRW den Aufbau einer besonderen aktiven Gruppe anver-
trauen: »Die Gruppe sollte etwa 100 Personen umfassen, die bereit
sind, innerhalb einer Woche bereitzustehen, um unsere Positionen
ins Volk zu tragen. Es sollten mutige und anständige Kerls sein, die
eine Auseinandersetzung nötigenfalls nicht scheuen. Sie sollten aber
auch gehorsam sein und unsere Vorgaben einhalten ... Dir allein
traue ich zu, diese wichtige Aufgabe zu erfüllen«. Dieser Brief vom
16. August 1993 sei »wegen der mißverständlichen Formulierungen«
zurückgezogen worden, sagte Nagels.

6 Die mit Urkunde vom 1. 12. 1977 errichtete »Gemeinnützige Hermann-Niermann-Stiftung« mit Sitz in Düsseldorf ist am 11. 4. 1978
vom Innenministerium des Landes Nordrhein-Westfalen genehmigt
worden.

2. Als gemeinnützig anerkannt: Steuervorteile für Rechtsradikale

1 In den siebziger Jahren wurde Wilhelm Gottenströter Geschäftsführer des Traditionsverbandes der 6. SS-Gebirgsdivision Nord e. V. Er
galt als die Seele des Verbands. Gottenströter war Kriegsfreiwilliger
und erhielt eine Ausbildung bei der Nachrichtentruppe in Nürnberg, wurde 1941 zum Artillerieregiment Nord versetzt und nahm in
Nordfinnland am Ostfeldzug teil. Beim Rückzug der Lappland-Ar-
mee im Herbst 1944 wurde Gottenströter verwundet, war aber doch
beim »Endkampf« um Berlin dabei. Nach seiner Flucht aus sowjeti-
scher Gefangenschaft lebte er eine Zeitlang im Untergrund. Der
ehemalige Unterscharführer nahm auch stets bei den Fahrten des
Verbands zu den früheren finnischen Waffenbrüdern und Kampf-
stätten teil und kümmerte sich um Kontakte zu amerikanischen
Gesinnungsgenossen. Er organisierte Kameradentreffen in Österreich. Der Verband hatte ein Organ, den *Nord Ruf,* dessen Herausgabe Gottenströter besorgte. Er starb am 27. 4. 1994.

2 Dombrowski ist am 12. 9. 1896 geboren. 1914 meldete er sich als
Kriegsfreiwilliger. Er schuf eine Reihe von in Holz geschnittenen
Porträts. Hitler erwarb seinen Heinrich I. 1938 war der in Graz
lebende Dombrowski zuständig für die Kulturabteilung der NSDAP
in der Steiermark. Er veröffentlichte zahlreiche mit Hitler-Zitaten
versehene Illustrationen und ein Deutsches Hausbuch mit einem
Vorwort von Joseph Goebbels. Zu einem Zeitpunkt, da der »Führer
und Kanzler Adolf Hitler dem Reich Sinn und Würde und Leben

zurückgewinnt«, bebilderte er das Propagandawerk *Das Reich als Schicksal und Tat* (Herder Verlag, Freiburg im Breisgau 1937). Im Zweiten Weltkrieg war er Offizier an der Ostfront. Das »Deutsche Kulturwerk europäischen Geistes e. V.«, jene Heimstatt für Blut-und-Boden-Dichter, widmete Dombrowski 1986 nach einem Bericht der *Deutschen Monatshefte* eine eigene Abteilung in seiner Kunstausstellung. 1985 ist er in Siegsdorf in Oberbayern gestorben. (vgl. Davidson, Mortimer: *Kunst im Dritten Reich. Malerei,* Grabert Verlag, Tübingen 1992) Der Keramik-Fabrikant Willibald Völsing, Leutnant zur See, hatte seit Oktober 1944 die Leitung der Rechenstelle für die schwere Artillerie. Er war auf dem am 1. 4. 1941 in Dienst gestellten Zerstörer »Tirpitz«.

3 Six, der am 1. 9. 1942 vom Reichssicherheitshauptamt ins Auswärtige Amt übertrat und die Kulturpolitische Abteilung leitete, schreibt in einer Vorbemerkung für Gieslers fanatisches Führerbuch: Er (Hitler) »gab unserer Freundschaft die gemeinsame Gesinnung, den Sieg, die Niederlage, das Gefängnis und die Wiederbesinnung. In den Gesprächen in Landsberg ging es um die unzerstörbare Zuversicht auf die Einheit Europas, um den rationalen Gehalt unserer Auffassung der Welt, der Unveräußerlichkeit der uns zugehörigen technischen Zielbestimmungen – kurzum, es ging um den revolutionären Sinngehalt der Bewegung dieses unseres 20. Jahrhunderts. Jahre in Landsberg wurden Jahre der Standhaftigkeit, der Bestätigung einst gewonnener Erkenntnisse und der Richtigkeit der revolutionären Zielsetzungen.« (Giesler Hermann: *Ein anderer Hitler. Bericht seines Architekten Hermann Giesler. Erlebnisse Gespräche, Reflexionen,* Leoni 1977, S. 18) Six wurde am 30. 9. 1952 aus der Haft entlassen.

4 Das »Deutsche Kulturwerk europäischen Geistes e. V.« (DKeG) mit Sitz in München wurde am 1. Mai 1950 von dem ehemaligen Leiter der Reichsfachschaft für Lyrik in der Reichsschrifttumskammer und Mitglied der Obersten SA-Führung für kulturelle Belange, Dr. Herbert Böhme, »in einem kleinen Kreis mitsorgender Freunde« gegründet. Böhmes Werk sei vom Stifterverband der Deutschen Industrie mit einem Startkapital von 100 000 Mark bedacht worden, schrieb Ulrich Wickert 1971. Das DKeG-Büro soll außerdem von den beiden ultranationalistischen Verlagen Plesse (Waldemar Schütz) und Leopold Stocker in Graz kräftig unterstützt worden sein (Tauber, Kurt Philipp: *Beyond Eagle and Swastika,* Middletown 1967, S. 659. Tauber zitiert den Artikel »Faschismus unter der Tarnkappe« in: *Die andere Zeitung* 6/1956). In den Reihen des DKeG sammelten sich

viele Poeten und Schriftsteller, denen sich nach 1945 sonst kein Forum mehr bot. Das Kulturwerk will die »aus eigenem Lebensraum und seiner Charakter- und Schöpferbildung entstehende Kunst« fördern. Es ging um die »Neubildung volkshaften Selbstverständnisses und Selbstbewußtseins« und die »Pflege volkshaft konservativer Literatur«. Das DKeG verfolgt laut Satzung »ausschließlich und unmittelbar gemeinnützige Zwecke im Sinne des Abschnitts ›steuerbegünstigte Zwecke‹ der Abgabenordnung.« Der Verfassungsschutz in Nordrhein-Westfalen registriert seit einiger Zeit zunehmend jüngere Neonazis als Besucher von Kulturwerk-Veranstaltungen. Das Kulturwerk gliedert sich in 19 sogenannte Pflegstätten in der Bundesrepublik. Alljährlich finden die »Tage Deutscher Kultur« und Preisverleihungen statt. Den »Tiroler Ehren- und Wanderkrug für Volkstumsarbeit« des DKeG erhielt 1994 Helge Redeker, Geschäftspartner des Ostpreußen-Vermarkters Dietmar Munier (vgl. Verfassungsschutzbericht des Landes Nordrhein-Westfalen über das Jahr 1993, Düsseldorf 1994, S. 63).

5 Adolf Helbok, geb. am 2. 2. 1883 in Hittisau/Vorarlberg, war seit 1924 außerordentlicher Professor und Mitherausgeber der Zeitschrift *Volk und Rasse*. 1934 wurde er als ordentlicher Professor nach Berlin geholt, 1935 nach Leipzig, 1939 veröffentlichte er seine *Deutsche Geschichte auf rassischer Grundlage*. Helbok wollte den Geisteswissenschaften »den Weg zum Blute bahnen«. 1945 wurde er amtsenthoben.

6 Zum Zwecke der Erlangung der Gemeinnützigkeit hat der »Freundeskreis Ulrich von Hutten« bei seiner Jahreshauptversammlung am 1. 10. 1983 in Pichl in der Steiermark eine Satzungsänderung beschlossen. In der Satzung stehen seitdem harmlose Sätze wie: Der Verein »erstrebt die Erfassung und den Zusammenschluß kulturtragender und kulturschöpferischer Menschen, um unser Volk- und Kulturleben in jedweder Form, insbesondere hinsichtlich neuer Erkenntnisse der Wissenschaft zu bereichern. Er fühlt sich dem europäischen Humanismus im Geiste Ulrich von Huttens verbunden und tritt für eine Befriedung der europäischen Völker ein. Zweck des Vereins ist die Förderung von Bildung und Erziehung, Kunst und Kultur ... Der Verein verfolgt ausschließlich und unmittelbar gemeinnützige Zwecke im Sinne des Abschnitts Steuerbegünstigte Zwecke der Abgabenordnung.« Seit Jahren taucht der etwa dreihundert Mitglieder zählende Verein im bayerischen Verfassungsschutzbericht auf. Der Freundeskreis »vertritt rechtsextremistische, insbe-

sondere rassistische Thesen und verbreitet Äußerungen, die das NS-Regime verharmlosen und die Bundesrepublik Deutschland verunglimpfen«, heißt es im Bericht 1993 (S. 49). Der Freundeskreis behauptete, es gebe »keine größere Sünde wider das Gesetz des Lebens« als die »Vermischung der Großrassen«. Um die »genetische Substanz der weißen Rasse« zu erhalten, müsse eine »Einwanderung fremdrassiger Gruppen« und die dadurch drohende »Einmischung von andersartigen Anlagen« verhindert werden. Er gehört eindeutig zu den harten neonazistischen Gruppen, enge Verbindungen gibt es zur im November 1994 verbotenen »Wiking-Jugend e. V.«. Bei seiner 500-Jahr-Feier für Ulrich von Hutten 1988 erging ein Dienstbefehl zur Teilnahme an Funktionäre der Wiking-Jugend (Brief von Wolfgang Nahrath vom 1. 4. 88). Der Name Ulrich von Huttens, des nationalen Publizisten und Humanisten der frühen Neuzeit (1488 bis 1523), wurde auch im Dritten Reich mißbraucht, Goebbels, Hitler und Rosenberg zitierten ihn häufig.

7 Ist in der Satzung eines Vereins die Herausgabe einer Zeitschrift vorgesehen, die die Ziele des Vereins bekanntmachen soll, so verstößt das nicht gegen die Gemeinnützigkeit. Denn eine allgemeine politische Unterrichtung der Staatsbürger im Sinne eines Beitrags zur Allgemeinbildung der Bevölkerung wird unstreitig als Bestandteil des gemeinnützigen Zweckes »Erziehung und Volksbildung« angesehen.

8 Das NEJ Morbach, Brückstraße 10 ist seit 1. 7. 1974 laut Grundbuch Eigentümer von vier Flurstücksnummern: 977/4 mit 2a 93 qm, 978/1 mit 2a 98 qm, 909/1 mit 7a 6qm und 977/3 mit 5a 68qm.

9 Ernst Anrich, Jahrgang 1906, trat 1930 in die NSDAP ein. Er lehrte in Bonn, war Ordinarius in Hamburg und formte die »Reichsuniversität« Straßburg 1941–45 mit. Buchveröffentlichungen: *Die Jugoslawische Frage und die Julikrise 1914*, Stuttgart 1931, *Drei Stücke über nationalsozialistische Weltanschauung*, 1932, *Neue Schulgestaltung aus nationalsozialistischem Denken*, 1933, *Universitäten als geistige Grenzfestungen*, 1936, *Deutsche Geschichte von 1918–1939*, Leipzig/Berlin 1940, *Zur Geschichte der Deutschen Universität Straßburg*, Straßburg 1941, *Die Geschichte der deutschen Westgrenze*, Leipzig 1943. 1949 gründete er die Wissenschaftliche Buchgesellschaft und war bis 1966 ihr Direktor. 1966 hielt er das Grundsatzreferat beim NPD-Parteitag. Er trat auch weiter mit programmatischen Reden auf. 1990 veröffentlichte er eine *Denkschrift für ein nationales politisches Programm* im Schütz-Verlag, Preußisch Oldendorf.

10 Bis 1993, als sich das Ehepaar scheiden ließ, erledigte der Gesamt-
deutsche Verlag in Wesseling (Geschäftsführerin war die Ehefrau von
Harald Thomas, die heute sagt, »daß ich mit den meisten früheren
Aktivitäten nicht einverstanden war, sondern lediglich meinen Na-
men hergeben mußte«) den Satz für die rechten Zeitschriften *Etappe,
Na Klar* des Bund Heimattreuer Jugend – der Freibund e. V., des
Witikobrief vom Witikobund e. V., der *Fragmente* und der *Askania-Stu-
diensammlung für Zeitgeschichte und Jugendforschung.*

11 Vorsatz, Jahrgang 1927, war noch Kriegsfreiwilliger, später bei der
Sozialistischen Reichspartei, der Deutschen Reichspartei und der
NPD. Als Chefredakteur prägte er lange Zeit die NPD-Zeitung
Deutsche Stimme, für die Deutsche Volksunion zog er in die Bremer
Bürgerschaft ein. 1992 ist Vorsatz gestorben. Sein Credo war, so wie
die »Teilvereinigung zwischen West- und Mitteldeutschland sich
gegen den Willen der Reichsfeinde« durchgesetzt habe, so werde
eines Tages »die volle Einheit Deutschlands« Wirklichkeit werden.

12 Für seine Aktion Ostpreußenhilfe wirbt Godenau in der neonazistischen *Bauernschaft* (4/92, S. 25, Juni 1993, S. 65) und in der ebenfalls
stramm rechten *Nation* (1993). Godenaus Schwiegersohn, der
Deutsch-Amerikaner Roy Arthur Armstrong Godenau, ist auch ein
notorischer Rechtsextremist. Die US-Regierung nannte er 1981 eine
»de facto jüdisch-zionistische Diktatur«, und einen Brief an den
Landrat des Schwalm-Eder-Kreises garnierte er mit der »Wo-
chenlosung«: »ein Staat, der von Verbrechern regiert wird, ist
wie Hundedreck! Heute liegt er noch obenauf und darf wider-
lich stinken – schon morgen wird er von den Massen zertrampelt!«
(Brief Jan. 1983) (zu Godenau vgl.: Svoray, Yaron/Taylor, Nick: *In der
Höhle des Löwen. Ein Israeli ermittelt in der Neonazi-Szene,* München
1994).

13 Der erste Anschlag am 21. 2. 1980 richtete sich gegen das Landrats-
amt in Esslingen bei Stuttgart, wo eine Auschwitz-Ausstellung gezeigt
wurde. Das zweite Attentat traf die Wohnung des Esslinger Landrats,
der die Schirmherrschaft für eine polnische Woche übernommen
hatte. Der dritte Anschlag am 27. 4. 1980 galt einer Schule in
Hamburg. Wäre die Bombe nicht vorzeitig detoniert, hätte sie ein
Blutbad angerichtet. In einem Begleitschreiben an den Bundeskanzler wurde die sofortige Einstellung jeder antideutschen Hetze in
allen Bildungsstätten und die »Abschiebung aller Nichtdeutschen«
gefordert. Am 30. 7. 1980 ging eine Bombe im Bundessammellager
für Flüchtlinge in Zirndorf hoch. Am 7., 17. und 22. August 1980

folgten Anschläge auf Ausländerunterkünfte in Leinfelden, Lörrach und Hamburg. Beim letzten Anschlag starben zwei Vietnamesen.

14 Wissenschaftlicher Mitarbeiter und Leiter des Arbeitskreises Ökologiegerechte Finanzpolitik von Kirrwalds Gemeinnütziger Förder- und Forschungsgesellschaft für Weltökologie e. V., die den Arbeitskreis der Lateinamerika Freunde e. V. betreuen soll, ist zum Beispiel Albert Lämmel aus Rastatt, der schon in Zusammenhang mit diversen braunen Blättchen wie *Europa vorn* oder Grüppchen in Erscheinung getreten ist. Unter dem Pseudonym Michael Kirow schrieb er den »Welt-Thriller« (Verlagswerbung) *Wende in Moskau.*

15 Heinz Mahncke schreibt auch unter den Pseudonymen Heinrich Claussen, Wilhelm Wesselburen und Fritz Ragge. Er engagierte sich schon 1950 in der »Sozialistischen Reichspartei« (SRP). Mahncke versteht sich als volkstreuer Dichter, Schriftsteller und politischer Kämpfer. Er lebt in Eiderstedt/Nordfriesland und gibt »Lever duad us Slav« (lieber tot als Sklave) als seinen Wahlspruch an. »Es wird bald der Tag kommen, da alle Volksfeinde nach dem völkerrechtswidrig von den alliierten Militärregierungen außer Kraft gesetzten Reichsstrafgesetzbuch ihrer verdienten Strafe zugeführt werden«, schrieb er Anfang 1994 im *Deutschland-Report* aus dem Remer-Umfeld in Großbritannien. Dort nennt er sich selbst einen »Reformnationalsozialisten« (*Deutschland-Report* 1/1994, S. 2).

16 Vorsitzender des DRsK e. V. ist der Bochumer Bergingenieur Martin Voigt, der auch den »Freundeskreis Unabhängige Nachrichten« führt (AG Bochum VR 1819). Dieser ist personell verzahnt mit dem am 25. August 1993 verbotenen »Freundeskreis Freiheit für Deutschland«. Ein Verbot des »Unabhängigen Freundeskreises« kam nicht in Betracht, weil die ein Verbot voraussetzende Organisationsstruktur hier nicht erkennbar wurde.

17 Die Stille Hilfe e. V. mit Sitz in Rotenburg an der Wümme wurde 1951 gegründet. Sie ist eine bundesweit agierende Unterstützergruppe für eingesperrte NS-Verbrecher. Sie hatte aber auch eine argentinische Außenstelle; Aufrufe zur Unterstützung inhaftierter Nationalsozialisten als »Opfer der alliierten Gewaltjustiz von 1945/46« erschienen zum Beispiel in *El Sendero – Der Weg* (1/1951, S. 61). Erste Vorsitzende in Deutschland war Helene Elisabeth Prinzessin von Isenburg (Mutter Elisabeth), die verwandt war mit dem SS-Obergruppenführer, General der Waffen-SS und Himmler-Protegé Josias Georg Wilhelm Adolf Erbprinz zu Waldeck-Pyrmont, der am 14. 8. 1947 in Dachau zu einer lebenslänglichen Gefängnisstrafe verurteilt

wurde. Familiär verbunden war sie auch mit Prinz Ernst von Isenburg, der zunächst Tropenlandwirt am Ruwenzori in Belgisch Kongo
war, später als Regierungsberater für mehrere Staaten arbeitete,
dann in Deutschland als Präsident der Deutsch-Südafrikanischen
Gesellschaft gewählt wurde und der »herrschenden antiweißen und
radikal-schwarzen Propaganda« (*Nation Europa* 1/92, S. 65) wacker
entgegentrat. Assistiert hatte der Stillen Hilfe Lilly Nolden, eine
Aktivistin der »Sozialistischen Reichspartei« (SRP). Später wurde die
Organisation von dem Rechtsanwalt Dr. Rudolf Aschenauer, in
Nürnberg Strafverteidiger im SA-, Juristen- und IG-Farben-Prozeß,
geleitet. Aschenauer war auch Mitbegründer des Komitees für kirch-
liche Gefangenenhilfe. Er verfügte über ausgezeichnete politische
Verbindungen; Adenauers Staatssekretär Dr. Hans Globke hatte ihn
zu Vergleichsverhandlungen mit der Deutschen Reichspartei nach
Hannover geschickt, als es um deren Verfassungswidrigkeit ging (*Der
Spiegel* 6. 1. 1960). Derzeit hilft Arnulf Rühaak in der Geschäftsstelle
mit, der angesichts der Verurteilung von NS-Verbrechern von der
»Mordjustiz der siegreichen Verbrecher von 1945« und dem »Blut-
rausch der neuen Herren« schreibt (*Bauernschaft* Juli 1988, S. 58).

3. Nordostpreußen – Land der unbegrenzten Möglichkeiten für braune Pioniere?

1 Gemeint ist eine »Halbinsel«, die durch die Wiepe, den Seckenbur-
ger Kanal und die Gilge vom Festland abgetrennt ist.
2 Armin Mohler, der Stammvater der Neuen Rechten und wie
Schmidt-Carell der Deutschland-Stiftung verbunden, gratulierte
1971 dem heutigen Schriftsteller im *Bayernkurier* zum Geburtstag
und zu seiner »unbekümmerten« Darstellung der Geschichte. Carell,
»der im In- wie im Ausland zu den meistgelesenen deutschen
Autoren gehört«, sei so zum eigentlichen Chronisten des Zweiten
Weltkrieges geworden (*Bayernkurier* 30. Oktober 1971). Schmidt-Carell und Armin Mohler gehörten beide zu den Ehrengästen der
»Deutschland-Stiftung« bei der Festveranstaltung im Juni 1993 anläßlich der Freiheitspreisverleihung an Bundeskanzler Kohl (vgl. Bericht des Fernsehmagazins *Panorama* vom 23. 6. 94).
3 Im Verfassungsschutzbericht des Landes Schleswig-Holstein 1993 ist
Munier unter der Rubrik »Rechtsextremistische Verlage und Ver-

triebsdienste« aufgeführt. Dort heißt es über ihn: »Eine eigenständige Rolle spielt der Kieler Verleger und Buchhändler Dietmar Munier, der über mehrere miteinander verflochtene Firmen ... auch rechtsextremistische Literatur sowie Videofilme und Tonträger mit unkritischem NS-Bezug herstellt und vertreibt ... Muniers besonderes Engagement gilt derzeit der Ansiedlung von Rußlanddeutschen im nordöstlichen Ostpreußen. Einen Aktivitätsschwerpunkt scheint hierbei seine ›Aktion Deutsches Königsberg‹ zu bilden, die nach Muniers Darstellung als größte private Hilfsorganisation für Ostpreußen Sach- und Geldspenden erfolgreich sammelt, um rußlanddeutschen Umsiedlern in dieser Region eine Existenzgründung insbesondere in der Landwirtschaft und die Pflege der deutschen Kultur zu ermöglichen. In diesem Umfeld sind unter Beteiligung Muniers auch der ›Schulverein zur Förderung der Rußlanddeutschen in Ostpreußen‹ sowie die ›Gesellschaft zur Siedlungsförderung in Trakehnen mbH‹ gegründet worden. Insoweit sind auch Verflechtungen mit dem rechtsextremistischen Lübecker ›Arbeitskreis für deutsche Politik‹ feststellbar ...« (S. 35f.)

4 In der Satzung des Schulvereins heißt es u. a.: »Zweck des Vereins ist die Förderung der Erziehung, Volks- und Berufsbildung für die Rußlanddeutschen in Nord-Ostpreußen/Königsberger Gebiet (Kaliningradskaja Oblast) der Republik Rußland. Die Satzung wird insbesondere verwirklicht durch:

1. Aufbau deutschen Schulunterrichtes für Schulpflichtige und Erwachsene, sowie die Errichtung und Unterhaltung von Schulen.

2. Errichtung und Unterhaltung von Volksbildungszentren mit deutschen Bibliotheken, sowie Durchführung von volksbildenden Veranstaltungen.

3. Aufbau von Berufsausbildung für Jugendliche und beruflicher Fortbildung für Erwachsene, sowie die Errichtung und Unterhaltung von beruflichen Aus- und Fortbildungsstätten.« (zitiert nach Muniers Buch *Das letzte Dorf,* S. 253)

5 Der »Freundeskreis Ulrich von Hutten e. V.« vertritt laut Verfassungsschutzbericht des Freistaats Bayern »rechtsextremistische, insbesondere rassistische Thesen und verbreitet Äußerungen, die das NS-Regime verharmlosen und die Bundesrepublik Deutschland verunglimpfen«. Der Verein zählt rund 300 Mitglieder. Vorsitzende ist Lisbeth Grolitsch, ebenfalls Präsidentin der »Deutschen Kulturgemeinschaft« (DKG) und des österreichischen Zweiges des »Deutschen Kulturwerks europäischen Geistes e. V.« sowie erste Vorsitzen-

de der als gemeinnützig anerkannten »Notgemeinschaft für Volkstum und Kultur e. V.« mit Geschäftsstelle in Villingen-Schwenningen.

4. Herrenrunden

1 Kleinewefers schildert auch, wie er Kurt Vowinckel, der aus Krefeld stammte, bei einem Urlaub im Montafon Anfang 1933 kennenlernte. Vowinckel hatte einen Verlag in Heidelberg, und auch nach 1945 verlegte er rechtsextreme Literatur in Berg am Starnberger See. Über Vowinckel machte Kleinewefers die Bekanntschaft des Beraters von Rudolf Heß, Karl Haushofer.

2 *Criticón* 131/1992 S. 108, 136/1993 S. 55f., 92, 140/1993 S. 260f. Den Titel für die Zeitschrift hat der 1657 vollendete allegorische Roman *El Criticón* des Spaniers Baltasar Gracián (1601–1658) geliefert, in dem Critilo und Andrenio mehrere europäische Länder durchwandern und dabei allerorten Niedergang und Dekadenz konstatieren. Critilo wählte sich Herausgeber Caspar Freiherr von Schrenck-Notzing als eines seiner Pseudonyme.

3 Roland Wehl tauchte schon 1989 als Redaktionsmitglied der neurechten Zeitschrift *Wir selbst* auf. AMS steht für die Berliner Allgemeine Miet-Systeme GmbH (ca. 8 Millionen DM Umsatz) wie auch für die AMS Autovermietung GmbH in Berlin (Umsatz ca. 1 Million DM). Unter derselben Adresse wie die Allgemeine Miet-Systeme GmbH firmiert auch die AMS-Unternehmensberatung.

4 Winters Mehr-Wissen-Buchdienst arbeitet neuerdings mit der Zepp-LaRouche-Gruppe zusammen. Er schaltete zwei halbseitige Anzeigen in dem obskuren Banker-Magazin *Code – Exclusives aus Politik und Wirtschaft* (Auflage 30 000) für Bücher der Dr. Böttiger Verlags-GmbH (*Code* Dezember 1994, der Seitenpreis liegt bei 3000 Mark).

5 1986 wurde Christophersen vom Landgericht Flensburg zu einer achtmonatigen Freiheitsstrafe verurteilt. Er floh daraufhin vor der »deutschen Knechtenjustiz« nach Kollund in Dänemark. Inzwischen sind noch einige Verfahren hinzugekommen. Vorgeworfen wird ihm Volksverhetzung und Verunglimpfung des Andenkens Verstorbener.

5. Unternehmer vom rechten Schlag

1 Honsik wurde mit Hans Strobl, dem Vorsitzenden des Burgenländischen Kulturverbandes, wegen Volksverhetzung, Beleidigung und

Verunglimpfung Verstorbener vom Amtsgericht München zu Freiheitsstrafen auf Bewährung verurteilt. Corpus delicti war das Buch *Freispruch für Hitler*? Honsik setzte sich ins Ausland ab, nachdem er im Mai 1992 in erster Instanz zu einer Haftstrafe ohne Bewährung verurteilt worden war. Seine Zeitung *Halt* wird in Spanien gedruckt. Es gibt aber auch den Freundeskreis Gerd Honsik im ungarischen Györ, und in Budapest hat er ein Büro.

2 *Der Kapitalismus. Ein System, das funktioniert,* München 1986, *Die Pleite. Staatsschulden, Währungskrise und Betrug am Sparer,* München 1984, *Die Formeln für den Staatsbankrott. Am Beispiel des finanziellen Endes der Republik Österreich,* München 1984

3 Im Westfälischen hat Henning Wolff zwar noch einen Kollegen, der in seinem Blatt Flüchtlinge pauschal als »Kriminelle« verunglimpft und sich auch bei äußerst rechtslastigen Clubs wie dem »Studienzentrum Weikersheim e. V.« oder der bis vor einigen Monaten bestehenden »Aktionsgemeinschaft Wirtschaft und Politik e. V.« aus Prien am Chiemsee herumtreibt, aber über eine Parteimitgliedschaft ist nichts bekannt, wenngleich rechtsextreme Insiderblättchen mit viel Sympathie über ihn schreiben. Es handelt sich um den Verleger des *Westfalen-Blattes* und Mitinhaber des Busse-Seewald-Verlages, Carl Wilhelm Busse.

4 François Genoud, geboren am 26. 10. 1915, ist ein Mann, der viele Rätsel aufgibt. Der Schweizer Journalist und Kenner der rechtsextremen Szene Jörg Frischknecht schreibt in seinem Buch *Schweiz wir kommen:* »Nach dem Krieg war Genoud in Belgien und Deutschland verlegerisch tätig, bevor er 1958 in die Schweiz zurückkehrte. Bereits nach dem Krieg hatte er die Rechte an den Texten prominenter Nazis erworben, etwa an den Lebenserinnerungen von Martin Bormann, vor allem aber an den Tagebüchern von Hitlers Propagandaminister Joseph Goebbels, was ihm nach einer Auflistung des Verlegers bis Ende 1981 bereits 638 786,44 DM eingetragen hatte (ohne sich allerdings in diesem Ausmaß in seiner Steuererklärung niederzuschlagen). 1987 kamen *Joseph Goebbels Tagebücher 1945* dazu, die mit einem Vorwort von Rolf Hochhuth bei Hoffmann und Campe erschienen – samt einem Nachwort von Genoud ... Auch der *Spiegel,* der den Vorabdruck eingekauft hatte, kam nicht um einen Vertrag mit dem Lausanner Bankier herum. Die zahlreichen weiteren Rollen von Genoud, der die Diskretion den Schlagzeilen vorzieht, waren immer wieder Gegenstand von Spekulationen: die mögliche Verwicklung in nachrichtendienstliche Tätigkeiten (vgl.

den Report *Das Umfeld eines Skandals* von Pascal Auchlin und Frank Garbely), die Verwaltung des Kriegsschatzes der algerischen Befreiungsorganisation FLN, die Unterstützung aufwendiger Verteidigungen (für die el-Al-Attentäter von Kloten, für den in Israel inhaftierten Schweizer Bruno Breguet und für Klaus Barbie), die engen Beziehungen zum ebenso undurchsichtigen Anwalt Jacques Vergès.« (Jörg Frischknecht: *»Schweiz wir kommen«. Die neuen Fröntler und Rassisten,* Zürich 1991, 123f.)

Dazu kamen weitere Vermutungen, seine Tätigkeit für Canaris, seine Beziehungen zu dem früheren BKA-Präsidenten und Interpol-Chef Paul Dickopf, der sich nach dem Krieg Paulinus nannte (Mergen, Armand: *Die BKA-Story,* Herbig, München) und seine Anstrengungen für Kriegsverbrecher, die ihm das öffentliche Lob des früheren SS-Generals Karl Wolff eingebracht haben sollen (*Searchlight* July 87).

5 *Nation Europa,* wiewohl seit Jahrzehnten in Verfassungsschutzberichten präsent, versammelt auch Autoren wie beispielsweise Hans Georg von Studnitz, der im Dritten Reich in der Nachrichten- und Presseabteilung des Auswärtigen Amtes arbeitete, nach dem Krieg für *Die Zeit* und *Christ und Welt* tätig war, dann Pressechef der Lufthansa wurde (bis 1961) und der bis zu seinem Tod am 19. 7. 1993 in Rimsting am Chiemsee publizistisch aktiv blieb, er schrieb für *Nation Europa, Criticón* und vor allem für die *Welt am Sonntag.* Auch der ehemalige stellvertretende Pressechef der Reichsregierung, Helmut Sündermann, schrieb für *Nation Europa,* und zwar unter den Pseudonymen Heinrich L. Sanden und Hermann Schild, er gehörte sogar zu den Mitbegründern der Zeitschrift.

6 Beim 75jährigen Meißner-Treffen 1988 in Frankershausen/Berkatal war Toepfer als Sprecher der Meißner-Fahrer von 1913 angekündigt (*DESG-inform* 10/1988).

7 Arthur Ehrhardt wurde 1896 in Hämmern bei Sonneberg in Thüringen geboren. Er ging früh zur bündischen Jugend, nahm 1913 am Treffen auf dem Hohen Meißner teil und meldete sich freiwillig vom Hörsaal weg zum Ersten Weltkrieg. Er wurde Offizier und zuletzt Kompanieführer. Danach arbeitete er als Lehrer, leitete aber auch Reichswehrkurse für ehemalige Offiziere und widmete sich der Jugend-Wehrerziehung. 1922 knüpfte er Kontakte zur englischen Pfadfinderbewegung. Im Auftrag der Reichswehr, später im Rahmen der SA, bildete er einen ostpreußischen Grenzschutzverband aus. 1932 zur Zeit der Bauernrevolte unter der schwarzen Fahne ging er als freiwilliger Landhelfer auf ein Gut in Holstein. Fünf Jahre lang

war er Lektor im Voggenreiter-Verlag, wo er Jugendliteratur mit Wehrertüchtigung verband. Er übersetzte englische Militärliteratur, aber auch den damals unbekannten Franzosen de Gaulle. Dann war er als Hauptmann bei der Abteilung Abwehr im Oberkommando der Wehrmacht. Er wirkte auch im Stabe des Chefs der Bandenbekämpfung, war Spezialist der Partisanenbekämpfung und vorübergehend dem Führerhauptquartier zugeteilt. Am 9. 1. 1944 ist er SS-Sturmbannführer geworden. Nach dem Krieg erneuerte er rasch die Verbindungen zu Nationalsozialisten und Nationalisten im In- und Ausland. Mit Unterstützung des britischen Faschistenführers Sir Oswald Mosley bereitete er die Gründung der Zeitschrift *Nation Europa* vor, die dem Europa-Gedanken der SS, der deutschen Wiedervereinigung und einer Europäischen Verteidigungsgemeinschaft gewidmet sein sollte. Ehrhardt gründete 1958 auch den »Jungeuropäischen Arbeitskreis«, als nationalen und europäischen Elitezirkel. (Zur Biographie Ehrhardts vgl. »Arthur Ehrhardt ist tot« im *Deutschen Studenten-Anzeiger* Juli 1971 von Hartwig Singer, einem der Pseudonyme seines Schülers Henning Eichberg, heute Universitätsprofessor. Jenke, Manfred: *Die Nationale Rechte*, Berlin 1967, S. 191; Backes/Jesse: *Politischer Extremismus*, Band III, S. 290; Hänsler, Werner: Laudatio und Gedanken für Arthur Ehrhardt in: *Nation Europa* 6/1971, S. 9–16.)

8 Zu Niekisch vgl. die Studie von Louis Dupeux: »*Nationalbolschewismus*« in Deutschland *1919–1933. Kommunistische Strategie und konservative Dynamik*, München 1985, und Schüddekopf, Otto-Ernst: *Linke Leute von rechts*, Stuttgart 1960. Die umfangreichsten Arbeiten zu Niekisch aus dem heutigen Kreis der Neuen Rechten stammen von Uwe Sauermann, unterstützt von Armin Mohler.

9 Zur nationalsozialistischen Ausrichtung des VDA vgl. zum Beispiel Steinacher, Hans: *Volkstum jenseits der Grenze*, Stuttgart 1934. »Flüssig geworden sind in der Feuerglut der nationalen Revolution die Grundfragen des deutschen Seins ...« (S. 26). Steinacher wurde nach der »nationalen Revolution«, also der Machtergreifung der NSDAP, Reichsführer des VDA. Lupe e. V. (Hrsg.): *Verein für das Deutschtum im Ausland. Organisationsprofil*, Berlin 1993. Nicht mehr gründlich gesichtet werden konnte die Arbeit von Goldendach, Walter von/Minow, Hans-Rüdiger: »*Deutschtum erwache!« Aus dem Innenleben des staatlichen Pangermanismus*, Berlin 1994. Auf den ersten Blick handelt es sich um eine hervorragende Materialsammlung (543 S.) mit allerdings nicht nachvollziehbaren aktuellen politischen Schlußfolgerungen.

Zwar müht sich der VDA nach Kräften, sein unseliges Erbe loszuwerden. Doch der mit 50 000 Mark dotierte VDA-Kulturpreis 1994 ging zur Hälfte an Johann Kroll aus Gogolin in Polen (Oberschlesien) und Johann Wolfart aus Budapest. Der 76jährige Kroll habe sich um den Aufbau und die politische Durchsetzung der deutschen Freundeskreise in Polen verdient gemacht. Kroll hatte schon 1991 den mit 20 000 DM dotierten Andreas-Hofer-Preis der rechtsradikalen DVU in Passau entgegengenommen und der *Deutschen National-Zeitung* als Interviewpartner gedient.

10 1927 soll Hitler dem Schriftsteller Jünger ein Reichstagsmandat angeboten haben. Jünger schlug es aus. Er halte das Schreiben eines einzigen Verses für verdienstvoller als sechzigtausend Trottel im Parlament zu vertreten.

11 Ernst Jünger, am 29. März 1895 in Heidelberg geboren, schrieb unter dem Eindruck des Ersten Weltkriegs, in dem er achtmal verwundet wurde, die Bücher *In Stahlgewittern* (1920), *Der Kampf als inneres Erlebnis* (1922) und *Feuer und Blut* (1925). »In einem Regen von Blumen waren wir hinausgezogen, in einer trunkenen Stimmung von Rosen und Blut«, so beginnt sein Kriegstagebuch *In Stahlgewittern*, mit dem er als dezidierter Militarist bekannt wurde. Der Frontoffizier Jünger wurde für den blutigen, aber »heroischen« Kampf im Dreck mit der höchsten deutschen Auszeichnung, dem Orden Pour le Mérite, dekoriert. Jünger, der bis 1923 als Leutnant in der Reichswehr diente, fühlte sich von dem Kreis um Ernst Niekisch stark angezogen. Im Zweiten Weltkrieg war er Hauptmann. Hans Heigert schreibt über den Kriegsverherrlicher: »Jünger traf mit seiner ungewöhnlichen Sprachgewalt tiefere Schichten im akademisch gebildeten Bürgertum, gab dem neuen Ressentiment gegen Zivilität, gegen rechtsstaatlich domestizierte Ordnung, gegen Demokratie Stimme. Sie kam geradewegs aus der frühen Jugendbewegung, die sich dann bei Langemarck ihr Heldenlied sang – einem militärisch in Wahrheit sinnlosen ›Opfergang‹ ... Das sollte Nationalsozialismus in seiner Hochform werden: deutsche Romantik, gleichsam mit Stahl umgürtet« (*Süddeutsche Zeitung* 7. 5. 1994). Bis zum heutigen Tage ist die Ernst-Jünger-Faszination in manchen Kreisen ungebrochen. Beispielsweise zitiert ihn die NPD-Parteizeitung *Deutsche Stimme* (2/1993) in einem Kasten über 16 cm: »Wir Nationalisten glauben an keine allgemeine Wahrheit. Wir glauben an keine allgemeine Moral ... wir glauben vielmehr an ein schärfstes Bedingtsein von Wahrheit, Recht und Moral durch Zeit, Raum und Blut. Wir

glauben an den Wert des Besonderen.« Geradezu verzückt zeigte sich Günter Zehm alias Pankraz in der *Jungen Freiheit* über den von Granatengeheul umtosten Grabenkämpfer mit Stahlhelm und Wikkelgamasche, »das Bild des neuzeitlichen Titanen an sich«, das Jünger selbst »unvergleichlich verkörperte« (*JF* 5/1995). Über die Preisverleihung berichtete auch das *Deutschland-Magazin* (4/1993, S. 49). Dieses Magazin ist das Monatsblatt der erzkonservativen Deutschland-Stiftung e. V. Hans Dieter Bamberg vermutet in seiner Studie über die Deutschland-Stiftung (S. 317), daß Toepfer kurzzeitig auch dem Kuratorium dieses Clubs in Prien am Chiemsee angehörte.

12 In der Nummer 3/1995 vermerkt die Zeitschrift *Eckartbote* der »Österreichischen Landsmannschaft«, die vom Dokumentationszentrum des Österreichischen Widerstands als »rechtsextreme Organisation« eingestuft wird, unter der Überschrift »Toepfer-Preis«: »Vor kurzem ist einer der beeindruckendsten und erfolgreichsten Unternehmer des deutschen Sprachraums hochbetagt gestorben: Alfred Toepfer. Aus seiner Privatstiftung hat er 34 Preise entstehen lassen, darunter den bekannten F.V.S.-Preis und den Herder-Preis, sowie – seit 1993 – den ›Europapreis für Volkskunst‹. Für 1995 gehen die rund ÖS 100 000 an die Geschwister Hochfellner aus Bad Mitterndorf, Steiermark! Seit 42 Jahren sind sie als ›Laien‹ nicht beruflich, aber erfolgreich für ihre Heimat in echter Weise tätig.« Daneben steht eine Meldung »Zehn Jahre *DESG-inform*«. Dort werde »eine Fülle an interessanten Neuigkeiten geboten, wobei der Blick über die Grenzen Solidarität mit unseren europäischen Nachbarn« signalisiere. Die DESG (Deutsch-Europäische Studiengesellschaft) stuft der Hamburger Verfassungsschutzbericht 1993 als eine Gruppe der Neuen Rechten ein, die das Forum für Vortrags- und Diskussionsveranstaltungen u. a. für theoretische Erörterungen aus rechtsextremistischer Sicht stelle (S. 32). Auf der folgenden Seite wird im *Eckartboten* ein gekürzter Bericht von Wolfgang Frenz (siehe Seite 167) aus der NPD-Zeitung *Deutsche Stimme* übernommen und es wird über die Bundesverdienstkreuzaberkennung bei Manfrid Dreher berichtet, der eine Veranstaltung mit David Irving organisiert habe, der »angeblich« den Holocaust leugne.

13 Seit Anfang 1995 hat der einschlägig bekannte Deutsch-Kanadier Ernst Zündel in Toronto die *Bauernschaft* übernommen. Als Druckerei wird eine Firma Quick Print in Antwerpen angegeben. Die Adresse ist identisch mit der eines bekannten flämischen Nationalisten.

14 Als Vehikel einer Reichsidee präsentiert sich das Münchner Monatsblatt insbesondere durch folgende Beiträge: Hans-Dietrich Sander:
   Die ghibellinische Idee 1/1990, Gerd Bergfleth: Thesen zur Erhebung des Volkes 2/1990, Michael Kühnen: Vom Reichsmythos zum
   Vierten Reich 7/1990, Reinhold Oberlercher: Programm der reichsdeutschen Bewegung 1/1991, Hans-Dietrich Sander: Das Reich als
   politische Einheit der Deutschen 1/1991, Hans Domizlaff: Bund der
   Reichstreuen 2/1991, Ingo Lachnit: Der Führungsauftrag des Deutschen Reiches 10/1991, Rolf Sauerzapf: Reich Gottes und das Reich
   der Deutschen 11/1991, Reinhold Oberlercher: Reichsverfassungs-
   entwurf 1/1992, Thomas Finke: Entwurf einer Verfassung des Deutschen Reiches 4/1992, ders.: Eine Vertragswegskizze zur Wiederherstellung des Deutschen Reiches 7–8/1993, Waldemar Maier: Das
   Reich wider eine Welt aus allen Fugen 1/1995.

15 Der Kapp-Putsch-Veteran Hans Zehrer hielt von Parteien und Parlamentarismus ebenfalls nicht viel. Er schrieb in einem im April 1933
   veröffentlichten Aufsatz in der Monatsschrift *Die Tat:* »Es wäre heute
   nur noch die Anerkennung von Tatsachen, wenn man Parteien
   überhaupt beseitigen würde … Ihre Auflösung würde zudem tatsächlich eine große Entspannung im Volke schaffen, die endlich die
   Gitter, die die Parteien errichtet haben, beseitigen würde.« Der
   Liberalismus habe die Ausschaltung des Volkes gründlich besorgt.
   »Fremder konnten sich Volk und Staat nicht gegenüberstehen, wie
   unter dem Parlamentarismus.« Zehrer sah – wie etliche andere der
   geistigen Elite der Rechten – in der nationalsozialistischen Bewegung die dritte Kraft. Sie sei die historische Mission eines neuen
   Deutschlands, des Dritten Reiches, die Mission des Herzens von
   Europa, durch dessen Renaissance sich Europa als Wiege der Kultur
   gegen die amerikanische und asiatische Peripherie behaupten werde
   (vgl. Tauber, Kurt Philipp: *Beyond Eagle and Swastika,* Middletown
   1967, S. 158 und 1052f.).
   Zehrer hatte allerdings am Ende der Weimarer Republik auf das
   falsche Pferd gesetzt, nämlich auf eine Diktatur der Reichswehr und
   auf General Kurt von Schleicher. Den Anstreicher Adolf Hitler hatte
   er noch als eines Amtes unfähig betrachtet. Das hinderte Zehrer
   nicht, seine Meinung jählings nach dem Erlaß des Ermächtigungsge-
   setzes – dem Gesetz zur Behebung der Not von Volk und Reich vom
   24. 3. 1933 – zu revidieren: »Selten ist der Übergang eines Mannes
   vom Kampf zur Verantwortung, vom Parteiführer zum Staatsmann so
   überzeugend vor sich gegangen.« (Zu Hans Zehrer vgl. Köhler, Otto:

Wir Schreibmaschinentäter. Journalisten unter Hitler – und danach, Köln 1989, S. 233ff; Neuauflage in Vorbereitung unter dem Titel *Unheimliche Publizisten. Die verdrängte Vergangenheit der Medienmacher,* München 1995.)

16 Zu Sanders Biographie vgl. *Staatsbriefe* 5/1994, S. 28f. Dort schreibt Sander zum Verhältnis zu Hans Zehrer Mitte der 60er Jahre: »Um diese Zeit gedachte Hans Zehrer, vielfach entmachtet, abgeschoben und wieder eingesetzt, die *Welt* von einer Besatzungszeitung in ein nationales Blatt zu verwandeln. Er sammelte alle Geister um sich, die ihm geeignet erschienen, und band auch mich im Herbst 1965 wieder an diese Zeitung, diesmal mit Sitz in Westberlin, wo auch Zehrer selbst residierte.« Zehrer starb im August 1966. Sander umflort ihn als einen der »großen Reichsdenker in der Publizistik zwischen den beiden Weltkriegen« (*Staatsbriefe* 1/1990, S. 1).

17 Sander referiert oft vor Studenten und Burschenschaften, wie zum Beispiel vor der Grazer Akademischen Burschenschaft Arminia, vor den Brünner Liberten zu Aachen, der Dresdensia Rugia zu Gießen, den Marburger Germanen, der Thessalia in Bayreuth, dem Gesamtdeutschen Studentenverband oder auf dem Wartburg-Fest, aber auch vor dem Bundeskongreß der immer militanter werdenden Jungen Nationaldemokraten oder dem Schlesischen Studentenbund.

18 Jetzt schreibt Salcia Landmann in der *Jungen Freiheit.* Dort bespricht sie am 13. 1. 1995 die soeben in der rechtsextremen Verlagsgesellschaft Berg (VGB) erschienene Biographie des ehemaligen Reichsfilmintendanten Fritz Hippler und stellt diesem einen Persilschein aus. Für Landmann »war und ist« er »nicht einmal in gemäßigter Weise Antisemit«. Hippler, ehemaliger Leiter der Abteilung Film im Reichspropagandaministerium (1939 bis 1943), war verantwortlich für den Propagandastreifen *Der Ewige Jude* (1940), in dem Juden mit Ratten verglichen wurden.

19 Oberlercher ist einer der aktivsten rechten Disputanten. Geladen wurde er zum Beispiel vom »Ring Freiheitlicher Studenten« an die Uni Wien 1987, zur Kundgebung studentischer Verbindungen auf dem Bonner Münsterplatz, veranstaltet von den Brünner Liberten zu Aachen am 16. 1. 1990, zur »Deutsch-Europäischen Studiengesellschaft« mehrmals seit 1989, zur »Gruppe 146« an die Hamburger Uni 1989, zum Landesverband der vertriebenen Deutschen und dem Schleswig-Holsteinischen Heimatbund 1989 in Kiel, zum gemeinnützigen Nationaleuropäischen Jugendwerk e. V. 1989 in die Pfalz, zum »Arbeitskreis für deutsche Politik e. V.« 1993, zur »Deutschen Liga

für Volk und Heimat« nach Halle 1993. Offenbar auf Betreiben des damaligen Berliner Landesvorsitzenden der Jungen Union (JU), Gunnar Sohn, diskutierte er im Januar 1989 in Berlin über die Krise des Parteienstaates hauptsächlich vor Unionsanhängern, und am 17. 6. 1990 stritt er u. a. mit einem JU-Funktionär und mit Manfred Rouhs von *Europa vorn* im Dresdner Kulturpalast unter Diskussionsleitung von Torsten Paproth aus Konstanz. Eine Veranstaltung der besonderen Art war die vom gemeinnützigen Ulmer Verein Unitas Germanica e. V. am 9. 7. 1989 in Stuttgart ausgerichtete, in der Oberlercher mit Rudolf Kendzia, dem damaligen Geschäftsführer der Berliner Rep-Abgeordnetenhausfraktion über die Zukunft der Republikaner nach ihrem Wahlerfolg bei der Europawahl diskutierte. Mit dabei waren damals Dr. Albrecht Jebens vom Studienzentrum Weikersheim, dessen Duzfreund, der ehemalige Chefideologe der NPD, Dr. Rolf Kosiek, der Rechtsanwalt Ludwig Bock und Harald Thomas vom Nationaleuropäischen Jugendwerk e. V. und auch Dr. Dr. Rolf Schlierer, heute Republikaner-Vorsitzender. Kurzfristig abgesagt hatte Dr. Michael Vogt, der auf der Einladung als Journalist und »ehemaliger Sprecher der Deutschen Burschenschaft« angekündigt war. In dem Blatt der »Deutsch-Europäischen Studiengesellschaft« wurde auch auf diese Diskussion hingewiesen. Dort wurde Vogt als »Pressesprecher des Luft-, Raumfahrt- und Rüstungsunternehmens MBB« vorgestellt (*DESG-inform* 6/1989). Etwa zeitgleich hatte der Bundesverband der Deutschen Industrie in eindeutiger Form gegen die Republikaner Stellung genommen.

20 Das Oberverwaltungsgericht Lüneburg hatte die Ausweisung Polaceks für rechtmäßig erklärt. Der erste Senat des Bundesverwaltungsgerichts hat die Revisionsbeschwerde des gebürtigen Österreichers Anfang 1995 abgewiesen (Az 1 B 235/94). Damit steht endgültig fest, daß Polacek nicht in die Bundesrepublik zurückkehren darf. Er lebt bei einem Gesinnungsfreund nahe der deutsch-österreichischen Grenze.

6. Der braune Markt

1 Dr. Joseph Goebbels (1897–1945) war Reichsminister für Volksaufklärung und Propaganda; Alfred Rosenberg, geb. 1893, trat 1919 in die NSDAP ein, verfaßte *Der Mythus des 20. Jahrhunderts* und war Reichsminister für die besetzten Ostgebiete, 1946 hingerichtet; Generaloberst Alfred Jodl, geb. 1890, war Chef des Wehrmachtfüh-

rungsstabs im Oberkommando der Wehrmacht und wurde 1946 hingerichtet.

2 Das Bückeburger Urteil erging am 13. September 1979 durch den 3. Strafsenat des Oberlandesgerichts Celle. Sechs Neonazis erhielten Haftstrafen zwischen elf und vier Jahren. Das Gericht hielt es für erwiesen, daß die Neonazis mit wechselnder Beteiligung eine Reihe von Überfällen begangen bzw. versucht hatten:
   – am 1. 12. 1977 auf einen Kölner Gastwirt, der bei dem Überfall verletzt wurde,
   – am 2. 12. 1977 auf einen Kölner Waffenhändler, der ebenfalls verletzt wurde (Beute: 60 000 DM),
   – am 11. 12. 1977 auf ein Munitionsdepot der Bundeswehr in Reinbek,
   – am 19. 12. 1977 auf eine Zweigstelle der Hamburger Sparkasse (Beute 66 000 DM),
   – am 31. 1. 1978 auf eine NATO-Streife auf dem Truppenübungsplatz Bergen-Hohne,
   – am 5. 2. 1978 auf NATO-Soldaten auf dem Truppenübungsplatz in Bergen-Hohne. Hierbei wurden zwei Maschinenpistolen und Munition erbeutet, ein NATO-Soldat wurde verletzt (*Innere Sicherheit* 10/1979).

3 Gottfried Feder, geb. am 27. 1. 1883 in Würzburg, war der Programmatiker der NSDAP. Im Auftrag Hitlers verfaßte er den Kommentar zum NSDAP-Programm. Feder gründete den »Deutschen Kampfbund zur Brechung der Zinsknechtschaft«. 1918 lernte er Hitler kennen, schloß sich der Bewegung an und wurde ihr Finanz- und Wirtschaftssachverständiger. Hitler nannte sein Buch *Der deutsche Staat auf nationaler und sozialer Grundlage* den Katechismus der Partei.

4 1994 hat Höffkes nach eigenen Angaben die *Welt* wieder abbestellt.

Dokumentation

Einladungen zur Düsseldorfer Herrenrunde (siehe S. 172 und 175)

DIE HERRENRUNDE gibt sich die Ehre, Sie einzuladen

am: Dienstag, 12. April 1994, 19.00 Uhr
Hotel Nikko

Referent: RA. Manfred Brunner, Bundesvorsitzender Bund Freier Bürger

Thema: Maastricht und der Irrweg
der Bonner Europapolitik

Hock   **Kissel**   **Münch**   **Zimmerer**

Rückfragen bitte unter Tel. (02 11) 16 80 20 (Büro Dr. Zimmerer)

DIE HERRENRUNDE gibt sich die Ehre, Sie einzuladen

am: Dienstag, 25. April 1995, 20.00 Uhr
Hotel Nikko

Referent: Dr. Günter Rexrodt
Bundesminister für Wirtschaft

Thema: Standort Deutschland –
Aufschwung mit Schwung?

Hock   **Kissel**   **Münch**   **Zimmerer**

Rückfragen bitte unter Tel. (02 11) 16 80 20 (Büro Dr. Zimmerer)

Günther Kissel interveniert zugunsten von Thies Christophersen (siehe Seite 193)

Günther Kissel in Firma

KISSEL-RAPID

EISENBETONBAU »RAPID« OTTO KISSEL GMBH & CO KG

KISSEL-RAPID GmbH & Co KG · Postf. 100647 · 5650 Solingen 1

An den
Leiter der JVA
Südergraben 24

2390 Flensburg

BAUUNTERNEHMUNG · INGENIEURBÜRO
ARCHITEKTURBÜRO · HOCHBAU · TIEFBAU
STAHLBETONBAU · STAHLBAU
INDUSTRIEBAU · WOHNUNGSBAU
SCHLÜSSELFERTIGE BAUAUSFÜHRUNG
BAUTRÄGER-MASSNAHMEN
SANIERUNG · MODERNISIERUNG
UMBAUTEN · REPARATURDIENST

IHR ZEICHEN	IHRE NACHRICHT	MEIN ZEICHEN	AUSKUNFT ERTEILT	POSTFACH 100 647 · FELDER STRASSE 74
		GK/BI ,	Herr Kissel	5650 SOLINGEN 1
				25. Juni 1984

BETREFFT:
den bei Ihnen einsitzenden Untersuchungshäftling Herrn Thies Christophersen

Sehr geehrter Herr Anstaltsleiter!

Erlauben Sie mir bitte, meinem Brieftext nachfolgendes Gedicht zitiert voranzustellen:

> Ein bißchen mehr Frede und weniger Streit,
> ein bißchen mehr Güte und weniger Neid,
> ein bißchen mehr Wahrheit immerdar
> und viel mehr Hilfe in Gefahr,
> ein bißchen mehr wir und weniger ich,
> ein bißchen mehr Kraft, nicht so zimperlich
> und viel mehr Blumen während des Lebens,
> denn auf den Gräbern sind sie vergebens.

Am 22. Juni 1984 habe ich mich bei Frau Christophersen nach ihrem und ihres Mannes Befinden erkundigt. Was ich zu hören bekam, hat mich erschüttert.

Thies Christophersen hat seine Strafe demnach voll abgesessen, ihm wurde trotz guter Führung kein Drittel der Strafe erlassen, wie das bei echten Kriminellen und Verbrech heute üblich ist. Er war als sogenannter Strafgefangener in der zuständigen Haftanstalt in Neumünster und nach Angabe von Frau Christophersen jetzt als erneuter Untersuchungshäftling zuständigkeitshalber in Flensburg inhaftiert.

Daß man einen gebildeten, honorigen und außerordentlich charaktervollen Menschen wie Thies Christophersen mit kriminellen gemeinen Verbrechern zusammen inhaftiert und von einem Gefängnis zum anderen gemeinsam in der grünen Minna transportiert, ist für mich unfaßbar. Daß man einen solchen Mann im Alter von über 65 Jahren bezüglich Briefpost und Besuch genauso behandelt wie einen Sittlichkeitsverbrecher kann ich nicht begreifen. Daß man demselben Menschen drei Wochen lang den Besuch seiner Ehefrau vorenthält und daß man ihn überhaupt so behandelt wie einen Kriminellen, finde ich erbärmlich.

Ich bitte Sie, sehr geehrter Herr Anstaltsleiter, recht herzlich, sich persönlich davo

BEBO' System KISSEL-BEBO · Lizenznehmer des Patentinhabers BEBO INTERNATIONAL Heierli & Co, Züri
Oberschütte e Gewölbe für Brücken, Durchlässe, Tunnel im Tagebau und Tiefgarag

Stadt-Sparkasse Solingen   Deutsche Bank Solingen   Commerzbank AG Solingen   Postscheckamt Essen
(BLZ 342 500 00) 39 453   (BLZ 342 700 94) 0188 474   (BLZ 342 400 50) 3845 120   (BLZ 360 100 43) 35'01·

Firma KISSEL-RAPID Eisenbetonbau »RAPID / Otto Kissel GmbH & Co KG · Amtsgericht Solingen HRA 5621

zu überzeugen, wie dieser alte Mann bei Ihnen untergebracht und behandelt wird.
Das Mindeste ist doch wohl, daß er so untergebracht und behandelt wird, daß er
gemessen an seinem Alter und seinem Gesundheitszustand keinen irreparablen Schaden
erleidet.

Sie dürfen mir abnehmen, daß ein Bauunternehmer heute mit den Sorgen in seinem Betrieb und um seine Mitarbeiter genügend um die Ohren hat. Trotzdem setze ich mich
für einen solch hochanständigen Menschen, wie Christophersen, persönlich und in
jeder Form ein. Es kann doch nicht wahr sein, daß in diesem Rechtsstaat Bundesrepubl
wo jedem Meinungsfreiheit garantiert ist laut Grundgesetz, ein solcher Mensche wie
Christophersen mit Verbrechern zusammen gefangen gehalten wird. Wenn das aus den
verschiedensten Verfahrensgründen im Augenblick nicht zu ändern ist, dann möchte ma
doch wirklich meinen, daß die Herren, die für seine Unterbringung verantwortlich sind
ihn so als Mensch behandeln, daß er keine physischen und psychischen Schäden währer
der Inhaftierung erleidet. Ich darf Sie herzlich darum bitten, in diesem, nach meiner
Auffassung, besonderen Fall, sich persönlich darum zu bekümmern.

Damit Sie meine Eingabe besser verstehen, erlaube ich mir, als Anlage in Fotokopie
zwei Briefe und einen Sonderdruck von mir beizulegen.

In der Hoffnung, daß Sie meine Bitte erfüllen und in der weiteren Hoffnung, daß die
zuständigen Stellen bald für die Entlassung von Thies Christophersen Sorge tragen,
verbleibe ich

                         mit freundlichen Grüßen

                         G ü n t h e r   K i s s e l

Anlagen
1. Fotokopie meines Briefes an den Herrn Justizminister des Landes
   Schleswig-Holstein, Dr. Henning Schwarz, vom 6. Februar 1984
2. Fotokopie des Antwortbriefes von Herrn Dr. Henning Schwarz vom
   5. März 1984
3. Ein Exemplar "Kritische Gedanken eines Unternehmers ..."

Kopie dieses Schreibens erhalten Frau und Herr Christophersen zur gefälligen
Kenntnisnahme

DER AMTSCHEF DER
BAYERISCHEN STAATSKANZLEI

Nr. BII1-0-26040-1
(Im Antwortschreiben bitte angeben)

München, 14. 4. 93
Durchwahl-Nr.
(089) 2165 - 22 28

An den
Chef des Bundespräsidialamtes
Herrn Staatssekretär
Dr. Andreas Meyer-Landrut
Kaiser-Friedrich-Straße 16

53113 Bonn

Sehr geehrter Herr Staatssekretär,

der Nordrhein-Westfälische Innenminister, Herr Dr. Schnoor,
hat den Bayerischen Ministerpräsidenten auf einen Vorfall
aufmerksam gemacht, von dem ich Sie, nach eingehender Überprüfung durch die Bayerische Staatskanzlei, in Kenntnis setzen möchte.

Herr Dr. Manfrid Dreher, der in Baden-Württemberg ein markt-
beherrschendes Unternehmen für Metallverarbeitung und Oberflächenbehandlung betreibt, wurde 1989 auf Vorschlag des
Bayerischen Ministerpräsidenten wegen seiner Verdienste um
die bundesweit angesehene Schmuckmesse Inhorgenta und den
Messeplatz München mit dem Bundesverdienstkreuz 1. Klasse
ausgezeichnet. Das Vorschlagsrecht des in Baden-Württemberg
ansässigen Dr. Dreher hatte der Baden-Württembergische Ministerpräsident, der Dr. Dreher 1982 selbst für das Bundesverdienstkreuz am Bande vorgeschlagen hatte, wegen der überwiegend bayerischen Verdienste Dr. Drehers an Bayern abgetre-
ten. Nachteilige Erkenntnisse über Dr. Dreher hatte das be-
fragte Bayerische Landesamt für Verfassungsschutz nicht
feststellen können.

366

Dr. Dreher hat als Mitglied des CDU-Kreisverbandes Pforzheim
im November 1991 einen Kreis von Persönlichkeiten aus Wirtschaft, Politik und Kultur zu einem Vortrag des britischen
Schriftstellers David Irving über das Thema "Neues Europa"
eingeladen. Unbestritten haben an dieser Versammlung unter
anderem auch die einschlägig bekannten Rechtsradikalen Zündel und Leuchter teilgenommen. Unter dem Beifall eines Teils
des Auditoriums hat Irving seine sattsam bekannte These der
Auschwitz-Lüge wiederholt. Nach den vorliegenden Unterlagen
hat sich Dr. Dreher weder in der Versammlung noch nachher
ausdrücklich von diesen Thesen distanziert.

Der Bayerische Ministerpräsident Dr. Stoiber ist der Auffassung, daß sich Dr. Dreher der verliehenen Auszeichnung unwürdig erwiesen hat, da sein Verhalten gegen die grundlegenden Prinzipien der freiheitlichen demokratischen Grundordnung der Bundesrepublik Deutschland verstoße. Dr. Dreher,
dem die Thesen von David Irving bekannt sind, hat diesem
nicht nur ein Forum geboten, sondern es auch unterlassen,
dessen Äußerungen in der Öffentlichkeit ad hoc oder zu einem
späteren Zeitpunkt deutlich zu widersprechen. Daß Dr. Dreher
selbst zu seiner Rechtfertigung vorträgt, er habe in seiner
Begrüßung vor dem Auditorium klargestellt, Irving trage seine eigene und persönliche Meinung vor, kann ihn nicht von
dem Vorwurf entlasten, zur Verbreitung rechtsextremer Thesen
beigetragen zu haben. Vor dem Hintergrund der Welle rechtsextremistischer Gewalt, die später in Vorfällen wie in Rostock, Hoyerswerda, Sölln und Solingen gipfelte, muß Dr.
Dreher vorgehalten werden, daß eine Aktion, wie er sie
durchgeführt hat, den geistigen Nährboden für rechtsradikale
Gewalt geliefert hat.

Mit der Verleihung des Bundesverdienstkreuzes würdigt der
Staat Personen, die sich um das Gemeinwohl und damit um die
freiheitlich-demokratische Grundordnung verdient gemacht haben. Unvereinbar damit ist, daß der Beliehene Entwicklungen

./.

367

fördert, die gerade der freiheitlich-demokratischen Grundordnung zuwiderlaufen. In Deutschland hat die Bedrohung der
inneren Sicherheit durch rechtsextremistisch motivierte,
meist unorganisierte Gewalttäter in den letzten Jahren neue
Dimensionen erreicht. Der Rechtsextremismus ist zu einem
ernstzunehmenden Gefährdungsfaktor für die freiheitliche demokratische Grundordnung geworden.

Im Kampf gegen diese Entwicklungen muß der Staat alle ihm zu
Gebote stehenden Mittel ausschöpfen. Deshalb bitte ich Sie
im Auftrag des Bayerischen Ministerpräsidenten ein Verfahren
gemäß § 4 des Gesetzes über Titel, Orden und Ehrenzeichen
zur Entziehung des Dr. Dreher verliehenen Bundesverdienstordens einzuleiten. Ohne Zweifel hat Dr. Dreher dadurch, daß
er Irving ein öffentliches Forum zur Leugnung des Holocaust
verschaffte, dem Rechtsradikalismus Vorschub geleistet. Er
hat damit gegen die dem Orden zugrundeliegenden Wertmaßstäbe verstoßen.

Mit freundlichen Grüßen

gez.

Dr. Rudolf Hanisch

Anlage: 1 Heftung

Meine sehr verehrten Damen und Herren, liebe Gäste!

Es war für mich eine Überraschung, Fernsehen hier zu sehen, denn das war weder bestellt noch gewollt, und ich möchte jetzt nicht mehr belästigt werden.

Leider haben wir uns etwas verspätet, aber Sie sehen, wenn man improvisieren muß, klappt nicht alles und gleich, und ich wollte auch warten, bis die Presse da ist. Ich möchte nun meiner (Zuruf: Ein bißchen lauter!) Ja, ich möchte nun meiner Begrüßung kurz etwas vorschieben, was sich ja nun in den letzten 48 Stunden hier in Pforzheim ereignet hat. Ich darf Ihnen auch sagen, es sind Gäste, äh begrüßen, die extra aus Sachsen angereist sind, heute nacht und heute morgen hier erschienen sind. (Applaus) Ich begrüße recht herzlich meine Generation, die die Gnade haben der frühen Geburt, die also aus eigener Anschauung manches anders beurteilen wie denjenigen, denen man über Jahrzehnte hinweg sehr viel zugemutet hat. Ganz besonders begrüße ich offenbar eine ganz Anzahl, eine ganze Anzahl der jüngeren Jahrgänge. Ich begrüße Sie alle recht herzlich auf dem Boden der Bundesrepublik Deutschland, dem ersten freiheitlichen und demokratischen Rechtsstaat in Deutschland, wie unsere Politiker nicht oft genug wiederholen können. Ständige Wiederholungen zwingen allein schon zum Nachdenken darüber, ob etwas versichert werden soll, was so nicht ist. Im Grundgesetz sind sehr viele Bürgerrechte verankert, wie zum Beispiel Versammlungsfreiheit, Freiheit der Forschung, Meinungsbildung usw.

In Pforzheim wurden diese Grundrechte zugunsten bekannter linker Gruppierungen außer Kraft gesetzt. Ich darf hier hinweisen auf die Presseveröffentlichungen der Stadtverwaltung Pforzheim gestern und auch heute. Es wurde auch ein Horrorgemälde aufgebaut wegen linken Terrors usw., und deswegen wurde ja die Veranstaltung in der Stadthalle abgesägt, abgesagt. Aber denken wir doch an das von der Stadt organisierte Popmusical-Treffen, wo man extra Polizei von überall her herbeigekarrt hat und wo es schließlich sogar Mord gab. Das ist also dann mehr erwünscht als eine vernünftige Versammlung, die unter

Disziplin abläuft. Im Vorfeld habe ich ... [unverständlich] wollte über zwei Millionen Schadensabdeckung, die auch von mir bezahlt worden ist, noch letzten Donnerstag, und dann ging so langsam später das Theater los. Ich möchte Sie da im einzelnen nun nicht zu sehr, äh ausführlich werden, denn es ist ja wichtiger, daß ich meine Einleitung gebe, meine Begrüßung, und dann wollen wir ja Herrn Irving, wenn auch mit Verspätung, hören.

Den Naturwissenschaftler verbindet mit dem Historiker das gemeinsame Interesse, den sie interessierenden Dingen auf den Grund zu gehen, sie objektiv zu erforschen. Dadurch ist eine wachsende Erkenntnis gegeben, und mit jedem neuen Resultat können auch frühere Feststellungen geändert werden, insbesondere wenn sie sich als falsch erweisen. Also sowohl Herr Irving als auch ich müssen in Archiven stöbern und haben also oft den Buchstaub in der Nase.

Ein kurzer Rückblick. Alexander der Große wurde von den antiken Historikern nicht objektiv beurteilt, daß ein Memoirenschreiber bzw. Kriegsberichterstatter Kallistophenes (Kallisthenes?) in seiner Abwesenheit von einem Militärgericht zum Tode verurteilt wurde. Erst der Basler Historiker Jacob Burckhardt hat in der zweiten Hälfte des vorigen Jahrhunderts dieses falsche Bild erkannt und berichtigt. Seither gibt es die heutige objektive Alexanderforschung. Es war seinerzeit kein Politikum. Ähnlich die sogenannte Pippinsche Schenkung an die Päpste. Sie wurde schon lange als Fälschung erkannt und entsprechend bewertet. Anders die in der Renaissance, der Geburtsstunde der modernen naturwissenschaftlichen Erkenntnisse zum Beispiel durch Galilei festgestellte Tatsache, daß die Erde nicht Mittelpunkt der Welt ist, sondern als Planet in das Sonnensystem integriert ist. Das paßte damals nicht in das überkommene Weltbild der Kirche. Galilei mußte vor der politischen Macht der Kirche abschwören. Es war ein Politikum, aber später bekam er recht. Derartige Beispiele lassen sich fortsetzen bis heute.

Es kann davon ausgegangen werden, daß auch über viele Ereignisse während des letzten Krieges sich das Geschichtsbild durch neue Erkenntnisse wandelt, wie an einigen Beispielen nachfolgend gezeigt wird. Die deutschen Politiker und Regierenden aber entschieden vorab bereits am 20. 2. 1985 wie folgt:

Zitat aus einem Wirtschaftsnachrichtendienst mit einigen bemerkenswerten Feststellungen: Seit Jahren werkelt man in Bonn an einem Gesetz, das den zunächst wenig aufschlußreichen Titel 21. Strafrechtsänderungsgesetz trägt. Darunter verbirgt sich eine Menge Politik. Denn

es geht um folgendes: Wer Völkermordhandlungen unter der NS-Herr-
schaft leugnet oder verharmlost, muß mit automatischer Verfolgung
durch den Staatsanwalt rechnen. Justizminister Engelhardt hat seinen
Willen bekundet, dieses Gesetz so schnell wie möglich durchzuziehen.
Es ist ja nun seit Jahren schon Gesetz.

Der eigentliche Ansatzpunkt ist die Auschwitz-Lüge. Jeder soll künftig
vor Gericht gezogen werden, der die offizielle Zahl der umgekommenen Juden anzweifelt, anzweifelt. Bei den sechs Millionen muß es für die
Deutschen bleiben, zu welchen Ergebnissen objektive Wissenschaftler
auch kommen mögen. Es wurde also eine Religion hieraus gemacht,
und im Grundgesetz haben wir sogar Religionsfreiheit. Als erstes Opfer
des noch gar nicht rechtskräftigen Gesetzes kann der deutsche Historiker Diwald von der Universität Erlangen gelten, der schon vor Jahren
eine zweiflerische Passage in seiner Geschichte der Deutschen tilgen
mußte. Merkwürdige Parallele dazu: Rechtzeitig zum vierzigsten Jahrestag der Bombardierung von Dresden haben sich die deutschen Medien
offensichtlich darauf geeinigt, die Zahl der Opfer der Terrorangriffe auf
den niedrigsten Nenner zu bringen. Plötzlich ist nicht mehr die Rede
von 135- oder 75 000, sondern nur noch von 35 000 Toten. Den Vogel
schießt die *Süddeutsche Zeitung* ab. Sie spricht von unsterblichen Legenden über den Untergang von Dresden. Der Nachhall der NS-Propagan-
da hält noch nach vierzig Jahren an. Das ist natürlich keine Verharmlo-
sung, eher schon Sprachregelung. Soweit dieses Zitat. Stammt also nicht
von mir, stammt von einem Wirtschaftsnachrichtendienst.

Ob sich das mit der in unserem Grundgesetz garantierten Meinungs-,
Willens- und Forschungsfreiheit usw. verträgt, mag das Bundesverfassungsgericht entscheiden. Bezeichnenderweise wurde es noch nicht
angerufen.

Mr. David Irving beschäftigt sich seit Jahrzehnten mit unserer Zeitgeschichte und hat schon zahlreiche Bücher veröffentlicht sowie Vorträge
gehalten in Europa, USA, Kanada, Südafrika, Südamerika, von wo er
gerade von einer mehrmonatigen Vortragsreise zurückgekehrt ist. Er
spricht perfekt deutsch und spanisch. Schon allein sein Buch über den
Untergang von Dresden, geschrieben nach genauer Erforschung der
englischen Archive, haben ihn als unbestechlichen Forscher weltweit
bekannt gemacht. Mr. Irving forschte natürlich auch in französischen,
amerikanischen, kanadischen sowie vor allem auch russischen Archiven, neuerdings. Die Russen sind jetzt sehr offen und haben eine große
Bereitschaft, viel aus ihrem Bereich beizutragen, nicht immer zur

Freude der Engländer und Amerikaner. Den Russen sitzt das Hemd aber näher als der Rock, das heißt sie brauchen die deutsche und japanische Wirtschaftskraft und Technologie, beide sind unmittelbare Nachbarschaft.

Zeitgeschichte kann nicht unpolitisch sein. Dafür ist sie zu zeitnah. Sie soll jedoch nicht parteipolitisch sein. Aber laut griechischem Kabinettsbeschluß ... [unverständlich]

... Terrorangriffe gegen die Bevölkerung durchgeführt werden. Alles ist aktenkundig. Am 17. 4. 45 wurde Potsdam zerstört, militärisch unwichtig, es war eingeschlossen. Am 5. Mai 45, drei Tage vor Kapitulationsunterzeichnung, wurde das Schiff Cap Arcona mit achttausend Frauen und Kindern und KZ-Häftlingen, man höre und staune, alle aus Ostpreußen evakuiert, von den Engländern in der Lübecker Bucht vernichtet. Nur ca. vier- bis fünfhundert überlebten. Diese Massenvernichtung der Zivilbevölkerung verstieß gegen die Konvention des Roten Kreuzes. Die internationale Solidarität für Frauen und Kinder ist dadurch verletzt worden. Der OB der Stadt Pforzheim hat durch seinen Einspruch gegen ein Denkmal für Sir Harris klar zum Ausdruck gebracht, daß nicht jemand zu glorifizieren sei, der Mitverantwortung trägt für Außerachtlassung völkerrechtlicher Regelungen, Genfer Konvention.

Aber wie sich die Geschichte doch verändert. Der damalige Kabinettschef Englands, Winston Churchill, der Initiator des völkerrechtswidrigen Flächenbombardements gegen die Zivilbevölkerung, wurde 1957 mit dem Karlspreis der Stadt Aachen ausgezeichnet. Weil er sein eigenes Bild von Europa revidieren mußte. Man hört es heute schon gar nicht mehr gern, aber so ist es. Immer das Konträre. Nun war das Feindbild auf einmal Rußland. Und noch einmal Churchill: Er rühmt sich in seinen Memoiren, Stalin überredet zu haben, die polnische Westgrenze 200 km westlich zu verschieben. Auch in der Geschichte Polens waren Grenzen immer fließend. Das Bild der osteuropäischen Grenzen hat sich durch die Jahrhunderte stetig geändert, zum Beispiel dreimal polnische Teilung usw. Geschichte ist stets fließend, nie unumstößlich festgeschrieben.

Es gibt keine Alternative, sagen unsere Politiker arrogant, aber arrogant heißt auch anmaßend, dumm. Wie wir sehen, gibt es immer zumindest zwei Möglichkeiten oder wahrscheinlich mehr. Aber ... [unverständlich] 1953 das Londoner Schuldenabkommen, es wurde von 22 Staaten unterzeichnet, und darin wurde festgehalten, daß die Bundesrepublik Deutschland der Rechtsnachfolger des Deutschen Reiches in den

Grenzen von 1937 ist. Das beinhaltet, daß wir sämtliche Schulden des deutschen Reiches selbst bis in die auslaufende kaiserliche Zeit Ende 1918 bezahlen, z. B. Anleihen der Stadt Königsberg oder auch Breslau. Und jetzt erfreuen sich unsere Politiker ungeniert, auch diese Stadt Breslau international entschuldet, den Polen zum Geschenk zu machen. Ach, wie großzügig! In der Bundestagsdebatte wurde dieses Thema nicht mehr berührt. Anders die Japaner. Sie haben keine Eile mit Verträgen. Sie weigern sich bis heute, die russische Annexion der Kurilen-Inseln anzuerkennen. Warten wir ab. Sie bekommen sie zurück.

Und noch ein weiteres Beispiel über unsere politische Kultur. Untersuchungsausschuß gegen Ex-Ministerpräsident Späth nahezu endlos. Er beanspruchte keine Steuergelder, werkelte auf seine Weise für Baden-Württemberg mit großem Erfolg, aber der Negativlobby gefiel das nicht, also langdauernder Untersuchungsausschuß. Wie war das nun mit Nachmann? (Lachen im Saal) Jedes Geschehene, jede politische Partei hat in ihren Reihen hervorragende Vertreter, aber auch in jeder Gesellschaft gab es solche, die mit Fehlverhalten gestrahlt haben, siehe Nachmann. Aber deutsche Politiker haben eine besondere Gabe, solches Fehlverhalten zu verschweigen, gegebenenfalls zu glorifizieren, daher kein Untersuchungsausschuß.

Diese Einführung soll nur Perspektiven aufzeigen über geschichtliches Fehlverhalten und Korrektur durch wissenschaftliche Forschung. Der Vortrag von David Irving wird hierzu beitragen und zum Nachdenken anregen, wobei ausdrücklich betont werden soll, daß es sich um Meinungen und Ergebnisse von Forschungen von David Irving handelt. Das ist die Situation von Deutschland im Jahre 1991, auf das im Aufbau des neuen Europa überdimensionale Aufgaben zukommen. Soweit meine Einführung.
Ich möchte noch eines Ihnen zeigen, jetzt hätte ich's beinah vergessen. Über meinem Schreibtisch habe ich immer das an der Wand hängen, und das ist ein Spruch von Abraham Lincoln vom 8. September 1858: You can fool all the people some of the time, and some of the people all the time, but you cannot fool all the people all of the time. Auf deutsch: Man kann alle Leute einige Zeit für dumm verkaufen. Und einige Leute die ganze Zeit, aber man kann nicht alle Leute die ganze Zeit für dumm verkaufen. (Applaus)

Nach Irvings Rede sagte Dreher:

Meine Damen und Herren, wir alle sind gespannt und haben sehr viel Interessantes gehört, und wir waren so fasziniert, daß uns die Zeit sehr kurzfristig gefallen ist. Wir machen jetzt etwa 15 Minuten Pause, man möchte sich ja auch unterhalten und möchte auch die Fenster aufmachen, etwas Dampf ablassen, ja, und dann gehen wir in die Diskussion. Ich werde dann Herrn Töltsch bitten, selbst Geschichtslehrer usw., die Diskussion zu leiten, das brauche ich nicht, das soll ich nicht, das ist ja eine sehr neutrale Sache, und er wird es sicher sehr richtig handhaben. Ich werde aber in der Diskussion doch noch mit einer für Sie alle sehr interessanten Neuigkeit aufwarten können. Ich darf Ihnen auch sagen, also das mit diesen ganzen Fernsehsachen, das wußte ich nicht, das war nicht vorprogrammiert usw. Ich habe lediglich, und das möchte ich so einleitend sagen, oder besser jetzt am Ende, einen Journalisten eingeladen von der *Pforzheimer Zeitung,* weil die *Pforzheimer Zeitung* immer noch am fairsten und interessantesten meine Leserbriefe ungekürzt bringt, und das Interessante, das darf ich Ihnen hier sagen, was die *PZ* gar nicht weiß, es ist oftmals so, wenn ich hier was schreibe, nach vierzehn Tagen bekomme ich bereits von den verschiedenen Seiten von Amerika aus, Antwort, sogar von Neu ... usw. das geht also von Florida, Virginia die Ostküste entlang und die Westküste, und deswegen habe ich mir erlaubt, er ist jetzt gerade gegangen, der Redakteur, er mußte wieder weggehen, nur einen Journalisten einzuladen, und ich möchte hiermit auch sagen, wir dürfen gespannt sein, wie er hierüber berichtet. Sie alle, die meisten sind im Bereich der *Pforzheimer Zeitung,* und dann werden wir mal sehen, wie neutral oder objektiv über die heutige Veranstaltung berichtet wird. Alle anderen können wir ja vergessen.

Danke. (Applaus)

Irving (klopft ans Glas): Sie sollen wissen, meine Damen und Herren, wir haben zwei ganz nette Überraschungen für Sie nach der Pause. Aber ich möchte nicht sagen voraus, was das ist.

**Ladung zur Schiedsgerichtsverhandlung des
Landesschiedsgerichts im Bremer Landesverband der DVU
in die Räume der Firma Tandler (siehe S. 233)**

 **DVU**
DEUTSCHE VOLKSUNION

DAS LANDESSCHIEDSGERICHT IM LANDESVERBAND BREMEN

Lothar Kleist

███████████████
██████ ████████

23.7.92

An die
Mitglieder des
Landesschiedsgerichts

An Frau Gerda B████████

An den DVU-Bundesvorstand

Ladung zur Schiedsgerichtsverhandlung

Sehr geehrte Damen und Herren,

die Schiedsgerichtsverhandlung vor dem Landesschiedsgericht
des Landesverbandes Bremen

        DVU-Bundesvorstand ./. Frau Gerda B████████

<u>hier:</u> Ausschlußverfahren

findet am Mittwoch, dem 12. August, 16.00 Uhr statt.

Ort: Treffpunkt in Bremen, Kornstr. 297 - 301, Haupteingang
     der Firma Tandler. Eintreffen bis spätestens 16.00 Uhr.

Wir bitten unbedingt um Ihr Erscheinen.
Bei unentschuldigtem Fehlen kann ohne die Beteiligte
verhandelt werden.

Mit freundlichen Grüßen

Das Landesschiedsgericht

I.V. Kleist

Sach- und Personenregister

Ortsregister